공병인
미라클 경찰학
서브노트

PREFACE 이 책의 머리말

모든 수험생활의 목적은 합격이라고 말할 수 있습니다.

합격을 위해서는 시험 당일에 자신이 공부한 내용이 일목요연하고 명확하게 머릿속에 떠올라야 하는데, 그 비결은 시험 며칠 전부터 짧은 시간 내에 전 과목을 최종정리하는 것입니다.

그러나 현재 수험에 사용되는 기본서는 그 내용이 방대하고 분량이 많아서 기본서로 최종정리를 하는 데 많은 어려움이 따릅니다. 그래서 시험 직전의 수험생들에게 꼭 필요한, 분량이 적으면서도 기본서의 내용이 충실하게 요약·정리된 서브노트를 출간하게 되었습니다.

시험이 다가올수록 기본서와 기출문제, 각종 모의고사의 문제를 단권화하여 그것을 반복적으로 공부하는 것이 필요하기에 본 서브노트를 활용하여 단권화 작업을 한다면 시험에서 고득점을 받을 수 있을 것입니다.

지금 이 순간에도 젊은 날의 열정과 노력을 기울이고 계신 많은 경찰직 수험생 여러분에게 건강의 축복과 합격의 영광이 함께하기를 진심으로 기원하며, 이 책이 출간될 수 있도록 도와주신 모든 분께 감사드립니다.

본 서브노트의 특징

1 기본서 내용의 정리
경찰학개론 기본서의 내용을 시험에 맞게 다시 압축하고 정리하여 수험생들의 학습부담을 줄였으며 최근에 자주 출제되는 경찰작용법(경찰행정법)의 내용과 판례, 경찰관련법령 및 경찰청훈령·예규도 정리하여 수록하였습니다.

2 빈출지문의 OX 정리
실제시험에서 자주 출제되는 지문이나 특이한 지문들은 OX 문제로 만들어서 수험생들이 반복하여 볼 수 있도록 하였으며, 중요판례나 자주 출제되는 법조문도 정리하여 수록하였습니다.

3 복잡한 내용의 Box화
복잡한 내용은 수험생들이 한눈에 체계와 구조를 파악하고, 암기하기 쉽도록 Box로 구성하였습니다.

2024년 6월

공병인 올림

CONTENTS 이 책의 목차

PART 01 | 총론

Chapter 01 경찰학의 기본이론
제1절 경찰학의 학문성 ·· 008
제2절 경찰의 개념 ·· 008
제3절 경찰의 임무 및 수단 ··································· 014
제4절 경찰의 기본이념 ··· 019
제5절 경찰윤리와 경찰문화 ··································· 020

Chapter 02 한국경찰의 역사와 제도
제1절 개요 ·· 026
제2절 갑오경장 이전의 경찰제도 ··························· 027
제3절 갑오경장~한일합방 ····································· 030
제4절 식민지기의 경찰 ··· 031
제5절 대한민국 임시정부기 경찰 ··························· 032
제6절 미군정 시대(1945~1948) ······························ 033
제7절 내무부 치안국·치안본부시대(1948~1991) ····· 033
제8절 1991년 경찰법 제정 이후
　　　(경찰 조직에 관한 기본법) ··························· 034
제9절 한국경찰사에 길이 빛날 경찰의 표상 ········· 034

Chapter 03 외국경찰의 역사와 제도
제1절 영국경찰 ··· 037
제2절 미국경찰 ··· 042
제3절 독일경찰 ··· 044
제4절 프랑스 경찰 ·· 046
제5절 일본경찰 ··· 048

Chapter 04 경찰과 그 법적 토대
제1절 서설 ·· 050
제2절 경찰조직법 ·· 057
제3절 경찰공무원법 ·· 071
제4절 경찰작용법 ·· 099

Chapter 05 경찰관리
제1절 총설 ·· 135
제2절 경찰조직관리 ·· 135
제3절 경찰인사관리 ·· 137
제4절 경찰예산관리 ·· 140
제5절 장비관리 및 보안관리 ································ 144

Chapter 06 경찰통제
제1절 경찰통제의 의의 및 필요성 ························· 150
제2절 통제의 유형 ·· 150

Chapter 07 한국경찰의 향후 과제
제1절 경찰제도 개혁 ·· 156
제2절 수사구조 개혁 ·· 156

PART 02 | 각론

Chapter 01 생활안전경찰
제1절 범죄의 원인과 예방 ·········· 162
제2절 지역사회 경찰활동 ·········· 166
제3절 경찰사범의 단속 ·········· 173

Chapter 02 수사경찰활동
제1절 수사경찰의 의의 ·········· 186
제2절 사범별 수사 ·········· 186

Chapter 03 경비경찰활동
제1절 경비경찰 ·········· 195
제2절 경비경찰의 기본원칙 ·········· 196
제3절 경비경찰과 그 법적 토대 ·········· 197
제4절 외국의 경비경찰 ·········· 210

Chapter 04 교통경찰활동
제1절 교통경찰의 의의 ·········· 212
제2절 교통경찰활동과 그 법적 토대 ·········· 213

Chapter 05 정보경찰활동
제1절 정보의 기본개념 ·········· 229
제2절 정보경찰 ·········· 233
제3절 정보의 순환 ·········· 233
제4절 집회 및 시위에 관한 법률 ·········· 238

Chapter 06 안보경찰활동
제1절 안보경찰 ·········· 244
제2절 공산주의의 이념 ·········· 244
제3절 방첩활동 ·········· 244
제4절 국가보안법 ·········· 247
제5절 보안관찰 ·········· 250
제6절 남북교류협력 및 북한이탈주민 ·········· 253

Chapter 07 외사경찰활동
제1절 국제사회와 외사경찰 ·········· 255
제2절 외사경찰의 개요 ·········· 255
제3절 외사경찰의 대상 ·········· 256
제4절 국제경찰공조 ·········· 263

Chapter 08 기타활동 ·········· 267

PART 01

총론

2025 공병인 미라클 경찰학 서브노트

Chapter 01	경찰학의 기본이론
Chapter 02	한국경찰의 역사와 제도
Chapter 03	외국경찰의 역사와 제도
Chapter 04	경찰과 그 법적 토대
Chapter 05	경찰관리
Chapter 06	경찰통제
Chapter 07	한국경찰의 향후 과제

CHAPTER 01 경찰학의 기본이론

제1절 | 경찰학의 학문성

01 경찰학의 의의

① 경찰에 관한 학문적 총체(경찰에 관한 조직과 작용에 관한 연구)
② 용어의 등장: 17~18세기　(독일) Justi「경찰학의 원리」

　　　　　　　↓　　　　　　　　↓
　　절대 군주 국가시대　　　㉠ 당시에는 영주의 통치철학
　　경찰 국가시대　　　　　㉡ 관방학의 일부(사회과학)
　　　　　　　　　　　　　㉢ 현대의 경찰학과 다른 의미의 개념

02 각국의 연구현황

- 영국: 범죄학의
- 미국: 행정학의　　 일부분 　으로 연구
- 독일: 행정법의

◆ 경찰학에 관한 독자적인 연구는 없었다.

제2절 | 경찰의 개념

01 경찰개념 정립의 곤란성 및 필요성

개념 정립의 곤란성	곤란성	역사성·시대성·사회성을 반영하기 때문에 일률적으로 정의 내리기 쉽지 않음
개념 정립의 필요성	필요성	① 경찰의 정체성 확립 ② 경찰 존재 이유와 목적 ③ 경찰의 나아갈 방향을 제시

02 역사성에 따른 구분(법과 제도에 따른 구분)

대륙법계	① 대륙법계의 경찰개념은 일반통치권에 기초하여 국민들에게 명령하고 강제하는 수단(권력적 수단)을 기초로 하여 성립 ② 경찰은 당위성을 전제로 국민의 자유와 권리를 제한하는 소극적 기능을 담당하는 기관에 해당 ③ 명령·강제하는 요소가 있는 국가기능을 경찰이라 하여 "경찰이란 무엇인가"라는 명제로 논의됨 ④ 발동범위(공공의 안녕과 질서유지 목적)와 성질(명령·강제라는 권력적 수단)로서 경찰을 구분 ⑤ 행정법학자들에 고수되어온 것으로 경찰을 규범적 강제작용 측면에 한정하여 본 견해 ◆ 서비스 활동 (×) ⑥ 공공의 안녕과 질서유지를 위하여 일반통치권에 의거하여 국민에게 명령·강제함으로써 그 자유를 제한하는 작용으로 경찰개념을 형성 ⑦ 경찰권의 발동은 소극적 질서유지와 위험방지에 한정됨 ⑧ 공공의 안녕과 질서의 유지에 관계되고 그 실행방법이 명령·강제적일 때에는 모두가 경찰에 해당한다고 봄으로써, 경찰개념을 확장함 예 위생경찰, 영업경찰 ⑨ 발전과정 : 경찰권의 발동범위가 축소 ⑩ 경찰과 시민과의 관계 : 대립적 관계(수직적 관계)
영미법계	① 영·미법계의 경찰개념은 경찰행정학자들에 의해 주장되어진 개념으로, 주권자인 시민으로부터 자치권한을 위임받은 조직체의 개념에 해당 ② 시민의 자치권에 기초하고, 권력적 수단뿐 아니라 비권력적 수단을 중시 ③ 법집행 및 서비스 제공을 통한 시민 개개인의 생명과 재산보호가 중심적 기능에 해당함 ④ 경찰의 기능과 역할을 중심으로 경찰개념이 형성 ⑤ 소극적 질서유지뿐만 아니라 서비스 활동도 포함 ⑥ 경찰개념의 형성은 "경찰은 무엇을 하는가." 또는 "경찰활동이란 무엇인가."라는 문제로 논의 ⑦ 경찰과 시민과의 관계 : 협력 관계, 동반자 관계(수평적 관계)

03 시대성에 따른 구분(대륙법계 국가)

고대	① 그리스의 'Politeia'라는 말이 라틴어인 'Politia'로 전화한 것에서 유래 ② 도시국가(Polis)에 관한 일체의 정치, 특히 국가·헌법 또는 국가활동 등을 의미하는 다의적 개념에 해당
중세 12~16C	① 14C(프랑스) : 국가의 평온한 질서 있는 상태, 국가목적 ② 15C 프랑스의 경찰 개념이 독일에 계수되어 질서유지를 포함한 전반적인 국가작용이 경찰에 해당 ③ 16C(독일) : 제국경찰법 ㉠ 교회 행정을 제외한 일체의 국가작용 ㉡ 세속적 공권력으로 사회질서 유지
경찰국가 (절대군주국가) 17C~18C 후반	① 국가의 기능이 분화 : 경찰과 행정의 분화 ② 외교·사법·군사·재정을 제외한 내무행정 전반 ↓ ↓ 특별한 국가작용 일반국가작용 ③ 경찰은 포괄적 권한에 근거하여 사법적 통제도 받지 않고 국민의 생활에 관여함

	④ 적극적 복리증진을 위한 경찰권 발동이 가능(복지경찰) ◆ 16C 독일의 제국경찰법에서는 경찰의 외교·사법·군사·재정을 제외한 내무행정 전반을 의미했다. (×) ◆ 16C 독일에서는 재정을 국가의 특별한 작용으로 보았다. (×) ◆ 대륙법계 국가에서는 법치시대에 이르러 사법이 국가의 특별한 작용으로 인정되기 시작했다. (×)

법치국가
18C 후반 ~
(근대 시민국가)
	① 18C 후반, 프랑스 대혁명
	② 사상적 기초 : 계몽주의·사회계약설·자연법사상·권력분립사상·인권존중주의·자유주의·국민주권론 ◆ 왕권신수설 (×) · 군주주권론 (×)
	③ Johann Stephan Pütter : "경찰의 직무는 임박한 위험을 방지하는 것이다. 복리증진은 경찰의 본래 직무가 아니다."라고 주장
	④ 경찰권의 발동이 소극적 질서유지 위험방지에 한정됨(실정법화)
	   ㉠ 1794년 프로이센 일반란트법
	   ㉡ 1795년 프랑스 죄와 형벌법전
	   ㉢ 1882년 크로이츠베르크(Kreuzberg) 판결 – 경찰권의 발동범위가 소극적 질서유지·위험방지로 한정되는 것이 법해석상 확립
	   ㉣ 1884년 프랑스 지방자치법전
	   ㉤ 1931년 프로이센 경찰행정법
	◆ 18C 후반에 소극적 질서유지·위험방지로 경찰의 업무가 한정된 것이 실정법화되었다. (○)

2차대전 이후	① 비경찰화 : 협의의 행정경찰을 경찰의 임무에서 제외시켜 다른 행정관청의 사무로 이관하는 현상 ② 비경찰화의 결과 : 보안경찰(풍속·교통·경비·생활안전) ◆ 2차대전 이후에는 경찰사무에서 위생·영업·풍속 경찰사무 등이 제외되었다. (×)

📋 TIP

🛡 경찰의 업무한정에 관한 법률

프로이센 일반란트법	공공의 평온·안녕 및 질서를 유지하고, 또한 공중 및 그 개개 구성원들에 대한 절박한 위험을 방지하기 위하여 필요한 조치를 취하는 것은 경찰의 직무이다.
프랑스 죄와 형벌법전 (경죄처벌법전)	경찰은 공공의 질서·자유·재산 및 개인의 안전의 보호를 임무로 한다.
프랑스 지방자치법전	① 자치체 경찰은 공공의 질서·안전 및 위생을 확보함을 목적으로 한다. ② 프랑스 지방자치법전에는 경찰의 임무에 협의의 행정경찰 사무가 포함되어 있다.
프로이센 경찰행정법	① 경찰관청은 일반 또는 개인에 대한 공공의 안녕과 질서를 위협하는 위험을 방지하기 위하여 현행법의 범위 내에서 의무에 합당한 재량에 따라 조치를 취하지 않으면 안 된다. ② 크로이츠베르크 판결(1882)에 의해 발전된 실질적 의미의 경찰개념을 성문화시켰다.

04 형식적 · 실질적 의미의 경찰

1. 형식적 의미의 경찰

```
        형식적 의미의 경찰 : 실정법에 근거하여 일반 보통 경찰기관에 부여되는 임무
                              ↓                        ↓
                    • 경찰 관련 법령상 임무       • 영업 · 위생경찰 ✕
                    • 각 나라마다 다를 수 있음    • 건축 · 경제경찰 ✕

                    ◆ 제도적 · 역사적으로 발전
                    ◆ 소속(경찰청) ○ · 작용 ✕
```

① 형식적 의미의 경찰이란 경찰청 권한에 속한 모든 작용과 권한을 말함
② 조직(경찰기관)을 중심으로 파악된 개념
③ 현재의 법규정상 경찰기관이 담당하도록 규정되어 있는 사항은 그것이 소극적 질서유지에 관한 사항이든지, 적극적 서비스 성격을 띠었든지 불문하고 모두 형식적 의미의 경찰개념에 속한다고 볼 수 있음
④ 형식적 의미의 경찰과 실질적 의미의 경찰은 반드시 일치하는 것은 아니어서, 경찰기관이 행하는 경찰활동 중에서 성질상 실질적 의미의 경찰작용으로 볼 수 없는 것이 포함되어 있음

◆ 형식적 의미의 경찰은 조직법상의 경찰 개념이다. (○) (조직법 : 실정법상 근거하는 경찰청)
◆ 일반 행정기관도 형식적 의미의 경찰 작용을 하는 경우가 있다. (✕)

2. 실질적 의미의 경찰

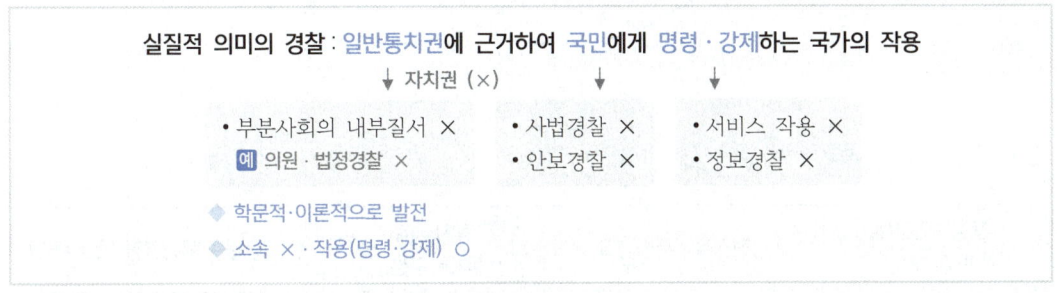

① 실질적 의미의 경찰이란, 일반적으로 사회공공의 안녕과 질서(사회목적적 작용)를 유지하기 위하여 일반통치권에 의거, 국민에게 명령 · 강제하는 권력적 작용을 말함
② 실질적 의미의 경찰은 행정조직의 일부가 아닌 작용을 중심으로 파악한 개념으로 사회목적적 작용에 해당함
③ '경찰권 발동의 한계론'도 실질적 의미의 경찰에 기초하여 성립함
④ 일반 행정기관에서도 '경찰기능'을 담당한다고 할 때의 '경찰기능'은 '일반행정' 기관이 행하는 작용이라는 실질적 의미의 경찰을 의미함

⑤ 실질적 의미의 경찰은 사회 공공의 안녕과 질서유지라는 소극적 목적을 위하여 발동되는 작용이며, 적극적으로 사회공공의 복리를 증진시키기 위하여 발동될 수 없다는 경찰소극목적의 원칙이 적용됨

◆ 특별권력 관계에 기초한 내부적 명령은 실질적 의미의 경찰이다. (×)
◆ 실질적 의미의 경찰은 일반조항을 전제로 경찰관청 권한의 포괄적 수권과 법치국가적 요청의 조화를 위해 나온 것이다. (○)

3. 실질적 의미의 경찰과 형식적 의미의 경찰의 관계

① 실질적 의미의 경찰과 형식적 의미의 경찰의 범위는 일치하는 개념이 아님
② 실질적 의미의 경찰이 모두 형식적 의미의 경찰이 되는 것은 아니며, 형식적 의미의 경찰이 모두 실질적 의미의 경찰이 되는 것도 아님
③ 형식적 의미의 경찰이 명령·강제하는 작용을 하는 경우에는 형식적 의미의 경찰과 실질적 의미의 경찰이 일치하는 경우도 있음 예 교통경찰의 교통순찰 활동 등
④ 일반행정기관이 형식적 의미의 경찰을 담당하는 경우는 있을 수 없음

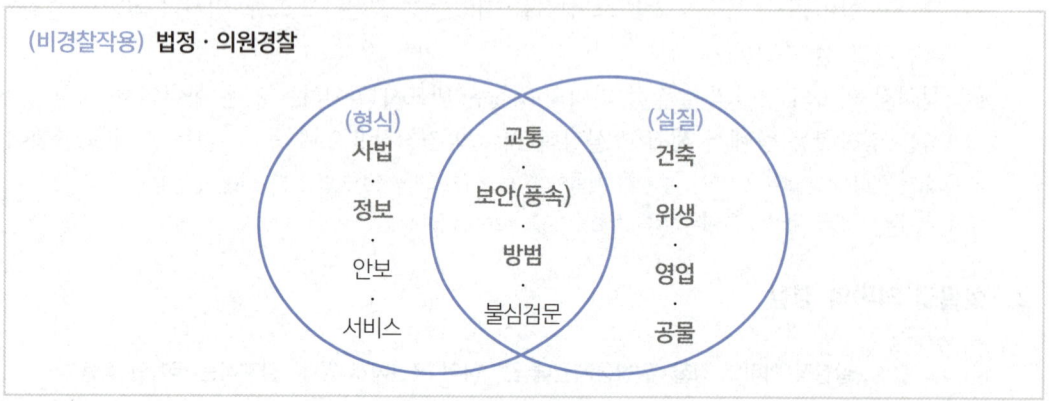

05 경찰의 분류

목적·임무에 따른 구분	행정경찰·사법경찰	독자성에 따른 구분	협의의 행정경찰·보안경찰
경찰권 발동 시점 기준	예방경찰·진압경찰	권한과 책임 소재	국가경찰·자치경찰
서비스의 질과 내용에 따라	질서경찰·봉사경찰	담당기관에 따른 분류	평시경찰·비상경찰

1. 행정경찰 · 사법경찰

- **최초 구분** : 프랑스의 죄와 형벌법전
- **한국** : 조직법상 양자를 모두 담당(조직법상 구별하지 않음)

(광의) 행정경찰	① '실질적 의미의 경찰' 개념을 토대로 이루어진 규제행정 ② 규제행정 중 공공의 안녕과 질서유지 및 위험방지 목적(권력적 작용) ③ 주로 예방경찰(사전적 예방) ④ 행정법규(경찰법규) 적용 : 경찰청장의 지휘 · 감독		
	협의의 행정경찰 (실질)	㉠ 다른 행정작용에 부수하면서 그 행정작용을 용이하게 해주는 경찰 　예 위생 · 영업 · 건축 · 철도 · 산업경찰… 등 ㉡ 조직법상 경찰이 아니다(특수한 경찰작용). ㉢ 각 주무부 장관의 소관사무	
	보안경찰 (실질 · 형식)	㉠ 다른 행정작용에 부수하지 않고, 고유한 경찰작용 　예 교통, 경비, 생활안전, 풍속경찰… 등 ㉡ 경찰청장의 소관사무(경찰청 작용)	
사법경찰	① 형식적 의미의 경찰 ② 규제행정 중 범죄수사와 범인체포 목적(통치권의 작용) ③ 주로 진압경찰 ④ 형사소송법 적용 : 국가수사본부장의 지휘 · 감독		

2. 예방경찰 · 진압경찰

예방경찰	진압경찰
① 범죄의 발생을 사전에 예방하기 위한 권력적 경찰작용과 비권력적 작용 ② 작용 예 　㉠ 총포 · 화약류의 취급제한 　㉡ 일상적 근무로 행하는 순찰활동 　㉢ 정신착란자 · 음주자의 보호조치 등 ③ 행정경찰	① 이미 발생한 범죄를 진압 · 수사하고, 피의자를 체포하기 위한 권력적 작용 ② 작용 예 　㉠ 범죄의 수사 　㉡ 범죄의 제지 　㉢ 피의자의 체포 등 ③ 사법경찰

3. 국가경찰 · 자치경찰

구분	국가경찰	자치경찰
권한과 책임의 소재	국가	지방자치단체
조직체계	중앙집권적 단일화된 명령체계	자치단체별 지방분권적 조직체계
역할	국민의 보호와 국가적 질서유지	국민의 보호와 사회공공의 안녕과 질서유지
수단	명령 · 강제라는 권력실행적 수단	권력적 수단보다 비권력적 수단을 중시

장점	① 강력한 집행력 행사가 가능하고 비상시 유리 ② 전국에 걸쳐 통일적으로 조직 운영·관리 ③ 기동성과 능률성 발휘 ④ 전국적 통계자료의 정확성 ⑤ 타 행정부문과의 긴밀한 협조·조정이 원활	① 지역 실정에 맞는 경찰조직 운영 관리 ② 지역주민에 대한 경찰의 책임감이 높음 ③ 자치단체별로 독립되어 있어 조직 운영의 개혁이 용이 ④ 인권보장과 민주성이 보장되어 주민의 지지가 용이
단점	① 경찰 본연의 업무 이외 타 행정 업무에 이용 ② 지방 실정에 적합한 치안행정 수립 곤란 ③ 지역주민을 위한 봉사자 의식 희박 ④ 각 지방의 특수성과 창의성의 저해 ⑤ 관료화의 우려와 정치적 중립성의 취약	① 집행력과 기동성이 약함 ② 통일적·광역적 경찰활동 곤란 ③ 지방세력가의 경찰행정 개입으로 경찰부패 초래 ④ 전국적 통계자료의 정확성의 곤란

4. 질서경찰·봉사경찰

질서경찰	공공의 안녕과 질서 유지하기 위해	강제력	을 1차적 수단
봉사경찰	공공의 안녕과 질서 유지하기 위해	서비스	를 1차적 수단

◆ 목적면에서는 동일하나 수단이 다름

5. 평시경찰·비상경찰

평시경찰	평시에 일반 경찰법규에 의하여 보통경찰기관이 행하는 경찰작용
비상경찰	비상시 군대가 병력으로 공공의 안녕과 질서를 유지하기 위하여 행정사무의 일환으로 경찰사무를 관장하는 작용

◆ 경찰이라 일컬어지는 비경찰작용 : 의원경찰·법정경찰

제3절 │ 경찰의 임무 및 수단

01 경찰의 기본적 임무

1. 경찰임무의 의의

① 경찰의 임무는 행정조직법상의 경찰기관을 전제로 한 개념에 해당한다.
② 경찰의 임무 중 국민의 생명·신체 및 재산의 보호는 공공의 안녕의 요소를 이루는 것이므로 궁극적으로는 공공의 안녕과 질서에 대한 위험의 방지가 경찰의 기본적 임무가 된다.

2. 공공의 안녕과 질서유지에 대한 위험방지

(1) 공공의 안녕

법질서의 불가침 (공공의 안녕의 제1요소)	사법(私法) 질서의 불가침	① 경찰은 보충적으로 개입 ② 잠정적 보호에 국한 ③ 최종 구제 : 법원
	공법(公法) 질서의 불가침	① 경찰권 발동 : 위험의 존재 또는 법규를 위반한 경우 ② 위험만 존재하면 발동 가능(위험만으로 경찰권 발동이 가능) ③ 고의·과실·가벌성·유책성은 불문 ◆ 경찰권의 발동은 구체적 가벌성에 이르지 아니하면 발동할 수 없다. (×)
국가의 기능과 존립의 불가침		경찰의 활동은 가벌성의 범위 내에만 국한되는 것은 아니며 가벌성의 범위 내에 이르지 아니하였을지라도 국민의 자유나 권리를 침해하지 아니하는 범위 내에서 수사나 정보·안보·외사활동이 가능(예비·음모·미수 단계에서도 경찰권 발동이 가능)
개인적 법익과 권리의 불가침		① 경찰은 보충적으로 개입 ② 무형의 권리에도 경찰권 발동의 대상이 된다. 예 지적재산권, 초상권 등등

◆ 공공의 안녕은 이중적 기능 : 일부는 개인과 관련되고, 일부는 국가 등 집단과 관련된 개념
◆ 개인적 법익의 보호를 위한 경찰개입청구권을 인정한다. (○)
◆ 개인적 법익의 침해가 동시에 공법규범의 위반이 되는 경우에도 잠정적 보호에만 국한되어야 한다. (×)

> **TIP**
>
> 🛡 **공법관계와 사법관계**
>
> 1. **공법관계**
>   ① 공법관계란 행정주체가 우월한 공권력의 주체로서 사인에 대하여 명령·강제하는 작용(권력작용)과 행정주체가 사업의 경영 또는 재산의 관리주체로서 사인에 대하는 관계 중 공행정(공공복리의 실현)으로 다루어지는 작용(관리작용)을 말한다.
>   ② 예컨대 국립 교육대학의 학생에 대한 퇴학처분, 국유재산의 관리청이 그 무단점유자에 대하여 하는 변상금 부과처분은 공법상의 법률행위이다.
> 2. **사법관계(행정상 사법관계)**
>   ① 행정주체가 우월적 지배자로서가 아니라 사인으로서 일반사인에 대하는 경우로 사법의 적용을 받는 관계를 사법관계라고 한다(사경제 작용).
>   ② 예컨대 국가가 물품구매계약을 하고, 건설도급계약을 하며, 은행으로부터 일시차입을 하는 관계 등은 사법관계에 해당한다.

(2) 공공의 질서

개념	① 공공질서는 유동적·추상적 개념에 해당함 ② 공공질서는 공공사회에서의 각 개인의 행동에 대한 불문규범의 총체를 의미함
적용	① 공공질서 개념의 적용은 국민의 자유와 권리가 침해될 우려가 있으므로 엄격한 합헌성의 요구를 받음 ② 오늘날에는 규범의 성문화의 요청으로 인하여 공공질서 개념의 사용 가능 분야는 점점 축소되는 경향이 있음

(3) 위험

① 위험의 개념

의의	㉠ 위험 : 경찰상 손해발생의 가능성(일종의 예측·주관적 추정을 포함)을 의미 ㉡ 손해 : 보호법익에 관한 정상적 상태의 객관적 감소를 뜻하며, 보호법익에 대한 현저한 침해 행위가 있어야만 성립(단순한 성가심, 불편함 ×)
경찰개입 요소로서의 위험	㉠ 위험의 현실화 : 위험의 개념은 일종의 예측, 즉 사실에 기인하여 향후 발생할 사건의 진행에 관한 주관적 추정을 포함하지만, 경찰권 개입으로서의 위험은 일종의 객관화를 이루는 사전 판단을 요함 ㉡ 위험이 인간의 행동에 의한 것인지 단순히 자연력의 결과에 의한 것인가는 문제되지 않음 ㉢ 경찰은 경찰책임자에 의해 야기되지 않는 이러한 위험도 방지해야 할 의무가 있음
경찰개입	㉠ 위험의 존재는 경찰개입의 최소요건에 해당 ㉡ 추상적 위험 및 구체적 위험의 존재, 위험의 실제적 발생, 법익의 침해는 경찰개입의 요건에 해당(오상위험 ×) ㉢ 경찰권의 발동에 위험이 필수적으로 존재해야 하는 것은 아니고 법규위반으로도 가능 예 야간에 빨간불에 차도를 건너는 자는 밤시간이나 또는 차도에 차가 전혀 다니지 않는다 하더라도 경찰책임자가 된다(도로교통법 위반).

② 위험의 분류

구체적 위험	가까운 장래에 공공의 안녕이나 공공의 질서에 대한 손해가 발생할 충분한 개연성이 있는 상황
추상적 위험	㉠ 구체적 위험에 대한 예상 가능성이 존재하는 것으로 단순히 가설적이고 상상적인 경우 ㉡ 경찰상 법규명령으로 위험을 방지해야 할 필요성이 있는 경우

③ 위험에 대한 인식에 따른 위험개념 : 외관적 위험, 오상위험, 위험혐의

외관적 위험	㉠ 경찰이 의무에 합당한 사려 깊은 상황판단을 했음에도 불구하고 위험을 잘못 긍정하는 경우 ㉡ 손실보상의 문제만 발생할 뿐, 민·형사상 문제는 발생하지 않음
오상위험 (추정적 위험)	㉠ 이성적이고 객관적으로 판단할 때 위험의 외관도 그 혐의도 정당화되지 아니함에도 불구하고 경찰이 위험의 존재를 잘못 추정하여 개입한 경우 ㉡ 손해배상의 문제가 발생함
위험혐의	㉠ 경찰관이 의무에 합당한 사려 깊은 상황판단을 할 때 실제로는 위험의 가능성이 예측되나 불확실한 경우 ㉡ 위험의 존재 여부가 명백해질 때까지는 예비적 조치에만 국한되어야 하고, 위험혐의는 경찰조사차원의 개입을 정당화시키는 상황

3. 범죄수사

규정	경찰권의 행사가 행정편의주의에 따라 '할 수 있다.'라고 규정되어 있는 경우가 대부분인 데 비하여, 수사에 관하여는 형사소송법 제196조가 "하여야 한다."고 규정함
위험방지와의 관계	경찰의 수사임무는 위험방지임무와 완전히 별개의 문제는 아니고, 일련의 과정 속에서 상호 연관성이 있음

4. 서비스

조직법적 근거 (일반적 수권규정)	① 비권력적 작용(서비스) : 조직법적 임무규정 필요 ② 권력적 작용 : 조직법적 임무규정 필요
작용법적 근거 (개별적 수권규정)	① 비권력적 작용(서비스) : 작용법적 근거 불요(법적 근거 ×) ② 권력적 작용 : 작용법적 근거 필요(법적 근거 ○)

02 경찰의 수단과 경찰권

1. 경찰의 수단

2. 경찰권(명령·강제를 수단)

(1) 공공의 안녕과 질서에 대한 위험방지(협의의 경찰권)

일반통치권에 근거	① 사회공공의 안녕과 질서유지하기 위하여 일반통치권에 근거하여 국민에게 명령·강제하는 권한 ◆ 서비스 (×) ② 일반통치권의 대상이 아닌 것 : 협의의 경찰권의 대상 (×) 　㉠ 행정관청이나 행정주체 : 다만, 일반 사인으로서 활동할 경우 협의의 경찰권 발동의 대상이 됨 　㉡ 부분사회의 내부질서 유지 작용 : 원칙적으로 법정경찰권이 일반경찰권보다 우선함 　　예 의원 · 법정경찰
발동 대상	① 원칙 : 경찰상 위해를 발생시킨 자(경찰책임자) ② 예외적으로 위해를 야기하지 않더라도 긴급한 경우 + 법령에 근거한 경우 협의의 경찰권 발동의 대상이 된다. (손해발생시 : 손실보상이 가능)

◆ 협의의 경찰권은 대륙법계의 실질적 의미의 경찰에 속한다. (○) (협의의 경찰권은 일반통치권에 근거하여 국민에게 명령·강제하는 권한이다)

(2) 범죄수사

① 대륙법계 : 범죄수사는 본래의 경찰의 임무가 아니다.
② 영미법계 : 범죄수사는 본래의 경찰의 임무이다.
③ 우리나라는 영미법계 영향으로, 범죄수사가 경찰의 사물관할로 규정되어 있다.

03 경찰의 관할

1. 사물관할

의의	경찰이 처리할 수 있고 또 처리해야 하는 사무내용의 범위(경찰의 임무 : ① 공공의 안녕과 질서에 대한 위험방지 ② 범죄수사 ③ 서비스)
적용	① 소극적 위험방지뿐만 아니라 적극적 서비스 영역도 경찰의 사물관할로 규정 ② 우리나라는 영미법계 국가의 영향을 받아 범죄의 수사가 경찰의 사물관할로 규정

	③ 국가정보원 직원, 군사법경찰관리, 교도소장, 근로감독관, 산림보호종사원, 선장 등은 경찰의 사물관할에서 제외 ④ 국가경찰과 자치경찰의 조직 및 운영에 관한 법률과 경찰관 직무집행법의 임무범위 외의 행위도 경찰의 사물관할에 해당한다. ◆ 국가경찰과 자치경찰의 조직 및 운영에 관한 법률과 경찰관 직무집행법의 임무로 열거되지 아니하더라도, 다른 법령규정에 의거하여 경찰의 사물관할에 해당한다.

2. 인적관할

원칙	위해 야기자(경찰책임자)
예외	대통령 · 국회의원 · 치외법권자에 대해서 일정한 제한이 따름

3. 지역관할

국회	① 국회의장은 국회의 경호를 위하여 필요시 국회운영위원회의 동의를 얻어 정부에 대하여 경찰관의 파견을 요청할 수 있으나, 이 경우에도 경찰관은 회의장 건물 밖에서만 경호하도록 제한되고 회의장 건물 내는 경위(의원경찰)가 질서유지를 담당함 ② 파견된 경찰은 국회의장 지휘를 받음 ③ 국회 내부 : 경위(의원경찰) ④ 국회 외부 : 경찰(회의장 건물 밖에서만 경호) ⑤ 국회 안 현행범 : 체포 후 의장의 지시를 받는다. ◆ 현행범 체포시 의장의 지시를 받은 후 체포 (×) ⑥ 회의장에 국회의원이 있는 경우 : 의장의 명령 없이는 체포할 수 없음
법정	① 재판장은 법정에서의 질서유지를 위하여 필요하다고 인정할 때에는 개정 전후에 상관없이 관할 경찰서장에게 경찰공무원의 파견을 요구할 수 있음 ② 재판장의 요구에 따라 파견된 경찰공무원은 법정 내외의 질서유지에 관하여 재판장의 지휘를 받음
해양	해양에서의 경찰 및 오염방제에 관한 사무를 관장하기 위하여 해양수산부 장관 소속으로 해양경찰청을 설치
치외법권 지역	① 원칙 : 외교사절의 요구나 동의가 없는 한 경찰은 들어갈 수 없음 ② 예외 : 화재나 전염병 발생 등과 같이 공안을 유지하기 위하여 긴급한 경우에는 외교사절의 동의 없이도 공관에 들어갈 수 있음
미군영 내	① 한미행정협정(SOFA) 미국 영 내외에서는 미군이 경찰권을 행사함 ② 미군이 동의한 경우와 중대한 죄를 범하고 도주하는 현행범인을 추적하는 때에는 미군 시설 내에서 범인 체포가 가능 ③ 대한민국 경찰이 체포하려는 자로서 SOFA 대상자가 아닌 자가 미군 시설 내에 있을 때에는 대한민국 경찰이 요청하는 경우에는 미군 당국은 그 자를 체포하여 즉시 인도해야 함

제4절 | 경찰의 기본이념

민주주의	① 경찰이 경찰권을 가지고 행사하는 것은 국민으로부터의 위임에 근거한 것
	② 근거규정 : 대한민국의 주권은 국민에게 있고, 모든 권력은 국민으로부터 나온다(헌법 제1조).
	③ 수단
	   ㉠ 자치경찰제도의 도입
	   ㉡ 통제(국민이 경찰을 통제하기 위해 필요) 및 권한의 분산
	   ㉢ 의사결정 과정에서의 국민의 참여
	   ㉣ 경찰 개개인의 민주의식 함양(경찰조직 내부의 민주주의도 포함하고 있다)

법치주의	① 국민의 자유와 권리를 제한하고 의무를 과하는 모든 활동은 법률로써만 가능하다는 원리
	② 근거규정
	   ㉠ 헌법 제37조 제2항 : 국민의 모든 자유와 권리는 국가안전보장·질서유지 또는 공공복리를 위하여 필요한 경우에 한하여 법률로써 제한할 수 있으며, 제한하는 경우에도 자유와 권리의 본질적인 내용을 침해할 수 없다.
	   ㉡ 행정기본법 제8조 : 행정작용은 법률에 위반되어서는 아니 되며, 국민의 권리를 제한하거나 의무를 부과하는 경우와 그 밖에 국민생활에 중요한 영향을 미치는 경우에는 법률에 근거하여야 한다.
	③ 법치주의는 경찰강제에서 가장 많이 요구되는 이념에 해당함
	④ 비권력적 작용인 서비스의 경우에는 작용법적 근거는 필요 없다(조직법적 근거는 필요함).
	   ◆ 국민에게 명령·강제하는 권력적 작용 : 개별적 수권조항이 필요
	   ◆ 순수한 임의적 활동 : 개별적 수권조항이 필요 없이 일반조항에 근거하여 활동

인권
존중주의
	① 인권의 의의
	   ㉠ 인권이란 인간존엄성의 법적 표현으로 인간이 인간이기 때문에 당연히 누리는 인간의 생래적·천부적 권리
	   ㉡ 인권과 비교하여 기본권은 헌법이 보장하는 국민의 기본적 권리에 해당
	② 근거법규
	   ㉠ 헌법 제37조 제1항 : 국민의 자유와 권리는 헌법에 열거되지 아니한 이유로 경시되지 아니한다.
	   ㉡ 국가경찰과 자치경찰의 조직 및 운영에 관한 법률 제5조
	   ㉢ 경찰관 직무집행법 제1조 제1항
	③ 인권존중주의는 범죄수사에서 가장 많이 요구되는 이념에 해당함

경영주의	① 이윤추구가 아닌, 효율성·생산성·능률성의 개념
	② 내용
	   ㉠ 생산성의 극대화를 위한 적합한 조직 예 성과급 제도
	   ㉡ 인력과 예산 및 장비는 적정하게 배분
	   ㉢ 경제성 있는 경찰력 동원 예 경비수단의 원칙 중 균형의 원칙

정치적 중립	특정 정당이나 기타 정치단체의 이익이나 이념을 위해 활동해서는 안 된다.

◆ 각 이념은 서로 연결되어서, 예를 들면 법치주의나 인권존중주의, 정치적 중립주의 등이 민주주의 이념과 서로 연결되어 있는 것처럼 완전히 독립적이지 않다.

제5절 경찰윤리와 경찰문화

01 경찰과 윤리

경찰윤리 확립의 필요성	① 강한 물리력과 재량권의 행사(자유재량 ×, 의무에 합당한 재량 ○) ② 비정상적 상황과의 직면 ③ 긴급한 상황과의 직면 ④ 위기상황에서의 경찰개입의무 ⑤ 강한 유혹(뇌물 등)에의 노출 ⑥ 배타적 집단 형성의 경향
경찰윤리 교육의 목적	**도덕적 결의의 강화** — 경찰관이 실무에서 내부 및 외부로부터의 여러 압력과 유혹에도 굴복하지 않고 자신의 소신과 직업의식에 따라 일을 처리하는 것을 말한다.
	도덕적 감수성의 배양 — 실무에서 경찰이 다양한 계층의 사람들(부자나 가난한 자)에게 모두 인간으로서 존중하고 공평하게 봉사하는 것을 말한다.
	도덕적 전문능력의 부여 — 경찰이 비판적, 반성적 사고방식을 배양하여 조직 내에 관습적으로 내려오는 관행을 비판적으로 검토하여 수용하는 것을 말한다.

02 바람직한 경찰의 역할 모델

범죄와 맞서 싸우는 자 모델	① 범죄를 저지른 용의자를 검거 내지 제압하는 인식을 반영하고 있는 것이 범죄와 맞서 싸우는 자 모델이다.
	② 특징
	   ㉠ 로크의 사회계약설에 가장 부합하는 경찰모델로서 법집행을 통한 범죄의 진압을 강조한다.
	   ㉡ 범죄와 싸우는 경찰모델은 경찰임무를 뚜렷이 인식시켜 경찰직의 전문직화 확보를 위한 긍정적인 기능을 할 수 있다.
	③ 문제점
	   ㉠ 범법자는 적이고 경찰은 정의라는 이분법적 사고방식에 의해 인권을 침해할 우려가 있다.
	   ㉡ 범죄진압업무 이외의 업무에 종사하는 경찰인의 사기 저하의 우려가 있다.

위급시 조치자 모델	경찰은 법집행 이외에도 평화의 유지와 사회봉사의 제공이 경찰업무가 되어야 한다는 이론으로, 법적 근거가 없이도 위급시 대체적 권위자로서 위기조치를 하여야 하는 것을 말한다.
사회의 강제자 모델	경찰은 막강한 강제력을 가진 공권력으로서 범죄진압은 물론 사회내에서 발생하는 각종 문제에 강제적 힘을 발휘하여 해결해야 하는 것을 말한다.
사회의 평화 유지자 모델	경찰은 사회의 평화유지자로서 사회의 평화를 교란하는 일체의 행위, 즉 범죄·질서문란행위를 사전 및 사후에 개입하여 평화를 유지하여야 한다는 입장을 말한다.
치안서비스 제공자 모델	① 치안서비스모델은 경찰의 활동을 본질적으로 시민에 대한 서비스활동과 사회봉사활동의 측면을 강조하는 것을 말한다. ② 경찰활동의 전부분을 포괄하는 개념으로서 의미를 지니고 있다.

03 경찰부패의 이해

1. 하이덴하이머의 부정부패의 정의

관직중심적 정의	부패는 뇌물수수행위와 특히 결부되어 있지만 반드시 금전적인 형태일 필요가 없는 사적인 이익에 대한 고려의 결과로 권위를 남용하는 경우를 포괄하는 용어이다.
시장중심적 정의	부패는 강제적인 가격모델로부터 자유시장모델로의 변화와 관련이 있다. 고객들은 잘 알려진 위험을 감수하고 원하는 이익을 받는 것을 확실히 하기 위하여 높은 가격(뇌물)을 지불하려고 하여 부패가 일어난다.
공익중심적 정의	어떤 일을 하도록 책임지어진 권한의 소유자 즉, 관직을 가진 사람이 법적으로 규정되어 있지 않은 금전적인 또는 다른 형태의 보수에 의하여 그런 보수를 제공하는 사람들에게 이로운 행위를 함으로써 공중의 이익에 손해를 가져올 때 부패가 일어난다.

2. 경찰부패의 이해

썩은 사과상자 이론	① 부패의 원인은 자질이 없는 경찰관들이 모집단계에서 배제되지 못하고 조직 내에 유입됨으로써 경찰의 부패가 나타난다는 이론 ② 경찰부패의 원인을 개인의 윤리적 성향에서 찾음
전체사회 가설	① 미국 시카고경찰의 부패원인을 분석하던 윌슨이 내린 결론(시카고 시민이 경찰을 부패시켰다) ② 사회 전체가 경찰의 부패를 묵인하거나 조장할 때 경찰관은 자연스럽게 부패행위를 하게 되며 처음 단계에는 설령 불법적인 행위를 하지 않더라도 작은 호의와 같은 것에 길들여져 나중에는 명백한 부정부패로 빠져들게 된다고 설명함 ③ 시민사회의 부패가 경찰부패의 원인이 된다고 봄 ④ 미끄러지기 쉬운 경사로 이론과 유사함
구조 원인가설	① 니더호퍼, 로벅, 바커 등이 주장한 가설 ② 신참경찰관들이 그들의 고참동료들에 의해 조직의 부패전통 내에서 사회화됨으로써 부패의 길로 들어선다는 입장 ③ 이런 부패의 관행은 경찰관들 사이에서 침묵의 규범으로 받아들여짐

◆ 깨진 유리창 이론 : 기초질서 위반사범, 무관용의 원칙과 관련 있음

04 내부고발과 침묵의 규범

구분	내용
내부고발	① 내부고발(Whistle-blowing)은 동료나 상사의 부정에 대해 외부기관에 공표하는 행위 　◆ Deep throat : Deep throat는 '내부고발자'를 말하며 휘슬 블로어(Whistle-blower)라고도 한다. ② 내부고발의 정당화 요건 　㉠ 자신의 도덕적 가치관에 기초 : 적절한 도덕적 동기에 의해 이루어져야 한다. 　㉡ 내부고발 전에는 내부적 채널을 먼저 사용해야 한다(최후의 수단). 　㉢ 자신의 신념이 합리적 증거에 근거하였는지 확인하여야 한다. 　㉣ 성공 가능성이 필요하다. 　　◆ 성공 가능성 여부를 고려대상으로 삼아서는 안 된다. (×)

침묵의 규범	휘슬블로잉과 정반대의 태도를 취하는 것으로서 동료나 상사의 부정부패에 대하여 눈감아주는 것을 말한다. ◆ Busy bodiness : 남의 비행에 일일이 참견하는 것 ◆ Moral hazard : 도덕적 해이

05 작은 호의 수령의 찬반양론

구분	내용
찬성론	사회형성재 이론 : 작은 사례나 호의는 긍정적 사회관계를 만들어주는 형성재의 역할을 한다.
반대론	셔먼은 부패에 해당하지 않는 작은 호의가 나중에 큰 부패로 이어진다는 미끄러지기 쉬운 경사로 이론을 전개하였다.

06 경찰문화

1. 전문직업화의 문제점

전문직업적 부권주의	① 전문가가 비전문가의 판단을 전혀 고려하지 않고, 일방적으로 결정하는 것 ② 경찰서비스의 질의 저하를 초래함
차별	① 고학력을 요구할 경우, 경제적 약자처럼 교육기회를 갖지 못한 사람의 공직진출 제한 ② 전문직이 되기 위해서는 장기간 교육과 비용이 들어가는데, 가난한 사람들은 전문가가 되는 것을 상실하는 것
소외	① 전문가는 자신의 분야에만 관심이 있고, 다른 분야에 대해 소홀하게 된다. ② '숲은 보지 못하고 나무만 본다'라는 단점을 가지고 있다.
사적인 이익을 위한 허용	전문가들은 그들의 지식과 기술로 상당한 지위와 힘을 보류하는데 때로는 이러한 힘을 공익보다는 사적인 이익을 위해서만 이용하기도 함

2. 냉소주의 ⇔ 회의주의 ◆ 냉소주의와 회의주의 공통점 : 불신을 바탕

냉소주의	① 의의 : 냉소주의(자신의 신념체제가 붕괴되었지만 새로운 것에 의해 대체되지 않을 때 나타나는 아노미 현상)는 대개 도덕적 의심에 근거한 불신을 반영한 것으로 대상이 특정되어 있지 않고 정치 일반, 경찰제도 전반에 대하여 아무런 근거 없이 신뢰하지 않는 것으로서 대상을 개선시키겠다는 의지가 없다. ② 냉소주의는 경찰의 전문직업화를 저해할 수 있다. ③ 냉소주의의 극복방안 : 의사 결정 과정에서의 참여, 상사와 부하의 신뢰 회복, 커뮤니케이션의 개선, Y이론에 의한 관리
회의주의	냉소주의와 마찬가지로 불신을 내용으로 하지만 대상이 특정화되어 있고, 특정대상을 합리적으로 의심하는 것이다. 건전한 회의주의는 대상을 개선시키겠다는 의지가 있다.

참고 맥그리거의 X·Y이론

맥그리거의 X이론	① 가정 : 인간은 원래 태만하고 되도록 적게 일하려고 하며, 선천적으로 이기적이고 책임지기를 싫어할 뿐 아니라 조직의 목적에 무관심하고 주로 안정과 경제적인 만족을 추구한다는 것이다. ② X이론에 의한 관리전략 : X이론에 의한 경우에는 강압적·권위적 관리전략을 채택하게 된다고 한다.
맥그리거의 Y이론	① 가정 : 인간은 부지런하고 책임과 자율성 및 창조성을 발휘하고 싶어하며 조직의 목적을 달성하는 데에 적극 참여하여 자아실현을 추구하고자 한다는 것이다. ② Y이론에 의한 관리전략 : Y이론에 의한 경우에는 민주적인 관리전략이 채택된다.

3. 냉소주의와 회의주의의 비교

냉소주의	회의주의
① 대상에 대한 신념의 결여 ② 대상이 특정 × ③ 개선의 의지 無	① 대상에 대한 신념의 결여 ② 대상이 특정 ○ ③ 개선의 의지 有

07 사회계약설

구분	내용
홉스	① 자연상태(국가·사회 성립 이전의 상태) 　㉠ '만인에 대한 만인의 투쟁상태'(약육강식) 　㉡ 자기보존본능에 충실한 이기적 인간을 전제로 함 ② 사회계약의 목적 : 투쟁의 종식 ③ 사회계약의 방식 : 자연권을 군주에게 전면적 양도 ④ 인간의 안전을 도모할 위대한 권력(국가)의 필요성을 강조 ⑤ 저항권 : 인정하지 않음 ⑥ 저서인 리바이어던(Leviathan)에서 언급함
로크	① 자연상태 　㉠ 일정부분 자연권의 향유(원시적 평등사회) 　㉡ 일정부분 자연권에 의한 제약이 있고, 안전이 결여된 상태 ② 사회계약의 방식 : 자연권의 일부를 국왕에게 신탁 　화폐출현 → 부의 축적 → ・생명보호의 필요성 　　　　　　　　　　　　　　・재산보호의 필요성　　→ 소극적 질서유지·위험방지 　　　　사회계약의 목적 ←　・분쟁시 조정자의 역할 　　　　　　　　　　　　　　　(시비를 판단할 척도 필요) ③ 국가(경찰)는 그 업무가 소극적 질서유지, 위험방지로 한정 ④ 최소한의 정부가 최선의 정부 ⑤ 저항권 : 인정 ⑥ 사회계약의 당사자 : 국가와 국민 전체

루소	① 인간은 본래 선한 존재(성선설) ② 자연상태 : 평등한 고립자 ③ 일반의지의 실현 때문에 사회계약

08 사회계약설로 도출되는 경찰의 기준(코헨과 펠트버그)

공정한 접근의 보장	① 차별 금지, 편들기 금지, 무시 금지 ② 경찰은 사회 전체의 필요에 의해 생긴 기구이므로 차별 금지 ┌──────┬─────────────────────────────────┐ │ 편들기 │ 친구나 동료들에게 특혜를 주는 것 │ │ 해태·무시 │ 특정 요구를 의도적으로 게을리하거나 아예 무시 │ └──────┴─────────────────────────────────┘ **사례** ① 甲은 자신의 가게에서 패싸움을 하자, 지구대에 신고하였는데, 甲이 전과자라는 이유로 출동하지 아니한 경우 ② 잘사는 동네를 순찰시 친절하고 공정하게 하면서, 못사는 동네 순찰시 불성실하게 한 경우 ③ 음주단속을 하던 A경찰서 직원이 B경찰서 김경위를 적발하고도 이를 동료 경찰관이라는 이유로 눈감아 주었다(편들기).
냉정하고 객관적인 자세	① 경찰은 사회 전체의 이익을 염두에 두고 활동해야 함 ② 무관심(냉소주의) ③ 과도한 개입은 금지(감정이입 금지, 개인적 편견 금지, 객관성 저해, 지나친 관여 금지) **사례** 어려서부터 가정폭력으로 자란 경찰 甲은 가정폭력문제는 언제나 남자 쪽에 책임이 있다고 생각하고, 여자 쪽에만 서서 수사한 경우
생명과 재산의 안전보호	① 경찰활동의 목적 ② 법 집행 : 생명보호의 수단 **사례** 오토바이를 타고 도망을 가는 절도범을 과도하게 추격하여 결국 위 절도범이 전봇대에 충격하여 사망하였다. ③ 경찰활동의 결과 사망의 결과가 발생한 경우 ㉠ 원칙 : 생명과 재산의 안전보호 ㉡ 예외 : 공공의 신뢰 확보 : 무기를 수단으로 생명을 침해한 경우 예 도주하는 절도범을 등 뒤에서 총을 쏘아 사망케 한 경우
공공의 신뢰 확보	① 경찰은 국민의 대리자 역할을 신뢰(자력구제 ×) ② 경찰권 발동 요청시 경찰권 발동을 신뢰 ③ 경찰권 발동시 **최소침해** 야기를 신뢰 ④ 경찰은 사익을 위해 경찰권을 발동하지 않을 것이다. ◆ 공적기관이 수사, 공소제기, 재판 등 업무수행 **사례** ① 도주하는 절도범을 등 뒤에서 총을 쏘아 사망케 한 경우 ② 컴퓨터를 도둑맞고 옆집 사는 사람이 의심스러웠으나, 직접 물건을 찾지 않고, 경찰에 신고하여 범인을 체포한 경우 ③ 시위를 진압하면서 최루탄의 과도한 사용 등 과잉진압으로 국민으로부터 지탄을 받은 경우 ④ 신고를 받고 출동한 경찰 甲은 강도가 든 흉기를 보고, 자신의 안위가 걱정되어 쫓는 척만 한 경우 ⑤ 경찰관이 뇌물을 받고, 많은 시민들에게 지탄을 받은 경우
협동	① 기관 간 또는 기관 내부 간의 협조(공조수사) ② 경찰의 업무 한계를 규정 : 협동위반은 역할한계의 오류를 범한 것 ◆ 협동은 기관 간의 협조를 말하고 기관 내부적 협조는 제외하고 있다. (×)

TIP

경찰윤리강령의 문제점
① 집행가능성의 문제 : 윤리강령은 법적 강제력이 없기 때문에 위반했을 경우 제재할 방법이 없다.
② 냉소주의의 문제 : 직원들의 참여에 의하여 이루진 것이 아니라 상부에서 제정하여 하달됨으로써 냉소주의를 야기할 수 있음
③ 최소주의의 위험 : 경찰강령이 근무수행의 최소기준이 될 수 있다.
④ 행위중심적 성격 : 행위 이전의 의도나 동기를 소홀히 할 위험이 있다.
⑤ 비자발성의 조장 : 외부로부터 요구된 것으로서 타율성으로 인해 진정한 봉사가 이루어지지 않을 수 있다.
⑥ 우선순위의 미결정 : 현실문제에 있어서 무엇을 먼저하고 무엇을 나중에 해야 할지 우선순위를 결정하는 기준이 되지 못한다.

CHAPTER 02 한국경찰의 역사와 제도

제1절 개요

01 우리나라에서의 경찰개념의 형성

대륙법계적 경찰개념의 도입	프랑스의 죄와 형벌법전 제16조의 규정이 일본의 1875년의 행정경찰규칙의 모범이 되었고, 이것이 1894(갑오경장)년 우리나라의 행정경찰장정(行政警察章程)을 통하여 우리나라에 그대로 이식됨
영·미법계 경찰개념의 도입	영·미법계 경찰개념은 미군정기에 도입되어 우리나라의 경찰관 직무집행법에 국민의 생명·신체·재산의 보호가 경찰의 책무로 반영됨

02 한국경찰사의 중요시대 구분

갑오경장 (1894년)	① 경무청의 신설로 경찰권의 일원화·경찰권의 집중화
	② 경찰과 행정과 군사의 분화가 시작됨
	◆ 갑오경장 이전까지의 경찰
	   ㉠ 경찰·행정의 미분화
	   ㉡ 경찰권의 일원화 (×)
	   ㉢ 전제왕권을 공고히 하는 역할을 담당
	③ 근대적 의미의 경찰제도가 시행
	   ㉠ 경찰이라는 용어가 등장(통설)
	   ㉡ 갑오경장을 통하여 경찰에 관한 조직법적·작용법적 근거가 마련되어 외형상으로는 근대 국가적 경찰체제가 갖추어짐
	④ 최초 경찰조직법·작용법이 만들어짐

8·15해방	6인의 중앙경찰위원회 – 민주적 요소의 도입
경찰법 제정 (1991년)	① 경찰이 내무부의 외청으로 존속한다는 점에서 반독립의 형식(완전한 독립 ×) ② 경찰청장과 지방경찰청장의 행정관청화 ③ 경찰법 제정 : 경찰조직에 관한 기본법을 마련

제2절 | 갑오경장 이전의 경찰제도

01 고조선과 한사군 시대

고조선	① 사서(史書)의 부재(不在)로 형률로써 그 시대상을 추정
	② 8조 금법 ◆ 손괴 (×), 강도 (×)
	    ㉠ 살인죄(생명) : 사람을 죽인 자 사형(생명존중사상을 엿볼 수 있다)
	    ㉡ 상해죄(신체) : 곡물로 배상
	    ㉢ 절도죄(재산) : 남자는 '노'로, 여자는 '비'가 되나, 스스로 속하려 하는 자는 오십만 전을 내야 한다.
	③ 개인의 생명·신체·재산의 보호에도 관심이 있었다.

한사군	<table><tr><td>군</td><td colspan="2">문관(태수), 무관(도위)</td></tr><tr><td rowspan="2">현</td><td>만호 이상</td><td>현령 – 장리(승) – 소리(두식)</td></tr><tr><td>만호 미만</td><td>현 – 장리(위) – 소리(좌사)</td></tr><tr><td>경</td><td colspan="2">삼로(교화를 주관), 유요(도적방비)</td></tr><tr><td>정</td><td colspan="2">정장(도적검거)</td></tr><tr><td>리</td><td colspan="2">이괴(풍속담당)</td></tr></table>◆ 위·유요·정장에게는 오병(五兵)을 주어 도적을 검거하는 일을 담당 ◆ 한사군 시대에도 문관과 무관의 관직구분이 있었다. ◆ 한사군 시대에는 도적의 검거 등을 통한 민생치안적 경찰과 풍속경찰 등의 비교적 완비된 형태의 경찰제도를 갖추었음

02 부족국가 시대

부여	① 5부족 부족연맹체 국가 : 마가·우가·저가·구가의 4출도와 중앙의 왕 ② 제천행사 : 영고(죄인을 방면 : 전국 도처에 감옥이 있었다) ③ 1책 12법 ④ 부인으로 간음하거나 투기한 자 사형 ⑤ 가부장적 사회질서를 위한 엄한 형벌
고구려	① 5부족 연맹체 국가 ② 대가(大加)들에 의한 제가평의가 존재하여 부족연맹체 국가임을 증명함 ③ 제천행사 : 동맹 ④ 1책 12법 ⑤ 엄한 형벌과 부담으로, 사회질서를 유지 ⑥ 감옥(뇌옥)이 없었다.

옥저와 동예	① 동예 : 책화제도
	    ㉠ 부족의 생활권을 보장
	    ㉡ 읍락마다 경계를 정하여 경계를 침범할 경우 노예나 우마로 배상
	② 살인자는 사형에 처하고, 도적이 적은 특색이 있다.

| 삼한 | ① 제사와 정치가 분리(제정분리의 사회)
② 제사 : 천군(천관)
③ 정치 : 신지·견지(세속의 지배자가 담당)
④ 소도 : 천군이 다스리는 지역(치외법권 지역) |

03 삼국시대

고구려	① 14관등 체제 ② 수도(5부) : 대대로·선인 ③ 지방(5부) : 욕살(지방행정 + 치안행정)
백제	① 경찰기능 　㉠ 수도(5부) : 달솔 　㉡ 지방(5방) : 방령(지방행정 + 치안행정) ② 관인수재죄 　㉠ 뇌물을 받은 관리는 3배로 배상 　㉡ 공무원 범죄가 성립해 있었다. ◆ 삼국시대에는 공무원 범죄가 성립하였다. (○)
신라	① 수도 : 6촌을 개편한 6부 ② 지방 　㉠ 5주 : 군주(지방행정 + 치안행정) 　㉡ 2소경(특별행정관청) : 사신

04 통일신라 시대

중앙	① 병부 : 군사(병마행정) ② 사정부 : 관리들의 감찰 ③ 이방부 : 좌·우 이방부로 나뉘어 범죄의 수사와 집행
지방	① 9주 : 총관(지방행정 + 치안행정) ② 5소경 : 사신
범죄유형	일반범죄	① 살인·절도 ② 오역죄
	관리의 직무 관련 범죄	① 배공영사죄(관물 횡령죄) ② 불휼국사죄(직무유기죄)
	왕권보호를 위한 범죄	① 모반죄, 모대역죄(반역죄) ② 지역사 불고언죄(불고지죄)
기타	① 해양경찰기능의 출현 : 장보고(청해진) ② 집행방법의 잔인화와 형의 종류의 세분화(통치체제 유지목적) ◆ 고려 : 죄목의 세분화(사회의 발달에 따른 범죄의 다양화에 대응하기 위함)

05 고려시대

중앙	① 형부 : 형률 + 사법경찰의 역할을 수행 ◆ 조선(형조)
	② 병부 : 군사 + 행정경찰의 역할을 수행 ◆ 조선(병조)
	③ 금오위 : 포도금란의 사무 + 수도경찰의 업무 + 비위예방의 업무
	   ◆ 조선(한성부)
	④ 중추원 : 왕의 비서 기관 + 왕궁경비
	   ◆ 조선(위장·부장 : 수도의 경비경찰)
	⑤ 어사대 : 관리감찰 + 풍속경찰 ◆ 조선(사헌부)
	   ◆ 경찰은 어느 한 기관에서 독자적으로 담당하였다. (×)

지방	① 안찰사 : 각 도의 장 ◆ 조선(관찰사) ② 위아(現. 경찰서) 현위(現. 경찰서장) ◆ 조선(포도청)

특수
경찰기구
	① 삼별초(야간순찰 + 전투경찰 + 무신정권의 사병역할)
	② 순마소(순군만호부) : 방도금란 + 왕권보호를 위한 정치경찰을 담당
	   ◆ 조선(의금부) (순수한 경찰사무 ×)
	   ◆ 순마소는 순수한 경찰 역할만 담당하였다. (×)

06 조선시대

한성부	① 수도 한성의 경찰업무를 담당 ② 행정경찰 + 사법경찰 ③ 경미한 법익의 침해 행위(경범죄까지 담당)

특수
경찰기구
	① 의금부 : 왕족범죄를 **포함한** 특별사법범죄를 담당 ◆ 제외한 (×)
	② 다모
	   ㉠ 근대 여경의 선두 역할
	   ㉡ 포도청 소속의 관비

포도청	① 최초의 전문적 경찰기관
	   ㉠ 일원적 경찰기구 (×)
	   ㉡ 경찰권의 일원화 (×)
	   ㉢ 경찰권의 집중 (×)
	② 성종 2년 : 포도장제에 기원
	③ 중종 때 상설기구화 및 중종 때 포도청이라는 용어의 등장(다수설)
	④ 갑오경장 때 폐지
	⑤ 지방 : 토포청, 토포아문(수장 : 토포사)

직수 (直囚) 아문	① 각 관청이 직권에 의해 위법자를 체포하고 구금하는 권한 ② 경찰권이 일원화 되지 못함을 단적으로 증명 ③ 갑오경장 때 폐지 ◆ 갑오경장 이후 감옥사무는 경무청에서 담당

제3절 | 갑오경장 ~ 한일합방

갑오경장
(1894)
		① 비자주적 개혁(식민지화 과정)
		② 일본 각의에서 경찰 창설요구 : 경찰을 법무아문하에 창설할 것을 정하였다가 곧 내무아문으로 소속을 변경
		③ 경찰에 관한 조직법적·작용법적 근거가 마련(경무청관제직장, 행정경찰장정)
		④ 경찰이 행정과 군사기능과의 분화가 된 시기
		    ㉠ 조직상 경찰과 행정이 분화되었다.
		    ㉡ 경찰권은 경무청으로 일원화
		⑤ 경찰이라는 용어가 처음으로 등장
		⑥ 외형상 근대 국가적 경찰 체계를 갖추었다.

	경무청 관제직장	① 최초의 경찰조직법 ② 내무아문 소속의 경무청 창설 ③ 경무청은 한성부 내의 경찰사무와 감옥사무로 업무가 한정되고, 각 지방은 관찰사가 일반행정권과 경찰권을 통합적으로 행사 ④ 당시의 경무청은 전국 경찰이 아닌 한성부 내의 경찰에 해당 ⑤ 경무청의 장인 경무사로 하여금 범죄를 법사에 이송토록 하는 임무를 부여 ⑥ 동 관제에 의하여 최초로 한성부에 '경찰지서'가 설치되고, '경무관'을 서장으로 삼음 ⑦ 일본의 경시청 관제를 모방
	행정 경찰장정	① 최초의 경찰작용법 ② 일본의 행정경찰규칙(1875년)과 위경죄즉결례(1885년)를 혼합해서 한문으로 옮겨놓은 것 ③ 경찰의 임무 영역이 경찰뿐만 아니라 영업·위생·소방 등 광범위한 영역까지 담당하였음 ◆ 경찰과 행정의 분화가 제대로 이루어진 것은 아니다.
내부경찰 체제 (1895 ~ 1900)		① 내부관제의 제정 : 내부대신의 경찰 지휘권을 강화함 ② 내부 경찰체제는 한성부 내의 경찰에 해당함 ③ 지방관제의 제정 : 지방의 관찰사의 지휘를 받는 경무관 등을 둠 ④ 지방경찰규칙 : 지방 경찰의 작용법적 근거를 마련

경부경찰
체제
(1900 ~ 1902)
		① 경찰이 내부로부터 독립하여 경부가 신설(독립된 관청 역할)
		② 관장범위
		    ㉠ 한성·개항장의 경찰사무·감옥사무 : 경부에서 직접 담당
		    ㉡ 지방 : 관찰사를 보좌하는 총순을 파견
		    ㉢ 2원적 체제로 운영 : 경부는 관장범위가 한성 및 개항장의 경찰사무와 감옥사무로 국한되고, 지방에는 총순을 두어 관찰사를 보좌하는 2원적 체제로 운영
		③ 1년 만에 폐지

(대) 경무청 체제 (1902 ~ 1905)		① 경부에서 내부소속의 경무청으로 축소 ② 전국경찰 ③ 현 경찰청의 원형

통감부 경무부 체제 (1905 ~ 1907)	① 경무청을 한성부 내의 경찰로 축소시키는 한편 통감부 산하에 별도의 경찰조직을 설립, 직접 지휘 ② 지방 경찰체제가 정비 : '지방 13도 각 관찰부 경무서 및 분서 설치에 관한 건(1906년)'으로, 지방에도 경무관을 장으로 하는 경무서가 설치되기 시작하고, 총순을 장으로 하는 경무분서가 설치됨
경시청 체제 (1907)	① 경찰의 명칭과 관직의 일본화 ② 일본경찰이 한국경찰로의 흡수(일본경찰과 한국경찰의 통합)
통감부 · 내부 · 경무국 체제 (1907 ~ 식민지기)	① 내부관제의 개정 : 이때 감옥에 관한 사무가 경찰사무에서 제외 ② 지방 경찰의 지휘조직이 생겨나 지방경찰청의 원형이 됨 : 1908년 7월 '지방관제'의 결과로 도 관찰사, 경찰부, 경찰서의 지휘체계가 확립되었다.

💾 TIP

🛡 한국 경찰권의 완전상실과정 순서 및 내용(1908 ~ 1910)

① 경찰 사무에 관한 **취**극서 : 일본인에 대한 지휘 · 감독권을 일본에 위양
② **재**(在) 한국 외국인민에 대한 경찰사무에 관한 한 · 일 협정 : 외국인에 대한 지휘 · 감독권을 일본에 위양
③ 한국 **사**법 및 감옥사무 위탁 각서 : 범죄수사권과 감옥사무를 일본에 위양
④ 한국 **경**찰사무 위탁에 관한 각서 : 경찰의 권한을 전부 일본에게 위탁

제4절 | 식민지기의 경찰

일본헌병	① 일본헌병의 최초 진입 : 1894년 청 · 일 전쟁 ② 주둔 : 1896년 군용 전신선 보호 명목 ③ 일본의 1881년 헌병조례 의거 　㉠ 조선에 처음 진입할 때부터 군사 + 행정 + 사법경찰 역할까지 담당 　㉡ 을미사변 이후에는 고등경찰 역할까지 담당 　　◆ 일본의 헌병경찰은 을미사변 이후부터 행정경찰권과 사법경찰권을 겸하였다. (×) ④ 한일합방 이후의 헌병경찰(1910) 　㉠ 헌병이 경찰을 겸직 　㉡ 일제 강점기 헌병경찰은 3 · 1운동을 계기로 폐지됨 　㉢ 경무총감부 설치 　　ⓐ 서울과 황궁의 경찰사무는 경무총감부 직할로, 각 도는 경무총장의 지휘를 받아 경무부가 경찰사무를 관장 　　ⓑ 한일합방 때 설치되어(1910년) 3 · 1운동 때 폐지(1919년) 　㉣ 역할분담 ┬ 도시와 개항장 : 일반경찰 　　　　　　└ 군사상 필요한 지역(의병활동지역) : 헌병경찰 　㉤ 헌병경찰의 임무 : 일본어 보급 · 집달리 업무 · 부업의 장려 · 민사소송의 조정 등 광범위한 영역의 업무까지 담당

3·1운동 이후	① 3·1운동을 계기로 헌병경찰제에서 보통경찰제로 전환하였다. ② 경무총감부가 폐지되고, 경무국을 설치하여 전국의 경찰사무와 위생사무를 감독하였다. ③ 보통경찰제도로 전환되었다고는 하나 기본적으로 경찰의 직무와 권한에는 변화가 없어, 치안유지 업무 이외에 각종 조장(助長)행정에의 원조, 민사쟁송조정사무, 집달리사무 등도 계속하여 경찰이 맡아 수행하였다. ④ 3·1운동을 기화로 정치범처벌법을 제정하여 단속체제는 한층 강화되었으며, 일본에서 1925년에 제정된 치안유지법도 우리나라에 적용되는 등 탄압의 지배체제는 한층 강화되었다. ⑤ 총독에게 주어진 제령권(制令權)과 경무총장, 경무부장 등의 명령권 등을 통한 각종 치안입법으로, 전제주의적·제국주의적 경찰권의 행사가 가능하였다.

제5절 | 대한민국 임시정부기 경찰

상해임시정부
시기
(1919~1932)
	내무부 아래 경무국, 연통제(경무사), 대한교민단 산하 의경대가 경찰기구로 운영되었다.
	① 경무국
	   ㉠ 1919년 '대한민국 임시정부 장정'에 근거하여 설치되었으며, 초대 경무국장으로 백범 김구 선생이 임명되면서 경무국의 구성과 활동이 시작되었다.
	   ㉡ 이 시기에는 경찰 운영을 위하여 정식 예산이 편성되었고, 규정에 의해 소정의 월급이 지급되었다.
	② 연통제(경무사)
	   ㉠ 상해 임시정부는 국내와 연계하여 연락 및 정보의 수집, 선전활동, 정부재정 확보 등을 위해 연통제를 실시하였다.
	   ㉡ 국내 각 도 단위의 경찰행정기관으로 독판부를 설치하였으며, 독판부 산하의 경찰기구로 경무사를 두었다.
	③ 의경대
	   ㉠ 임시정부는 '임시 거류민단제'를 통해 교민들의 자치제도를 공인하였고, 교민단체는 '의경대 조례'를 통해 자치경찰조직인 의경대를 조직하였다.
	   ㉡ 의경대는 교민사회의 안녕과 질서유지 및 밀정의 색출 등의 업무를 담당하였는데 의경대의 교민사회 유지활동은 임시정부 수호에도 기여하였다.

중경임시정부
시기
(1940~1945)
	경무과와 경위대가 경찰기구로서 운영되었다.
	① 경무과
	   ㉠ 1940년 임시정부가 중경에 자리 잡으면서 정부조직법이 개편되어, '대한민국 잠행관제'에 의해 내무부 산하에 경무과가 만들어졌다.
	   ㉡ 경무과는 일반경찰사무, 인구조사, 징병 및 징발, 국내정보 및 적 정보수집 등의 업무를 수행하였다.
	② 경위대
	   ㉠ 1941년 정부를 수호하기 위하여 내무부 직속으로 경찰조직인 경위대를 설치하고, 경위대 규정을 따로 두었다.
	   ㉡ 경위대의 주요 임무는 임시정부 청사를 경비하고, 임시정부 주요 요인을 보호하는 것으로 군사조직이 아닌 경찰조직이었다.

제 6 절 | 미군정 시대(1945 ~ 1948)

미군정기의
경찰제도
	① 경찰조직의 개편
	   ⊙ 경찰이 경무부(경찰부)로 승격되어 개편
	   ⓒ 지방경찰도 시·도지사로부터 분리되어 독립한 경찰사무를 담당
	② 민주적 요소의 도입 : 6인의 중앙 경찰위원회(합의제)

경찰사무
조직의 정비
	① 비경찰화 작업
	   ⊙ 위생사무 이관
	   ⓒ 경제경찰 폐지
	   ⓒ 검열·출판업무의 이관 : 공연장의 질서유지는 경찰이 담당
	   ⓔ 고등경찰 폐지, 정보과 신설
	② 경찰 사법권 폐지
	   ⊙ 경찰이 가지는 협의의 사법권(기소권) 폐지
	   ⓒ 경찰서장의 즉결처분권과 훈계방면권을 사법부에 정식으로 이관
	③ 여자경찰서 신설 : 여성 관련 업무 + 소년업무를 담당
	④ 조직법적, 작용법적 정비가 이루어졌다(치안유지법, 정치범처벌법, 예비검속법이 1945년에 폐지되고, 보안법이 1948년 폐지되었다).
	◆ 법률의 정비는 비교적 철저하였으나, 인력과 제도의 개혁은 미흡하였다.
	◆ 경찰의 이념에 민주적 요소가 도입되었으나, 민주적으로 개혁할 기회를 갖지 못했다.
	  (민주적 요소 ○, 민주적 개혁 ×)

제 7 절 | 내무부 치안국·치안본부시대(1948 ~ 1991)

내무부 경찰
체제의 출범
	① 중앙경찰기구(내무부 치안국·치안본부)
	   ⊙ 경찰조직이 '부(部)'에서 '국(局)'으로 격하됨
	   ⓒ 당시에 우리의 중앙경찰조직은 관청으로서의 지위도 없이 내무부의 일개 보조기관에 해당
	② 지방경찰조직(시·도 경찰국) : 지방경찰도 1991년 경찰법이 제정될 때까지 관청으로서의 지위를 얻지 못하고 시·도지사의 보조기관에 해당함
	◆ 경찰서장은 행정관청으로서 1991년 이전에도 우리 경찰에서 유일하게 행정관청으로서의 지위를 가지고 있었다.

경찰 관계
법령의 제정
	① 1953년 12월 경찰관 직무집행법이 제정되어 경찰관의 직무집행에 관한 기본법이 마련됨
	   ⊙ 국민의 생명, 신체, 재산의 보호(제1조)라는 영미법적인 사고가 동법에 반영
	   ⓒ 국민의 생명, 신체, 재산의 보호를 최초로 규정한 경찰법규
	② 1969년 1월 7일 경찰공무원법이 처음으로 제정되어 그 동안 국가공무원법에 의거하던 경찰공무원을 특별법으로 규율
	◆ 당시에는 경찰 조직에 관한 일반법(경찰법)의 부재로, 정부조직법으로 대체하여 사용

경찰사무의 변화	경제경찰, 철도경찰, 소방경찰, 여자경찰(그러나 치안본부시절인 1975년 소방과가 내무부 민방위본부 소방국으로 이관)

제8절 | 1991년 경찰법 제정 이후(경찰 조직에 관한 기본법)

경찰법 제정의 의의		① 경찰의 조직법적 근거를 갖추었다. ② 경찰법의 제정으로 종래 내무부의 보조기관이었던 치안본부가 내무부로부터 부분적이나마 독립하게 되었다(완전한 독립 ×). ③ 지방경찰도 시·도지사의 보조기관에서 독립된 관청으로 승격되었다. ④ 기존에는 내무부의 보조기관에 불과하던 경찰청장과 지방경찰청장이 행정관청화되었다.
경찰헌장의 제정	경찰헌장의 변천과정	경찰윤리헌장(1966년) ⇨ 새 경찰신조(1980년) ⇨ 경찰헌장(1991년) ⇨ 경찰서비스헌장(1998년)
	경찰헌장의 내용	① 친절한 경찰 : 우리는 모든 사람의 인격을 존중하고 누구에게나 따뜻하게 봉사하는 친절한 경찰이다. ② 의로운 경찰 : 우리는 정의의 이름으로 진실을 추구하며, 어떠한 불의나 불법과도 타협하지 않는 의로운 경찰이다. ③ 공정한 경찰 : 우리는 국민의 신뢰를 바탕으로 오직 양심에 따라 법을 집행하는 공정한 경찰이다. ④ 근면한 경찰 : 우리는 건전한 상식 위에 전문지식을 갈고 닦아 맡은 일을 성실하게 수행하는 근면한 경찰이다. ⑤ 깨끗한 경찰 : 우리는 화합과 단결 속에 항상 규율을 지키며, 검소하게 생활하는 깨끗한 경찰이다.

제9절 | 한국경찰사에 길이 빛날 경찰의 표상

경찰의 표상	내용
백범 김구선생	① 민족의 사표 ② 대한민국 임시정부의 초대 경무국장
나석주 의사	임시정부 경무국 경호원 및 의경대원으로 활동하였고 1926년 12월 식민수탈의 심장인 식산은행과 동양척식회사에 폭탄을 투척함
안맥결 총경	① 독립운동가 출신의 여성 경찰관 ② 1946년 미국정하 제1기 여자 경찰간부로 임용되어 1952년부터 2년간 서울 여자 경찰서장을 역임함 ③ 1957년 국립경찰전문학교 교수로 발령받아 후배 경찰교육에 힘쓰다 1961년 5·16군사정변이 일어나자 군사정권에 협력할 수 없다며 사표를 제출함
문형순 경감	① 민주·인권경찰의 표상 ② 제주 4·3사건 당시 좌익총책의 명단에서 발견된 100여 명의 주민들을 자수토록 하고, 1945년 초에 전원을 훈방조치함 ③ 1950년 8월 30일 성산포 경찰서장 재직시 계엄군의 예비검속자 총살명령에 '부당하므로 불이행한다'라고 거부하고 278명 방면함

안종삼 서장	① 민주·인권경찰의 표상 ② 한국 전쟁 당시 상부의 명령을 거부하고 보도연맹원 480명을 사살하지 않고, 모두 방면함
차일혁 경무관	① 호국·인권·문화경찰의 표상 ② 1953년 남부군 사령관 이현상을 사살하는 등 빨치산 토벌의 주역 ③ 무장공비들의 근거지가 될 수 있는 사찰들을 불태우라는 상부의 명령에 대하여 사찰의 문짝만 태움으로써 화엄사 등 사찰과 문화재를 보호한 문화경찰의 표상
최규식 경무관 정종수 경사	① 호국경찰의 표상 ② 1968년 청와대로 침투하는 무장공비를 막아내고 순국한 호국경찰의 표상
안병하 치안감	① 민주·인권경찰의 표상 ② 5·18광주민주화 운동 당시 전라남도 경찰국장으로서 비례의 원칙에 입각한 경찰권 행사 및 시위대의 인권보호를 강조한 민주·인권경찰의 표상
이준규 총경	① 민주·인권경찰의 표상 ② 이준규 총경은 목포경찰서장으로 5·18광주민주화 운동 당시 경찰총기 대부분을 군부대 등으로 사전에 이동시켰으며 자체 방호를 위해 가지고 있던 총기마저 격발할 수 없도록 조치하여 광주와는 달리 목포에서는 사상자가 거의 나오지 않음
최중락 총경	① 대한민국 수사경찰의 표상 ② 1950년 순경으로 임용, 1986년 총경으로 승진하였지만, 수사현장을 끝까지 지킨다는 의지로 경찰서장 보직을 희망하지 않고 수사·형사과장으로만 재직하였다. MBC 드라마 수사반장의 실제 모델이며, 1963년, 1968년, 1969년에 치안국의 포도왕(검거왕)으로 선정되었다.

TIP

경찰조직의 연혁

① 경찰병원의 설치(1949년)
② 해양경찰대의 설치(1953년)
③ 국립과학수사연구소의 설립(1955년)
④ 경찰관 해외주재관 제도의 신설(1966년)
⑤ 전투경찰대의 설치(1968년)
⑥ 경정, 경장, 2계급 신설하고, 2급지 경찰서장을 경감에서 경정으로 격상(1969년)
⑦ 내무부 치안국을 치안본부로 개편(1974년)
⑧ 경찰대학설치법의 제정(1979년)
⑨ 경찰대학의 개교(1981년)
⑩ 치안본부의 경찰청으로의 승격, 지방경찰국의 지방경찰청으로의 승격(1991년)
⑪ 해양경찰청의 해양수산부로의 이관(1996년)
⑫ 경찰청이 내무부의 외청에서 행정자치부의 외청으로 전환(1998년)
⑬ 경찰서에 청문감사관제도의 도입(1999년)
⑭ 면허시험장을 책임운영기관화하여 경찰청 직속의 운전면허시험관리단을 신설(1999년)
⑮ 경찰청 경비국에 사이버테러대응센터의 신설(2000년)
⑯ 경찰청 생활안전국에 여성청소년과 신설(2005년)
⑰ 경찰병원을 책임운영기관으로 추가(2005년)
⑱ 경찰청 외사관리관을 외사국으로 확대 개편(2006년)
⑲ 제주특별자치도 자치경찰제도의 출범(2006년)

⑳ 제주지방경찰청장을 치안감급으로 격상(2006년)
㉑ 경찰청 수사국 내에 인권보호센터의 신설(2006년)
㉒ 해양경찰청 국토해양부의 외청으로 이관(2008년)

CHAPTER 03 외국경찰의 역사와 제도

제1절 | 영국경찰

01 영국경찰의 역사

1. 고대경찰(앵글로 색슨시대)

구분	내용
집단안전체제	고대 영국에서 공공의 안녕을 유지하는 제1차적 책임은 집단안전체제 또는 사회계약이라는 테두리 안에서 각각의 마을에 속해 있었다.
10인 조합	① 앵글로색슨시대에는 경찰조직이 없고, 지역마다 10가구씩 하나의 집단을 이루어 치안을 유지하였다. ② 10인 조합장(Chief Tithingman)은 도적을 "저놈 잡아라."라고 고함을 질러 추적하고, 범죄자를 체포하며, 형벌을 부과할 책임이 있었다.

100인 조합	① 10인 조합이 다시 모여 100인 조합을 형성하였다.
	② 100인 조합장(Constable)
	   ㉠ 영국경찰의 기원이다.
	   ㉡ 주민들이 스스로 뽑은 자치치안의 대표자이다.

샤이어	① 100인 조합이 다시 합쳐져 샤이어(Shire)가 되고, 이것이 오늘날의 군(County)이다.
	② 국왕은 각 샤이어의 치안을 위해 군인이면서 법관인 국왕대관(Shire Reef)을 임명한다.
	③ 국왕대관(Shire Reef)
	   ㉠ 후대의 보안관(Sheriff)의 기원이다.
	   ㉡ 국왕을 대표하여 세금을 징수하고 치안을 유지하며 재판권의 행사 등 국왕의 각종 권한을 행사한다.

2. 중세경찰

구분	내용
공동책임 단위로서의 장원	① 12세기 말을 기점으로 영국은 중앙집권적 통치체제에서 봉건영지인 장원으로 변모해 갔다. ② 각 장원은 매년 영주가 장원을 다스리는 데 필요한 경찰관(Constable)을 포함한 지방관리들을 선출하였다.

에드워드 1세 시대의 경찰	① 시대적 개관 : 범죄의 증가로 인한 사회불안으로 불만이 증가하자 에드워드 1세는 윈체스터법령을 제정하여 일대 개혁을 단행하였다.
	② 윈체스터법령(Statute of Winchester)
	   ㉠ 윈체스터 법령의 내용
	     ⓐ 런던 내외에서의 주야간 감시제도(Watch and Ward), 즉 야경인제도를 도입하였다.
	     ⓑ 함성제도(Hue and Cry)를 법제화하였다.
	     ⓒ 15~60세 사이의 남자들에게 계급에 따라 일정량의 장비를 부여하여 범죄대처방안을 강화하였다.
	   ㉡ 윈체스터 법령의 의의 : 노르만 침공과 1829년의 수도경찰청법 사이의 600여 년 동안 거의 유일하게 존재한 경찰활동을 규율하고 일반원칙을 정립하는 법령으로서의 중요성을 보유한다.

교구경찰	① 교구경찰제도의 성립
	   당시의 경찰은 각 교구장이 임명하는 고귀한 직에 해당하였다.
	② 교구경찰제도의 몰락
	   상업의 발달과 그에 따른 경찰임명의 회피로 교구경찰제도는 점차 그 의미가 저하되고, 전통적인 봉사정신이 쇠퇴하는 계기가 되었다.

산업혁명기	① 산업혁명기 경찰 : 산업혁명기에는 런던이나 그 근처에서 경찰이 조직화되지 못하여 경찰조직의 무질서·무통제가 발생하였다.
	② 헨리필딩법관
	   ㉠ 절도체포대, 기마순찰대, 도보순찰대의 3가지 경찰조직을 창설하였다.
	   ㉡ 이는 후대에 영국경찰청의 기본을 이루었다.

3. 신경찰제도의 창설

구분	내용
수도경찰청의 창설	1829년 로버트 필경에 의한 수도경찰청의 탄생 : 산업혁명으로 인한 도시인구 집중화 문제에 대응하기 위해 1829년 수도경찰청법에 의해 특수한 형태인 국가경찰로 창설되었다.
트렌챠드 치안총감	① 구(區) 중심의 제도의 확립과, 순찰제도의 개선 및 경비시설의 확충을 실시하였다. ② 경찰교육기관, 장기근무자에 대한 문제점의 대비로 10년 단기순경제를 실시하였다.

왕립경찰위원회	① 경찰개혁의 요구 : 경찰의 비효율과 비능률에 대한 개혁의 요구가 높아졌다.
	② 왕립경찰위원회의 보고서
	   ㉠ 지방경찰의 난립에 따른 조직과 권한 행사의 불통일의 시정
	   ㉡ 경찰관의 근무조건의 개선 등을 제안
	   ㉢ 효율성의 극대화란 측면에서 프랑스식의 국가경찰제로의 전환 제안

> **TIP**

⭐ 로버트 필경의 경찰개혁안과 경찰원칙

1. 로버트 필경의 12가지 경찰개혁안
   ① 경찰은 안정되고, 능률적이고, 군대식으로 조직화되어야 한다.
   ② 경찰은 정부의 통제하에 있어야 한다.
   ③ 경찰의 능률성은 범죄의 부재에 의해 가장 잘 나타날 것이다.
   ④ 범죄발생 사항은 반드시 전파되어야 한다.
   ⑤ 시간과 지역에 따른 경찰력의 배치가 필요하다.
   ⑥ 자기감정을 조절할 줄 아는 것이 가장 중요한 경찰관의 자질이다.
   ⑦ 단정한 외모가 시민의 존중을 산다.
   ⑧ 적임자를 선발하여 적절한 훈련을 시키는 것이 능률성의 근간이다.
   ⑨ 공공의 안전을 위해 모든 경찰관에게는 식별할 수 있도록 번호가 부여되어야 한다.
   ⑩ 경찰서는 시내중심지에 위치하여야 하며, 주민의 접근이 용이해야 한다.
   ⑪ 경찰은 반드시 시보기간을 거친 후에 채용되어야 한다.
   ⑫ 경찰은 항상 기록을 남겨 차후 경찰력 배치를 위한 기준으로 삼아야 한다.

2. 로버트 필경의 경찰원칙
   ① 경찰은 미연에 범죄와 무질서를 방지하기 위해 노력해야 한다.
   ② 경찰의 힘은 시민의 지지와 승인 및 존중에 전적으로 의존한다.
   ③ 경찰에 대한 시민의 지지와 승인 및 존중을 확보한다는 것은 법을 지키는 경찰의 업무에 대한 시민의 적극적인 협력 확보를 의미한다.
   ④ 경찰 목적 달성을 위한 강제와 물리력 사용은 최소화해야 한다.
   ⑤ 시민의 지지와 승인은 공정하고 치우침 없는 법집행을 통해서 확보된다.
   ⑥ 경찰 시민 간 협력관계를 유지해야 한다.
   ⑦ 언제나 경찰은 법을 집행하는 역할이란 점을 잊어서는 안 되며, 유무죄를 판단해 단죄하는 사법부의 권한을 행사하는 것처럼 보여서는 안 된다.
   ⑧ 경찰의 효율성은 범죄와 무질서의 감소나 부재로 판단되는 것이지, 범죄나 무질서를 진압하는 모습으로 인정받는 것은 아니다.

4. 1964년 경찰법의 제정

구분	내용
경찰법 제정의 의의	① 내무부장관, 경찰위원회, 경찰청장 간의 3원체제가 규정되었다. ② 수도경찰과 런던시를 제외한 모든 경찰본부를 관리기구인 경찰위원회로 통합하였다. ③ 절충적으로 지방경찰의 통폐합이 이루어졌다. ④ 내무부장관에게 경찰본부 합병권이 부여되었다.
영국경찰의 3원체제	① 내무부장관 : 전국적 경찰업무의 효율적 수행과 경찰업무의 통일성을 유지한다. ② 경찰위원회 : 지역주민의 대표로 중앙정부의 영향을 차단하여 경찰의 정치적 중립을 확보한다. ③ 경찰청장 : 경찰업무수행에 있어서 독자적이고 고유한 지휘·운영권을 가진다.

5. 영국경찰의 최근 동향

구분	내용
영국경찰 제도의 변화	① 영국은 2002년 경찰개혁법을 통해 내무부장관의 권한이 강화되고, 지방경찰 조직의 합병과 국가단위 수사조직의 신설 등 국가경찰제로의 변화가 추진되고 있다. ② 심각하게 중앙집권화된 기존 삼원체제에 대한 비판으로 2011년 지방경찰제도로의 회귀현상이 나타났다. ③ 2011년 삼원체제를 폐지하고 지역주민이 직접 선출하는 지역치안위원장과 견제기구인 지역치안평의회를 신설하였다(4원체제).
4원체제	영국은 기존의 삼원체제가 중앙집권화됨에 따라, 자치경찰의 성격을 강화하고자 지방자치경찰제도를 지역치안위원장, 지역치안평의회, 지방경찰청장, 내무부장관으로 구성되는 4원체제로 변경하였다. ① 지역치안위원장 : 지역주민의 선거에 의해 선출되며, 지방경찰에 대한 관리권을 갖는다. ② 지역치안평의회 : 지역치안위원장의 견제기구로서 각 지방자치단체에서 파견된 선출직 대표와 독립위원으로 구성된다. ③ 지방경찰청장 : 관할 경찰에 대한 독자적인 지휘 · 운영을 담당한다. ④ 내무부장관 : 국가적 범죄대응에 관련하여 지역경찰에 대한 임무부여 및 조정을 담당한다.

02 영국경찰의 조직

1. 개관

구분	내용
전통적 자치체제	① 전통적 특색은 분권적, 자치적 경찰구조로부터 발전 ② 영국은 잉글랜드 및 웨일즈, 스코틀랜드, 북아일랜드로 나뉘어 독특한 경찰제도를 운영하여 전통적 자치경찰제도를 유지하였다. ③ 내무부의 조정 · 통제를 받는 수도경찰과 북아일랜드 경찰을 제외하고는 원칙적으로 상호 지휘 · 감독 또는 통제가 불가하였다.
절충적 경찰체제의 도입	영국은 외형적으로는 자치경찰을 운영함으로써 주민의 참여와 치안서비스의 확대를 도모하는 동시에, 실질적으로는 중앙통제 장치를 강화함으로써 민주성과 효율성을 동시에 추구하는 절충적인 경찰체제를 선택하였다.

2. 내무부

구분	내용
국가경찰의 역할	영국의 내무부는 전국적 경찰업무의 효율성 · 통일성의 향상을 위한 기능을 수행한다.
내무부 장관	내무부장관은 자치체경찰을 전국적으로 지휘 · 감독하는 기관에 해당한다.

3. 수도경찰청

구분	내용
수도경찰청의 지위	① 1829년 창설 당시부터 내무부장관이 직접 관리하는 특수한 형태로 출발하였다. ② 국가적 성질의 사무는 관할구역 외에서의 경찰활동도 어느 정도 인정하였다.
수도경찰청장	① 전국의 고위 경찰간부나 민간인 중에서 내무부장관의 요청으로 국왕이 임명한다. ② 치안법관의 자격으로 치안의 유지, 범죄의 예방, 범인의 검거, 경찰청법과 기타 법률을 집행한다.

4. 런던시 경찰청

구분	내용
런던시 경찰청의 지위	① 수도경찰청과 독립한 자치체경찰로 런던시 경찰청장은 수도경찰청장과 동격으로 임명한다. ② 런던시 경찰청 직원은 수도경찰청 관할 내에서는 직무수행이 불가하다.
런던시 경찰의 관리권	런던시 경찰의 관리권은 시의회의원과 순회판사로 구성하는 런던시 의회가 가진다.
런던시 경찰청장	① 런던시 경찰청장은 국왕의 승인을 받아 런던시 의회에서 임명한다. ② 런던시 경찰청장은 그의 지휘를 받는 전 경찰관에 대한 임명권과 징계권을 가진다.

5. 형사기소제도

구분	내용
잉글랜드와 웨일즈	① 사법경찰이 독자적 수사권을 보유하고 있으며, 수사종결권도 가지고 있다. ② 잉글랜드와 웨일즈의 경찰은 사건을 검찰에 기소할 것인지에 대한 1차적 결정권을 보유하고 있다. ③ 잉글랜드와 웨일즈에서 경찰과 검찰은 실질적·형식적으로 상호협력관계를 유지한다.
스코틀랜드	스코틀랜드에서 검찰과 경찰은 상명하복의 관계로 경찰은 수사에 있어서 검사의 지휘·감독을 받는다.

제2절 | 미국경찰

01 미국경찰의 역사

1. 식민지기 경찰

구분	내용
영국경찰제도의 도입	정치나 행정제도는 이민자들이 본국인 유럽의 여러 나라의 제도를 기초로 하여 발달하였으나, 경찰제도는 영국의 경찰제도가 각 지방에 나름대로 도입되면서 시작되었다.
경찰제도의 지역적 특징	① 북부지역 　㉠ 특정지역에 마을(Town)을 형성하였다. 　㉡ Town에서는 영국의 도시경찰과 같은 치안관(Constable)이나 야경인(Watchman)이 치안을 담당하였다. ② 남부지역 　㉠ 군정부(County Government)가 지방정부의 주요단위이다. 　㉡ County를 관할하는 보안관(Sheriff)이 남부 농촌지역의 경찰기능을 담당하였다. ③ 서부지역 : 동부에서 이주해온 사람들의 출신지역과 지역특성에 따라 제도가 혼합되어 발달하였다.

2. 독립 초기의 경찰

구분	내용
'작은 정부' 지향사상	① 강력한 중앙정부에 의해 시민의 자유와 권리가 침해당할 것을 우려하여 성립되었다. ② 중앙정부를 작게 하는 대신에 지방정부가 강력한 권한을 행사해야 한다고 주장한다.
연방보안관과 연방지방검사	연방정부도 연방보안관(U. S. Marshal)을 각 주에 1명씩 임명하였고, 각 주에 1명씩 연방지방검사를 두어 연방법 위반사건의 소추를 담당하게 하였다.

3. 근대 경찰의 창설

구분	내용
19세기의 미국경찰	19세기의 미국경찰은 지나친 지방분권화와 정치적 영향으로 비전문적이었고, 부패와 비능률이 지배하여 효과적인 범죄대처가 불가능하게 되었다.
도시경찰의 성립	① 도시경찰의 시초 : 미국 도시경찰의 시초라 할 수 있는 보스톤시의 야경제도(Night Watch System)는 1636년에 시작되었다. ② 도시경찰의 문제점 : 지나친 도시경찰의 무능과 부패, 비능률이 만연하였다.
주(州)경찰 기관의 설립	① 최초의 주경찰 : 1835년 텍사스주에서 Taxas Ranger가 최초의 주경찰로 성립되었다. ② 주경찰의 설립순서 : 텍사스주에서 Taxas Ranger를 시초로 메사추세츠주에서는 지역경찰(Massachusetts Districts Police)이, 1905년에는 펜실베니아주 경찰청 등이 등장하였다.
연방범죄수사국 (FBI)의 창설	① 연방경찰의 성립은 주경찰이나 도시경찰에 비해 비교적 완만하였다. ② 주간(州間) 통상이나 화폐위조, 도량형 표준화, 우편사무의 증가 등에 의한 필요성으로 1935년에 창설(일반 치안유지는 주의 임무로서 자치체가 담당)되었다.

4. 경찰개혁

구분	내용
20세기 초	① '경찰로부터의 정치의 분리와 정치로부터의 경찰의 분리'를 기본목표로 경찰의 전문직화가 주장되었다. ② '준법 및 법집행에 대한 실태조사위원회'의 1931년 보고서 　㉠ 정치적 간섭배제 　㉡ 경찰채용기준의 강화 　㉢ 근무조건의 개선 　㉣ 교육의 강화 등이 제안 ③ 윌슨(O. W. Wilson)의 경찰개혁 　㉠ 경찰의 조직구조의 혁신 : 경찰의 전문직업화 확립 　㉡ 통신의 효율성 개선 : 통신의 효율성을 통한 경찰업무의 혁신과 전문직화를 주장
20세기 중·후반	① 연방과 주의 경찰제도의 조화 　9·11테러 이후에는 전통적으로 국가안보업무에 소홀하던 지방경찰도 연방정부의 대테러 활동에 적극 동참하고 있으나 수직적인 관계는 아니고 기관과의 상호협력의 관계에 해당한다. ② 20세기 후반의 경찰개혁 : 20세기 후반부터 지역주민을 위한 지역사회 경찰활동, 문제 지향적 경찰활동, 무관용 정책들의 과학적·실증적 경찰활동이 이루어졌다.

02 미국경찰의 조직

구분	내용
연방경찰	① 연방정부는 헌법상 명문으로 경찰권을 가지고 있지 않고, 과세권, 주간통상규제권 등의 행사로 사실상 경찰권을 행사한다. ② 연방경찰기관의 권한은 국가적 범죄 및 주간(州間)의 범죄단속에 한정한다. ③ 연방경찰은 연방법만을 집행하며 주법이나 지방자치법을 집행하지 못한다. ④ 연방경찰기관은 연방범죄수사국을 제외하면 모두 특정한 법영역만을 담당하는 좁은 분야의 법집행기관에 해당한다.
주경찰	① 19세기 초 지나친 지방분권화와 정치적 영향으로 효과적인 범죄대응이 곤란하여 주경찰이 등장하였다. ② 주정부가 헌법상 고유한 권한으로 경찰권을 보유하고, 주정부는 경찰권을 직접 행사하거나 하급 지방정부인 City, Town, Village, County 등에 위임하여 행사한다. ③ 주경찰은 주법만 집행하고 주내부 범죄만 담당한다.
도시경찰 (자치경찰)	① 미국의 지방자치체경찰의 주력이며, 법집행기관 중에서 그 규모나 역할, 대외활동 및 정치적 특징 등으로 가장 규모가 크고 중요하다. ② 도시경찰은 업무에 있어서 주경찰의 지휘·통제를 받지 않는다.

03 미국경찰의 노동조합과 사법체계

구분	내용
노동조합	① 미국의 경찰노동조합은 강력한 경제단체와 정치단체로서의 성격을 가지고 있으나 활동이 극히 개별화되어 전국적 단위의 노동조합은 없다. ② 미국의 경찰노동조합은 보수 및 근로조건에 관하여 시·주정부와 단체교섭할 권한을 가지고 있으나 파업 등의 단체행동권은 인정하지 않는다.
사법체계	① 미국에서 검찰과 경찰의 관계는 법률조언 및 협력관계로 경찰은 개개의 사건에 대한 독립된 수사주체에 해당한다. ② 미국의 경찰은 독자적인 수사종결권을 가지고 있으며, 수사의 주재, 수사의 개시 및 수행은 경찰에 의해 이루어지고 있다.

제3절 | 독일경찰

01 독일경찰의 역사

1. 2차 세계대전 이전의 경찰

구분	내용
중세	봉건영주의 영주고권 : 14세기 이후부터 봉건영주의 포괄적인 경찰권으로 성립되었다.
프로이센	① 국가사무로서의 경찰 : 국가의 관리 또는 정부로부터 위임받아 그 업무를 특정한 자치경찰의 경찰관이 담당하였다. ② 국가경찰로의 변화 : 도시에서의 자치체경찰도 1848년 베를린에서 처음으로 국가경찰인 정복경찰로 전환되었다.
1차 대전 이후	① 제1차 세계대전 이후 연합국은 중앙집권적 경찰의 해체를 요구하고 중앙집권적 조직을 금지하여 이전과 같은 지방경찰로 재편성되었다. ② 이에 따라 1933년까지의 독일의 경찰제도는 대체로 각 주에 따라 상이하여 전국으로 통일된 제도는 없었다.
히틀러 집권 후 경찰	① 중앙집권적 경찰제도 : 각 주의 주권을 박탈하고 경찰권도 독일중앙정부로 귀속되었다. ② 내무부장관 직속하에 비밀 국가경찰을 설치하였다(게슈타포).

2. 2차 세계대전 이후

구분	내용
독일경찰의 개혁방향	① 제2차 세계대전 후 연합국은 독일경찰의 기본적 개편방향으로서 경찰의 탈나치화, 탈군사화, 비정치화, 민주화, 지방분권화를 설정·추진하였다. ② 비경찰화 작업을 단행하였다.

구분	내용
1949년 독일기본법	① 1949년에 제정한 독일기본법은 일반경찰행정권은 주정부의 권한에 속하도록 하였다. 　㉠ 이로써 독일경찰조직의 중점이 1933년 이전과 같이 다시 주에게 이전되었다. 　㉡ 독일의 각 주는 고유의 경찰법을 제정하여 운영하고 그 결과 독일에는 연방수준의 통일적 경찰법이 없다. ② 대부분의 주정부에서는 자체 입법으로 주단위의 국가경찰제도를 채택하였다.
1950년대의 연방경찰	연방단위의 연방헌법보호청, 연방국경경비대, 연방범죄수사국 등이 설립되었고, 연방국경경비대 산하에는 1972년에 대테러부대(GSG-9)가 창설되었다.
독일 통일 경찰법	① 대부분의 주에서는 전체 또는 부분적으로 경찰법을 제정하여, 경찰법의 통일을 기하고 있다. ② 독일경찰은 전국적으로 통일된 제복과 계급을 가진다.

02 독일경찰의 조직

구분	내용
경찰조직 간의 관계	① 독일의 경찰조직은 각 주의 입법사항으로 규정 경찰권은 원칙적으로 주정부에 속하고, 전국적인 특수상황에 대비하기 위하여 연방경찰이 병존한다. ② 연방경찰과 주경찰 상호 간의 관계 　㉠ 연방경찰과 주경찰은 상호 독자적인 지위를 유지하며, 양자 사이에 연방경찰을 상위에 두는 상명하복의 관계는 인정되지 않는다. 　㉡ 연방내무부장관은 주경찰에 대해서 원칙적으로 재정부담이나 지휘통솔의 권한은 없다.
경찰의 소속과 임무	① 소속 : 독일의 경찰은 행정조직상 연방경찰은 연방정부 내무부, 주경찰은 주정부 내무부의 소속이다. ② 경찰의 임무 : 연방경찰은 국경경비와 특수한 업무만을 담당하고 있어서 사실상 지역 치안은 주경찰이 전담하고 있다. 따라서 독일경찰조직의 핵심은 주경찰에 해당한다.

03 독일의 연방경찰과 사법체계

1. 독일의 연방경찰

구분	내용
연방헌법보호국 (BFV)	① 기본법(독일의 헌법) 위반의 혐의가 있는 모든 행위에 대한 감시업무와 정보수집·분석을 그 임무로 한다. ② 연방헌법보호국은 넓은 의미의 경찰기관이나, 법률상 집행업무를 할 수 없고 경찰권한도 없다. ③ 구속, 압수, 수색 등의 업무를 할 수 없는 단순한 정보수집·처리기관에 해당한다. ④ 연방헌법보호국과 주헌법보호국은 조직상 상하관계가 아니며 각각 독립하여 헌법보호와 관련된 일을 처리한다.

연방경찰 (Bundespolizei)	① 독일 국경 전부와 공항 등에서 헌법기관과 외국기관의 보호, 테러 등의 조직범죄에 대한 대처 등의 임무를 수행하는 연방기관이다. ② 연방경찰(Bundespolizei) 소속하에 테러 및 인질범죄 등의 조직범죄에 대처하기 위하여 대테러부대(GSG-9)를 창설하였다.
연방범죄수사국 (BKA)	① 독일의 각 주에서 발생하는 전국적인 범죄와 반헌정질서범죄에 대처하기 위하여 창설하였다. ② 연방범죄수사국은 독일수사경찰의 총본부가 아니라 범죄수사분야에서 각 주의 협조 및 지원관서이다.

2. 사법체계

구분	내용
경찰과 검찰과의 관계	① 검찰과 경찰과의 관계는 상명하복관계에 해당한다. ② 독일에서 검사는 수사의 주재자이고, 경찰은 수사의 보조자에 해당한다.
검사의 지위	독일의 검찰은 수사의 주재자로서 수사권을 가지고 있으나, 그 휘하에 고유한 수사조직을 보유하지 않아 '팔 없는 머리'로 불리기도 한다.
경찰의 지위	경찰은 수사의 보조자이나 경찰의 일반적인 수사권이 인정되어 모든 범죄에 대한 수사의 개시·집행은 경찰이 담당하고 있다.

제4절 | 프랑스 경찰

01 프랑스 경찰의 역사

1. 구체제하의 경찰제도

구분	내용
중세시대의 프랑스 경찰	① 파리 내의 치안을 위하여 국왕의 친위순찰대격인 프레보가 재판과 경찰을 담당한다. ② 지방은 봉건영주가 경찰권을 행사한다.
자치경찰의 시초	11세기부터 영주로부터 자치권을 획득하면서 코뮌의 시장이 질서유지를 위한 행정경찰권을 행사하기 시작하면서 자치체경찰이 생성되었다.
국립 군(軍)경찰	① 국립 군(軍)경찰은 12세기의 기마순찰대에서 기원하였다. ② 100년 전쟁과 종교전쟁을 거치면서 문란해진 지방 치안을 군부대 내의 치안을 담당하던 마레쇼세에게 성내(영주권한)를 제외한 지역의 모든 범죄를 처리하도록 하면서 정착되었다. ③ 오늘날 농촌에서 일반경찰관 대신 군경찰(헌병)이 경찰업무를 담당하는 전통은 여기에서 유래되었다.
경찰국 창설	루이 14세 때 경찰과 재판을 담당하던 프레보로부터 경찰업무를 분화하여 경찰국을 창설하였다.

2. 프랑스 대혁명 이후의 경찰제도

구분	내용
대혁명 이후 혁명정부기	① 대혁명을 거치면서 경찰국은 폐지되고, 파리시는 국립민간방위대가, 지방은 Gendarmerie Nationale이라는 새로운 명칭을 가진 군경찰(헌병)이 치안을 담당하였다. ② 혁명정부는 경찰국을 폐지하고 경찰업무를 지방자치단체장에게 속하게 하는 지방자치경찰체제를 수립하게 하였다.
경찰제도의 집권화	① 나폴레옹이 정권을 잡고 행정기구와 지방제도를 중앙집권화하면서 경찰제도도 집권화되었다. ② 파리는 다른 도와 달리 직접 중앙권력에 종속하는 경찰기관을 설치할 필요성에 따라 경찰청과 별도로 직접 중앙권력에 종속하는 경찰기관으로 파리경찰청을 창설하였다.
현재의 프랑스 경찰	① 19세기에 경찰을 감독하기 위하여 내무부 소속으로 경찰청을 창설하였다. ② 20세기에 들어오면서 경찰의 자치적인 성격을 제거하려는 노력이 나타나, 인구 2만 명 이상의 도시는 모두 국가경찰로 전환되었다. ③ 1966년 7월 9일 법률로 내무부의 국립경찰청과 파리경찰청을 통일하여 국립경찰로 일원화하였다.

3. 프랑스 경찰의 조직

구분	내용
전반적인 경찰체계	① 프랑스의 경찰체계는 전반적인 국가경찰형태로서 내무부장관의 지휘하에 전국적인 조직을 가지고, 국립경찰청에서 일반적 지휘·감독을 행사한다. ② 자치체경찰은 인구 2만 명 미만의 코뮌에서 극히 제한적으로 실시되고 있고, 그 밖에 국방부장관의 지휘를 받는 군(軍)경찰이 존재한다. ③ 인구 2만 명 이상의 코뮌에 배치되는 국립경찰은 도지사가 관장하며, 인구 2만 명 미만의 코뮌에서의 군(軍)경찰업무는 코뮌장의 권한에 해당한다. ④ 국립경찰과 자치체경찰은 각자 담당하는 경찰업무가 명확히 구분되어 있고, 분업 및 협동체계를 이루게 되어 있어 상호충돌이 없다. ⑤ 프랑스경찰은 경찰업무에 협의의 행정경찰사무가 포함되어 있으나 한국의 경찰조직과 가장 유사한 형태를 보인다.
주요 경찰업무	① 행정경찰과 사법경찰의 엄격한 구분 ② 국가경찰과 자치경찰의 업무영역 분담
경찰관 노동조합 결성권	① 프랑스는 법률로써 경찰의 노동조합 결성권이 인정되나 동맹파업권은 금지한다. ② 프랑스 국립 군(軍)경찰은 노동조합 결성권이나 동맹파업권 모두 인정되지 않는다.

제5절 | 일본경찰

01 일본경찰의 역사

1. 일본경찰의 창설과정

구분	내용
명치유신 이전	각 번의 맹주인 번주(藩主)와 그에 봉사하는 무사(사무라이)들이 각자 나름대로의 조직과 방식으로 자기 지방의 치안을 담당한다.
명치유신 이후	군국주의 국가로서 필요한 통치의 수단과 해외침략의 도구로서의 기능을 한다.
병부성 시대	명치 초기에는 번에서 차출된 무사들로 번병·부병이 조직되어 동경부의 치안을 담당하였으며, 각 지방에서도 부병·번병을 조직하여 치안을 담당하였다.
사법성 시대	① 경보요직제장정 　㉠ 경찰의 조직과 임무에 관한 규정이 제정되어, 동경부에 근대적 경찰이 처음 등장하였다. 　㉡ 경보요직제장정은 일종의 자치경찰제적인 민설민급의 번인(番人)제도를 규정하였다. ② 현치조례의 제정 : 지방에서는 '현치조례'가 제정되어 지방경찰의 경라(警邏 : 순찰)에 관한 규정을 두었으며, 이로써 전국 통일 경찰조직으로 정비하였다.
내무성 시대	① 자치경찰제적인 번인제도(番人制度)를 폐지함으로써 자치경찰제적인 요소를 일소하였다. ② 동경경시청은 내무성대신의 지휘를 받는 외에 국사사무(정치경찰·고등경찰사무)만은 직접 태정대신(총리대신)의 지휘를 받도록 하여, 일본경찰의 정치화를 초래하였다.
미 군정기	① 비밀경찰조직의 철폐와 경찰제도의 개혁이 단행되었다. ② 종래의 각종 치안입법이 폐지되고, 특고경찰(特高警察) 등 정치경찰의 철폐와 함께 헌병대도 폐지되었다. ③ 비경찰화 작업이 전개되었다. ④ 영·미의 영향으로 범죄수사가 경찰법에 경찰의 책무로 정식 규정되고, 수사권에 대해서도 전제적인 요소로 보아온 검사의 독점을 철폐하고 경찰에게도 수사권을 분산하였다.

2. 경찰법 제정

구분	내용
구 경찰법 시대	① 의의 : 전제적인 군국주의 경찰에서 민주주의 경찰제도로의 전환에 구 경찰법의 의의가 존재한다. ② 이원적 경찰체제의 창설 : 시와 인구 5,000명 이상의 시가적 정·촌에 자치체경찰을 두고, 그 이외의 지역에는 국가지방경찰을 두는 등 이원적 구조를 가진 경찰제도를 창설하였다.

구분	내용
신 경찰법 시대	① 신경찰법의 의의 : 신경찰법에서는 민주성과 능률성, 정치적 중립성과 책임의 명확화, 국가적 성격과 자치적 성격의 조화를 도모하였다. ② 정치적 중립성의 확보 : 정치적 중립성의 확보를 위해 경찰관리기관으로 국가와 도·도부현에 공안위원회를 설치하였다. ③ 국가경찰과 자치경찰과의 조화 : 도·도부현경찰에 원칙적으로 자치적 성격을 부여하고, 동시에 국가적 요청에 근거하여 필요한 한도 내에서의 국가경찰의 지휘·감독을 받도록 하였다.

3. 일본경찰의 조직

구분	내용
이원적 조직	① 일본의 경찰조직은 국가경찰인 경찰청과 관구경찰국, 자치체경찰인 동경도경시청과 도부현경찰본부로 이루어진 2중 체계이고, 경찰관리기관으로 국가와 도·도부현에 공안위원회를 설치·운영한다. ② 국가경찰인 경찰청은 내각총리대신의 소할하에 국가공안위원회가 관리하고, 도·도부현경찰은 지사의 소할하에 도·도부현공안위원회가 있어 경시청과 도부현경찰본부를 관리한다. ③ 일본의 경찰업무는 지방자치경찰이 처리하는 것이 원칙이며, 전국적 통일이 효과적인 사항은 국가가 지휘·감독권을 가지고 있다. ④ 도·도부현경찰 간의 전국적 조정을 위해 국가경찰인 관구경찰국이 존재한다.
경찰관의 신분	① 국가경찰기관에 소속된 경찰관은 국가공무원이고, 도·도부현에 소속된 경찰관은 지방공무원에 해당한다. ② 경시정 이상으로서 도·도부현에 근무하는 지방경무관은 국가공무원이며, 국가공안위원회가 도·도부현공안위원회의 동의를 얻어 임면한다.

4. 일본경찰의 수사구조

구분	내용
경찰과 검찰과의 관계	① 일본에서의 경찰과 검사는 각각 상호협력관계에 있는 대등한 독립된 수사기관에 해당한다. ② 일본의 경찰은 1차적 수사기관으로서 독자적 수사권을 가지고 있지만, 수사결과는 원칙적으로 기소권을 가지고 있는 검사에게 송치하여야 한다. ③ 일본의 경찰은 공소에 관해서는 검사의 지휘에 따라야 하며, '수사종결권'과 '구류청구권'은 검사에게만 인정되고 있다.

CHAPTER 04 경찰과 그 법적 토대

제1절 | 서설

01 경찰과 법치행정

1. 법치행정의 의의

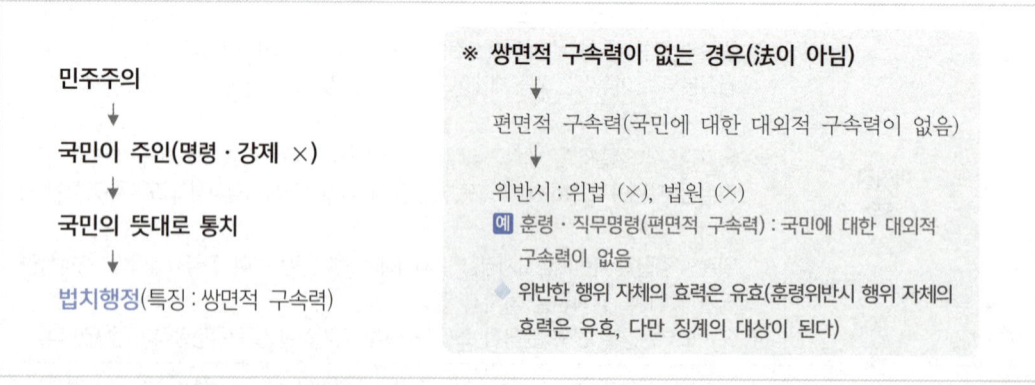

◆ 형식적 법치주의에서 실질적 법치주의로 전환이 이루어짐

2. 법치행정의 원리(행정의 법률적합성의 원칙)

(1) O. Mayer의 법률의 지배

의의		법치행정의 원리는 독일의 O. Mayer에 의해 체계화된 법률의 법규창조력, 법률의 우위, 법률의 유보라는 3개의 원칙을 그 내용으로 한다.
내용	법률의 법규창조력	국가작용 중 국민의 권리·의무에 관한 새로운 규율을 정하는 것은 모두 국회가 제정된 법률이나 법률의 위임에 의한 명령(법규명령)에 의해 하여야 한다는 것을 말한다.
	법률우위의 원칙 (제약규범)	① 경찰관청은 국민에게 법의 취지에 저촉되는 명령을 해서는 안 되는 것이며, 경찰조직 내부에서도 법의 취지에 반하는 직무명령을 발해서는 안 된다는 원칙이다. ② 법률우위의 원칙은 행정의 전 영역(모든 국가작용)에서 적용되며 특별권력관계에서도 법률우위의 원칙은 적용된다. 즉, 어떠한 형태의 국가작용도 법률에 위반되어서는 안 된다는 원칙이다. ③ 법률우위의 원칙에서 말하는 '법률'은 형식적 의미의 법률뿐만 아니라 성문법과 불문법 등의 모든 법규범을 의미한다.
	법률유보의 원칙 (근거규범)	① 법률에 일정한 행위를 일정한 요건하에 수행하도록 수권하는 근거규정이 있어야 행정 작용을 할 수 있다는 원칙이다. ② 근거규범은 국민의 자유와 권리를 제한하고, 국민에게 의무를 부과하는 권력적 영역 에서만 적용된다.

	③ 비권력적 수단이나 순수한 서비스 활동조차도 근거규범을 요구할 수는 없고 경찰기관이 권력적 수단으로 활동하는 경우에만 법률의 수권이 필요하다는 것이다. ④ 법률유보의 원칙에서 말하는 '법률'은 국회가 제정한 성문법률 또는 위임입법에 의한 법규명령을 의미하고 관습법 등의 불문법은 포함되지 않는다.

(2) 경찰과 법치행정과의 관계로서 조직규범

의의	모든 경찰기관의 활동은 '조직규범'으로서 법률에 정해진 권한의 범위 내에서 행해져야 한다는 원칙을 말한다.
조직규범 위반의 효과	경찰관이 조직법상의 직무범위 외의 행위를 하였을 경우 그것은 직무행위로 볼 수 없으며, 따라서 그 효과는 국가에 귀속되지 않는다.

02 경찰법의 존재형식

1. 성문법원(成文法源) ◆ 행정처분은 행정청의 권력적 법집행으로서 법원이 아니다.

중요성	① 민주적 정당성의 요청 ② 예측 가능성을 담보		
헌법	① 헌법은 국가의 기본적인 통치구조와 국가작용의 기본원칙을 정한 기본법으로 경찰을 포함한 모든 국법질서의 법원이다. ② 헌법전(憲法典) 가운데 행정의 조직이나 작용의 기본원칙을 정한 부분은, 그 한도 내에서 경찰행정법의 법원이 된다.		
법률	① 경찰행정상의 법률관계에 있어 가장 중심적인 법원이 된다. ② 경찰에 관한 통일된 단행 법전은 없다. ③ 경찰에 관한 공통된 법체계는 형성되어 있다. ④ 법률의 법규 창조력 : 법률의 법규 창조력에서 적극·소극의 의미로 법률유보의 원칙과 법률우위의 원칙이 파생된다.		
조약과 국제법규	① 헌법에 의해 체결·공포된 조약과 일반적으로 승인된 국제법규만이 법원에 해당 ② 별도의 국내법 제정절차 없이도 직접 국내에 적용 ③ 헌법에 의해 체결·공포된 조약과 일반적으로 승인된 국제법규는 국내법과 동일한 효력을 보유함		
법규명령	제정	① 법규명령의 제정에는 헌법, 법률 또는 상위명령의 근거가 필요 ② 법규명령의 시행일이 정해진 경우에는 시행일부터 효력이 발생하고 특별한 규정이 없는 경우에는 공포일로부터 20일이 경과하여야 효력이 발생함 ③ 국민의 권리 제한 또는 의무 부과와 직접 관련되는 법규명령은 공포일로부터 적어도 30일이 경과한 날부터 시행되도록 하여야 함	
	범위	① 개별적·구체적 범위를 정하여 위임 ◆ 포괄적·일반적 위임 금지 ② 국회의 전속적 사항(헌법상 입법사항)의 위임이 불가함	
	재위임	① 법규명령의 재위임시 법적 근거는 필요 없다. ② 재위임도 개별적·구체적 범위를 정하여 위임	

	처벌 규정의 위임	① 헌법상 죄형법정주의의 원칙으로 처벌규정의 위임은 일반적으로 인정되지 않음 ② 예외적으로 처벌규정을 법규명령에 위임하는 것이 허용됨(판례, 통설)
	종류 — 위임 명령	① 법률에서 구체적으로 범위를 정하여 위임받은 사항을 정하는 법규명령 ② 위임받은 범위 내에서는 국민의 권리·의무와 관련한 새로운 사항 규정 가능 (새로운 입법사항의 규정 O) ③ 개별적이고 구체적인 범위를 정하여 위임 가능(포괄적·전면적 위임 금지)
	집행 명령	① 법률이나 위임명령을 시행하기 위해 필요한 사항을 정하는 법규명령 ② 국민의 권리·의무에 관한 사항을 새롭게 규율할 수 없음(새로운 입법사항의 규정 ×) ③ 새로운 입법사항의 규정이 아니므로 법률의 구체적인 수권이 없어도 가능
조례·규칙		① 조례는 지방의회에서 제정하는 법규이고, 규칙은 지방자치단체장이 발하는 명령에 해당함 ② 조례로 주민의 '권리제한' 및 '의무부과'를 정할 경우에는 반드시 법률의 위임이 있어야 함 ③ 조례로 형벌규정이 가능한지 여부에 대하여는 견해의 다툼이 있으나 법률의 구체적 위임이 있는 경우에는 가능하다는 견해가 다수설에 해당함

2. 불문법원(不文法源)

의의	성문법의 흠결이나 내용보충시에는 불문법도 예외적·보충적으로 경찰법의 법원이 될 수 있음

관습법	① 민사의 법률관계와 비교하여 행정관계는 관습법이 성립할 여지가 적음
	② 행정선례법
	   ㉠ 행정청이 취급한 선례가 반복됨으로써 성립하는 관습법
	   ㉡ 행정절차법과 국세기본법은 행정선례법의 존재를 명문으로 인정

판례법	① 영·미법계 국가에서는 선례구속의 원칙에 따라 판례가 당연히 법원으로 인정이 되나, 대륙법계 국가에서 법원의 판결은 개별적 분쟁을 해결하기 위한 것이지, 일반적으로 통용하는 법을 정립하는 것은 아니라고 본다. ② 헌법재판소에서 위헌결정된 법률이나 조항은 효력을 상실하고 그러한 결정은 국가기관을 기속하기 때문에 헌법재판소의 위헌결정은 법원성을 갖는다.
조리	① 법의 일반상식 '조리는 최후의 보충적 법원이다.' [法(법규성) : 위반시(위법) : 사법심사의 대상] ② 사법관계뿐만 아니라 행정관계에서도 준수되어야 한다. ③ 일반조항뿐만 아니라 개별조항에서도 준수되어야 한다. ④ 오늘날 법의 일반원칙은 성문화되어가는 추세에 있다(경찰관 직무집행법상의 비례의 원칙, 행정절차법상의 신의성실 및 신뢰보호의 원칙 등).

3. 법의 일반원칙(조리)의 종류

비례의 원칙	의의	경찰권 발동의 조건과 정도에 관한 원칙으로 특정한 행정목적의 달성을 위해 일정한 수단을 동원함에 있어서 달성하고자 하는 목적과 수단 사이에 균형관계가 유지되어야 한다는 원칙을 말한다.
	적용범위	경찰권 발동의 조건과 정도에 관한 원칙으로 초기에는 권력적 작용에서만 요구되었으나 현재는 모든 경찰작용에 적용된다.
	내용	① 적합성의 원칙 : 경찰기관이 취하는 조치 또는 수단은 그의 목적을 달성하기에 적합하여야 한다는 원칙이다. ② 필요성의 원칙(최소침해의 원칙) : 필요성의 원칙이란 목적을 달성하기 위하여 필요한 최소한의 범위 내에서만 경찰권 발동이 허용되어야 한다는 원칙이다. ③ 상당성의 원칙(협의의 비례의 원칙) : 행정조치를 취함에 따른 불이익이 그것에 의해 초래되는 효과보다 큰 경우에는 동 행정조치가 취해져서는 안 된다는 원칙이다.
평등의 원칙	의의	평등의 원칙은 합리적 차별사유가 없는 한 국민을 평등하게 대우하여야 한다는 원칙으로서 자의금지의 원칙이라고도 한다.
	적용범위	① 법의 일반원칙 중 평등의 원칙은 모든 공권력 행사를 통제하는 법원이며, 특히 재량권과 깊은 관련성이 있다. ② 행정의 자기구속의 원리는 평등원칙에서 파생되었다.
	한계	불법에 대한 평등요구는 인정될 수 없다.
	관련 판례	같은 정도의 비위를 저지른 자들 사이에 있어서도 그 직무의 특성, 비위의 성격 및 정도를 고려하여 징계종류의 선택과 양정을 차별적으로 취급하는 것은 합리적 차별로서 평등원칙에 반하지 아니한다.
행정의 자기구속의 원리	의의	행정청이 상대방에 대하여 동종의 사안에 있어서 제3자에게 행한 결정과 동일한 결정을 하도록 스스로 구속당하는 원리를 말한다.
	근거	행정의 자기구속은 재량권이 인정되는 모든 행정작용에 적용된다.
	위반효과	행정규칙에 따른 종래의 관행이 위법한 경우에는 행정청은 자기구속을 당하지 않는다.
신뢰보호의 원칙	의의	행정청의 어떠한 선행조치에 대해 사인이 그것을 신뢰하여 행위를 하였을 때 사인의 신뢰가 보호가치 있는 경우에는 그 신뢰를 보호해 주어야 한다는 원칙이다.
	법적 근거	행정기본법 등은 신뢰보호의 원칙과 관련하여 '법령 등의 해석 또는 행정청의 관행이 일반적으로 국민들에게 받아들여졌을 때에는 새로운 해석 또는 관행에 따라 소급하여 불리하게 처리하여서는 아니 된다.'라고 규정하고 있다.
	요건	① 행정청이 개인에 대하여 신뢰의 대상이 되는 공적인 견해표명이 있어야 한다. ② 행정청의 견해표명이 정당하다고 신뢰한 데에 대하여 그 개인에게 귀책사유가 없어야 하며, 사인의 신뢰는 보호가치가 있어야 한다. ③ 신뢰에 기초한 사인의 처리가 있어야 한다. ④ 행정청이 신뢰에 반하는 처분을 함으로써 그 견해표명을 신뢰한 개인의 이익이 침해되는 결과가 초래되어야 한다.

	관련 판례	① 폐기물처리업 사업계획에 대하여 적정통보를 한 것만으로 그 사업부지 토지에 대한 국토이용계획변경신청을 승인하여주겠다는 취지의 공적인 견해표명을 한 것으로 볼 수 없다. ② 운전면허 취소사유에 해당하는 음주운전을 적발한 경찰관의 소속 경찰서장이 사무착오로 위반자에게 운전면허정지처분을 한 상태에서 위반자의 주소지 관할 시·도경찰청장이 위반자에게 운전면허취소처분을 한 것은 선행처분에 대한 당사자의 신뢰 및 법적 안정성을 저해하는 것으로서 허용될 수 없다.
부당결부 금지의 원칙	의의	행정기관이 행정활동을 행함에 있어서 그것과 실질적인 관련이 없는 반대급부와 결부시켜서는 안 된다는 행정법상의 원칙이다.
	관련 판례	지방자치단체장이 사업자에게 주택사업계획승인을 하면서 그 주택사업과는 아무런 관련이 없는 토지를 기부채납하도록 하는 부관을 주택사업계획승인에 붙인 경우, 그 부관은 부당결부금지 원칙에 위반되어 위법하다.
신의성실의 원칙		법률관계의 당사자는 상대방의 신뢰를 저버리는 내용이나 방법으로 권리를 행사하거나 의무를 이행해서는 안 된다는 원칙을 말한다.

4. 행정규칙

(1) 행정규칙

의의	조직 내부의 통일성 유지를 위한 내부규율·내부규칙
종류	훈령, 예규, 일일명령, 고시 등등
법규성	① 국민에 대한 대외적 구속력이 없음 ② 법이 아니므로 법규성도 없음(법원 ×) ③ 위반시 ➡ 위법이 아님(다만 징계의 대상이 될 뿐이다) ④ 위반한 행위 자체의 효력은 유효
법규명령과 비교	

법규명령과 비교	공통점	① 조직 내부의 대내적 구속력이 있다는 점 ② 경찰공무원은 법규명령은 물론 행정규칙도 준수하여야 한다.
	차이점	① 행정규칙은 명시적 수권이 없어도 제정이 가능하다. ② 행정규칙은 국민에 대한 대외적 구속력은 인정되지 않는다. ③ 법규명령은 조문의 형식으로 행정규칙은 조문 또는 구두의 형식으로 발한다. ④ 법규명령과 달리 행정규칙은 사법적 통제가 인정되지 않는다.
내용과 형식의 불일치		① 법규명령 형식의 행정규칙 : 판례는 처분기준이 대통령령으로 되어 있는 경우에는 법규명령으로, 부령으로 제정된 경우에는 행정규칙으로 본다. ② 행정규칙 형식의 법규명령 : 법규명령으로 본다.

(2) 재량준칙

의의	① 행정청의 재량권 행사의 기준을 정하는 행정규칙 ② 재량권이 존재하지 않는 기속행위에서는 적용되지 않는다.
필요성	재량권 행사의 통일성과 예측 가능성을 확보하고 자의적 재량권 행사의 방지를 위해 필요
내용	① 법규성 인정 문제 　㉠ 행정규칙에 법규성을 인정하려는 영역 중 하나일 뿐, 법규성을 인정하지 않음(위법의 문제도 발생하지 않음) 　㉡ 다만, 극히 예외적으로 인정할 뿐이다(判). ② 재량준칙이 위법한 경우 행정의 자기구속 법리는 인정되지 않음

5. 훈령과 직무명령

훈령	의의		① 상급관청이 하급관청에 대하여 직무상 발하는 명령 ② 훈령은 하급관청의 권한행사에 대한 명령·감독을 의미할 뿐 하급관청의 권한에 대한 대집행권은 포함하지 않음 ③ 구성원의 변경이 있더라도 효력에는 영향이 없음(하급관청의 의사를 구속)
	법원성		① 국민에 대한 대외적 구속력이 없기 때문에 법원이 될 수 없고, 구체적인 근거 없어도 훈령을 발할 수 있음(징계의 대상이 될 뿐임) ② 훈령에 위반되는 경우에는 법규성이 없으므로 위반해도 행위 자체의 효력은 유효함(당연무효가 아님)
	훈령의 외부화 현상		① 극히 예외적으로 훈령이 국민에 대한 대외적 구속력이 생기는 경우가 있다. ② 훈령이 평등취급원칙에 위배된다면, 그 한도 내에서는 평등원칙에 반하는 위법에 해당함 ③ 훈령에 의한 행정선례법의 변경은 법률의 개정에 의하지 않는 한 불가하다고 봄
	종류		① 협의의 훈령 : 상급관청이 하급관청의 권한행사를 상당히 장기간에 걸쳐 일반적으로 지휘하기 위하여 발하는 명령 ② 지시 : 상급관청이 하급관청에 대하여, 개별적·구체적으로 발하는 명령 ③ 예규 : 반복적 경찰사무의 기준을 제시하기 위하여 발하는 명령 ④ 일일명령 : 당직·출장·휴가 등의 일일업무에 관하여 발하는 명령 ◆ 훈령은 원칙적으로 일반적·추상적 사항에 대해서 발해야 하지만, 개별적·구체적 사항에 대해서도 발해질 수 있다. (○)
	요건	형식적 요건	① 권한 있는 상급관청이 발할 것 ② 하급관청의 권한 사항에 속하는 사항일 것(직무상 권한 사항 내에 속하는 사항일 것) ③ 권한행사의 독립성이 보장되어 있는 사항에 관한 것이 아닐 것 ④ 법이 정한 형식과 절차에 부합할 것
		심사권	① 하급 경찰관청이 심사권을 갖는다(판단 가능). ② 형식적 요건이 결여된 경우 : 하급 관청은 복종 거부가 가능 ③ 만약 요건이 구비되지 않았음에도 복종하는 경우 : 복종한 수명 공무원이 책임을 짐

		실질적 요건	내용	① 명령의 내용이 적법·타당·실현 가능하여야 한다. ② 내용이 합목적적이고 공익에 적합하여야 한다.

			심사권	① 적법·타당·실현 가능을 추정받으므로, 하급관청은 심사권이 없다(판단 ×).
				② 형식적 요건에는 부합하나, 실질적 요건에는 흠결이 있는 경우
				   ㉠ 부당한 명령일 때: 복종해야 한다(판단 ×).
				   ㉡ 명백한 위법이나 불법일 때: 복종거부 하여야 한다.

	경합시			① 주관 상급관청의 훈령 ② 주관 상급관청이 서로 상하관계에 있는 때에는 직근 상급관청의 훈령 ③ 주관 상급관청이 불명확한 때에는 주관쟁의 방법으로 해결
직무 명령	의의			① 상급자가 하급자에 대하여 직무상 발하는 명령 ② 관청 구성원의 변경으로 효력의 영향을 받음 ③ 훈령은 직무명령의 성격을 가지고 있지만, 직무명령은 훈령의 성격을 당연히 갖는 것은 아니다. ④ 직무명령에만 한정하지 않고, 복장 등도 해당함 ⑤ 직무명령은 특별한 규정이 없는 한 구두나 서면의 어느 형식을 의하여도 무방하다.
	법원성			국민에 대한 대외적 구속력이 없기 때문에 법원이 될 수 없고, 구체적인 근거 없어도 훈령을 발할 수 있다(징계의 대상이 될 뿐임).
	요건	형식적 요건	요건	① 권한 있는 상관이 발할 것(소속상관의 명령) ② 부하직원의 직무상 범위 내에 속하는 사항일 것 ③ 부하직원의 직무상 독립성이 보장되어 있는 사항에 관한 것이 아닐 것 ④ 법이 정한 형식과 절차에 부합할 것
			한계	형식적 요건은 외관상 명백한 것이 보통이므로 부하공무원은 이를 심사할 수 있고, 그 요건이 결여되었다고 인정하면 복종을 거부할 수 있다는 것이 통설이다.
		실질적 요건	요건	① 그 내용이 법령에 저촉되지 않아야 하며 공익에 적합한 것이어야 한다. ② 가능하고 명확하여야 한다.
			한계	형식적인 요건을 갖춘 직무명령에 대하여는 실질적 요건의 구비여부를 심사할 수 없으며, 이에 복종해야 한다.

제 2절 경찰조직법

01 경찰조직의 기초개념

1. 경찰행정의 주체

의의	행정을 행할 권리와 의무를 가지며, 자기의 이름과 책임하에 행정을 실시하는 단체
현행법상 경찰행정의 주체	2021년에 경찰법이 국가경찰과 자치경찰의 조직 및 운영에 관한 법률로 개정되어 기존에는 국가만을 행정주체로 인정했으나 이제는 지방자치단체도 행정주체로 인정된다.

2. 경찰행정기관의 종류

행정관청	① 대외적 의사표시로 국가를 대표하는 기관 ② 경찰청장·시·도경찰청장·경찰서장 ◆ 경찰청·시·도경찰청·경찰서 (×)
의결기관	① 의결기관의 의결을 거치지 아니한 행위는 무효의 행위가 된다. ② 징계위원회, 각종 경찰위원회 ③ 대외적으로 국가를 대표하는 기관이 아님
자문기관	① 자문기관의 자문은 법적 구속력은 없음(행정관청을 구속하지 못함) ② 경찰공무원인사위원회, 경찰청 및 시·도경찰청 인권위원회 등
감사기관	① 행정의 내부통제 : 감사원 ② 경찰의 내부통제 : 감사관
집행기관	① 의사실행기관 ② 순경 ~ 치안총감까지의 모든 경찰공무원 개개인
보조기관	① 행정관청을 보조하는 기관 ② 차장·국장·과장·계장, 지역경찰관서장
보좌기관	① 보조기관을 보조하는 기관 ② 각 담당관 : 분임물품관리관, 청문감사관 등

02 경찰의 권한

1. 권한개념 서설

의의	① 권한의 이전 및 변경은 언제나 법적 근거를 필요로 한다. ② 경찰관청의 권한의 범위는 헌법·법률 또는 그에 근거한 명령으로 결정된다. ③ 경찰관청의 직무범위는 경찰관청의 권한의 사항적 한계를 이루고, 경찰관청은 스스로 그의 직무범위를 변경할 수는 없다. ④ 경찰관청이 권한의 한계를 넘어선 행위는 원칙적으로 무효에 해당한다.	
권한행사의 효과	적극적 효과	① 경찰관청이 소관사무에 관하여 권한을 행사한 경우, 그 행위는 국가의 행위로서의 효력이 발생한다(조직규범). ② 따라서 그 행위의 법적 효과는 경찰관청의 구성원의 변경이나 행정관청의 폐지·변경으로 영향을 받지 않는다.
	소극적 효과	권한의 한계를 넘어서 권한을 행사한 때에는 위법에 해당

2. 권한의 위임 ◆ 법률이 부여한 권한을 이전하거나 변경하므로 법적 근거가 필요함

> **TIP**
>
> 🛡 **관련 법조문 - 행정권한의 위임 및 위탁에 관한 규정**
>
> 제2조【정의】이 영에서 사용하는 용어의 뜻은 다음과 같다.
> 1. "위임"이란 법률에 규정된 행정기관의 장의 권한 중 일부를 그 보조기관 또는 하급행정기관의 장이나 지방자치단체의 장에게 맡겨 그의 권한과 책임 아래 행사하도록 하는 것을 말한다.
> 2. "위탁"이란 법률에 규정된 행정기관의 장의 권한 중 일부를 다른 행정기관의 장에게 맡겨 그의 권한과 책임 아래 행사하도록 하는 것을 말한다.
>
> 제6조【지휘·감독】위임 및 위탁기관은 수임 및 수탁기관의 수임 및 수탁사무 처리에 대하여 지휘·감독하고, 그 처리가 위법하거나 부당하다고 인정될 때에는 이를 취소하거나 정지시킬 수 있다.
>
> 제7조【사전승인 등의 제한】수임 및 수탁사무의 처리에 관하여 위임 및 위탁기관은 수임 및 수탁기관에 대하여 사전승인을 받거나 협의를 할 것을 요구할 수 없다.
>
> 제8조【책임의 소재 및 명의 표시】① 수임 및 수탁사무의 처리에 관한 책임은 수임 및 수탁기관에 있으며, 위임 및 위탁기관의 장은 그에 대한 감독책임을 진다.
> ② 수임 및 수탁사무에 관한 권한을 행사할 때에는 수임 및 수탁기관의 명의로 하여야 한다.
>
> 제9조【권한의 위임 및 위탁에 따른 감사】위임 및 위탁기관은 위임 및 위탁사무 처리의 적정성을 확보하기 위하여 필요한 경우에는 수임 및 수탁기관의 수임 및 수탁사무 처리 상황을 수시로 감사할 수 있다.

예시

A가 말하기를	B야 C한테	돈 받아서	너 가져
(위임관청)	(수임관청)	◆ 일부위임에 한정	

㉠ 권한의 이전 및 귀속 변경 ○ : 법률에 근거 要
㉡ A는 위임한 부분에 대해서는 권한을 상실
㉢ A는 위임한 부분은 권한 대행 ×

의의	① 일반적으로 하급 관청에 대하여 행사 ② 위임에는 법령의 근거가 필요 ③ 권한이 위임되면 위임한 행정청은 그 권한을 상실함 ④ 위임을 받은 기관이 자기의 이름과 책임으로 그 권한을 행사 ⑤ 일부위임에 한정 ◆ 전부위임 (×)
위임의 효과	① 일방적 행위로서, 상대방의 동의는 필요 없다. ② 수임청(B)의 명의로 권한 행사 ③ 수임청(B)의 책임으로 권한 행사 ④ 법적 효과(재판상 피고) : 수임청에게 귀속(B가 피고) ⑤ 비용부담 : 위임자(A) 부담이 원칙 ⑥ 위임기관의 사무처리에 대하여 일반적인 기준에 따라 지휘·감독하고 그 처분이 위법·부당하다고 인정할 때에는 취소·중지 가능하다. 단, 위임기관은 수임기관이 사전승인을 받거나 협의할 것을 요구할 수 없다.
재위임	① 재위임이 가능 ② 재위임의 경우에도 법적 근거는 필요 ③ 일부위임만 가능 ◆ 전부위임 (×)

TIP

🛡 **내부위임과 위임전결**

예 내(A) 대신 돈을 받고 내(A) 대신 도장 찍어주세요.
① 내부적으로는 권한의 대행은 있으나, 외부적 관계에서는 위임자의 행위로 간주
② 권한의 귀속·변경이 없으므로 법적 근거는 불필요(권한의 이전이 없음)
③ 위임자(A)의 명의와 책임으로 권한 행사
④ 법적 효과(재판상 피고) : 위임자에게 귀속(A가 피고)

🛡 **대결(전결)**

① 행정관청이 그 보조기관에 사무처리에 관한 결정을 맡기지만, 외부에 대한 관계에서는 본래의 행정청의 이름으로 표시하는 경우를 말함
② 이를 내부적 위임이라고도 하며, 법령상의 근거는 요하지 않음
③ 일시적인 점에서 내부위임이나 위임전결과 구분됨

3. 권한의 대리
(1) 임의대리(수권대리)

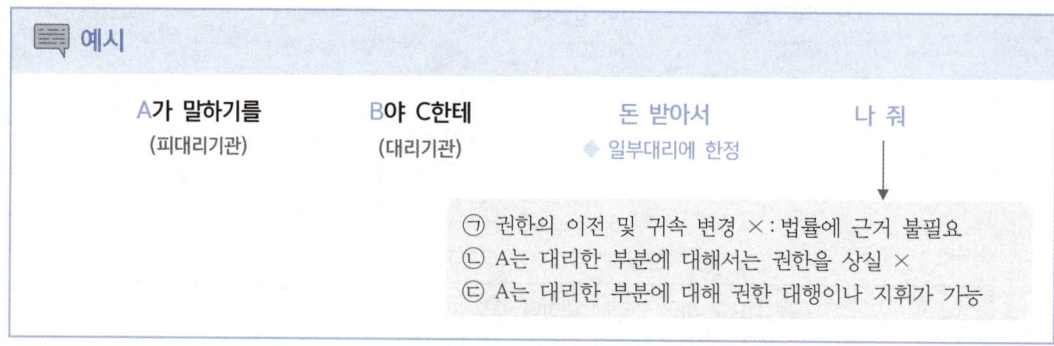

의의	① 주로 보조기관에 대하여 행사 ② 권한의 귀속·변경이 없으므로 법적 근거는 불필요(불요설이 통설) ③ 구성원의 사고 유무를 불문하고 대리권을 수여할 수 있음 ④ 일부대리에 한정 ◆ 전부대리 (×)
대리의 효과	① 일방적 행위로서, 상대방의 동의는 필요 없다. ② 피대리기관(A)을 위한다는 표시(현명주의) ③ 대리기관(B)의 명의로 권한 행사 ④ 대리기관(B)의 책임으로 권한 행사 ⑤ 법적 효과(재판상 피고) : 피대리기관(A)에 귀속
대리행위의 책임	① 대리권의 행사에 있어 피대리관청의 지휘감독을 받으며, 그의 대리행위에 관해서는 대리자 자신에 책임이 귀속됨 ② 다만, 피대리관청은 대리자의 선임·감독상의 책임을 면할 수 없음
복대리	임의대리는 원칙적으로 복대리를 허용하지 않음

(2) 법정대리

의의	① 피대리관청의 수권이 아닌 일정한 법정사실이 발생하였을 때 직접 법령의 규정에 의하여 성립하는 대리 ② 대리의 일반법령 : 직무대리규정

효과	① 권한의 귀속변경은 없으나 법적 근거 필요
	② 전부대리가 원칙 ◆ 임의대리(원칙) : 일부대리만 가능
	③ 권한 행사와 방식과 효과 : 임의대리와 동일
	   ㉠ 피대리관청을 위한다는 표시(현명주의)
	   ㉡ 대리기관의 명의로 행사
	   ㉢ 법적 효과는 피대리기관에게 귀속
	④ 대리행위에 관한 책임
	   ㉠ 전적으로 대리인 자신이 부담
	   ㉡ 피대리관청은 원칙적으로 대리자를 지휘·감독하지 못함

종류	협의의 법정대리	① 일정한 법정사실이 발생하는 경우 다른 보조적 행위를 기다릴 것 없이 법률상 당연히 대리권이 발생하는 경우 ② 대통령의 궐위 등에 따르는 대리 ③ 국무총리 유고시 대통령의 **지명이 없는 경우** 법률상의 규정에 의한 국무위원의 대리 ④ 장관유고시에 차관의 대리
	지정대리	① 국무총리·부총리 모두 유고시 대통령이 **지명하는** 국무위원이 직무를 대행하는 경우 ② 지정대리의 지정은 '대리명령서'에 의함(구두 ×) 예 국무총리와 부총리가 모두 사고로 인하여 직무를 수행할 수 없을 때에 대통령이 지명하는 국무위원이 직무를 대행하는 경우
	서리	피대리관청의 지위에 있는 자가 사망·면직 등의 사유로 궐위된 때에 **일시적으로** 그 대리자를 지정하고 있는 경우
복대리		① 임의대리는 복대리를 인정하지 않으나 법정대리는 복대리를 인정 ② 법정대리의 복대리의 성질은 임의대리에 해당 ③ 복대리는 피대리기관의 대리에 해당 ◆ 대리기관의 대리 (×)

📖 TIP

🛡 위임과 대리의 비교

구분	위임	내부위임·위임전결	임의대리	법정대리
권한의 귀속변경	○	×	×	×
법적 근거	要	×	×	要
명의(이름)	수임청	위임자	대리기관	대리기관
책임	수임청	위임자	대리기관	대리기관
법적 효과(피고)	수임청	위임자	피대리기관	피대리기관
범위	일부	일부·전부	일부	전부
재위임 및 복대리	재위임 ○	–	복대리 ×	복대리 ○

03 경찰조직법

1. 국가경찰과 자치경찰의 조직 및 운영에 관한 법률

목적		이 법은 경찰의 민주적인 관리·운영과 효율적인 임무수행을 위하여 경찰의 기본조직 및 직무 범위와 그 밖에 필요한 사항을 규정함을 목적으로 한다.
경찰의 임무		① 국민의 생명·신체 및 재산의 보호 ② 범죄의 예방·진압 및 수사 ③ 범죄피해자 보호 ④ 경비·요인경호 및 대간첩·대테러 작전 수행 ⑤ 공공안녕에 대한 위험의 예방과 대응을 위한 정보의 수집·작성 및 배포 ⑥ 교통의 단속과 위해의 방지 ⑦ 외국 정부기관 및 국제기구와의 국제협력 ⑧ 그 밖에 공공의 안녕과 질서유지
경찰의 사무	국가경찰 사무	동 법률 제3조에서 정한 경찰의 임무를 수행하기 위한 사무를 말한다. 다만, 자치경찰 사무는 제외한다.

	자치경찰 사무	동 법률 제3조에서 정한 경찰의 임무 범위에서 관할 지역의 생활안전·교통·경비·수사 등에 관한 다음의 사무를 말한다.
		① 지역 내 주민의 생활안전 활동에 관한 사무
		② 지역 내 교통활동에 관한 사무
		③ 지역 내 다중운집 행사 관련 혼잡 교통 및 안전관리
		④ 다음의 어느 하나에 해당하는 수사사무
		   ㉠ 학교폭력 등 소년범죄
		   ㉡ 가정폭력, 아동학대 범죄
		   ㉢ 교통사고 및 교통 관련 범죄
		   ㉣ 공연음란 및 성적 목적을 위한 다중이용장소 침입행위에 관한 범죄
		   ㉤ 경범죄 및 기초질서 관련 범죄
		   ㉥ 가출인 및 실종아동등 관련 수색 및 범죄
		⑤ 지역 내 주민의 생활안전 활동에 관한 사무, 지역 내 교통활동에 관한 사무, 지역 내 다중운집 행사 관련 혼잡 교통 및 안전관리의 자치경찰사무에 관한 구체적인 사항 및 범위 등은 대통령령으로 정하는 기준에 따라 시·도조례로 정한다.
		⑥ 수사사무의 자치경찰사무에 관한 구체적인 사항 및 범위 등은 대통령령으로 정한다.

권한 및 직무수행	권한남용 금지	경찰은 그 직무를 수행할 때 헌법과 법률에 따라 국민의 자유와 권리 및 모든 개인이 가지는 불가침의 기본적 인권을 보호하고, 국민 전체에 대한 봉사자로서 공정·중립을 지켜야 하며, 부여된 권한을 남용하여서는 아니 된다.
	직무수행	① 경찰공무원은 상관의 지휘·감독을 받아 직무를 수행하고, 그 직무수행에 관하여 서로 협력하여야 한다. ② 경찰공무원은 구체적 사건수사와 관련된 상관의 지휘·감독의 적법성 또는 정당성에 대하여 이견이 있을 때에는 이의를 제기할 수 있다.

2. 경찰조직 및 경찰행정관청

기본법		① 국가의 행정조직에 관한 기본법 : 정부조직법 ◆ 정부조직법은 경찰청의 설치근거는 규정하고 있으나 경찰의 조직과 임무는 규정하고 있지 않다. ② 경찰의 조직에 관한 기본법 : 국가경찰과 자치경찰의 조직 및 운영에 관한 법률
경찰청	설치 근거	① 정부조직법(조직 및 직무범위 ×) ② 국가경찰과 자치경찰의 조직 및 운영에 관한 법률(조직 및 직무범위 ○)
	소속기관	경찰청장 소속하에 경찰대학·경찰인재개발원·중앙경찰학교·경찰수사연수원, 경찰병원(책임운영기관)을 둔다.
	경찰청장 (치안총감)	① 경찰청장은 국가경찰사무를 총괄하고 소속 공무원 및 각급 경찰기관의 장을 지휘·감독함 ② 임기는 2년으로 하며 중임할 수 없음 ◆ 경찰청장은 퇴직일로부터 2년 이내에는 정당의 발기인이 되거나 당원이 될 수 없다는 규정은 헌법재판소 전원재판부(헌재 1999.12.23, 99헌마135) 결정으로 위헌이 되었다. ③ 경찰청장이 직무집행에 있어서 헌법이나 법률을 위배한 때에는 국회의 탄핵소추 의결을 받을 수 있음 ④ 임명절차 : 국가경찰위원회(동의) ⇨ 행정안전부장관(제청) ⇨ 총리(경유) ⇨ 대통령(임명) : 국회의 인사청문회를 거쳐야 한다. ⑤ 부속기관 ㉠ 경찰대학, 경찰인재개발원, 중앙경찰학교, 경찰수사연수원, 경찰병원 ㉡ 단, 국립과학수사연구원 및 2개의 지방분소는 행정안전부 소속으로 되어 있으나, 경찰청장의 지휘·감독하에 운영된다. ⑥ 경찰청장의 수사지휘 ㉠ 원칙 : 경찰청장은 경찰의 수사에 관한 사무의 경우에는 개별 사건의 수사에 대하여 구체적으로 지휘·감독할 수 없음 ㉡ 예외 : 국가수사본부장을 통하여 개별 사건의 수사에 대하여 구체적으로 지휘·감독할 수 있고, 지휘·감독하는 경우 국가경찰위원회에 보고하여야 한다. ⑦ 경찰청장의 자치경찰에 대한 지휘 ㉠ 원칙 : 경찰청장은 자치경찰에 대하여 지휘할 수 없음 ㉡ 예외 : 경찰청장은 전국적 치안유지를 위한 경우에는 자치경찰공무원(제주 자치경찰공무원 포함)을 직접 지휘·명령할 수 있고, 이 경우 시·도자치경찰위원회에 통보하고, 국가경찰위원회에 보고하여야 함
시·도 경찰청		① 시·도경찰청장은 치안정감·치안감(治安監) 또는 경무관(警務官)으로 보한다. ② 서울경찰청장 및 경기남부경찰청장과 부산경찰청장, 인천경찰청장은 치안정감으로, 세종경찰청장은 경무관, 그 밖의 시·도경찰청장은 치안감으로 보한다. ③ 시·도경찰청장(지방상급보통경찰관청) ㉠ 임명 : 경찰청장이 시·도자치경찰위원회와 협의하여 추천한 사람 중에서 행정안전부장관의 제청으로 국무총리를 거쳐 대통령이 임용 ㉡ 소속 : 시·도 소속

	ⓒ 지휘 : 시·도경찰청장은 국가경찰사무에 대해서는 경찰청장의 지휘·감독을, 자치경찰사무에 대해서는 시·도자치경찰위원회의 지휘·감독을, 수사에 관한 사무에 대해서는 국가수사본부장의 지휘·감독을 받아 관할구역의 소관 사무를 관장하고 소속 공무원 및 소속 경찰기관의 장을 지휘·감독한다. ⓔ 지역경찰관서 및 출장소·치안센터의 설치권 및 폐지권자

국가수사
본부장
	① 경찰청에 국가수사본부를 두며, 국가수사본부장은 치안정감으로 임명
	② 국가수사본부장은 경찰의 수사에 관하여 각 시·도경찰청장과 경찰서장 및 수사부서 소속 공무원을 지휘·감독함
	③ 임기는 2년으로 하며, 중임할 수 없으며, 임기가 끝나면 당연퇴직함
	④ 국가수사본부장이 직무집행에 있어서 헌법이나 법률을 위배한 때에는 국회의 탄핵소추의결을 받을 수 있음
	⑤ 국가수사본부장 외부임용시 자격
	   ⓐ 10년 이상 수사업무에 종사한 사람 중에서 고위공무원단에 속하는 공무원, 3급 이상 공무원 또는 총경 이상 경찰공무원으로 재직한 경력이 있는 사람
	   ⓑ 판사·검사 또는 변호사의 직에 10년 이상 있었던 사람
	   ⓒ 변호사 자격이 있는 사람으로서 국가기관, 지방자치단체, 공공기관의 운영에 관한 법률에 따른 공공기관(이하 "국가기관등"이라 함)에서 법률에 관한 사무에 10년 이상 종사한 경력이 있는 사람
	   ⓓ 대학에서 법률학·경찰학 분야에서 조교수 이상의 직이나 이에 상당하는 직에 10년 이상 있었던 사람
	   ⓔ ⓐ부터 ⓓ까지의 경력 기간의 합산이 15년 이상인 사람
	⑥ 국가수사본부장 임용의 결격사유
	   ⓐ 경찰공무원법 제8조 제2항 각 호의 결격사유에 해당하는 사람
	   ⓑ 정당의 당원이거나 당적을 이탈한 날부터 3년이 지나지 아니한 사람
	   ⓒ 선거에 의하여 취임하는 공직에 있거나 그 공직에서 퇴직한 날부터 3년이 지나지 아니한 사람
	   ⓓ ⑤ ⓐ에 해당하는 공무원 또는 ⓑ의 판사·검사의 직에서 퇴직한 날로부터 1년이 지나지 아니한 사람
	   ⓔ ⑤ ⓒ에 해당하는 사람으로서 국가기관등에서 퇴직한 날로부터 1년이 지나지 아니한 사람

경찰서	① 경찰서장은 경무관·총경 또는 경정으로 보한다.
	② 시·도경찰청장 소속하에 경찰서를 둔다.
	③ 경찰서장(하급경찰관청)
	   ⓐ 경찰서장은 시·도경찰청장의 지휘·감독을 받는다.
	   ⓑ 경찰서장 소속하에 지구대 또는 파출소를 두고, 그 설치기준은 치안수요·교통·지리 등 관할구역의 특성을 고려하여 행정안전부령으로 정한다. 다만, 필요한 경우에는 출장소를 둘 수 있다.
	④ 자치경찰사무 수행에 관한 평가결과 : 시·도자치경찰위원회는 정기적으로 경찰서장의 자치경찰사무 수행에 관한 평가결과를 경찰청장에게 통보하여야 하며 경찰청장은 이를 반영하여야 한다.

3. 경찰집행기관

의의	① 경찰집행기관은 의사결정기관이 아니라 의사집행기관에 해당함 ② 경찰상 즉시강제나 강제집행을 담당하는 기관
일반경찰 집행기관	순경에서 치안총감까지의 모든 경찰공무원 개개인(사법경찰은 특별경찰집행기관이 아니라 일반경찰집행기관에 해당함)
특별경찰 집행기관	소방공무원, 헌병, 의무경찰대, 해양경찰, 청원경찰 등

4. 국가경찰위원회(경찰의결기관)

설치 근거	국가경찰과 자치경찰의 조직 및 운영에 관한 법률(행정안전부에 설치함)
설치 목적	민주적 운영과 정치적 중립(국민의 통제와 참여)
위원 구성	① 위원장 1인(비상임 중 호선)을 포함한 7인의 위원 ② 1인 : 상임(정무직), 6인 : 비상임(위원장 포함) ③ 위원장 유고시는 상임위원, 연장자순으로 위원장의 직무를 대리함 ④ 임기 　㉠ 위원의 임기는 3년으로 하며 연임할 수 없음 　㉡ 보궐위원의 임기는 전임자의 남은 기간으로 한다. ⑤ 임명 : 행정안전부장관(제청) ⇨ 국무총리(경유) ⇨ 대통령(임명) ⑥ 위원의 자격 : 위원 중 2인은 법관의 자격이 있는 자이어야 함
의결정족수	재적위원 과반수의 출석과 출석위원 과반수의 찬성으로 의결함
결격사유	① 당적을 이탈한 날부터 3년이 경과하지 아니한 자 ② 선거에 의하여 취임하는 공직에서 퇴직한 날부터 3년이 경과하지 않은 자 ③ 경찰·검찰·국가정보원 직원 또는 군인의 직에서 퇴직한 날부터 3년이 경과되지 아니한 자 ④ 국가공무원법상 결격사유 있는 자(당연퇴직 사유)
신분보장	① 위원은 중대한 심신장애를 제외하고는 의사에 반하여 면직되지 않음(신분보장) ② 위원은 정당에 가입하거나 선거에 의하여 취임하는 직에 취임하거나 임용되거나 국가공무원 결격사유에 해당하게 된 때에는 당연퇴직됨(정치적 중립) ③ 위원이 중대한 심신장애가 있어 면직할 경우 행정안전부장관 또는 위원장의 요구로 국가경찰위원회에서 의결로 면직 ◆ 임명권자가 직권으로 면직 (×)
심의의결 사항	① 국가경찰사무에 관한 인사, 예산, 장비, 통신 등에 관한 주요정책 및 경찰 업무 발전에 관한 사항 ② 국가경찰사무에 관한 인권보호와 관련되는 경찰의 운영·개선에 관한 사항 ③ 국가경찰사무 담당 공무원의 부패 방지와 청렴도 향상에 관한 주요 정책사항 ④ 국가경찰사무 외에 다른 국가기관으로부터의 업무협조 요청에 관한 사항 ⑤ 제주특별자치도의 자치경찰에 대한 경찰의 지원·협조 및 협약체결의 조정 등에 관한 주요 정책사항 ⑥ 시·도자치경찰위원회 위원 추천, 자치경찰사무에 대한 주요 법령·정책 등에 관한 사항, 시·도자치경찰위원회 의결에 대한 재의 요구에 관한 사항

		⑦ 국민의 생명·신체 및 재산을 보호하고 공공의 안녕과 질서유지에 필요한 시책 수립에 관한 사항 ⑧ 비상사태 등 전국적 치안유지를 위한 경찰청장의 지휘·명령에 관한 사항 ⑨ 그 밖에 행정안전부장관 및 경찰청장이 중요하다고 인정하여 국가경찰위원회의 회의에 부친 사항
기타	회의	① 정기회의 : 매월 2회 소집 ② 임시회의 　㉠ 위원장이 필요한 경우 　㉡ 위원 3인 이상과 행정안전부 장관 또는 경찰청장이 요구할 경우
	사무	① 국가경찰위원회의 사무는 경찰청에서 수행 ② 국가경찰위원회규정에 규정된 사항 외에 위원회의 운영을 위하여 필요한 사항은 위원회의 의결을 거쳐 위원장이 정함
	재의 요구권	① 행정안전부장관의 재의요구권을 인정(임의적) ② 행정안전부장관의 재의요구는 10일 이내에 하여야 하고 위원회는 7일 이내에 재의결하여야 한다.

5. 시·도자치경찰위원회

설치 근거	① 국가경찰과 자치경찰의 조직 및 운영에 관한 법률(시·도지사 소속으로 설치) ② 2개의 시·도자치경찰위원회를 두는 경우 해당 시·도자치경찰위원회의 명칭등 필요한 사항은 대통령령으로 정함
위원 구성	① 시·도자치경찰위원회는 위원장 1명을 포함한 7명의 위원으로 구성된다. ② 위원장과 1명의 위원은 상임으로 하고, 5명의 위원은 비상임으로 한다. ③ 위원은 특정 성(性)이 10분의 6을 초과하지 아니하도록 노력하여야 한다. ④ 위원 중 1명은 인권문제에 관하여 전문적인 지식과 경험이 있는 사람이 임명될 수 있도록 노력하여야 한다. ⑤ 시·도자치경찰위원회 위원장이 부득이한 사유로 직무를 수행할 수 없을 때에는 상임위원, 위원 중 연장자순으로 그 직무를 대행한다. ⑥ 공무원이 아닌 위원에 대해서는 「지방공무원법」 제52조(비밀 엄수의 의무) 및 제57조(정치운동의 금지)를 준용한다.
위원 임명	① 위원은 다음의 사람을 시·도지사가 임명한다. 　㉠ 시·도의회가 추천하는 2명 　㉡ 국가경찰위원회가 추천하는 1명 　㉢ 해당 시·도 교육감이 추천하는 1명 　㉣ 시·도자치경찰위원회 위원추천위원회가 추천하는 2명 　㉤ 시·도지사가 지명하는 1명 ② 위원장과 상임위원의 임명 : 위원장은 위원 중에서 시·도지사가 임명하고, 상임위원은 시·도자치경찰위원회의 의결을 거쳐 위원 중에서 위원장의 제청으로 시·도지사가 임명한다. ③ 위원의 임명방법 및 절차 : 시·도지사는 시·도자치경찰위원회 위원의 임기가 만료되는 경우에는 그 임기 만료 30일 전까지 추천권자에게 위원으로 임명할 사람의 추천을 요청해야 한다.

위원 자격	① 판사·검사·변호사 또는 경찰의 직에 5년 이상 있었던 사람 ② 변호사 자격이 있는 사람으로서 국가기관 등에서 법률에 관한 사무에 5년 이상 종사한 경력이 있는 사람 ③ 대학이나 공인된 연구기관에서 법률학·행정학 또는 경찰학 분야의 조교수 이상의 직이나 이에 상당하는 직에 5년 이상 있었던 사람 ④ 그 밖에 관할 지역주민 중에서 지방자치행정 또는 경찰행정 등의 분야에 경험이 풍부하고 학식과 덕망을 갖춘 사람
위원의 결격사유	① 정당의 당원이거나 당적을 이탈한 날부터 3년이 지나지 아니한 사람 ② 선거에 의하여 취임하는 공직에 있거나 그 공직에서 퇴직한 날부터 3년이 지나지 아니한 사람 ③ 경찰, 검찰, 국가정보원 직원 또는 군인의 직에 있거나 그 직에서 퇴직한 날부터 3년이 지나지 아니한 사람 ④ 국가 및 지방자치단체의 공무원(국립 또는 공립대학의 조교수 이상의 직에 있는 사람은 제외한다)이거나 공무원이었던 사람으로서 퇴직한 날부터 3년이 지나지 아니한 사람 ⑤ 지방공무원법 제31조 각 호의 어느 하나에 해당하는 사람
위원 임기	① 위원장과 위원의 임기는 3년으로 하며, 연임할 수 없다. ② 보궐위원의 임기는 전임자 임기의 남은 기간으로 하되, 전임자의 남은 임기가 1년 미만인 경우 그 보궐위원은 ①에도 불구하고 한 차례만 연임할 수 있다. ③ 위원은 중대한 신체상 또는 정신상의 장애로 직무를 수행할 수 없게 된 경우를 제외하고는 그 의사에 반하여 면직되지 아니한다.
소관 사무	① 자치경찰사무에 관한 목표의 수립 및 평가 ② 자치경찰사무에 관한 인사, 예산, 장비, 통신 등에 관한 주요정책 및 그 운영지원 ③ 자치경찰사무 담당 공무원의 임용, 평가 및 인사위원회 운영 ④ 자치경찰사무 담당 공무원의 부패 방지와 청렴도 향상에 관한 주요 정책 및 인권침해 또는 권한 남용 소지가 있는 규칙, 제도, 정책, 관행 등의 개선 ⑤ 시·도경찰청장의 임용과 관련한 경찰청장과의 협의, 경찰서장의 자치경찰사무 수행에 관한 평가 및 결과 통보 ⑥ 자치경찰사무 감사 및 감사의뢰 ⑦ 자치경찰사무 담당 공무원의 주요 비위사건에 대한 감찰요구 ⑧ 자치경찰사무 담당 공무원에 대한 징계요구 ⑨ 자치경찰사무 담당 공무원의 고충심사 및 사기진작 ⑩ 자치경찰사무와 관련된 중요사건·사고 및 현안의 점검 ⑪ 자치경찰사무에 관한 규칙의 제정·개정 또는 폐지 ⑫ 지방행정과 치안행정의 업무조정과 그 밖에 필요한 협의·조정 ⑬ 비상사태 등 전국적 치안유지를 위한 경찰청장의 지휘·명령에 관한 사무 ⑭ 국가경찰사무·자치경찰사무의 협력·조정과 관련하여 경찰청장과 협의 ⑮ 국가경찰위원회에 대한 심의·조정 요청 ⑯ 그 밖에 시·도지사, 시·도경찰청장이 중요하다고 인정하여 시·도자치경찰위원회의 회의에 부친 사항에 대한 심의·의결
회의	① 정기회의는 특별한 사유가 있는 경우를 제외하고는 위원장이 월 1회 이상 소집·개최한다. ② 임시회의는 위원장이 필요하다고 인정하는 경우, 위원 2명 이상이 요구하는 경우 및 시·도지사가 필요하다고 인정하는 경우에 개최할 수 있다. ③ 위원장은 회의를 소집하려면 회의 개최 3일 전까지 회의의 일시·장소 및 안건 등을 위원에게 알려야 한다.

의결정족수	회의는 재적위원 과반수의 출석과 출석위원 과반수의 찬성으로 의결한다.
재의요구	시·도지사는 시·도자치경찰위원회의 의결이 적정하지 아니하다고 판단할 때에는 재의를 요구할 수 있다.

6. 경찰청 및 시·도경찰청 인권위원회

구분	내용
설치	경찰청장 및 시·도경찰청장의 자문기구로서 각각 경찰청과 시·도경찰청에 설치

구성	① 위원회는 위원장 1명을 포함하여 7명 이상 13명 이하의 위원으로 구성한다. 이때, 특정 성별이 전체 위원 수의 10분의 6을 초과하지 아니해야 한다.
	② 위원장은 위원회에서 호선(互選)하며, 위원은 당연직 위원과 위촉 위원으로 구분한다.
	③ 당연직 위원은 경찰청은 감사관, 시·도경찰청은 청문감사인권담당관으로 한다.
	④ 위촉 위원은 인권 분야에 전문적인 지식과 경험이 있고 아래(㉠ ~ ㉣)의 어느 하나에 해당하는 사람 중에서 경찰청장 또는 시·도경찰청장(이하 "청장"이라 한다)이 위촉한다. 이때, 아래의 각각에 해당하는 사람이 반드시 1명 이상 포함되어야 한다.
	  ㉠ 판사·검사 또는 변호사로 3년 이상의 경력이 있는 사람
	  ㉡ 학교에서 교원 또는 교직원으로 3년 이상 근무한 경력이 있는 사람
	  ㉢ 「비영리민간단체지원법」에 따른 단체에서 인권 분야에 3년 이상 활동한 경력이 있거나 그러한 단체로부터 인권위원으로 위촉되기에 적합하다고 추천을 받은 사람
	  ㉣ 그 밖에 사회적 약자 등 다양한 사회 구성원의 목소리를 반영할 수 있는 사람

위원의 결격사유	① 「공직선거법」에 따라 실시하는 선거에 후보자(예비후보자 포함)로 등록한 사람 ② 「공직선거법」에 따라 실시하는 선거에 의하여 취임한 공무원이거나 그 직에서 퇴직한 날부터 3년이 지나지 아니한 사람 ③ 경찰의 직에 있거나 그 직에서 퇴직한 날부터 3년이 지나지 아니한 사람 ④ 「공직선거법」에 따른 선거사무관계자 및 「정당법」에 따른 정당의 당원
임기	위원장과 위촉 위원의 임기는 위촉된 날로부터 2년으로 하며 위원장의 직은 연임할 수 없고, 위촉 위원은 두 차례만 연임할 수 있다.
위원장의 직무 등	위원장이 일시적인 사유로 그 직무를 수행할 수 없을 경우에는 위원 중에서 위촉 일자가 빠른 순으로 그 직무를 대행한다. 다만, 위촉 일자가 같을 때에는 연장자순으로 대행한다.
회의	① 위원회의 회의는 정기회의와 임시회의로 구분하며, 재적위원 과반수의 출석으로 개의(開議)하고, 출석위원 과반수의 찬성으로 의결한다. ② 정기회의는 경찰청은 월 1회, 시·도경찰청은 분기 1회 개최한다. ③ 임시회의는 위원장이 필요하다고 인정하거나 청장 또는 재적위원 3분의 1 이상이 소집을 요구하는 경우 위원장이 소집한다.

> TIP

경찰 인권보호 규칙

제2조【정의】 이 규칙에서 사용하는 용어의 정의는 다음과 같다.
1. "경찰관등"이란 경찰청과 그 소속기관의 경찰공무원, 일반직공무원, 무기계약근로자 및 기간제근로자, 의무경찰을 의미한다.

제18조【경찰 인권정책 기본계획의 수립】 ① 경찰청장은 국민의 인권보호와 증진을 위하여 경찰 인권정책 기본계획(이하 "기본계획"이라 한다)을 5년마다 수립해야 한다.

제18조의2【인권교육계획의 수립】 ① 경찰청장은 경찰관등이 근무하는 동안 지속적·체계적으로 교육을 받을 수 있도록 3년 단위로 인권교육종합계획을 수립하여 시행하여야 한다.
② 경찰관서의 장은 제1항의 내용을 반영하여 매년 인권교육 계획을 수립하여 시행하여야 한다.

제20조의3【교육시기 및 이수시간】 경찰관등에 대한 인권교육은 교육대상에 따라 다음 각 호와 같이 실시해야 한다.
1. 신규 임용예정 경찰관등 : 각 교육기관 교육기간 중 5시간 이상
2. 경찰관서의 장(지역경찰관서의 장과 기동부대의 장을 포함한다) 및 각 경찰관서 재직 경찰관등 : 연 6시간 이상
3. 교육기관에 입교한 경찰관등 : 보수·직무교육 등 교육과정 중 1시간 이상
4. 인권 강사 경찰관등 : 연 40시간 이상

제24조【점검】 인권보호담당관은 반기 1회 이상 인권영향평가의 이행 여부를 점검하고, 이를 경찰청 인권위원회에 제출하여야 한다.

제25조【진단사항】 인권보호담당관은 인권침해를 예방하고 제도를 개선하기 위해 연 1회 이상 다음 각 호의 사항을 진단하여야 한다.

제29조【진정의 각하】 ① 경찰청 및 그 소속기관의 장은 다음 각 호의 어느 하나에 해당할 경우에는 그 진정을 각하할 수 있다.
1. 진정 내용이 인권침해에 해당하지 아니하는 것이 명백한 경우
2. 진정 내용이 명백히 사실이 아니거나 이유가 없다고 인정되는 경우
3. 피해자가 아닌 사람이 한 진정으로서 피해자가 조사를 원하지 않는다는 의사표시를 명백하게 한 경우
4. 진정의 원인이 된 사실이 공소시효, 징계시효 및 민사상 시효 등이 모두 완성된 경우
5. 진정의 원인이 된 사실에 관하여 법원이나 헌법재판소의 재판, 수사기관의 수사 또는 그 밖에 법률에 따른 권리 구제절차가 진행 중이거나 종결된 경우
6. 진정이 익명(匿名)이나 가명(假名)으로 제출된 경우
7. 진정인이 진정을 취소한 경우
8. 기각 또는 각하된 진정과 동일한 내용으로 다시 진정한 경우
9. 진정 내용이 추상적이거나 관계자를 근거 없이 비방하는 등 업무를 방해할 의도로 진정한 것으로 판단되는 경우
10. 진정의 취지가 그 진정의 원인이 된 사실에 관한 법원의 확정 판결이나 헌법재판소의 결정에 반대되는 경우
11. 국가인권위원회에서 진정서의 내용과 같은 사실을 이미 조사 중이거나 조사한 사실이 확인된 경우

제35조【조사중지】 ① 조사담당자는 인권침해 사건을 조사하는 과정에서 다음 각 호의 어느 하나에 해당하는 사유로 사건 조사를 진행할 수 없는 경우에는 조사를 중지할 수 있다.
1. 진정인이나 피해자의 소재를 알 수 없는 경우
2. 사건 해결과 진상 규명에 핵심적인 중요 참고인의 소재를 알 수 없는 경우
3. 그 밖에 제1호 또는 제2호와 유사한 사정으로 더 이상 사건 조사를 진행할 수 없는 경우
4. 감사원의 조사, 경찰·검찰 등 수사기관에서 조사 또는 수사가 개시된 경우

제37조【진정의 기각】경찰청 및 그 소속기관의 장은 진정 내용을 조사한 결과 다음 각 호의 어느 하나에 해당하는 경우에는 그 진정을 기각할 수 있다.
1. 진정 내용이 사실이 아니거나 사실 여부를 확인하는 것이 불가능한 경우
2. 진정 내용이 이미 피해회복이 이루어지는 등 따로 구제조치가 필요하지 아니하다고 인정되는 경우
3. 진정 내용은 사실이나 인권침해에 해당하지 아니하는 경우

7. 특별경찰기관

협의의 행정경찰	① 다른 행정작용에 부수하면서 그 행정작용을 용이하게 해주는 경찰 예 위생·영업·건축·철도·산업경찰… 등 ② 협의의 행정경찰은 학문상 개념에 해당
비상경찰기관	국가비상사태에 통상적인 경찰력과 경찰작용으로 치안을 확보하기 곤란한 경우에 군사력이 대신하여 치안의 유지 또는 확보에 나서는 특수경찰

04 경찰관청 상호 간의 관계

상·하 관청 간의 관계	예방적 감독수단	① 감시권 ② 훈령권 ③ 주관쟁의결정권 ④ 인가권(승인권)
	교정적 감독수단 (취소·정지권)	상급경찰관청이 직권으로 또는 행정심판의 청구에 의하여 하급경찰관청의 위법·부당한 행위를 취소 또는 정지하는 권한
대등관청 간의 관계	권한의 존중관계	① 권한의 불가침 ② 주관쟁의의 결정
	권한의 협력관계	① 협의 ② 사무위탁(촉탁) ③ 행정응원(지원)

제3절 경찰공무원법

01 경찰공무원 법제의 기본구조

1. 경찰공무원법의 개념

국가공무원법과의 관계	국가공무원법과 경찰공무원법의 관계는 일반법과 특별법의 관계에 있다고 볼 수 있으며, 실제로 경찰공무원법은 많은 경우에 국가공무원법을 준용함
근무관계의 성질	① 종래에는 공무원의 근무관계를 특별권력관계로 설정 ② 현재는 공무원의 근무관계의 성질을 관계법령에 의해 지배되는 관계로 봄

적용 대상자	① 경찰공무원(해경 포함)
	② 제외되는 자
	  ㉠ 의무경찰 제외
	  ㉡ 경찰청에서 근무하는 일반직 공무원 제외
	◆ 경찰공무원과 의무경찰, 경찰청에서 근무하는 일반직 공무원 모두 국가배상법과 형법상 공무집행방해죄의 공무원에는 해당한다.

2. 경찰공무원법의 분류

① 국가공무원법상 경찰공무원의 분류: 경찰공무원은 경력직에 속하면서 특정직 공무원
  ◆ 특수경력직 (×)
② 분류

계급제에 의한 분류	㉠ 직책의 난이도와 보수 등의 차이를 두기 위함 ㉡ 효율성 요청, 수직적 분류방법 ㉢ 조직운영의 효율성
경과에 의한 분류	㉠ 개개 경찰관의 특성, 자격과 능력, 경력을 활용하기 위함 ㉡ 전문성 요청, 수평적 분류방법 ㉢ 경찰업무수행의 효율성

③ 경과에 따른 분류(경찰공무원 임용령 제3조)

의의		㉠ 경찰공무원은 부여받는 경과에 따라 그 개인이 담당하게 되는 직무가 결정됨 ㉡ 신규채용 할 때 경과를 부여하여야 하며, 총경 이하 모든 경찰공무원에게 부여하여야 함(필요적)
종류	일반경과	일반경과는 기획·감사·경무·생활안전·교통·경비·작전·정보·외사 기타의 직무로서 안보수사경과 및 특수경과와 수사경과에 속하지 아니하는 직무
	특수경과	항공경과, 정보통신경과
	안보수사경과	㉠ 적용계급: 경정 이하의 계급에 대하여 부여 ㉡ 직무: 안보경찰(대공경찰)에 관한 직무를 담당
	수사경과	㉠ 적용계급: 경정 이하의 계급에 대하여 부여 ㉡ 직무: 범죄수사에 관한 직무 ㉢ 수사경과자의 범위: 수사국장의 지휘를 받는 부서와 외사수사·교통사고수사·여성청소년수사·지하철경찰대수사 등, 수사 관련 확대 부서에서 근무

02 경찰공무원의 근무관계

1. 경찰공무원 관계의 성립

(1) 개념 및 법적 성질

의의	① 경찰공무원관계의 발생은 임용에 의해 이루어짐 ② 임용은 신규채용(협의의 임용) + 변경(승진임용·전보·파견·휴직·정직·직위해제·복직)과 소멸(면직·해임·파면)까지 모두 포함하는 개념 ◆ 좁은 의미의 임명은 신규채용행위만을 의미함
법적 성질	① 쌍방적 행정행위 또는 공법상 계약(상대방의 동의가 필요함) ◆ 변경 : 일방적 행위(상대방의 동의가 필요 없음) ② 상대방의 동의 없이 임용한 경우 : 무효 ③ 임용에 대한 법적 분쟁은 항고소송의 대상에 해당

(2) 임용의 형식 및 효력발생시기

형식	① 임용장을 교부함으로써 행해지는 것이 원칙 ② 임용장의 교부는 임용의 유효요건에 해당하지 않음
효력 발생	① 임용장이나 임용통지서에 적힌 날짜에 임용의 효력 발생 ② 사망으로 인한 면직은 사망한 다음 날에 면직된 것으로 간주

임용시기의 특례	① 전사하거나 순직한 사람을 다음의 어느 하나에 해당하는 날을 임용일자로 하여 특별승진임용하는 경우
	   ㉠ 재직 중 사망한 경우 : 사망일의 전날
	   ㉡ 퇴직 후 사망한 경우 : 퇴직일의 전날
	② 휴직 기간이 끝나거나 휴직 사유가 소멸된 후에도 직무에 복귀하지 아니하거나 직무를 감당할 수 없을 때에 직권으로 면직시키는 경우 : 휴직기간의 만료일 또는 휴직사유의 소멸일

(3) 임용의 결격사유

① 결격사유

경찰공무원 임용의 결격사유	㉠ 대한민국 국적을 가지지 아니한 사람 ㉡ 국적법 제11조의2 제1항에 따른 복수국적자 ㉢ 피성년후견인 또는 피한정후견인 ㉣ 파산선고를 받고 복권되지 아니한 사람 ㉤ 자격정지 이상의 형(刑)을 선고받은 사람 ㉥ 자격정지 이상의 형의 선고유예를 선고받고 그 유예기간 중에 있는 사람 ㉦ 징계에 의하여 파면 또는 해임처분을 받은 사람 ㉧ 공무원으로 재직기간 중 직무와 관련하여 횡령·배임의 죄를 범한 사람으로서 300만 원 이상의 벌금형을 선고받고 그 형이 확정된 후 2년이 지나지 아니한 사람 ㉨ 성폭력범죄를 범한 사람으로서 100만 원 이상의 벌금형을 선고받고 그 형이 확정된 후 3년이 지나지 아니한 사람

㋩ 미성년자에 대한 다음의 어느 하나에 해당하는 죄를 저질러 형 또는 치료감호가 확정된 사람(집행유예를 선고받은 후 그 집행유예기간이 경과한 사람을 포함한다)
   ⓐ 「성폭력범죄의 처벌 등에 관한 특례법」 제2조에 따른 성폭력범죄
   ⓑ 「아동·청소년의 성보호에 관한 법률」 제2조 제2호에 따른 아동·청소년대상 성범죄

📑 TIP

🛡 국가공무원법과 경찰공무원법상 공통된 임용의 결격사유
① 피성년후견인
② 파산선고를 받고 복권되지 아니한 사람
③ 공무원으로 재직기간 중 직무와 관련하여 횡령·배임의 죄를 범한 사람으로서 300만 원 이상의 벌금형을 선고받고 그 형이 확정된 후 2년이 지나지 아니한 사람
④ 성폭력범죄를 범한 사람으로서 100만 원 이상의 벌금형을 선고받고 그 형이 확정된 후 3년이 지나지 아니한 사람
⑤ 미성년자에 대한 다음의 어느 하나에 해당하는 죄를 저질러 형 또는 치료감호가 확정된 사람(집행유예를 선고받은 후 그 집행유예기간이 경과한 사람을 포함한다)
   ㉠ 「성폭력범죄의 처벌 등에 관한 특례법」 제2조에 따른 성폭력범죄
   ㉡ 「아동·청소년의 성보호에 관한 법률」 제2조 제2호에 따른 아동·청소년대상 성범죄

🛡 임용의 결격사유와 당연퇴직과의 관계
① 경찰공무원이 임용의 결격사유에 해당하게 된 경우에는 당연히 퇴직한다.
② 다만, 파산선고를 받은 사람으로서 「채무자 회생 및 파산에 관한 법률」에 따라 신청기한 내에 면책신청을 하지 아니하였거나 면책불허가 결정 또는 면책취소가 확정된 경우만 당연퇴직에 해당한다.
③ 자격정지 이상의 형의 선고유예를 선고받고 그 유예기간 중에 있는 사람은 「형법」상 수뢰·사전수뢰, 제삼자뇌물제공, 수뢰후부정처사·사후수뢰, 알선수뢰, 「성폭력범죄의 처벌 등에 관한 특례법」상 성폭력범죄, 「아동·청소년의 성보호에 관한 법률」상 아동·청소년대상 성범죄 및 직무와 관련하여 횡령·배임죄를 범한 사람으로서 자격정지 이상의 형의 선고유예를 받은 경우만 당연퇴직에 해당한다.

② 채용 등

신규채용	경정 및 순경의 신규채용은 공개경쟁시험으로 한다.
경력경쟁채용	㉠ 의의 : 공채에 의한 채용이 부적당하거나 곤란한 경우 또는 특별한 자격을 가지고 있는 사람을 채용하고자 하는 경우의 채용방법을 말한다. ㉡ 경력경쟁채용의 결격사유 　ⓐ 종전의 재직기관에서 감봉 이상의 징계처분을 받은 사람 　ⓑ 계급정년으로 퇴직한 사람
부정행위자에 대한 제재	㉠ 경찰청장은 경찰공무원의 신규채용시험(경위공개경쟁채용시험을 포함한다), 승진시험 또는 그 밖의 시험에서 다른 사람에게 대신하여 응시하게 하는 행위 등 부정행위를 한 사람에 대하여는 해당 시험의 정지·무효 또는 합격 취소 처분을 할 수 있다. ㉡ 합격 취소 처분 등을 받은 사람에 대해서는 처분이 있은 날부터 5년의 범위에서 대통령령으로 정하는 기간 동안 신규채용시험, 승진시험 또는 그 밖의 시험의 응시자격을 정지한다.

채용비위 관련자 합격취소	㉠ 경찰청장은 누구든지 경찰공무원의 채용과 관련하여 비위를 저질러 유죄판결이 확정된 경우에는 그 비위 행위로 인하여 채용시험에 합격하거나 임용된 사람에 대하여 대통령령으로 정하는 바에 따라 합격 또는 임용을 취소할 수 있다. ㉡ ㉠에 따른 취소 처분은 합격 또는 임용 당시로 소급하여 효력이 발생한다.

(4) 신규임용

채용후보자의 등록	① 공개경쟁채용시험, 경위공개경쟁채용시험 및 경력경쟁채용시험에 합격한 자는 임용권자 또는 임용제청권자에게 채용후보자등록을 하여야 한다(의무적). ② 채용후보자등록을 하지 아니한 자는 경찰공무원으로 임용될 의사가 없는 것으로 본다.
채용후보자 명부작성	① 경찰청장은 신규채용시험에 합격한 자를 성적 순위에 따라 채용후보자명부에 등재하여야 한다(의무적). ② 채용후보자명부의 유효기간은 2년으로 하되, 경찰청장은 필요에 따라 1년의 범위 안에서 그 기간을 연장할 수 있다.
채용후보자의 자격상실 요건	① 채용후보자가 임용 또는 임용제청에 불응한 때 ② 채용후보자로서 받아야 할 교육훈련에 불응한 때 ③ 채용후보자로서 받은 교육훈련성적이 수료점수에 미달되는 경우 ④ 채용후보자로서 교육훈련을 받는 중에 퇴학처분을 받은 경우. 다만, 질병 등 교육훈련을 계속할 수 없는 불가피한 사정으로 퇴학처분을 받은 경우는 제외

(5) 시보임용

의의	① 시보임용의 의의 　㉠ 경찰관으로서의 적격성을 보유하고 있는지 확인하기 위해, 그리고 경찰실무를 습득하기 위해 일정기간 동안 시험보직을 명하게 하는 제도 　㉡ 시보기간 중에는 신분보장 및 승진임용이 되지 않음 　㉢ 승진소요근무연수에는 산입함 ② 시보임용의 대상 및 기간 : 경정 이하의 경찰공무원을 신규채용하는 경우에는 1년의 기간을 시보로 임용하고, 그 기간이 만료된 다음 날에 정규 경찰공무원으로 임용함 ③ 시보기간에서 제외되는 기간 : 휴직기간·직위해제기간 및 징계에 의한 정직 또는 감봉처분을 받은 기간은 시보임용기간에 산입하지 아니함
시보임용의 면제대상	① 경찰대학을 졸업한 사람 또는 경위공개경쟁채용시험 합격자로 정하여진 교육을 마친 사람을 경위로 임용하는 경우 ② 경찰공무원으로서 대통령령으로 정하는 상위계급으로의 승진에 필요한 자격 요건을 갖추고 임용예정 계급에 상응하는 공개경쟁 채용시험에 합격한 사람을 해당 계급의 경찰공무원으로 임용하는 경우 ③ 퇴직한 경찰공무원으로서 퇴직시에 재직하였던 계급의 채용시험에 합격한 사람을 재임용하는 경우 ④ 자치경찰공무원을 그 계급에 상응하는 경찰공무원으로 임용하는 경우
시보경찰 공무원의 면직대상	① 시보경찰공무원의 면직 : 시보임용기간 중에 있는 경찰공무원이 근무성적 또는 교육훈련성적이 불량한 때에는 정규임용심사위원회의 심사를 거쳐 면직시키거나 면직을 제청할 수 있음(임의적)

	② 시보경찰공무원의 면직사유 　㉠ 징계 사유에 해당할 때 　㉡ 경찰교육성적이 60점 미만이거나 교육생활태도 점수가 극히 불량할 때 　㉢ 근무성적 제2평정요소의 점수가 5할에 미치지 못한 때
시보경찰공무원의 정규임용	① 시보경찰공무원은 정규임용심사위원회의 심사를 거쳐 정규 경찰공무원으로 임용함 ② 정규임용의결은 재적위원 2/3 이상의 출석과 출석위원 과반수의 찬성으로 결정 ③ 시보임용기간이 만료된 다음날 정규 경찰공무원으로 임용함

2. 정규임용심사위원회와 경찰공무원인사위원회

(1) 정규임용심사위원회

설치목적	시보임용 경찰공무원을 정규 경찰공무원으로 임용함에 있어서 그 적부를 심사하게 하기 위함
위원회의 구성	5인 이상 ~ 7인 이하로 구성(위원장 1인을 포함)
정규임용심사위원회 위원의 임명	① 소속 경감 이상 경찰공무원 중 위원회가 설치된 기관의 장이 임명 ② 위원장은 위원 중 최상위계급 또는 선임의 경찰공무원이 된다.
의결정족수	재적위원 2/3 출석과 출석위원 과반수의 찬성으로 의결

(2) 경찰공무원인사위원회

설치	인사에 관련된 중요한 사항을 처리해야 할 경우에 경찰청장의 자문에 응하기 위하여 경찰청에 설치(비상설의 자문기관)
설치근거	경찰공무원법 제5조
구성	① 위원의 구성 : 5인 이상 ~ 7인 이하 ② 위원장 : 경찰청 인사담당국장 ③ 위원의 임명 : 경찰청 소속의 총경 이상 중에서 경찰청장이 임명 ④ 위원장의 임무대행 : 위원장이 부득이한 사유로 직무를 수행할 수 없을 때에는 위원 중에서 최상위계급 또는 선임경찰관이 그의 직무를 대행함
회의	위원회의 회의는 재적위원 과반수의 찬성으로 의결한다.

3. 인사기관

구분	내용
대통령	① 총경 이상의 경찰공무원의 임용은 경찰청장의 추천으로 행정안전부장관이 제청하여 국무총리를 거쳐 대통령이 한다. ② 경정으로의 신규채용·승진임용 및 면직은 경찰청장의 제청으로 국무총리를 거쳐 대통령이 임용한다.

경찰청장	① 총경의 전보·휴직·직위해제·강등·정직 및 복직은 경찰청장이 행한다. ② 경정 이하의 경찰공무원 임용은 경찰청장이 행한다. ③ 경찰청장은 시·도지사, 국가수사본부장, 소속 기관의 장, 시·도경찰청장에게 그 소속 경찰공무원 중 경정의 전보·파견·휴직·직위해제 및 복직에 관한 권한과 경감 이하의 임용권을 위임할 수 있다(임의적).
시·도 경찰청장등	① 경정의 전보·파견·휴직·직위해제 및 복직에 관한 권한이 있다. ② 경감 이하의 임용권을 행사한다. ③ 임용권의 위임을 받은 소속 기관 등의 장은 경감 또는 경위를 신규채용하거나 경위 또는 경사를 승진시키고자 할 때에는 미리 경찰청장의 승인을 얻어야 한다.
시·도지사	① 경찰청장은 시·도지사에게 해당 시·도의 자치경찰공무원(지구대 및 파출소는 제외) 중 경정의 전보·파견·휴직·직위해제 및 복직에 관한 권한과 경감 이하의 임용권(신규채용 및 면직에 관한 권한은 제외)을 위임한다. ② ①에 따라 임용권을 위임받은 시·도지사는 경감 또는 경위로의 승진임용에 관한 권한을 제외한 임용권을 시·도자치경찰위원회에 다시 위임한다. ③ 시·도자치경찰위원회는 임용권을 행사하는 경우에는 시·도경찰청장의 추천을 받아야 한다. ④ 시·도경찰청장 및 경찰서장은 지구대장 및 파출소장을 보직하는 경우에는 시·도자치경찰위원회의 의견을 사전에 들어야 한다.
국가수사 본부장	① 경찰청장은 국가수사본부장에게 국가수사본부 안에서의 경정 이하에 대한 전보권을 위임한다. ② 경찰청장은 수사부서에서 총경을 보직하는 경우에는 국가수사본부장의 추천을 받아야 한다.
경찰서장	경감 이하 경찰공무원에 대한 당해 경찰서 내에서의 전보권을 가진다.

4. 경찰공무원관계의 변경

(1) 의의
① 신분을 유지하면서 그 내용의 일부 또는 전부가 변경되는 것
② 일방적 행정행위(상대방의 동의는 불필요)
 ◆ 임용·의원면직·경찰허가 : 쌍방적 행정행위
③ 경찰에게 적용되지 않는 변경요인 : 경찰공무원에게는 전직·강임·겸임은 적용되지 않음

(2) 승진

승진의 종류	① 심사승진 ㉠ 경무관 이하 계급으로의 승진에 있어서 사용되는 방법 ㉡ 경정 이하 계급으로의 승진의 경우에는 심사승진과 시험승진을 병행함 ② 시험승진 ㉠ 경정 이하 계급으로의 승진에 있어서 시험 성적순에 따라 선발하는 방법 ㉡ 시험에서 부정행위를 한 경찰공무원에 대해서는 그 시험을 정지하거나 무효로 하며, 5년간 시험 응시자격을 박탈 ③ 특별승진 : 전사·순직하거나 직무수행 중 현저한 공적이 있는 자를 1계급 또는 2계급(경위 이하에 한함) 승진시키는 것 ④ 근속승진 : 순경에서 4년, 경장에서 5년, 경사에서 6년 6개월, 경위에서 8년 근무할 경우 상위 계급으로 승진시키는 것

승진 제한사유	① 징계의결요구·징계처분·직위해제·휴직 또는 시보임용기간 중에 있는 자 ② 집행 종료일로부터 강등·정직(18월), 감봉(12월), 견책(6월)이 경과되지 아니한 자 　◆ 단, 금품의 수수 등으로 인한 징계처분을 받은 경우에는 6개월 더 연장함 ③ 근신·영창 기타 이와 유사한 징계처분을 받고 처분종료일로부터 6개월이 경과되지 아니한 자 ④ 경찰공무원이 징계처분을 받은 후 해당 계급에서 다음의 포상을 받은 경우 승진임용 제한기간의 2분의 1을 단축할 수 있음 　㉠ 훈장, 포장, 모범공무원 포상 　㉡ 대통령표창 또는 국무총리표창(경찰청장표창 ×) 　㉢ 제안이 채택·시행되어 받은 포상 ⑤ 계급정년이 연장된 사람	
승진소요 최저근무연수	① 승진소요 최저근무연수 　㉠ 총경 : 3년 이상 　㉡ 경정 및 경감 : 2년 이상 　㉢ 경위, 경사, 경장 및 순경 : 1년 이상 ② 기간산입의 배제 : 승진소요 최저근무연수에는 휴직기간·직위해제기간·징계처분기간 및 승진임용 제한기간을 포함하지 아니함 ③ 승진소요 최저근무연수에 포함되는 휴직 기간 　㉠ 공무상 질병 또는 부상으로 인한 신체·정신상의 장애로 장기요양이 필요함에 따라 휴직한 경우에 그 휴직 기간 　㉡ 병역 복무를 마치기 위하여 집집 또는 소집된 때, 그 밖에 법률의 규정에 따른 의무를 수행하기 위하여 직무를 이탈하게 된 때, 국제기구, 외국 기관, 국내외의 대학·연구기관, 다른 국가기관 또는 대통령령으로 정하는 민간기업, 그 밖의 기관에 임시로 채용됨에 따라 휴직한 경우에 그 휴직 기간 　㉢ 국외 유학을 하게 됨에 따라 휴직한 경우에 그 휴직 기간의 50퍼센트에 해당하는 기간 　㉣ 만 8세 이하 또는 초등학교 2학년 이하의 자녀를 양육하기 위하여 필요하거나 여성공무원이 임신 또는 출산하게 됨에 따라 휴직한 경우에 그 휴직 기간	
승진 심사위원회	의의	① 의결정족수 : 재적위원 과반수의 찬성으로 의결 ② 승진심사위원회 회의 : 비공개 회의 　◆ 징계위원회 회의 : 비공개 회의
	중앙승진 심사위원회	① 설치 : 경찰청에 설치 ② 심사대상 : 총경, 경무관으로 승진할 자 ③ 구성 : 5~7인으로 구성(위원장을 포함) ④ 위원 : 승진심사대상자보다 상위의 계급인 경찰공무원 중에서 경찰청장이 임명 ⑤ 위원장 : 위원 중 최상위계급 또는 선임 경찰공무원 ⑥ 소집 : 경찰청장이 소집
	보통승진 심사위원회	① 설치 : 경찰청 및 각 하부 경찰기관 ② 심사대상 : 경정 이하 계급으로 승진할 자 ③ 구성 : 5~7인으로 구성(위원장을 포함) ④ 위원 : 소속기관의 경위 이상 중에서 소속기관장이 임명 ⑤ 소집 : 당해 경찰기관의 장이 경찰청장의 승인을 얻어 소집

(3) 근무성적 평정

근무성적 평정	① 총경 이하의 경찰공무원의 근무성적은 제1평정 요소(경찰업무 발전에 대한 기여도, 포상 실적, 그 밖에 행정안전부령으로 정하는 평정 요소)와 제2평정 요소(근무실적, 직무수행능력, 직무수행태도)에 따라 평정한다. 다만, 총경의 근무성적은 제2평정 요소로만 평정한다. ② 근무성적 평정 결과는 공개하지 아니한다.
평정비율	제2평정 요소에 따른 근무성적 평정은 평정대상자의 계급별로 평정 결과가 수(20%), 우(40%), 양(30%), 가(10%)의 분포비율에 맞도록 하여야 한다.

(4) 전보

의의	전보는 계급의 변화는 없이 직위만 바뀌는 것으로 동일한 계급 내의 보직변경이라고 정의
전보 제한	① 당해 직무에 임용된 날로부터 1년 이내에 전보 불가 ② 감사업무는 2년 이내에 다른 직위에 전보 불가
전보제한의 예외사유	① 징계처분을 받은 경우 ② 승진임용된 경찰공무원을 전보하는 경우 ③ 감사담당 경찰공무원 가운데 부적격자로 인정되는 경우 ④ 시보임용 중인 경우 ⑤ 형사사건에 관련되어 수사기관에서 조사를 받고 있는 경우

(5) 휴직

① 경찰공무원의 신분을 유지하면서 일정기간 직무를 담당하지 않은 것
② 휴직의 종류 및 효력

직권휴직	공무원이 다음의 어느 하나에 해당하면 임용권자는 본인의 의사에도 불구하고 휴직을 명하여야 한다. ㉠ 신체·정신상의 장애로 장기 요양이 필요할 때 : 1년, 1년 연장 가능 ㉡ 병역법에 따른 병역 복무를 마치기 위하여 징집 또는 소집된 때 : 복무기간 ㉢ 천재지변이나 전시·사변, 그 밖의 사유로 생사(生死) 또는 소재(所在)가 불명확하게 된 때 : 3개월 이내 ㉣ 그 밖에 법률의 규정에 따른 의무를 수행하기 위하여 직무를 이탈하게 된 때 : 복무기간 ㉤ 공무원의 노동조합 설립 및 운영 등에 관한 법률 제7조에 따라 노동조합 전임자로 종사하게 된 때 : 전임기간 ◆ 천재지변이나 전시·사변, 그 밖의 사유로 생사(生死) 또는 소재(所在)가 불명확하게 된 사유로 인한 경찰공무원의 휴직기간은 법원의 실종선고를 받는 날까지로 한다(경찰공무원법 제29조 제1항).
의원휴직	임용권자는 공무원이 다음의 어느 하나에 해당하는 사유로 휴직을 원하면 휴직을 명할 수 있다. ㉠ 국제기구·외국기관·국내외의 대학·연구기관, 다른 국가기관 또는 대통령령이 정하는 민간기업 그 밖의 기관에 임시로 채용될 때 : 채용기간 ㉡ 해외유학을 하게 된 때 : 3년 ㉢ 중앙인사관장기관의 장이 지정하는 연구기관이나 교육기관 등에서 연수하게 된 때 : 2년 ㉣ 만 8세 이하(취학 중인 경우에는 초등학교 2학년 이하를 말한다)의 자녀를 양육하기 위하여 필요하거나 여성공무원이 임신 또는 출산하게 된 때 : 3년 ㉤ 조부모, 부모, 배우자, 자녀, 손자녀 또는 배우자의 부모를 부양하거나 돌보기 위하여 필요한 경우 : 1년 ㉥ 외국에서 근무·유학 또는 연수하게 되는 배우자를 동반하게 된 때 : 3년

휴직의 효력	㉠ 보수가 지급되지 않음(단, 심신질병에 의한 장기요양의 경우 봉급의 70% 지급) ㉡ 휴직기간 중 그 사유가 없어지면 30일 이내에 임용권자 또는 임용제청권자에게 신고하여야 하며, 임용권자는 지체 없이 복직을 명하여야 한다.

참고 각종 사유 정리

직권휴직		① 신체정신상의 장애로 장기요양을 요할 때 ② 병역법에 의한 병역복무를 필하기 위하여 징집 또는 소집되었을 때 ③ 천재·지변 또는 전시·사변이나 기타의 사유로 인하여 생사 또는 소재가 불명하게 되었을 때 ④ 그 밖의 법률 규정에 의한 의무를 수행하기 위하여 직무를 이탈하게 되었을 때 ⑤ 공무원의 노동조합 설립 및 운영 등에 관한 법률 제7조에 따라 노동조합 전임자로 종사하게 된 때
직위해제		① 형사사건으로 기소 중에 있는 자 ◆ 약식명령 제외 ② 성적부족·능력부족 한 경우 ◆ 3개월간 대기명령을 명함 ③ 파면·해임·강등·정직(중징계)에 해당하는 징계 의결이 요구 중인 자 　　◆ 감봉, 견책 제외 ④ 금품비위, 성범죄 등 대통령령으로 정하는 비위행위로 인하여 감사원 및 검찰·경찰 등 수사기관에서 조사나 수사 중인 자로서 비위의 정도가 중대하고 이로 인하여 정상적인 업무수행을 기대하기 현저히 어려운 자 ⑤ 고위공무원단에 속하는 일반직공무원으로서 적격심사를 요구받은 자
직권면직 사유	징계위원회의 동의 ×	① 직제와 정원의 개폐 또는 예산의 감소 등에 의하여 폐직 또는 과원이 되었을 때 ② 휴직기간의 만료 또는 휴직사유가 소멸된 후에도 직무에 복귀하지 아니하거나 직무를 감당할 수 없을 때(불복귀) ③ 당해 경과에서 직무를 수행하는 데 필요한 자격증의 효력이 상실되거나 면허가 취소되어 담당직무를 수행할 수 없게 된 때
	징계위원회의 동의 ○	① 책임감의 결여로 직무수행에 성의가 없고 위험한 직무에 당하여 고의로 직무수행을 기피 또는 포기한 경우 ② 지능저하 또는 판단력의 부족으로 경찰업무를 감당할 수 없는 경우 ③ 인격장애, 알코올·약물중독 그 밖의 정신장애로 인하여 경찰업무를 감당할 수 없는 경우 ④ 사행행위 또는 재산의 낭비로 인한 채무과다, 기타 불순한 이성관계 등 도덕적 결함이 현저하여 타인의 비난을 받는 경우 ⑤ 경찰공무원으로서 부적합할 정도로 직무수행능력 또는 성실성이 현저히 결여된 자로서 다음의 경우 ⑥ 직위해제로 인하여 대기명령을 받은 자가 그 기간에 능력의 향상 또는 근무성적의 향상을 기대하기 어렵다고 인정한 때 ⑦ 직무수행에 있어서 위험을 일으킬 우려가 있을 정도의 성격 또는 도덕적 결함이 있는 자로서 다음의 경우
징계		① 국가공무원법·경찰공무원법 및 동법에 의한 명령을 위반했을 때(명령위반) ② 직무상의 의무에 위반하거나 직무를 태만히 한 때(의무위반, 직무태만) ③ 체면 또는 위신을 손상하는 행위를 한 때(체면손상)

(6) 직위해제

의의	① 임용권자는 직위해제사유에 해당하는 자에게는 직위를 부여하지 아니할 수 있음 ② 직위해제는 경찰공무원 관계의 변경에 해당 ◆ 소멸 (×) ③ 직위해제는 휴직과 달리, 본인의 무능력 등으로 인한 제재적 성격을 가지는 보직의 해제에 해당 ④ 직위해제는 경찰공무원관계의 소멸이 아니므로 직위해제 후 징계처분을 할 경우 일사부재리의 원칙에 반하지 않는다.

효력	① 직무에는 종사하지 못하고, 출근의무도 없음 ② 직무수행능력이 부족하거나 근무성적이 극히 나쁜 자로 직위해제된 경우에는 보수의 80%, 파면·해임·강등 또는 정직에 해당하는 징계 의결이 요구 중인 자와 형사사건으로 기소된 자(약식명령이 청구된 자는 제외한다), 금품비위, 성범죄 등 대통령령으로 정하는 비위행위로 인하여 감사원 및 검찰·경찰 등 수사기관에서 조사나 수사 중인 자로서 비위의 정도가 중대하고 이로 인하여 정상적인 업무수행을 기대하기 현저히 어려운 자는 보수의 50%만 지급한다. ③ 직위해제기간은 승진소요 최저연수에 산입 불가하다(중징계, 형사기소로 직위해제처분을 받은 자의 경우에 그 처분의 사유가 된 사건이 법원의 판결에 의하여 무죄로 확정된 경우의 그 직위해제기간은 산입한다). ④ 직위해제 사유가 소멸된 때는 임용권자는 지체 없이 직위를 부여해야 한다. ◆ 다만, 복직이 보장되지 않는다.

5. 경찰공무원관계의 소멸

(1) 의의
① 소멸이란 경찰공무원으로서의 신분을 상실하는 것
② 소청이나 행정소송 제기가 가능
③ 다만, 당연퇴직은 행정소송의 대상에서 제외(判)

(2) 퇴직

당연퇴직	① 임용권자의 처분에 의해서가 아니라 일정 사유의 발생으로 퇴직된 사실을 알리는 관념의 통지에 불과하다.
	② 당연퇴직으로 공무원의 신분을 상실한자가 사실상 공무원으로 근무하였다 하더라도 공무원연금법상 퇴직급여를 청구할 수 없다.
	③ 사유
	   ㉠ 사망한 경우
	   ㉡ 임기가 만료된 경우
	   ㉢ 임용의 결격사유가 발생한 경우
	      ※ 임용의 결격사유 중 당연퇴직에 해당하는 사유는 경찰공무원임용의 결격사유에서 설명함

정년퇴직	① 연령정년 : 만 60세(정년 연장 불가) ② 계급정년 : 치안감 4년, 경무관 6년, 총경 11년, 경정 14년(정년 연장이 가능)

🍎 **참고** 계급정년

강등된 경우	① 강등된 계급의 계급정년은 강등되기 전 계급 중 가장 높은 계급의 계급정년으로 한다. ② 계급정년을 산정할 때에는 강등되기 전 계급의 근무연수와 강등 이후의 근무연수를 합산한다.
기타	① 수사·정보·외사·안보·자치경찰사무 등 특수부문에 근무하는 경찰공무원으로서 대통령령이 정하는 바에 의하여 지정을 받은 자는 총경·경정의 경우에는 4년의 범위 안에서 계급정년을 연장 가능(다만, 계급정년을 연장할 경우에는 연령정년을 초과할 수 없다) ② 경찰청장은 전시·사변 기타 이에 준하는 비상사태하에서는 2년의 범위 안에서 계급정년을 연장 가능 ③ 경무관 이상 정년 연장의 경우 : 행정안전부장관 및 국무총리를 거쳐 대통령의 승인 ④ 총경·경정의 정년 연장의 경우 : 국무총리를 거쳐 대통령의 승인

(3) 면직

의원면직	① 쌍방적 행위 　㉠ 면직의 의사표시(진실한 의사표시일 것) + 승인(수리) 　㉡ 효력발생시기 : 사직서를 임명권자가 승인(수리)한 때 ② 임명권자가 사표를 수리할 때 효력이 발생하므로 사직서 제출 후 무단결근한 경우에는 징계 사유가 된다.
직권면직	① 임용권자는 공무원이 직권면직사유에 해당하면 직권으로 면직시킬 수 있음 ② 소청이나 행정소송 대상이 된다. ③ 엄격한 법정주의 요구를 받음(법정사유가 필요함) ④ 처분권자 또는 처분제청권자는 처분사유를 기재한 설명서를 교부 ◆ 사전적 절차로서의 의미를 갖는다.

03 경찰공무원의 권리

신분상 권리	국가공무원법상 권리	① 신분 및 직위보유권(제외 : 치안총감·치안정감·시보임용) ② 직무 집행권 ③ 쟁송 제기권 : 행정소송에 있어서는 경찰청장을 피고로 하나 경찰청장이 임용권을 위임한 경우에는 그 위임을 받은 자를 피고로 한다.
	경찰공무원법상 권리	① 제복착용권(권리이자 의무) ② 무기휴대권
	경찰관 직무집행법상 권리	무기사용권과 장구사용권
재산상 권리		① 보수청구권 : 양도·포기 ×(단, 퇴직 후 포기 가능), 압류(1/2까지), 소멸시효는 5년, 단 보수청구권을 사권(私權)으로 이해하는 판례는 소멸시효를 3년으로 봄 ② 경찰공무원의 보수에 관한 법령으로 대통령령인 공무원보수규정이 있다. 　◆ 경찰공무원 보수규정 (×) ③ 보수를 부당 수령한 경우 : 수령 금액의 5배의 범위 안에서 가산 징수할 수 있음(임의적) ④ 연금청구권 : 양도·포기 ×, 압류 ×, 소멸시효 5년 ⑤ 실비변상청구권 : 양도·포기·압류 ○, 소멸시효 5년 ⑥ 보상청구권 :「공무원 재해보상법」에 따른 급여를 받을 권리는 그 급여의 사유가 발생한 날부터 요양급여·재활급여·간병급여·부조급여는 소멸시효 3년, 그 밖의 급여는 소멸시효 5년

04 경찰공무원의 의무

일반적 의무	선서의 의무	① 공무원은 취임할 때에 소속기관장 앞에서 대통령령 등으로 정하는 바에 따라 선서하여야 한다. 다만 불가피한 사정이 있으면 취임 후에 선서하게 할 수 있다. ② 선서는 공무원의 직무행위에 대한 법률상 효과 발생의 요건이 아니므로 선서를 하지 않고 한 행위라 할지라도 법적 효과 발생에는 영향이 없음 　◆ 유효요건 (×)
	성실의 의무	① 공무원의 의무 중 가장 기본적이고 다른 의무에 원천이 되는 의무 ② 윤리적 성격이 강하나, 법적(국가공무원법)의무에 해당함

직무상 의무	**<국가공무원법상 의무>**
	① 법령 준수의 의무(직무상 의무 중 가장 기본적인 의무)
	② 종교 중립의 의무(국가공무원법에 직접 규정되어 있다)
	③ 복종의 의무
	   ㉠ 모든 상관이 아닌 직무상 상관의 명령에 복종해야 한다.
	   ㉡ 복장 등도 대상범위에 들어감(사생활은 포함 ×)
	   ㉢ 구두나 서면, 어느 형식을 취하더라도 무방
	   ㉣ 법령해석상 단순한 견해 차이에 불과하거나 직무명령이 부당한 경우 : 복종의무가 있음
	   ㉤ 직무명령이 명백히 위법한 경우 : 복종의무가 없음
	   ㉥ 이의제기 : 복종의 의무와 관련하여, 「국가경찰과 자치경찰의 조직 및 운영에 관한 법률」은 국가 경찰공무원이 구체적 사건수사와 관련된 상관의 적법성 또는 정당성에 대하여 이견이 있을 때에는 이의를 제기할 수 있다고 규정하고 있음
	④ 친절·공정의 의무
	   ㉠ 경찰은 국민 전체의 봉사자이기 때문에 국민에 대해 친절해야 하는 의무
	   ㉡ 법적(국가공무원법)의무이며, 이를 위반할 경우 징계사유가 된다.
	⑤ 직무전념의 의무
	   ㉠ 겸직 금지의 의무 : 소속기관장의 허가시 겸직 가능(비영리성에 한함)
	   ㉡ 영리행위 금지의 의무
	     ◆ 공무원은 공무 외에 영리를 목적으로 하는 업무에 종사하지 못하며 소속 기관장의 허가 없이 다른 직무를 겸할 수 없다
	   ㉢ 직장 이탈 금지의 의무
	     ⓐ 공무원은 소속 상관의 허가 또는 정당한 사유가 없으면 직장을 이탈하지 못한다.
	     ⓑ 직장이탈금지의 의무는 근무시간은 물론이고 근무시간 외의 명령도 준수하여야 한다.
	     ⓒ 공무원을 구속하려면 미리 소속기관장에게 통보하여야 한다(다만 현행범은 제외).
	
	<경찰공무원법상 의무>
	① 거짓보고(허위 보고) 금지의 의무
	   ㉠ 경찰공무원은 직무에 관하여 거짓으로 보고나 통보를 하여서는 아니 된다.
	   ㉡ 경찰공무원은 직무를 게을리하거나 유기(遺棄)해서는 아니 된다.
	② 제복 착용의 의무
	③ 지휘권 남용금지의 의무(형법상 처벌은 물론, 경찰공무원법에 의해 무겁게 처벌받음)

신분상 의무	① 비밀 엄수의 의무 : 경찰공무원이 법원의 증인이나 감정인이 되어 직무상 비밀을 신문 받을 때에는 소속공무소 또는 감독관공서의 허가를 받은 사항에 한하여 진술할 수 있다. {| 비밀	자신이 처리하는 직무에 관한 비밀뿐만 아니라, 직무와 관련하여 지득한 비밀을 포함

엄수	㉠ 재직 중은 물론, 퇴직 후에도 그 직무상 알게 된 비밀을 엄수해야 한다.
	㉡ 위반시
	  ⓐ 재직 중 : 행정처분(징계) + 형사처벌 ○
	  ⓑ 퇴직 후 : 행정처분 ×, 형사처벌 ○ |}
	
	② 품위 유지의 의무
	   ㉠ 모든 공무원은 직무의 내·외 불문하고 그 품위를 손상하는 행위를 하여서는 아니 된다는 의무
	   ㉡ 직접적인 영향이 있는 경우를 제외하고는 사생활까지 미치는 것은 아니다.

	③ 청렴의 의무 : 재산등록 의무와 재산공개 의무는 공직자윤리법에 규정하고 있다. 　㉠ 공무원은 직무와 관련하여 직접적이든 간접적이든 사례·증여 또는 향응을 주거나 받을 수 없다. 　㉡ 공무원은 직무상의 관계가 있든 없든 그 소속 상관에게 증여하거나 소속 공무원으로부터 증여를 받아서는 아니 된다. ④ 집단행동 금지 : 공무원은 노동운동이나 그 밖에 공무 외의 일을 위한 집단 행위를 하여서는 아니 된다. 다만, 사실상 노무에 종사하는 공무원은 예외로 한다. ⑤ 영예의 제한 : 공무원이 외국정부로부터 영예나 증여를 받을 경우 대통령의 허가를 받아야 한다. ⑥ 정치운동 금지 : 공무원은 정당가입 불가(정치적 중립) 　◈ 경찰이 집단행동금지 의무와 정치운동금지 의무를 위반할 경우 가중처벌됨 ⑦ 정치관여 금지 : 경찰공무원법상 의무
공직자윤리법상 의무	① 재산등록 및 공개의 의무 　㉠ 재산등록의 의무 : 공직자윤리법(총경 이상) 및 동법 시행령(경사 이상 경정 이하) 　　◈ 등록의무자(총경 이상)가 등록할 재산은 ㉠ 본인, ㉡ 배우자(사실상의 혼인관계에 있는 사람을 포함), 　　　㉢ 본인의 직계존속·직계비속(혼인한 직계비속인 여성과 외증조부모, 외조부모, 외손자녀 및 외증손자녀는 제외)의 재산으로 한다. 그리고 등록할 재산은 소유자별 합계액 1천만 원 이상의 현금, 1천만 원 이상의 예금, 1천만 원 이상의 주식·국채·공채·회사채 등 증권, 1천만 원 이상의 채권, 1천만 원 이상의 채무 등이다. 　㉡ 재산공개의 의무 : 치안감 이상의 경찰공무원 및 시·도경찰청장 ② 선물신고의무 : 공무원은 외국으로부터 선물을 받거나 그 직무와 관련하여 외국인에게 선물을 받으면 지체 없이 소속 기관·단체의 장에게 신고하고 그 선물을 인도하여야 한다. ③ 퇴직공직자의 취업 제한 : 공직자윤리법상 등록의무자는 퇴직일부터 3년간, 퇴직 전 5년 동안 소속하였던 부서의 업무와 밀접한 관련이 있는 사기업체에 취업할 수 없다.
경찰공무원 복무규정상 의무	① 지정장소 외에서의 직무수행금지 : 경찰공무원은 상사의 허가를 받거나 그 명령에 의한 경우를 제외하고는 직무와 관계없는 장소에서 직무수행을 하여서는 아니 된다. ② 근무시간 중 음주금지 ③ 민사분쟁에의 부당개입금지 ④ 상관에 대한 신고 : 경찰공무원은 신분관계 또는 근무관계 또는 근무관계의 변동이 있는 때에는 소속 상관에게 신고를 하여야 한다. ⑤ 여행의 제한 : 경찰공무원은 휴무일 또는 근무시간 외에 2시간 이내에 직무에 복귀하기 어려운 지역으로 여행을 하고자 할 때에는 소속 경찰기관의 장에게 신고를 하여야 한다. ⑥ 경찰공무원 복무규정 제3조의 기본강령 |	
경찰사명	경찰공무원은 국가와 민족을 위하여 충성과 봉사를 다하며, 국민의 생명·신체 및 재산을 보호하고, 공공의 안녕과 질서를 유지함을 그 사명으로 한다.
경찰정신	경찰공무원은 국민의 수임자로서 일상의 직무수행에 있어서 국민의 자유와 권리를 존중하는 호국·봉사·정의의 정신을 그 바탕으로 삼는다.
규율	경찰공무원은 법령을 준수하고 직무상의 명령에 복종하며, 상사에 대한 존경과 부하에 대한 존중으로써 규율을 지켜야 한다.
단결	경찰공무원은 주어진 사명을 다하기 위하여 긍지를 가지고 한마음 한뜻으로 굳게 뭉쳐 임무수행에 모든 역량을 기울여야 한다.
책임	경찰공무원은 창의와 노력으로써 소임을 완수하여야 하며, 직무수행의 결과에 대하여 책임을 진다.
성실·청렴	경찰공무원은 성실하고 청렴한 생활태도로써 국민의 모범이 되어야 한다.	

참고 경찰청 공무원 행동강령

제4조	**[공정한 직무수행을 해치는 지시에 대한 처리]** ① 공무원은 상급자가 자기 또는 타인의 부당한 이익을 위하여 공정한 직무수행을 현저하게 해치는 지시를 하였을 때에는 그 사유를 상급자에게 소명하고 지시에 따르지 아니하거나, 행동강령책임관과 상담할 수 있다. ② ①에 따라 지시를 이행하지 아니하였는데도 같은 지시가 반복될 때에는 즉시 행동강령책임관과 상담하여야 한다.
제4조의2	**[부당한 수사지휘에 대한 이의제기]** 공무원은 「범죄수사규칙」 제30조에 따른 경찰관서 내 수사 지휘에 대한 이의제기와 관련하여 행동강령책임관에게 상담을 요청할 수 있다.
제7조	**[예산의 목적 외 사용 금지]** 공무원은 여비, 업무추진비 등 공무 활동을 위한 예산을 목적 외의 용도로 사용하여 소속 기관에 재산상 손해를 입혀서는 아니 된다.
제8조	**[정치인 등의 부당한 요구에 대한 처리]** 공무원은 정치인이나 정당 등으로부터 부당한 직무수행을 강요받거나 청탁을 받은 경우에는 소속 기관의 장에게 보고하거나 행동강령책임관과 상담하여야 한다.
제12조	**[직무 관련 정보를 이용한 거래 등의 제한]** 공무원은 직무수행 중 알게 된 정보를 이용하여 재산상 거래 또는 투자를 하거나 타인에게 그러한 정보를 제공하여 재산상 거래 또는 투자를 돕는 행위를 해서는 아니 된다.
제14조	**[금품등을 받는 행위의 제한]** ① 공무원은 직무 관련 여부 및 기부·후원·증여 등 그 명목에 관계없이 동일인으로부터 1회에 100만 원 또는 매 회계연도에 300만 원을 초과하는 금품등을 받거나 요구 또는 약속해서는 아니 된다. ② 공무원은 직무와 관련하여 대가성 여부를 불문하고 ①에서 정한 금액 이하의 금품등을 받거나 요구 또는 약속해서는 아니 된다.
제15조	**[외부강의등의 사례금 수수 제한]** ① 공무원은 자신의 직무와 관련되거나 그 지위·직책 등에서 유래되는 사실상의 영향력을 통하여 요청받은 외부강의 등의 대가로서 별표 2에서 정하는 금액을 초과하는 사례금을 받아서는 아니 된다. ② 공무원은 사례금을 받는 외부강의등을 할 때에는 외부강의등의 요청 명세 등을 신고서에 따라 소속 기관의 장에게 그 외부강의등을 마친 날부터 10일 이내에 신고하여야 한다. 다만, 외부강의등을 요청한 자가 국가나 지방자치단체인 경우에는 그러하지 아니하다. ③ 공무원은 신고를 할 때 신고사항 중 상세 명세 또는 사례금 총액 등을 10일 이내에 알 수 없는 경우에는 해당 사항을 제외한 사항을 신고한 후 해당 사항을 안 날부터 5일 이내에 보완하여야 한다.
제16조의3	**[직무관련자와 골프 및 사적여행 제한]** ① 공무원은 직무관련자와는 비용 부담 여부와 관계없이 골프를 같이 하여서는 아니 된다. 다만, 부득이한 사정에 따라 골프를 같이 하는 경우에는 소속관서 행동강령 책임관에게 사전에 신고하여야 하며 사전에 신고하기 어려운 특별한 사유가 있는 경우에는 사후에 즉시 신고하여야 한다.
제17조	**[경조사의 통지 제한]** 공무원은 직무관련자나 직무관련공무원에게 경조사를 알려서는 아니 된다. 다만, 다음의 어느 하나에 해당하는 경우에는 경조사를 알릴 수 있다. 1. 친족(「민법」 제767조에 따른 친족을 말한다)에게 알리는 경우 2. 현재 근무하고 있거나 과거에 근무하였던 기관의 소속 직원에게 알리는 경우 3. 신문, 방송 또는 제2호에 따른 직원에게만 열람이 허용되는 내부통신망 등을 통하여 알리는 경우 4. 공무원 자신이 소속된 종교단체·친목단체 등의 회원에게 알리는 경우

참고 | 공직자의 이해충돌방지법

제2조	**[정의]** ① "고위공직자"란 치안감 이상의 경찰공무원 및 특별시·광역시·특별자치시·도·특별자치도의 시·도경찰청장에 해당하는 공직자를 말한다. ② "직무관련자"란 공직자가 법령·기준에 따라 수행하는 직무와 관련되는 자로서 개인·법인·단체 및 공직자를 말한다. ③ "사적이해관계자"란 다음의 어느 하나에 해당하는 자를 말한다. 　㉠ 공직자 자신 또는 그 가족(「민법」 제779조에 따른 가족을 말한다) 　㉡ 공직자 자신 또는 그 가족이 임원·대표자·관리자 또는 사외이사로 재직하고 있는 법인 또는 단체 　㉢ 공직자 자신이나 그 가족이 대리하거나 고문·자문 등을 제공하는 개인이나 법인 또는 단체 　㉣ 공직자로 채용·임용되기 전 2년 이내에 공직자 자신이 재직하였던 법인 또는 단체 　㉤ 공직자로 채용·임용되기 전 2년 이내에 공직자 자신이 대리하거나 고문·자문 등을 제공하였던 개인이나 법인 또는 단체 　㉥ 공직자 자신 또는 그 가족이 대통령령으로 정하는 일정 비율 이상의 주식·지분 또는 자본금 등을 소유하고 있는 법인 또는 단체 　㉦ 최근 2년 이내에 퇴직한 공직자로서 퇴직일 전 2년 이내에 5조의 직무를 수행하는 공직자와 대통령령 등으로 정하는 범위의 부서에서 같이 근무하였던 사람
제5조	**[사적이해관계자의 신고 등]** ① 다음의 어느 하나(허가 등)에 해당하는 직무를 수행하는 공직자는 직무관련자(직무관련자의 대리인을 포함한다)가 사적이해관계자임을 안 경우 안 날부터 14일 이내에 소속기관장에게 그 사실을 서면(전자문서를 포함한다)으로 신고하고 회피를 신청하여야 한다. ② 직무관련자 또는 공직자의 직무수행과 관련하여 직접적인 이해관계가 있는 자는 해당 공직자에게 ①에 따른 신고 및 회피 의무가 있거나 그 밖에 공정한 직무수행을 저해할 우려가 있는 사적 이해관계가 있다고 판단하는 경우에는 그 공직자의 소속기관장에게 기피를 신청할 수 있다.
제6조	**[공공기관 직무 관련 부동산 보유·매수 신고]** ① 부동산을 직접적으로 취급하는 대통령령으로 정하는 공공기관의 공직자는 다음의 어느 하나에 해당하는 사람이 소속 공공기관의 업무와 관련된 부동산을 보유하고 있거나 매수하는 경우 소속기관장에게 그 사실을 서면으로 신고하여야 한다. 　㉠ 공직자 자신, 배우자 　㉡ 공직자와 생계를 같이하는 직계존속·비속(배우자의 직계존·비속으로 생계를 같이하는 경우를 포함한다) ② ①에 따른 신고는 부동산을 보유한 사실을 알게 된 날부터 14일 이내, 매수 후 등기를 완료한 날부터 14일 이내에 하여야 한다.
제8조	**[고위공직자의 민간 부문 업무활동 내역 제출 및 공개]** 고위공직자는 그 직위에 임용되거나 임기를 개시하기 전 3년 이내에 민간 부문에서 업무활동을 한 경우, 그 활동 내역을 그 직위에 임용되거나 임기를 개시한 날부터 30일 이내에 소속기관장에게 제출하여야 한다.
제9조	**[직무관련자와의 거래 신고]** ① 공직자는 자신, 배우자 또는 직계존속·비속 또는 특수관계사업자가 공직자 자신의 직무관련자(「민법」 제777조에 따른 친족인 경우는 제외한다)와 다음의 어느 하나에 해당하는 행위를 한다는 것을 사전에 안 경우에는 안 날부터 14일 이내에 소속기관장에게 그 사실을 서면으로 신고하여야 한다. 　㉠ 금전을 빌리거나 빌려주는 행위 및 유가증권을 거래하는 행위. 다만, 금융회사등, 대부업자등이나 그 밖의 금융회사로부터 통상적인 조건으로 금전을 빌리는 행위 및 유가증권을 거래하는 행위는 제외한다. 　㉡ 토지 또는 건축물 등 부동산을 거래하는 행위. 다만, 공개모집에 의하여 이루어지는 분양이나 공매·경매·입찰을 통한 재산상 거래 행위는 제외한다. 　㉢ ㉠ 및 ㉡의 거래 행위 외의 물품·용역·공사 등의 계약을 체결하는 행위. 다만, 공매·경매·입찰을 통한 계약 체결 행위 또는 거래관행상 불특정다수를 대상으로 반복적으로 행하여지는 계약 체결 행위는 제외한다. ② 공직자는 ①에 따른 행위가 있었음을 사후에 알게 된 경우에도 안 날부터 14일 이내에 소속기관장에게 그 사실을 서면으로 신고하여야 한다.
제10조	**[직무 관련 외부활동의 제한]** 공직자는 다음의 행위를 하여서는 아니 된다. 다만, 「국가공무원법」 등 다른 법령·기준에 따라 허용되는 경우는 그러하지 아니하다. ① 직무관련자에게 사적으로 노무 또는 조언·자문 등을 제공하고 대가를 받는 행위

제11조	② 소속 공공기관의 소관 직무와 관련된 지식이나 정보를 타인에게 제공하고 대가를 받는 행위. 다만, 「부정청탁 및 금품등 수수의 금지에 관한 법률」 제10조에 따른 외부강의등의 대가로서 사례금 수수가 허용되는 경우와 소속기관장이 허가한 경우는 제외한다. ③ 공직자가 소속된 공공기관이 당사자이거나 직접적인 이해관계를 가지는 사안에서 자신이 소속된 공공기관의 상대방을 대리하거나 그 상대방에게 조언·자문 또는 정보를 제공하는 행위 ④ 외국의 기관·법인·단체 등을 대리하는 행위. 다만, 소속기관장이 허가한 경우는 제외한다. ⑤ 직무와 관련된 다른 직위에 취임하는 행위. 다만, 소속기관장이 허가한 경우는 제외한다.
제11조	[가족 채용 제한] 공공기관(공공기관으로부터 출연금·보조금 등을 받거나 법령에 따라 업무를 위탁받는 산하 공공기관과 「상법」 제342조의2에 따른 자회사를 포함한다)은 공직자의 가족을 채용할 수 없다.
제14조	[직무상 비밀 등 이용 금지] 공직자(공직자가 아니게 된 날부터 3년이 경과하지 아니한 사람을 포함하되, 다른 법률에서 이와 달리 규정하고 있는 경우에는 그 법률에서 규정한 바에 따른다)는 직무수행 중 알게 된 비밀 또는 소속 공공기관의 미공개정보를 이용하여 재물 또는 재산상의 이익을 취득하거나 제3자로 하여금 재물 또는 재산상의 이익을 취득하게 하여서는 아니 된다.
제15조	[퇴직자 사적 접촉 신고] 공직자는 직무관련자인 소속 기관의 퇴직자(공직자가 아니게 된 날부터 2년이 지나지 아니한 사람만 해당한다)와 사적 접촉(골프, 여행, 사행성 오락을 같이 하는 행위를 말한다)을 하는 경우 소속기관장에게 신고하여야 한다. 다만, 사회상규에 따라 허용되는 경우에는 그러하지 아니한다.

05 부정청탁 및 금품등 수수의 금지에 관한 법률

부정청탁 금지 등	① 부정청탁 금지 누구든지 직접 또는 제3자를 통하여 직무를 수행하는 공직자등에게 부정청탁을 해서는 아니 된다. ② 부정청탁에서 제외되는 경우 　㉠ 「청원법」, 「민원사무 처리에 관한 법률」, 「행정절차법」, 「국회법」 및 그 밖의 다른 법령·기준에서 정하는 절차·방법에 따라 권리침해의 구제·해결을 요구하거나 그와 관련된 법령·기준의 제정·개정·폐지를 제안·건의하는 등 특정한 행위를 요구하는 행위 　㉡ 공개적으로 공직자등에게 특정한 행위를 요구하는 행위 　㉢ 선출직 공직자, 정당, 시민단체 등이 공익적인 목적으로 제3자의 고충민원을 전달하거나 법령·기준의 제정·개정·폐지 또는 정책·사업·제도 및 그 운영 등의 개선에 관하여 제안·건의하는 행위 　㉣ 공공기관에 직무를 법정기한 안에 처리하여줄 것을 신청·요구하거나 그 진행상황·조치결과 등에 대하여 확인·문의 등을 하는 행위 　㉤ 직무 또는 법률관계에 관한 확인·증명 등을 신청·요구하는 행위 　㉥ 질의 또는 상담형식을 통하여 직무에 관한 법령·제도·절차 등에 대하여 설명이나 해석을 요구하는 행위 　㉦ 그 밖에 사회상규(社會常規)에 위배되지 아니하는 것으로 인정되는 행위 ③ 부정청탁의 신고 및 처리 　㉠ 공직자등은 부정청탁을 받았을 때에는 부정청탁을 한 자에게 부정청탁임을 알리고 이를 거절하는 의사를 명확히 표시하여야 한다. 　㉡ 공직자등은 ㉠에 따른 조치를 하였음에도 불구하고 동일한 부정청탁을 다시 받은 경우에는 이를 소속기관장에게 서면(전자문서를 포함한다)으로 신고하여야 한다. 　㉢ ㉡에 따른 신고를 받은 소속기관장은 신고의 경위·취지·내용·증거자료 등을 조사하여 신고 내용이 부정청탁에 해당하는지를 신속하게 확인하여야 한다.

| 금품등의 수수금지 등 | ① 금품등의 수수금지
   ㉠ 공직자등은 직무 관련 여부 및 기부·후원·증여 등 그 명목에 관계없이 동일인으로부터 1회에 100만 원 또는 매 회계연도에 300만 원을 초과하는 금품등을 받거나 요구 또는 약속해서는 아니 된다.
   ㉡ 공직자등은 직무와 관련하여 대가성 여부를 불문하고 ㉠에서 정한 금액 이하의 금품등을 받거나 요구 또는 약속해서는 아니 된다.
   ㉢ 수수를 금지하는 금품에 해당하지 않는 경우
      ⓐ 공공기관이 소속 공직자등이나 파견 공직자등에게 지급하거나 상급 공직자등이 위로·격려·포상 등의 목적으로 하급 공직자등에게 제공하는 금품등
      ⓑ 원활한 직무수행 또는 사교·의례 또는 부조의 목적으로 제공되는 음식물·경조사비·선물 등으로서 대통령령으로 정하는 가액 범위 안의 금품등
      ⓒ 사적 거래(증여는 제외한다)로 인한 채무의 이행 등 정당한 권원(權原)에 의하여 제공되는 금품등
      ⓓ 공직자등의 친족(「민법」 제777조에 따른 친족을 말한다)이 제공하는 금품등
      ⓔ 공직자등과 관련된 직원상조회·동호인회·동창회·향우회·친목회·종교단체·사회단체 등이 정하는 기준에 따라 구성원에게 제공하는 금품등 및 그 소속 구성원 등 공직자등과 특별히 장기적·지속적인 친분관계를 맺고 있는 자가 질병·재난 등으로 어려운 처지에 있는 공직자등에게 제공하는 금품등
      ⓕ 공직자등의 직무와 관련된 공식적인 행사에서 주최자가 참석자에게 통상적인 범위에서 일률적으로 제공하는 교통, 숙박, 음식물 등의 금품등
      ⓖ 불특정 다수인에게 배포하기 위한 기념품 또는 홍보용품 등이나 경연·추첨을 통하여 받는 보상 또는 상품 등
      ⓗ 그 밖에 다른 법령·기준 또는 사회상규에 따라 허용되는 금품등
   ㉣ 누구든지 공직자등에게 또는 그 공직자등의 배우자에게 수수 금지 금품등을 제공하거나 그 제공의 약속 또는 의사표시를 해서는 아니 된다.
② 외부강의등의 사례금 수수 제한
   ㉠ 공직자등은 자신의 직무와 관련되거나 그 지위·직책 등에서 유래되는 사실상의 영향력을 통하여 요청받은 외부강의등의 대가로서 대통령령으로 정하는 금액을 초과하는 사례금을 받아서는 아니 된다.
   ㉡ 공직자등은 사례금을 받는 외부강의등을 할 때에는 대통령령으로 정하는 바에 따라 외부강의등의 요청 명세 등을 소속기관장에게 그 외부강의등을 마친 날부터 10일 이내에 서면으로 신고하여야 한다. 다만, 외부강의등을 요청한 자가 국가나 지방자치단체인 경우에는 그러하지 아니하다.
   ㉢ 소속기관장은 ㉡에 따라 공직자등이 신고한 외부강의등이 공정한 직무수행을 저해할 수 있다고 판단하는 경우에는 그 공직자등의 외부강의등을 제한할 수 있다.
   ㉣ 공직자등은 ㉠에 따른 금액을 초과하는 사례금을 받은 경우에는 대통령령으로 정하는 바에 따라 소속기관장에게 신고하고, 제공자에게 그 초과금액을 지체 없이 반환하여야 한다. |

06 경찰공무원의 책임

1. 징계책임

(1) 서설
① 징계의 의의 : 공무원의 의무위반에 대하여 공무원관계의 목적을 달성하기 위하여 국가나 지방자치단체가 사용자의 위치에서 과하는 행정상의 제재
② 형벌과의 관계 ◆ 징계에도 법치주의(법정주의) 원칙이 적용이 됨

구분	징계벌	형벌
권력적 기초	특별권력관계(공무원관계 내부)	일반통치권
목적	공무원관계 내부의 질서유지	일반사회의 질서유지
구성요건	고의·과실의 요건 불문	고의·과실을 요함
시간적 한계	퇴직 후 처벌 불가능	퇴직 후 처벌 가능
상호관계	㉠ 병과 가능 : 일사부재리의 원칙에 저촉되지 않음 ㉡ 병행진행 가능 : 형사소추선행의 원칙이 적용되지 않음 ◆ 감사 : 감사선행의 원칙이 적용	

(2) 징계의 종류와 내용

파면 (중징계, 배제징계)	① 5년간 공무원에 임용 제한(경찰공무원으로는 채용 불가) ② 퇴직급여는 근무연수와 관련하여 제한이 됨 : 5년 이상(1/2 감액), 5년 미만(1/4 감액) ③ 퇴직수당은 근무연수와 관계없이 : 1/2 감액

해임
(중징계,
배제징계)
	① 3년간 공무원에 임용 제한(경찰공무원으로는 채용 불가)
	② 퇴직급여 및 퇴직수당은 원칙적으로 전액 지급
	③ 단, 금품 및 향응의 수수, 공금의 횡령·유용으로 해임된 때
	  ㉠ 퇴직급여는 근무연수와 관련하여 : 5년 이상(1/4 감액), 5년 미만(1/8 감액)
	  ㉡ 퇴직수당은 근무연수와 상관없이 : 1/4 감액

강등 (중징계, 교정징계)	① 강등은 1계급 아래로 직급을 내리는 징계처분 ② 강등은 공무원 신분은 보유하나 3개월간 직무에 종사하지 못하며 그 기간 중 보수는 전액을 감액함 ③ 강등 후 3개월간 직무에 종사하지 못하는 기간은 승진소요 최저연수기간에서 제외 ④ 강등처분을 받은 경우에는 승진대상자명부에서 삭제하여야 함 ⑤ 18개월 동안은 승진과 호봉승급이 제한(금품 및 향응의 수수, 공금의 횡령·유용, 소극행정, 음주운전, 성폭력, 성희롱 및 성매매로 강등된 경우 6개월 연장)
정직 (중징계, 교정징계)	① 1 ~ 3개월의 기간을 정하여 직무집행을 정지하고 그 기간 중 보수는 전액 감액 ② 정직기간만큼 승진소요 최저연수기간에서 제외 ③ 정직처분을 받은 경우에는 승진대상자명부에서 삭제하여야 함 ④ 18개월 동안은 승진과 호봉승급이 제한(금품 및 향응의 수수, 공금의 횡령·유용, 소극행정, 음주운전, 성폭력, 성희롱 및 성매매로 정직된 경우 6개월 연장)

감봉 (경징계, 교정징계)	① 1 ~ 3개월의 기간을 정하여 보수의 1/3 감액(2/3지급) ② 감봉기간만큼 승진소요 최저연수에서 제외 ③ 12개월간은 승진과 호봉승급이 제한(금품 및 향응의 수수, 공금의 횡령·유용, 소극행정, 음주운전, 성폭력, 성희롱 및 성매매로 감봉된 경우 6개월 연장)
견책 (경징계, 교정징계)	① 전과에 대하여 훈계하고 회개하게 하는 징계처분 ② 6개월 동안은 승진과 호봉승급이 제한(금품 및 향응의 수수, 공금의 횡령·유용, 소극행정, 음주운전, 성폭력, 성희롱 및 성매매로 견책된 경우 6개월 연장)

(3) 징계절차

절차	① 징계사유의 발생 ⇨ ② 징계권자의 징계요구 ⇨ ③ 관할징계위원회의 징계의결 ⇨ ④ 징계권자의 징계집행 ⇨ ⑤ 불복(행정심판이나 행정소송)

징계사유 발생	① 징계에도 법치주의가 적용
	② 고의·과실을 불문하고 징계사유가 발생하면 징계책임을 면치 못함
	③ 징계사유
	   ㉠ 국가공무원법·경찰공무원법 및 동법에 의한 명령을 위반했을 때(명령위반)
	   ㉡ 직무상의 의무에 위반하거나 직무를 태만히 한 때(직무태만)
	   ㉢ 체면 또는 위신을 손상하는 행위를 한 때(체면손상)

징계권자	① 징계명령은 징계위원회의 의결을 거쳐 인사권자가 집행함 ◆ 징계위원회에서는 의결만 할 뿐 징계를 발할 수 없다. ② 경무관 이상에 대한 징계사건은 국무총리 소속하에 설치된 중앙징계위원회에서 심의·의결하고 경찰청장이 집행함 ◆ 대통령이 집행(×) | 구분	파면	해임	강등	정직	감봉	견책
---	---	---	---	---	---	---
치안정감 치안감 경무관	경찰청장(제청) 행정안전부장관·총리(경유) 대통령				경찰청장	
총경 경정				경찰청장		
경감 이하	인사권자(관할징계위원회가 설치된 기관 長)						
시효	① 징계사유가 발생한 날로부터 3년 ② 다만 금품·향응수수·공금횡령 등으로 징계를 받을 경우 5년 ③ 성매매알선 등 행위, 성폭력범죄, 아동·청소년대상 성범죄, 「양성평등기본법」에 따른 성희롱 행위로 징계를 받을 경우 10년
징계요구	① 징계사유가 발생하면, 징계의결 요구하여야 한다(필요적). ② 징계권자는 어떠한 징계처분을 할 것인가에 대한 선택재량은 인정되나, 징계를 할지 말지의 결정재량은 인정하지 않는다. ③ 징계사유가 향응 수수, 공금횡령 등일 때에는 해당 징계 외에 5배 내의 징계부가금 부과 의결을 징계위원회에 요구하여야 한다(필요적).

징계사건의 통보	징계사유의 통보를 받은 경찰기관의 장은 상당한 이유가 없는 한 그 통보를 받은 날로부터 30일 이내에 관할 징계위원회에 징계의결을 요구하거나 상급경찰관서의 장에게 징계의결요구를 신청하여야 함
징계집행	① 파면·해임·강등·정직의 경우(중징계) : 즉시 집행 ② 감봉·견책의 경우(경징계) : 15일 이내 집행하여야 한다. ③ 파면 또는 해임 처분의 제청을 받은 임명권자는 15일 이내에 징계의결서의 사본을 첨부한 징계처분 사유설명서를 징계의결이 된 자에게 교부하여야 한다(사전적 절차).
재심청구	① 징계권자가 요구한 징계보다 가벼운 징계를 의결한 경우 : 재심사 청구가 가능 ② 징계권자가 요구한 징계보다 무거운 징계를 의결한 경우 : 재심사 청구권은 없음
징계처분과의 관계	① 형사소추선행의 원칙은 적용되지 않음 : 검찰·경찰, 그 밖의 수사기관에서 수사 중인 사건에 대하여는 수사개시 통보를 받은 날부터 징계 의결의 요구나 그 밖의 징계 절차를 진행하지 아니할 수 있다. ② 감사선행의 원칙이 적용됨 : 징계에 회부한 사건 또는 회부할 사건이 감사원에서 조사 중일 때에는 동일 사건에 관하여 감사원에서 조사개시 통보를 받은 날부터 징계절차를 진행하지 못한다. ③ 감사원과 검찰·경찰, 그 밖의 수사기관은 조사나 수사를 시작한 때와 이를 마친 때에는 10일 내에 소속 기관의 장에게 그 사실을 통보하여야 한다.

(4) 징계위원회의 종류 및 관할

① 경찰공무원 징계위원회의 설치
  ㉠ 경찰공무원 중앙징계위원회는 경찰청 및 해양경찰청에 둔다.
  ㉡ 경찰공무원 보통징계위원회는 경찰청, 해양경찰청, 시·도 경찰청, 지방해양경찰청 등과 경찰청장 및 해양경찰청장이 지정하는 경감 이상의 경찰공무원을 장으로 하는 기관에 둔다.

② 징계위원회의 종류

종류	설치	관할
중앙징계위원회	국무총리 소속하에 설치	경무관 이상
경찰공무원 중앙징계위원회	경찰청에 설치	총경, 경정
경찰공무원 보통징계위원회	경찰청 및 소속 기관(시·도경찰청 등)	소속 경감 이하
	경정 이상을 장으로 하는 경찰서, 경찰기동대·해양경찰서 등 총경 이상의 경찰공무원을 장으로 하는 경찰기관 및 정비창	소속 경위 이하
	경감 이상의 경찰공무원을 장으로 하는 경찰기관	소속 경사 이하

(5) 징계위원회

개요	① 당해 공무원 또는 대리인에게 반드시 진술의 기회를 부여하여야 한다. ② 만약 진술의 기회를 부여하지 않고 행한 징계 : 무효 ③ 관할 징계위원회의 의결을 거치지 아니한 징계 : 무효
심의 · 의결	① 의결 : 비공개 ② 의결 　㉠ 요구서를 받은 날로부터 30일 이내 징계의결하여야 한다. 　㉡ 부득이한 사유가 있는 때에는 징계 요구자의 승인을 얻어 30일의 범위 내에서 연장할 수 있음 ③ 상 · 하 계급의 경찰공무원이 관련된 사건 : 상위계급의 경찰공무원의 관할하는 징계위원회에서 심의 · 의결 ④ 상 · 하급의 경찰기관에 소속한 경찰공무원이 관련된 사건 : 상급경찰기관에 설치된 징계위원회에서 심의 · 의결 ⑤ 소속을 달리하는 2명 이상의 경찰공무원이 관련된 징계사건으로서 관할 징계위원회가 서로 다른 경우에는 그 직근 상급의 경찰기관에 설치된 징계위원회에서 심의 · 의결한다. ◆ 가장 무거운 책임이 있다고 인정되는 경찰공무원을 관할하는 징계위원회에서 의결한다. (×)
출석	① 출석 요구할 때에는 출석통지서(서면)으로 하되, 징계위원회 개최일 5일 전까지 대상자에게 도달되도록 하여야 한다. ② 대상자 소재가 불분명한 경우에는 관보에 게재하고, 그 게재한 날로부터 10일이 경과하면 출석통지가 송달된 것으로 간주
고려사항	징계위원회는 징계등 사건을 의결할 때에는 징계등 심의 대상자의 비위행위 당시 계급 및 직위, 비위행위가 공직 내외에 미치는 영향, 평소 행실, 공적, 뉘우치는 정도나 그 밖의 정상과 징계등 의결을 요구한 자의 의견을 고려해야 한다.
구성	경찰공무원 각 징계위원회는 위원장 1명을 포함하여 11명 이상 51명 이하의 공무원위원과 민간위원으로 구성
징계위원회의 회의	징계위원회의 회의는 위원장과 징계위원회가 설치된 경찰기관의 장이 회의마다 지정하는 4명 이상 6명 이하의 위원으로 성별을 고려하여 구성하되, 민간위원의 수는 위원장을 포함한 위원 수의 2분의 1 이상이어야 한다.
공무원인 위원의 자격	위원은 징계심의 대상자보다 상위 계급의 경위 이상의 소속 경찰공무원 또는 상위 직급에 있는 6급 이상의 소속 공무원 중에서 해당 경찰기관의 장이 임명
민간위원	① 임기 : 민간위원의 임기는 2년으로 하며, 한 차례만 연임할 수 있다. ② 자격 : 징계위원회가 설치된 경찰기관의 장은 위원장을 제외한 위원 수의 2분의 1 이상을 민간위원으로 성별을 고려하여 위촉하여야 한다.
위원장	① 위원장은 위원 중 최상위 계급에 있거나 최상위 계급에 먼저 승진임용된 경찰공무원이 된다. ② 위원장은 표결권을 가진다. ③ 위원장 유고시 최상위 계급에 있거나 최상위 계급에 먼저 승진임용된 경찰공무원이 위원장이 된다.

(6) 정상참작사유

구분	내용
행위자의 정상참작사유	① 과실로 인하여 발생한 의무위반행위가 다른 법령에 의해 처벌사유가 되지 않고 비난 가능성이 없는 때 ② 국가 또는 공공의 이익을 증진하기 위해 성실하고 능동적으로 업무를 처리하는 과정에서 부분적인 절차상 하자 또는 비효율, 손실 등의 잘못이 발생한 때 ③ 업무매뉴얼에 규정된 직무상의 절차를 충실히 이행한 때 ④ 의무위반행위의 발생을 방지하기 위해 최선을 다하였으나 부득이한 사유로 결과가 발생하였을 때 ⑤ 발생한 의무위반행위에 대하여 자진신고하거나 사후조치에 최선을 다하여 원상회복에 크게 기여한 때 ⑥ 간첩 또는 사회이목을 집중시킨 중요사건의 범인을 검거한 공로가 있을 때
감독자의 정상참작사유	① 부하직원의 의무위반행위를 사전에 발견하여 적법 타당하게 조치한 때 ② 부하직원의 의무위반행위가 감독자 또는 행위자의 비번일, 휴가기간, 교육기간 등에 발생하거나, 소관업무와 직접 관련 없는 등 감독자의 실질적 감독범위를 벗어났다고 인정된 때 ③ 부임기간이 1개월 미만으로 부하직원에 대한 실질적인 감독이 곤란하다고 인정된 때 ④ 교정이 불가능하다고 판단된 부하직원의 사유를 명시하여 인사상 조치(전출 등)를 상신하는 등 성실히 관리한 이후에 같은 부하직원이 의무위반행위를 야기하였을 때 ⑤ 기타 부하직원에 대하여 평소 철저한 교양감독 등 감독자로서의 임무를 성실히 수행하였다고 인정된 때

2. 변상책임

(1) 국가배상법에 의한 변상책임

구분	내용
법적 규정	국가나 지방자치단체는 공무원 또는 공무를 위탁받은 사인이 직무를 집행하면서 고의 또는 과실로 법령을 위반하여 타인에게 손해를 입힌 경우에는 그 손해를 배상하여야 한다.
배상책임의 주체	① 국가배상법상 배상책임의 주체 : 국가나 지방자치단체 ② 헌법상 배상책임의 주체 : 국가나 공공기관

배상책임의
요건
	① 공무원의 범위 : 공무원 또는 공무를 위탁받은 사인을 포함한다.
	② 직무집행의 범위
	  ㉠ 직무의 범위에 권력작용뿐 아니라 비권력적 관리작용까지도 포함되지만 사경제작용은 제외된다.
	  ㉡ 직무행위 자체뿐 아니라 직무와 밀접한 관련 있는 행위도 포함된다.
	③ 고의·과실
	  ㉠ 고의·과실의 경우 : 경찰공무원이 그 직무를 집행함에 당하여 고의 또는 과실로 법령에 위반하여 타인에게 손해를 가한 경우에 국가가 손해를 배상한다.
	  ㉡ 고의·중과실의 경우 : 공무원의 고의 또는 중과실로 개인에게 손해를 끼친 경우 개인은 국가 또는 가해공무원에게 손해배상을 선택적으로 청구가 가능하다(선택적 청구권).

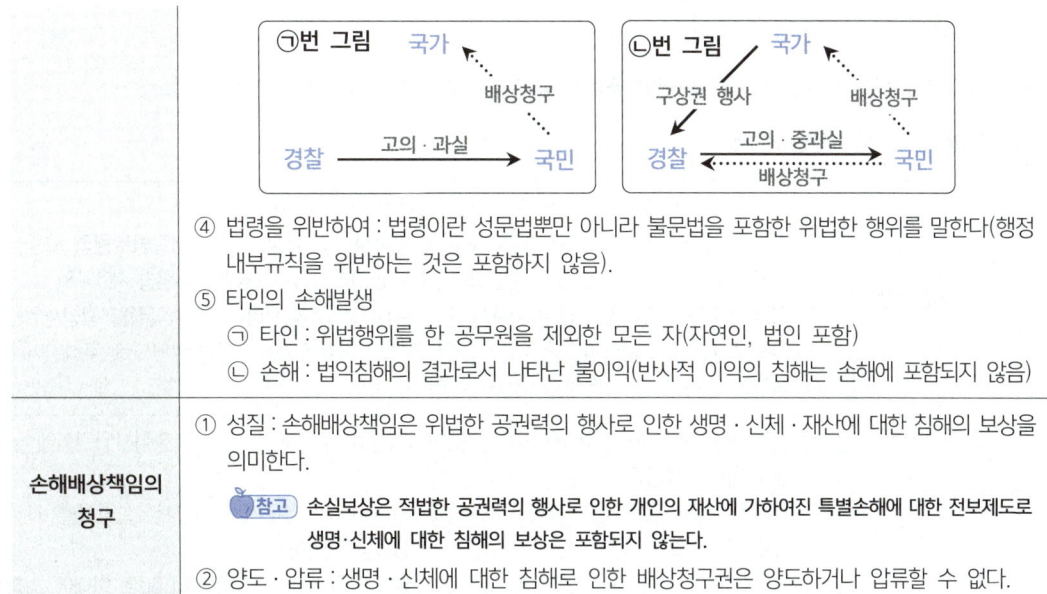

	④ 법령을 위반하여 : 법령이란 성문법뿐만 아니라 불문법을 포함한 위법한 행위를 말한다(행정 내부규칙을 위반하는 것은 포함하지 않음). ⑤ 타인의 손해발생 　㉠ 타인 : 위법행위를 한 공무원을 제외한 모든 자(자연인, 법인 포함) 　㉡ 손해 : 법익침해의 결과로서 나타난 불이익(반사적 이익의 침해는 손해에 포함되지 않음)
손해배상책임의 청구	① 성질 : 손해배상책임은 위법한 공권력의 행사로 인한 생명·신체·재산에 대한 침해의 보상을 의미한다. 　🍎참고　손실보상은 적법한 공권력의 행사로 인한 개인의 재산에 가하여진 특별손해에 대한 전보제도로 생명·신체에 대한 침해의 보상은 포함되지 않는다. ② 양도·압류 : 생명·신체에 대한 침해로 인한 배상청구권은 양도하거나 압류할 수 없다.

(2) 공공시설의 하자로 인해 피해를 입은 경우

구분	내용
의의	국가나 지방자치단체의 공공영조물의 설치 또는 관리의 하자로 개인이 손해를 입는 경우에는 국가 또는 지방자치단체는 그 손해를 배상하여야 한다.
배상책임의 요건	① 공공의 영조물 : 공적인 목적에 제공되는 유체물로서 인공공물이나 자연공물, 동물 등도 포함한다. ② 배상책임의 성격 : 공공영조물의 관리 하자로 인한 배상책임은 관리자의 고의·과실을 필요로 하지 않는 무과실책임의 성격을 띤다(위험책임주의). ③ 손해의 발생과 인과성 : 하자와 손해 간에는 상당인과관계가 있어야 성립하며, 불가항력으로 인한 손해는 인과관계가 없으므로 배상책임이 면책된다.

3. 손실보상

구분	내용
의의	적법한 공권력의 행사로 특정인에게 경제상의 특별한 희생을 가한 경우에 그 손실을 전체의 부담으로 행정주체가 보상해주는 것을 말한다.
요건	① 적법한 공권력의 행위로 인해 손실이 발생하여야 한다. ② 재산권에 대한 공용침해일 것을 요하는 것이므로 생명·신체의 침해에 대한 보상은 손실보상의 대상에 해당하지 않는다.
방법	손실보상은 금전보상을 원칙으로 한다.

07 경찰공무원의 신분보장

1. **의사에 반한 신분조치 금지**(시보임용기간 중에 있는 자, 치안총감, 치안정감은 제외)
2. **불이익처분에 대한 구제**

고충심사	① 인사상담이나 고충의 심사를 위해 경찰공무원고충심사위원회를 둠 ② 경찰공무원고충심사위원회의 심사를 거친 고충심사와 경정 이상의 경찰공무원의 고충심사는 국가공무원법에 의해 설치된 중앙고충심사위원회에서 심사(경찰공무원법 제31조) ③ 경감 이하의 고충처리는 경찰공무원고충심사위원회에서 심사하며, 경찰공무원고충심사위원회는 위원장 1명을 포함하여 7명 이상 15명 이내의 공무원위원과 민간위원으로 구성한다. ④ 직무와 관련한 모든 문제를 대상으로 함
소청	① 징계처분 기타 그의 의사에 반하는 불이익처분을 받은 자가 관할 소청심사위원회에 심사를 청구하는 행정심판 ② 경찰공무원이 징계처분·휴직·직위해제·면직처분의 경우에는 처분사유설명서를 교부받은 날로부터 30일 이내에 소청심사위원회에 심사청구 가능 ③ 기타의 불리한 처분을 받았을 때에는 그 처분이 있은 것을 안 날로부터 30일 이내에 소청심사위원회에 심사청구 가능

3. **소청심사위원회**

설치 근거	국가공무원법 제9조(소속 : 인사혁신처)
위원 구성	① 국회사무처, 법원행정처, 헌법재판소사무처 및 중앙선거관리위원회사무처에 설치된 소청심사위원회는 위원장 1명을 포함한 위원 5명 이상 7명 이하의 비상임위원으로 구성 ② 인사혁신처에 설치된 소청심사위원회는 위원장 1명을 포함한 5명 이상 7명 이하의 상임위원과 상임위원 수의 2분의 1 이상인 비상임위원으로 구성하되, 위원장은 정무직으로 보함
위원의 임명	① 위원장과 위원의 임명 : 인사혁신처장(제청) ⇨ 총리(경유) ⇨ 대통령(임명) ② 위원장 : 정무직으로 보함 ③ 상임위원의 임기 : 3년(1차에 한하여 연임 가능), 상임위원의 겸직은 불허함 ④ 신분보장 : 금고 이상의 형벌이나, 장기의 심신쇠약으로 직무를 수행할 수 없게 된 경우를 제외하고, 본인의 의사에 반하여 면직되지 않음
자격	① 법관, 검사 또는 변호사의 직에 5년 이상 근무한 자 ② 대학에서 행정학, 정치학 또는 법률학을 담당한 부교수 이상의 직에 5년 이상 근무한 자 ③ 3급 이상의 공무원으로 3년 이상 근무한 자 ◆ 상임위원의 자격(①, ②, ③), 비상임위원의 자격(①, ②)
결정의 절차 및 형식	① 소청사건의 결정은 재적위원 2/3 이상의 출석과 출석위원 과반수의 합의에 따르되, 의견이 나뉠 경우에는 출석위원 과반수에 이를 때까지 소청인에게 가장 불리한 의견에 차례로 유리한 의견을 더하여 그중 가장 유리한 의견을 합의된 의견으로 본다. ② ①에도 불구하고 파면·해임·강등 또는 정직에 해당하는 징계처분을 취소 또는 변경하려는 경우와 효력 유무 또는 존재 여부에 대한 확인을 하려는 경우에는 재적 위원 3분의 2 이상의 출석과 출석 위원 3분의 2 이상의 합의가 있어야 한다. ③ 소청심사위원회의 결정은 이유를 구체적으로 밝힌 결정서로 하여야 한다. ④ 소청심사위원회의 위원은 그 위원회에 계류된 소청사건의 증인이 될 수 없다.

임시위원의 임명	제척·기피·회피 등으로 위원 수가 3명 미만이 된 경우 : 3명이 될 때까지 인사혁신처장은 임시위원을 임명하여 심사·결정에 참여하도록 하여야 한다.
결격사유	① 국가공무원법상 임용의 결격사유에 해당한 자 ② 정당법에 따른 정당의 당원인 자 ③ 공직선거법에 따라 선거 후보자로 등록한 자
청구기간	① 징계처분·휴직·직위해제·면직처분 : 처분사유 설명서를 받은 날로부터 30일 이내에 소청 청구가 가능 ② 기타 불리한 처분 : 처분이 있음을 안 날로부터 30일 이내에 소청 청구가 가능
진술권	소청인에게 진술의 기회를 부여하지 아니한 결정의 경우 무효로 함
위원회의 결정	① 결정은 이유를 명시한 결정서로 하여야 한다(필요적). ② 불이익변경금지의 원칙의 채택 ③ 소청심사위원회의 결정은 관계 행정청을 기속함(처분청을 기속) ④ 소청심사위원회의 취소명령 또는 변경명령결정은 그에 따른 징계나 그 밖의 처분이 있을 때까지는 종전에 행한 징계처분에 영향을 미치지 아니한다.
결정의 효력	소청심사위원회의 결정은 관계행정청을 기속한다.
행정소송과의 관계	행정소송은 소청심사위원회의 심사·결정을 거치지 아니하면 이를 제기할 수 없다(필요적 행정심판 전치주의 채택).

08 행정심판

1. 서설

(1) 의의 및 범위

행정심판의 의의	행정심판이란 행정청의 위법·부당한 행정작용으로 인하여 권익을 침해당한 자가 행정기관에 대하여 그 시정을 구하는 행정쟁송절차를 총칭하는 것이다.
행정심판의 범위	행정심판법은 특정 사항에 한정하지 않고 행정청의 위법·부당한 처분 또는 부작위에 대하여 일반적으로 행정심판을 제기할 수 있게 하는 개괄주의를 채택하여 국민의 권리구제 범위를 확대한다.

(2) 행정심판의 대상

대상이 되는 경우	행정청의 처분 또는 부작위에 대하여는 다른 법률에 특별한 규정이 있는 경우 외에는 이 법에 따라 행정심판을 청구할 수 있다.
대상이 되지 않는 경우	① 대통령의 처분 또는 부작위 ② 행정심판 재청구의 금지

2. 행정심판의 종류

구분	내용
취소심판	① 취소심판이란 행정청의 위법 또는 부당한 처분을 취소·변경하는 심판을 말한다. ② 취소심판은 소정의 청구기간 내에 제기하여야 하며, 사정재결 및 집행부정지의 원칙 등이 인정된다.
무효 등 확인심판	① 무효 등 확인심판이란 행정청의 처분 효력의 유무(有無) 또는 존재 여부를 확인하는 심판을 말한다. ② 무효 등 확인심판은 청구기간의 제한이 없고, 사정재결을 할 수 없으나 집행부정지의 원칙 등은 인정된다.
의무이행 심판	① 당사자의 신청에 대한 행정청의 위법 또는 부당한 거부처분이나 부작위에 대하여 일정한 처분을 하도록 하는 행정심판을 말한다. ② 부작위에 대한 의무이행심판은 청구기간의 제한이 없고 집행부정지의 원칙도 인정되지 않는다.

3. 행정심판위원회의 종류

구분	내용
해당 행정청 소속 행정심판위원회	다음의 행정청의 처분 또는 부작위에 대한 행정심판의 청구에 대하여는 해당 행정청에 두는 행정심판위원회에서 심리·재결한다. ① 감사원, 국가정보원장, 그 밖에 대통령령으로 정하는 대통령 소속 기관의 장 ② 국회사무총장·법원행정처장·헌법재판소사무처장 및 중앙선거관리위원회 사무총장, 국가인권위원회
국민권익위원회 소속 중앙행정심판 위원회	다음 행정청의 처분 또는 부작위에 대한 심판청구에 대하여는 국민권익위원회에 두는 중앙행정심판위원회에서 심리·재결한다. ① 국가행정기관의 장 또는 그 소속 행정청 ② 시·도지사(시·도교육감 포함) 또는 시·도의회
시·도지사 소속의 행정심판위원회	다음의 행정청의 처분 또는 부작위에 대한 심판청구에 대하여는 시·도지사 소속으로 두는 행정심판위원회에서 심리·재결한다. ① 시·도 소속 행정청 ② 시·도의 관할구역에 있는 시·군·자치구의 장, 소속 행정청 또는 시·군·자치구의 의회 ③ 시·도의 관할구역에 있는 둘 이상의 지방자치단체(시·군·자치구)·공공법인 등이 공동으로 설립한 행정청

4. 행정심판청구

(1) 행정심판청구의 기간과 방식

심판청구의 기간	① 행정심판은 처분이 있음을 알게 된 날부터 90일 이내에 청구하여야 한다(불변기간). ② 청구인이 천재지변, 전쟁, 사변, 그 밖의 불가항력으로 인한 경우에는 그 사유가 소멸한 날부터 14일 이내에 행정심판을 청구할 수 있다. 다만, 국외에서 행정심판을 청구하는 경우에는 그 기간을 30일로 한다(불변기간). ③ 행정심판은 처분이 있었던 날부터 180일이 지나면 청구하지 못한다. 다만, 정당한 사유가 있는 경우에는 그러하지 아니하다. ④ 행정심판청구기간 규정은 무효 등 확인심판청구와 부작위에 대한 의무이행심판청구에는 적용하지 아니한다.
심판청구의 방식	행정심판청구는 서면으로 하여야 한다.

(2) 행정심판청구의 효과

집행부정지 원칙	심판청구는 처분의 효력이나 그 집행 또는 절차의 속행에 영향을 주지 아니한다.
임시처분	위원회는 처분 또는 부작위가 위법·부당하다고 상당히 의심되는 경우로서 처분 또는 부작위 때문에 당사자가 받을 우려가 있는 중대한 불이익이나 당사자에게 생길 급박한 위험을 막기 위하여 임시지위를 정하여야 할 필요가 있는 경우에는 직권으로 또는 당사자의 신청에 의하여 임시처분을 결정할 수 있다.

5. 심리 및 재결

(1) 심리

심리기일의 지정	① 심리기일은 위원회가 직권으로 지정한다. ② 심리기일의 변경은 직권으로 또는 당사자의 신청에 의하여 한다.
직권심리	위원회는 필요하면 당사자가 주장하지 아니한 사실에 대하여도 심리할 수 있다.
심리방식	행정심판의 심리는 구술심리나 서면심리로 한다.

(2) 재결

재결청	재결청은 관할 행정심판위원회가 된다.
재결기간	① 재결은 피청구인 또는 위원회가 심판청구서를 받은 날부터 60일 이내에 하여야 한다. 다만, 부득이한 사정이 있는 경우에는 위원장이 직권으로 30일을 연장할 수 있다. ② 위원장은 재결 기간을 연장할 경우에는 재결 기간이 끝나기 7일 전까지 당사자에게 알려야 한다.
재결범위	① 위원회는 심판청구의 대상이 되는 처분 또는 부작위 외의 사항에 대하여는 재결하지 못한다. ② 위원회는 심판청구의 대상이 되는 처분보다 청구인에게 불리한 재결을 하지 못한다(불이익 변경 금지의 원칙).

재결의 종류	① 각하재결
	② 기각재결
	③ 인용재결
	④ 사정재결
	   ⊙ 사정재결이란 위법·부당한 처분에 대한 취소심판청구가 이유가 있다고 인정하는 경우에도 이를 인용(認容)하는 것이 공공복리에 크게 위배된다고 인정하면 그 심판청구를 기각할 수 있는(기각한다 ×) 재결을 말하며, 사정재결은 기각재결에 해당한다.
	   ⓒ 사정재결의 경우 행정심판위원회는 재결의 주문(主文)에서 그 처분 또는 부작위가 위법하거나 부당하다는 것을 구체적으로 밝혀야 한다.
	   ⓒ 사정재결이 있다고 해서 처분의 하자가 치유되는 것은 아니다.
	   ② 사정재결은 취소심판과 의무이행심판에만 적용되고 무효 등 확인심판에는 적용되지 않는다.

09 행정소송

1. 행정소송의 종류

구분	내용
항고소송	① 취소소송 : 행정청의 위법한 처분등을 취소 또는 변경하는 소송 ② 무효 등 확인소송 : 행정청의 처분등의 효력 유무 또는 존재여부를 확인하는 소송 ③ 부작위위법확인소송 : 행정청의 부작위가 위법하다는 것을 확인하는 소송
당사자소송	행정청의 처분 등을 원인으로 하는 법률관계에 관한 소송 그 밖에 공법상의 법률관계에 관한 소송으로서 그 법률관계의 한쪽 당사자를 피고로 하는 소송을 말한다.
민중소송	국가 또는 공공단체의 기관이 법률에 위반되는 행위를 한 때에 직접 자기의 법률상 이익과 관계없이 그 시정을 구하기 위하여 제기하는 소송을 말한다.
기관소송	국가 또는 공공단체의 기관 상호 간에 있어서의 권한의 존부 또는 그 행사에 관한 다툼이 있을 때에 이에 대하여 제기하는 소송을 말한다. 다만, 헌법재판소법 제2조의 규정에 의하여 헌법재판소의 관장사항으로 되는 소송은 제외한다.

2. 소의 제기

구분	내용
행정심판과의 관계	① 임의적 행정심판전치주의 원칙 ② 예외적 필요적 행정심판전치주의 필요적 행정심판전치주의로 공무원의 징계에 대한 소청, 도로교통법상의 운전면허 관련 처분에 대한 행정심판이 있다.
제소기간	① 취소소송은 처분 등이 있음을 안 날부터 90일, 처분 등이 있은 날부터 1년을 경과하면 이를 제기하지 못한다. ② 무효 등 확인소송의 경우에는 제소기간의 제한을 받지 않는다. ③ 부작위위법확인소송은 원칙적으로 제소기간의 제한을 받지 않는다.

10 행정심판과 행정소송의 이동(異同)

구분	행정심판	행정소송
심판기관	① 국민권익위원회 소속 중앙행정심판위원회 ② 시·도지사 소속의 행정심판위원회	행정법원
쟁송 대상	법률문제인 적법과 위법 및 공익문제인 당·부당을 포함	법률문제만 대상
심리절차	① 서면심리와 구두심리를 병행 ② 비공개주의 원칙	구두변론주의, 당사자주의, 공개주의
쟁송 형태	부작위에 대한 의무이행심판이 가능하고, 처분에 대한 적극적 변경이 가능	부작위에 대하여 부작위위법확인 소송만 인정, 또한 처분에 대한 소극적 변경만 가능(일부 취소)
공통점	① 양자 모두 개괄주의 ③ 직권증거조사를 인정 ⑤ 불이익변경금지 원칙	② 집행부정지 원칙을 채택 ④ 불고불리(不告不理)의 원칙 ⑥ 사정판결·사정재결을 인정

제4절 경찰작용법

01 경찰작용과 법

1. 개요

> 경찰작용 ➡ 명령·강제하는 성질(실질적 의미의 경찰)
> ① 법적 근거가 필요
> ② 경찰관 직무집행법 : 경찰 작용에 관한 일반법
>   ㉠ 경찰관 직무집행법에는 작용뿐만 아니라 제2조에는 조직법적 규정인 임무를 규정하고 있다(법적 명확성이 미흡).
>   ㉡ 작용에 관한 개별법이 너무 많다(체계적 통일성이 미흡).

2. 경찰권의 근거에 관한 이론적 고찰

(1) 일반조항(개괄조항)과 개별조항
 ① 일반조항(개괄조항) : 경찰권의 발동권한을 포괄적·추상적으로 수권하는 규정
 ② 개별조항 : 경찰권의 발동권한을 개별적·구체적으로 수권하는 규정

(2) 일반조항(경찰관 직무집행법 제2조 7호)에 관한 우리나라의 학설

학설	인정 근거
긍정설	① 경찰권의 성질상 입법기관이 미리 경찰권의 발동사태를 상정해서 모든 요건을 법률에 규정하는 것은 불가능하기 때문에 일반조항이 필요하다. ② 일반조항은 개별적 규정이 없는 때에 한하여 보충적으로 적용되는 것이므로 일반조항이 가능하다. ③ 일반조항으로 인한 경찰권 발동의 남용 가능성은 조리상의 한계 등으로 충분히 통제될 수 있으므로, 경찰권 발동의 근거로서 일반조항이 가능하다. ④ 경찰권 발동의 조리상의 한계이론을 논하는 것 자체가 일반조항을 전제로 한 것이다. ⑤ 독일에서는 일반조항을 인정하는 것이 학설과 판례를 통하여 확립된 전통이다.
부정설	① 경찰권의 발동에는 반드시 법률의 근거가 있어야 하며, 이 경우의 법률은 당연히 경찰작용의 근거로서의 개별적인 경찰작용법이어야 하고, 포괄적·일반적 수권법은 허용되지 아니한다. ② 헌법은 질서유지를 위한 국민의 자유와 권리의 제한은 법률로써만 할 수 있도록 규정하고 있다. ③ 경찰관 직무집행법 제2조 제7호는 경찰의 직무범위만을 정한 것으로서 본질적으로 조직법적 성질의 규정에 해당한다. ④ 법률유보의 원칙의 엄격한 적용을 받는다. ⑤ 경찰권의 발동에는 개별적인 작용법에 의한 구체적인 수권규정이 필요하다.

◆ 일반적 수권조항의 존재를 부정한다 할지라도 일반적 수권조항의 필요성까지 부정하지는 않듯이, 일반적 수권조항 긍정설이 개별적 수권조항의 존재를 부인하는 것은 아니다.

02 행정기본법

구분		내용
정의		① 행정청 : 행정의사를 결정하여 표시하는 국가 또는 지방자치단체의 기관 ② 처분 : 행정청이 구체적 사실에 관하여 행하는 법 집행으로서 공권력의 행사 또는 그 거부와 그 밖에 이에 준하는 행정작용 ③ 제재처분 : 법령등에 따른 의무를 위반하거나 이행하지 아니하였음을 이유로 당사자에게 의무를 부과하거나 권익을 제한하는 처분(다만, 행정상 강제는 제외)
기간 계산	행정에 관한 기간의 계산	① 행정에 관한 기간의 계산에 관하여는 이 법 또는 다른 법령등에 특별한 규정이 있는 경우를 제외하고는 「민법」을 준용한다. ② 법령등 또는 처분에서 국민의 권익을 제한하거나 의무를 부과하는 경우 권익이 제한되거나 의무가 지속되는 기간의 계산은 다음의 기준에 따른다. 다만, 다음의 기준에 따르는 것이 국민에게 불리한 경우에는 그러하지 아니하다. ㉠ 기간을 일, 주, 월 또는 연으로 정한 경우에는 기간의 첫날을 산입한다. ㉡ 기간의 말일이 토요일 또는 공휴일인 경우에도 기간은 그 날로 만료한다.
	법령등 시행일의 기간의 계산	① 법령등을 공포한 날부터 시행하는 경우에는 공포한 날을 시행일로 한다. ② 법령등을 공포한 날부터 일정 기간이 경과한 날부터 시행하는 경우 법령등을 공포한 날을 첫날에 산입하지 아니한다. ③ 법령등을 공포한 날부터 일정 기간이 경과한 날부터 시행하는 경우 그 기간의 말일이 토요일 또는 공휴일인 때에는 그 말일로 기간이 만료한다.

나이 계산	행정에 관한 나이는 다른 법령등에 특별한 규정이 있는 경우를 제외하고는 출생일을 산입하여 만(滿) 나이로 계산하고, 연수(年數)로 표시한다. 다만, 1세에 이르지 아니한 경우에는 월수(月數)로 표시할 수 있다.
행정법의 일반원칙	법치행정의 원칙, 평등의 원칙, 비례의 원칙, 성실의무 및 권한남용금지의, 원칙, 신뢰보호의 원칙, 부당결부금지의 원칙 ※ 각 원칙의 내용은 법원파트 조리의 종류에서 설명했음
법 적용의 기준	① 새로운 법령등은 법령등에 특별한 규정이 있는 경우를 제외하고는 그 법령등의 효력 발생 전에 완성되거나 종결된 사실관계 또는 법률관계에 대해서는 적용되지 아니한다. ② 당사자의 신청에 따른 처분은 법령등에 특별한 규정이 있거나 처분 당시의 법령등을 적용하기 곤란한 특별한 사정이 있는 경우를 제외하고는 처분 당시의 법령등에 따른다. ③ 법령등을 위반한 행위의 성립과 이에 대한 제재처분은 법령등에 특별한 규정이 있는 경우를 제외하고는 법령등을 위반한 행위 당시의 법령등에 따른다. 다만, 법령등을 위반한 행위 후 법령등의 변경에 의하여 그 행위가 법령등을 위반한 행위에 해당하지 아니하거나 제재처분 기준이 가벼워진 경우로서 해당 법령등에 특별한 규정이 없는 경우에는 변경된 법령등을 적용한다.
처분의 효력	처분은 권한이 있는 기관이 취소 또는 철회하거나 기간의 경과 등으로 소멸되기 전까지는 유효한 것으로 통용된다. 다만, 무효인 처분은 처음부터 그 효력이 발생하지 아니한다.

결격사유	① 자격이나 신분 등을 취득 또는 부여할 수 없거나 인·허가를 필요로 하는 영업 또는 사업 등을 할 수 없는 사유(결격사유)는 법률로 정한다.
	② 결격사유를 규정할 때에는 다음의 기준에 따른다.
	   ㉠ 규정의 필요성이 분명할 것
	   ㉡ 필요한 항목만 최소한으로 규정할 것
	   ㉢ 대상이 되는 자격, 신분, 영업 또는 사업 등과 실질적인 관련이 있을 것
	   ㉣ 유사한 다른 제도와 균형을 이룰 것

부관	① 행정청은 처분에 재량이 있는 경우에는 부관을 붙일 수 있다.
	② 행정청은 처분에 재량이 없는 경우에는 법률에 근거가 있는 경우에 부관을 붙일 수 있다.
	③ 행정청은 부관을 붙일 수 있는 처분이 ㉠ 법률에 근거가 있는 경우, ㉡ 당사자의 동의가 있는 경우, ㉢ 사정이 변경되어 부관을 새로 붙이거나 종전의 부관을 변경하지 아니하면 해당 처분의 목적을 달성할 수 없다고 인정되는 경우에는 그 처분을 한 후에도 부관을 새로 붙이거나 종전의 부관을 변경할 수 있다.
	④ 부관은 다음의 요건에 적합하여야 한다.
	   ㉠ 해당 처분의 목적에 위배되지 아니할 것
	   ㉡ 해당 처분과 실질적인 관련이 있을 것
	   ㉢ 해당 처분의 목적을 달성하기 위하여 필요한 최소한의 범위일 것

처분의 취소	행정청은 위법 또는 부당한 처분의 전부나 일부를 소급하여 취소할 수 있다. 다만, 당사자의 신뢰를 보호할 가치가 있는 등 정당한 사유가 있는 경우에는 장래를 향하여 취소할 수 있다.
처분의 철회	행정청은 적법한 처분이 ① 법률에서 정한 철회 사유에 해당하게 된 경우, ② 법령등의 변경이나 사정변경으로 처분을 더 이상 존속시킬 필요가 없게 된 경우, ③ 중대한 공익을 위하여 필요한 경우에는 그 처분의 전부 또는 일부를 장래를 향하여 철회할 수 있다.
자동적 처분	행정청은 법률로 정하는 바에 따라 완전히 자동화된 시스템(인공지능 기술을 적용한 시스템을 포함한다)으로 처분을 할 수 있다. 다만, 처분에 재량이 있는 경우는 그러하지 아니하다.

제척기간	① 행정청은 법령등의 위반행위가 종료된 날부터 5년이 지나면 해당 위반행위에 대하여 제재처분을 할 수 없다. ② 행정청은 ①에도 불구하고 행정심판의 재결이나 법원의 판결에 따라 제재처분이 취소ㆍ철회된 경우에는 재결이나 판결이 확정된 날부터 1년(합의제행정기관은 2년)이 지나기 전까지는 그 취지에 따른 새로운 제재처분을 할 수 있다.
과징금	① 행정청은 법령등에 따른 의무를 위반한 자에 대하여 법률로 정하는 바에 따라 그 위반행위에 대한 제재로서 과징금을 부과할 수 있다. ② 과징금은 한꺼번에 납부하는 것을 원칙으로 한다.

행정상 강제	① 행정대집행 : 의무자가 행정상 의무로서 타인이 대신하여 행할 수 있는 의무를 이행하지 아니하는 경우 법률로 정하는 다른 수단으로는 그 이행을 확보하기 곤란하고 그 불이행을 방치하면 공익을 크게 해칠 것으로 인정될 때에 행정청이 의무자가 하여야 할 행위를 스스로 하거나 제3자에게 하게 하고 그 비용을 의무자로부터 징수하는 것
	② 이행강제금의 부과 : 의무자가 행정상 의무를 이행하지 아니하는 경우 행정청이 적절한 이행기간을 부여하고, 그 기한까지 행정상 의무를 이행하지 아니하면 금전급부의무를 부과하는 것
	③ 직접강제 : 의무자가 행정상 의무를 이행하지 아니하는 경우 행정청이 의무자의 신체나 재산에 실력을 행사하여 그 행정상 의무의 이행이 있었던 것과 같은 상태를 실현하는 것
	④ 강제징수 : 의무자가 행정상 의무 중 금전급부의무를 이행하지 아니하는 경우 행정청이 의무자의 재산에 실력을 행사하여 그 행정상 의무가 실현된 것과 같은 상태를 실현하는 것
	⑤ 즉시강제 : 현재의 급박한 행정상의 장해를 제거하기 위한 경우로서 다음에 해당하는 경우에 행정청이 곧바로 국민의 신체 또는 재산에 실력을 행사하여 행정목적을 달성하는 것
	   ㉠ 행정청이 미리 행정상 의무 이행을 명할 시간적 여유가 없는 경우
	   ㉡ 그 성질상 행정상 의무의 이행을 명하는 것만으로는 행정목적 달성이 곤란한 경우

이행강제금의 부과	① 행정청은 이행강제금을 부과하기 전에 미리 의무자에게 적절한 이행기간을 정하여 그 기한까지 행정상 의무를 이행하지 아니하면 이행강제금을 부과한다는 뜻을 문서로 계고(戒告)하여야 한다. ② 행정청은 의무자가 ①에 따른 계고에서 정한 기한까지 행정상 의무를 이행하지 아니한 경우 이행강제금의 부과 금액ㆍ사유ㆍ시기를 문서로 명확하게 적어 의무자에게 통지하여야 한다. ③ 행정청은 의무자가 행정상 의무를 이행할 때까지 이행강제금을 반복하여 부과할 수 있다. 다만, 의무자가 의무를 이행하면 새로운 이행강제금의 부과를 즉시 중지하되, 이미 부과한 이행강제금은 징수하여야 한다. ④ 행정청은 이행강제금을 부과받은 자가 납부기한까지 이행강제금을 내지 아니하면 국세강제징수의 예에 따라 징수한다.
직접강제	직접강제는 행정대집행이나 이행강제금 부과의 방법으로는 행정상 의무 이행을 확보할 수 없거나 그 실현이 불가능한 경우에 실시하여야 한다.
즉시강제	즉시강제는 다른 수단으로는 행정목적을 달성할 수 없는 경우에만 허용되며, 이 경우에도 최소한으로만 실시하여야 한다.
처분에 대한 이의신청	① 행정청의 처분에 이의가 있는 당사자는 처분을 받은 날부터 30일 이내에 해당 행정청에 이의신청을 할 수 있다. ② 행정청은 이의신청을 받으면 그 신청을 받은 날부터 14일 이내에 그 이의신청에 대한 결과를 신청인에게 통지하여야 한다. 다만, 부득이한 사유로 14일 이내에 통지할 수 없는 경우에는 그 기간을 만료일 다음 날부터 기산하여 10일의 범위에서 한 차례 연장할 수 있으며, 연장 사유를 신청인에게 통지하여야 한다.

	③ 이의신청을 한 경우에도 그 이의신청과 관계없이 「행정심판법」에 따른 행정심판 또는 「행정소송법」에 따른 행정소송을 제기할 수 있다. ④ 이의신청에 대한 결과를 통지받은 후 행정심판 또는 행정소송을 제기하려는 자는 그 결과를 통지받은 날부터 90일 이내에 행정심판 또는 행정소송을 제기할 수 있다.
처분에 대한 이의신청 규정이 적용되지 않는 경우	① 공무원 인사 관계 법령에 따른 징계등 처분에 관한 사항 ② 「국가인권위원회법」 제30조에 따른 진정에 대한 국가인권위원회의 결정 ③ 「노동위원회법」 제2조의2에 따라 노동위원회의 의결을 거쳐 행하는 사항 ④ 형사, 행형 및 보안처분 관계 법령에 따라 행하는 사항 ⑤ 외국인의 출입국·난민인정·귀화·국적회복에 관한 사항 ⑥ 과태료 부과 및 징수에 관한 사항
처분의 재심사	① 당사자는 처분(제재처분 및 행정상 강제는 제외한다)이 행정심판, 행정소송 및 그 밖의 쟁송을 통하여 다툴 수 없게 된 경우(법원의 확정판결이 있는 경우는 제외한다)라도 다음에 해당하는 경우에는 해당 처분을 한 행정청에 처분을 취소·철회하거나 변경하여 줄 것을 신청할 수 있다. 　㉠ 처분의 근거가 된 사실관계 또는 법률관계가 추후에 당사자에게 유리하게 바뀐 경우 　㉡ 당사자에게 유리한 결정을 가져다주었을 새로운 증거가 있는 경우 　㉢ 「민사소송법」 제451조에 따른 재심사유에 준하는 사유가 발생한 경우 등 대통령령으로 정하는 경우 ② 처분의 재심사 신청은 해당 처분의 절차, 행정심판, 행정소송 및 그 밖의 쟁송에서 당사자가 중대한 과실 없이 ①의 사유를 주장하지 못한 경우에만 할 수 있다. ③ 처분의 재심사 신청은 당사자가 ①의 사유를 안 날부터 60일 이내에 하여야 한다. 다만, 처분이 있은 날부터 5년이 지나면 신청할 수 없다. ④ ①에 따른 신청을 받은 행정청은 특별한 사정이 없으면 신청을 받은 날부터 90일(합의제행정기관은 180일) 이내에 처분의 재심사 결과(재심사 여부와 처분의 유지·취소·철회·변경 등에 대한 결정을 포함한다)를 신청인에게 통지하여야 한다. 다만, 부득이한 사유로 90일(합의제행정기관은 180일) 이내에 통지할 수 없는 경우에는 그 기간을 만료일 다음 날부터 기산하여 90일(합의제행정기관은 180일)의 범위에서 한 차례 연장할 수 있으며, 연장 사유를 신청인에게 통지하여야 한다. ⑤ 처분의 재심사 결과 중 처분을 유지하는 결과에 대해서는 행정심판, 행정소송 및 그 밖의 쟁송수단을 통하여 불복할 수 없다. ⑥ 행정청의 취소와 철회는 처분의 재심사에 의하여 영향을 받지 아니한다.
처분의 재심사 규정이 적용되지 않는 경우	① 공무원 인사 관계 법령에 따른 징계등 처분에 관한 사항 ② 「노동위원회법」 제2조의2에 따라 노동위원회의 의결을 거쳐 행하는 사항 ③ 형사, 행형 및 보안처분 관계 법령에 따라 행하는 사항 ④ 외국인의 출입국·난민인정·귀화·국적회복에 관한 사항 ⑤ 과태료 부과 및 징수에 관한 사항 ⑥ 개별 법률에서 그 적용을 배제하고 있는 경우

> TIP

🛡 적극행정 운영규정(대통령령)

제2조 【정의】 이 영에서 사용하는 용어의 뜻은 다음과 같다.
1. "적극행정"이란 공무원이 불합리한 규제를 개선하는 등 공공의 이익을 위해 창의성과 전문성(신속성 ×)을 바탕으로 적극적으로 업무를 처리하는 행위를 말한다.
2. "소극행정"이란 공무원이 부작위 또는 직무태만 등 소극적 업무행태로 국민의 권익을 침해하거나 국가 재정상 손실을 발생하게 하는 행위를 말한다.

제5조 【의견 제시 요청】 ① 「공공감사에 관한 법률 시행령」 제12조 제1항에 따른 자체감사 대상기관의 장(이하 "자체감사 대상기관의 장"이라 한다)은 소속 공무원이 인가·허가·등록·신고 등과 관련한 규제나 불명확한 법령 등으로 인해 업무를 적극적으로 추진하기 곤란한 경우에는 「공공감사에 관한 법률」 제2조 제6호에 따른 감사기구의 장(이하 "감사기구의 장"이라 한다)에게 해당 업무의 처리 방향 등에 관한 의견의 제시를 요청할 수 있다.
② 제1항에 따라 의견 제시 요청을 받은 감사기구의 장이 사안이 중대하거나 둘 이상의 기관이 관련되어 있는 등의 사유로 의견을 제시하기 곤란한 경우에는 해당 감사기구의 장이 소속된 중앙행정기관의 장이 감사원에 제1항에 따른 업무의 처리 방향 등에 관한 의견의 제시를 요청할 수 있다.

제7조 【적극행정 실행계획의 수립 등】 ① 중앙행정기관의 장은 다음 각 호의 사항을 포함하는 적극행정 실행계획을 매년 수립·시행해야 한다.

제8조 【적극행정 관련 교육】 ① 중앙행정기관의 장은 소속 공무원을 대상으로 적극행정 관련 교육을 연 1회 이상 실시해야 한다.

제11조 【적극행정위원회】 ① 「국가공무원법」 제50조의2 제2항에 따라 적극행정 추진에 관한 사항을 심의하기 위하여 각 중앙행정기관에 적극행정위원회(이하 "위원회"라 한다)를 둔다.

제13조 【위원회에 대한 의견 제시 요청】 공무원은 인가·허가·등록·신고 등과 관련한 규제나 불명확한 법령 등으로 인해 업무를 적극적으로 추진하기 곤란한 경우에는 위원회에 직접 해당 업무의 처리 방향 등에 관한 의견의 제시를 요청할 수 있다.

제16조 【징계요구 등 면책】 ① 공무원이 적극행정을 추진한 결과에 대해 그의 행위에 고의 또는 중대한 과실이 없는 경우에는 「감사원법」 제34조의3 및 「공공감사에 관한 법률」 제23조의2에 따라 징계 요구 또는 문책 요구 등 책임을 묻지 않는다.
② 공무원이 사전컨설팅 의견대로 업무를 처리한 경우에는 제1항에 따른 면책 요건을 충족한 것으로 추정한다. 다만, 공무원과 대상 업무 사이에 사적인 이해관계가 있거나 감사원이나 감사기구의 장이 사전컨설팅을 하는 데 필요한 정보를 충분히 제공하지 않은 경우에는 그렇지 않다.
③ 공무원이 제13조에 따라 위원회가 제시한 의견대로 업무를 처리한 경우에는 「공공감사에 관한 법률」 제23조의2에 따른 면책 요건을 충족한 것으로 추정한다. 다만, 해당 공무원과 대상 업무 사이에 사적인 이해관계가 있거나 위원회가 심의하는 데 필요한 정보를 충분히 제공하지 않은 경우에는 그렇지 않다.
④ 위원회는 공무원이 적극행정을 추진한 결과에 대해 「감사원법」에 따른 감사원 감사를 받게 되는 경우에는 해당 공무원의 요청에 따라 감사원에 같은 법 제34조의3에 따른 면책을 건의할 수 있다.

제17조 【징계 등 면제】 ① 공무원이 적극행정을 추진한 결과에 대해 그의 행위에 고의 또는 중대한 과실이 없는 경우에는 징계 관련 법령에 따라 징계의결 또는 징계부가금 부과의결(이하 "징계의결등"이라 한다)을 하지 않는다.
② 공무원이 사전컨설팅 의견대로 업무를 처리한 경우에는 징계 관계 법령에 따라 징계의결등을 하지 않는다. 다만, 공무원과 대상 업무 사이에 사적인 이해관계가 있거나 감사원이나 감사기구의 장이 사전컨설팅을 하는 데 필요한 정보를 충분히 제공하지 않은 경우에는 그렇지 않다.
③ 공무원이 제13조에 따라 위원회가 제시한 의견대로 업무를 처리한 경우에는 징계의결등을 하지 않는다. 다만, 공무원과 대상 업무 사이에 사적인 이해관계가 있거나 위원회가 심의하는 데 필요한 정보를 충분히 제공하지 않은 경우에는 그렇지 않다.

④ 「공무원 징계령」 제2조 제1항에 따른 징계위원회(특정직공무원의 경우에는 해당 징계 관련 법령에 따른 징계위원회를 말한다)는 징계의결등이 요구된 공무원이 적극행정 추진에 따라 발생한 비위임을 주장할 경우에는 징계 관계 법령에 따라 이를 고려하여 심의하고 그 결과를 징계 및 징계부가금(이하 "징계등"이라 한다) 의결서에 구체적으로 밝혀야 한다.

제18조의2【적극행정국민신청】 ① 법령이 없거나 법령이 명확하지 않다는 사유로 다음 각 호의 어느 하나에 해당하는 통지를 받은 사람은 소관 중앙행정기관의 장에게 해당 업무를 적극적으로 처리해 줄 것을 신청(이하 "적극행정국민신청"이라 한다)할 수 있다.
1. 「민원 처리에 관한 법률」 제27조 제1항에 따라 민원[같은 법 제2조 제1호 가목 4)의 기타민원은 제외한다]의 내용을 거부하는 통지
2. 「국민 제안 규정」 제10조 제1항에 따라 국민제안이 채택되지 않았다는 통지
② 적극행정국민신청은 「부패방지 및 국민권익위원회의 설치와 운영에 관한 법률」 제12조 제16호에 따른 온라인 국민참여포털을 통해 해야 한다.
③ 국민권익위원회는 제2항에 따라 접수된 적극행정국민신청의 내용에 상당한 이유가 있다고 인정되는 경우에는 의견을 첨부하여 소관 중앙행정기관의 장에게 보내야 한다.

제18조의3【소극행정 신고】 ① 누구든지 공무원의 소극행정을 소속 중앙행정기관의 장이나 제3항에 따른(국가인권위원회 ×) 소극행정 신고센터에 신고할 수 있다.
② 중앙행정기관의 장은 제1항에 따른 신고의 내용에 상당한 이유가 있다고 인정되는 경우에는 사실관계 확인을 위한 조사를 하여 신속한 업무처리를 하는 등 적절한 조치를 하고, 그 처리결과를 신고인에게 알려야 한다.
③ 국민권익위원회는 중앙행정기관 소속 공무원의 소극행정 예방 및 근절을 위해 소극행정 신고센터를 운영하고, 중앙행정기관의 장에게 제1항에 따른 신고사항에 대해 적절한 조치를 하도록 권고할 수 있다.
④ 제3항에 따른 소극행정 신고센터의 운영과 신고사항의 처리 절차 등에 관한 세부 사항은 국민권익위원회가 정한다.

TIP

경찰청 적극행정 면책제도 운영규정

제2조【정의】 이 규정에서 사용하는 용어의 뜻은 다음과 같다.
1. "적극행정"이란, 경찰청 및 그 소속기관의 공무원 또는 산하단체의 임·직원(이하 "경찰청 소속 공무원 등"이라 한다)이 국가 또는 공공의 이익을 증진하기 위해 성실하고 능동적으로 업무를 처리하는 행위를 말한다.
2. "면책"이란, 적극행정 과정에서 발생한 부분적인 절차상 하자 또는 비효율, 손실 등과 관련하여 그 업무를 처리한 경찰청 소속 공무원 등에 대하여 다음 각 목의 어느 하나에 해당하는 책임을 묻지 않거나 감면하는 것을 말한다.
  가. 「경찰청 감사규칙」 제10조 제1호부터 제3호까지 및 제6호
  나. 「경찰공무원 징계령」에 따른 징계 및 징계부가금
3. "감사 책임자"란, 현장에서 감사활동을 지휘하는 자를 말하여 감사단장 등 현장 지휘자가 없을 경우에는 감사담당관 또는 감찰담당관을 말한다.
4. "사전컨설팅 감사"란 불합리한 제도 등으로 인해 적극적인 업무 수행이 어려운 경우, 해당 업무의 수행에 앞서 업무 처리 방향 등에 대하여 미리 감사의견을 듣고 이를 업무처리에 반영하여 적극행정을 추진하는 것을 말한다.

제5조【적극행정 면책요건】 ① 자체 감사를 받는 사람이 적극행정면책을 받기 위해서는 다음 각 호의 요건을 모두 갖추어야 한다.
1. 감사를 받는 사람의 업무처리가 불합리한 규제의 개선, 공익사업의 추진 등 공공의 이익을 위한 것일 것
2. 감사를 받는 사람이 대상 업무를 적극적으로 처리한 결과일 것

3. 감사를 받는 사람의 행위에 고의나 중대한 과실이 없을 것

② 제1항 제3호의 요건을 적용하는 경우 자체감사를 받는 사람이 다음 각 호의 요건을 모두 갖추어 업무를 처리한 것으로 인정되는 경우에는 그 행위에 고의나 중대한 과실이 없는 경우에 해당하는 것으로 추정한다.
1. 자체감사를 받는 사람과 대상 업무 사이에 사적인 이해관계가 없을 것
2. 대상 업무를 처리하면서 중대한 절차상의 하자가 없었을 것

제6조【면책 대상 제외】제5조에도 불구하고 업무처리과정에서 기본적으로 지켜야 할 의무를 다하지 않았거나 다음 각 호에 해당하는 경우에는 면책대상에서 제외한다.
1. 금품을 수수한 경우
2. 고의·중과실, 무사안일 및 업무태만의 경우
3. 자의적인 법 해석 및 집행으로 법령의 본질적인 사항을 위반한 경우
4. 위법·부당한 민원을 수용한 특혜성 업무처리를 한 경우
5. 그 밖에 위 각 호에 준하는 위법·부당한 행위를 한 경우

제7조【적극행정 면책심사위원회 설치】① 경찰청 소속 공무원 등의 적극행정 면책신청에 대한 심사를 위하여 경찰청에 "적극행정 면책심사위원회"(이하 "위원회"라 한다)를 둔다.

② 위원회는 위원장 1명을 포함하여 5명 이상 7명 이내로 성별을 고려하여 구성하며 위원장은 감사관으로 하고 위원은 심사안건 관련 부서장(감사담당관 또는 감찰담당관)을 포함하여 회의 개최 시 마다 위원장이 경찰청 소속 과장급 공무원 중에서 지명하는 사람으로 한다. 다만, 위원 중 1인은 경감 이하 경찰공무원 또는 6급 이하 일반직공무원으로 한다.

③ 위원회의 사무를 처리하기 위하여 간사 1명을 두되, 감사관실 업무소관 부서 공무원으로 한다.

제8조【회의】① 위원회의 위원장은 회의를 소집하고 위원회를 대표하며 위원회의 사무를 총괄한다.

② 위원회의 회의는 재적위원 과반수의 찬성으로 개의(開議)하고, 출석위원 과반수의 찬성으로 의결한다.

제9조【면책제도 통지】감사 책임자는 감사에 착수 또는 종료할 때 별지 제2호 서식에 따라 감사대상기관의 장 및 감사 대상자에게 면책제도를 안내하여야 한다.

제10조【면책심사 신청 등】① 감사 대상자가 면책심사를 받을 경우에는 면책사유에 해당하는 증빙자료를 구비하여 감사 책임자에게 면책심사를 신청할 수 있다.

② 감사대상기관의 장 또는 감사대상자의 소속 부서장이 감사를 받은 소속 직원 중에서 특별히 면책조치가 필요할 경우에는 면책사유에 해당하는 증빙자료를 구비하여 감사 책임자에게 면책심사를 신청할 수 있다.

③ 제1항 및 제2항에 따른 면책심사 신청은 별지 제3호 서식에 의하여 해당 감사결과에 따른 징계의결 요구 또는 징계 이외의 불이익 처분이 이루어지기 이전에 하여야 한다.

④ 감사 책임자는 '적극행정 면책심사 신청서'를 접수한 경우에는 별지 제4호 서식의 '면책검토서'를 작성하여 위원회에 심사를 요구하여야 한다. 다만, 면책심사 신청인(이하 "신청인"이라 한다)의 비위내용이 불이익한 처분 및 처분요구 사유에 해당하지 않는 경우에는 위원회에 심사를 요구하지 아니하고, 그 사유를 명시하여 신청인에게 통보하여야 한다.

⑤ 감사 책임자는 감사결과 감사 대상자를 면책조치 할 필요성이 있다고 판단될 때에는 제1항 또는 제2항에 따른 면책 신청이 없는 경우에도 위원회에 면책심사를 요구할 수 있다.

제11조【면책심사 처리】① 제8조에 따른 위원회의 심사결과를 감사결과 처리에 반영하여야 하며, 감사 대상자 또는 감사 대상자의 소속 기관의 장에게 통보하여야 한다.

제12조【시·도경찰청 등의 적극행정 면책제도】② 제10조에 따라 면책심사를 신청하는 사람은 시·도경찰청의 경우 청문감사인권담당관, 부속기관은 운영지원과장, 경찰서는 청문감사인권관, 직할대는 경무과장에게 면책심사를 신청한다.

③ 시·도경찰청 등의 적극행정 면책제도에 관하여 이 규칙에서 정한 것 외에 운영에 필요한 사항은 시·도경찰청 등의 적극행정 면책심사위원회의 의결을 거쳐 위원장이 정한다.

제14조【사전컨설팅 감사의 원칙】사전컨설팅 대상 기관 및 대상 부서의 장(이하 "사전컨설팅 대상 기관등의 장"이라 한다)은 불합리한 제도 등으로 인하여 공공의 이익이 훼손되는 일이 없도록 사전컨설팅 감사를 적극 활용하여야 한다.

제15조【사전컨설팅 감사의 대상】① 사전컨설팅 대상 기관등의 장은 다음 각 호의 어느 하나에 해당하는 업무를 수행하기 전에 감사관에게 사전컨설팅 감사를 신청할 수 있다.
1. 인가·허가·승인 등 규제 관련 업무
2. 법령·행정규칙 등의 해석에 대한 이견 등으로 인하여 능동적인 업무처리가 곤란한 경우
3. 그 밖에 적극행정 추진을 위해 감사관이 필요하다고 인정하는 경우
② 행정심판, 소송, 수사 또는 타 기관에서 감사 중인 사항, 타 법령에서 정하고 있는 재심의 절차를 거친 사항 등은 사전컨설팅 감사 대상(감사대상이다. ×)에서 제외한다.

제16조【사전컨설팅 감사의 신청】① 사전컨설팅 대상 기관등의 장은 사전컨설팅 감사가 필요하다고 인정되는 경우 충분한 자체 검토를 거친 후 별지 제6호 서식에 따른 신청서를 작성하여 감사관에게 제출할 수 있다.

제17조【사전컨설팅 감사의 심사 기준】① 감사관은 제16조에 따른 사전컨설팅 감사 신청서가 다음 각 호의 요건을 모두 충족한 경우에 처리한다.
1. 업무처리의 목적이 공공의 이익을 위한 경우로서 관련 공무원 등의 사적 이익 취득이나 특정인에 대한 특혜 부여 등의 비위가 없을 것
2. 법령상의 의무 이행, 정부정책의 수립이나 집행, 국민 편익 증진 등을 위해 모든 여건에 비추어 해당 업무를 추진·처리해야 할 필요성과 타당성이 있을 것
② 감사관은 제1항에도 불구하고 관련 공무원 등이 업무처리 과정에서 기본적으로 지켜야 할 의무를 다하지 않았거나 다음 각 호의 어느 하나에 해당하는 경우에는 사전컨설팅 감사 신청서를 반려하여야 한다.
1. 금품수수, 고의·중과실, 무사안일 및 직무태만의 경우
2. 자의적인 법 해석 및 집행으로 법령의 본질적인 사항에 위배되는 경우
3. 위법·부당한 민원을 수용한 특혜성 업무처리의 경우
4. 관련 법령 등에 명확하게 규정되어 있는데도 단순 민원해소 등을 위해 소극행정·책임회피 수단으로 신청하는 경우
5. 그 밖에 위 각 호에 준하는 위법·부당한 행위

제18조【사전컨설팅 감사의 실시】① 사전컨설팅 감사는 서면감사를 원칙으로 하되, 현지 확인 등 실지감사를 함께 할 수 있다.
② 감사관은 필요하다고 인정되는 경우 관련 기관 및 직원에 대하여 출석 및 진술, 의문사항에 대한 질의·확인 및 필요한 자료의 제출을 요청할 수 있다. 이 경우 관련 기관 및 직원은 특별한 사정이 없으면 감사관의 요청에 따라야 한다.

제19조【사전컨설팅 감사 결과의 처리】① 감사관은 사전컨설팅 감사 접수일로부터 30일 이내에 별지 제7호 서식에 따른 사전컨설팅 감사 의견서를 작성하여 신청서를 제출한 사전컨설팅 대상 기관등의 장에게 통보하여야 한다. 다만, 사안이 복잡하거나 신중한 처리 등을 위하여 필요한 경우 그 사유를 소명하여 기간을 연장할 수 있다.
② 제1항에 따라 사전컨설팅 감사 의견서를 통보받은 사전컨설팅 대상 기관등의 장은 특별한 사정이 없으면 사전컨설팅 감사 의견을 반영하여 해당 업무를 처리하여야 한다.

제20조【사전컨설팅 감사의 효력】① 감사관은 제19조 제2항에 따라 사전컨설팅 감사 의견을 반영하여 적극행정을 추진한 결과에 대하여 자체감사규정에 따른 감사 시 책임을 묻지 아니한다.
② 감사관은 사전컨설팅 감사 신청서를 검토한 결과 불합리한 제도 등의 개선이 필요하다고 판단되는 경우, 소관 기관 또는 부서에 제도 개선 등 필요한 조치를 요청할 수 있다.

제21조【이행결과의 제출】① 사전컨설팅 대상 기관등의 장은 제19조 제2항에 따라 사전컨설팅 감사 의견을 업무에 반영·처리한 결과를 별지 제8호 서식에 작성하여 감사관에게 제출하여야 한다.
② 제20조 제2항에 따라 불합리한 제도 등의 개선 조치 요청을 받은 기관 및 부서의 장은 별지 제8호 서식으로 사전컨설팅 감사 조치결과 통보서를 작성하여 감사관에게 제출하여야 한다.

03 경찰권 발동의 근거와 한계

1. 법규상 한계

① 경찰권의 발동은 반드시 엄격한 법적 근거를 요한다는 의미
② 조직규범·제약규범·근거규범
◆ 오늘날 경찰의 활동 중에는 개인의 권리 또는 자유에 대해 개입 또는 침해하지 않으면서 경찰의 임무에 관한 일반조항의 범위 내에서 가능한 임의활동이 증가하고 있다.

2. 조리상 한계

> **경찰권 발동(작용)의 조리(불문법원)상 한계**
> ① 경찰권 발동(작용) : 실질적 의미의 경찰이 전제
> ② 조리(불문법원) ➡ 법 ➡ 위반할 경우(위법의 문제가 발생) : 사법심사의 대상, 손해배상청구 가능
> ③ 일반조항뿐만 아니라 개별조항에서도 적용
> ④ 행정관계뿐만 아니라 사법관계에서도 준수
> ◆ 경찰비례의 원칙과 경찰평등의 원칙은 경찰재량을 통제하는 기능을 한다.

(1) 경찰소극목적의 원칙

의의	경찰소극목적의 원칙은 적극적으로 공공복리의 증진을 위해서는 발동이 허용되지 않고 소극적인 사회질서유지를 위해서만 발동한다는 원칙이다.
내용	① 경찰소극목적의 원칙은 실질적 의미의 경찰개념에서 도출된다. ② 크로이츠베르크(Kreuzberg) 판결에 의해서 일반수권규정에 근거하여 법규명령을 발할 수 있는 분야는 소극목적에 한정된다고 확립되었다.

(2) 경찰공공의 원칙

의의	경찰권은 공공의 안녕과 질서유지를 위해서만 발동할 수 있다는 원칙이다. ◆ 공공의 안녕과 질서유지와 관련이 없다면 경찰권은 발동할 수 없다.
내용	① 사생활 불가침의 원칙 : 사회공공의 생활과 직접 관계되지 아니하는 사생활은 경찰의 대상에서 제외된다는 원칙 ② 사주소 불가침의 원칙 : 공중과 접촉하지 아니하는 가택 내나, 특별한 관리권에 의하여 내부의 질서가 유지되는 생활범위 내에서는 행하여질 수 없다는 원칙 ③ 민사관계 불가침의 원칙 : 단순한 민사상의 관계는 사적 자치가 인정되는 것이므로 경찰권이 발동될 수가 없다는 원칙 ◆ 다만 ①, ②, ③이 공공의 안녕과 질서유지와 관련이 있는 경우 : 직접 경찰권 발동의 대상이 된다.

(3) 경찰비례의 원칙

법적 근거	헌법, 경찰관 직무집행법(명문의 규정이 있음) : 실정법상의 원칙	
적용 범위	초기에는 권력적 작용에서만 요구되었으나, 현재는 모든 경찰작용에서 적용	
경찰권 발동의 조건	① 참을 수 없는 위해를 제거하기 위해 경찰권 발동이 가능(사회통념에 따라 결정함) ② 구체적 위험 또는 실정법 위반	
경찰권 발동의 정도	최소한도의 범위 내에서 국한되어야 한다는 원칙(최소침해)	
내용	적합성의 원칙	경찰권의 발동은 경찰 목적에 적합하여야 한다는 원칙
	필요성의 원칙	필요한 최소한의 범위 내에서만 경찰권발동이 허용되어야 한다는 원칙(최소침해의 원칙)
	상당성의 원칙	경찰권 발동으로 인한 불이익이 이득보다 크다면 발동해서는 안 된다는 원칙 (경찰은 대포로 참새를 쏘지 마라) : 협의의 비례의 원칙

(4) 경찰책임의 원칙(경찰권 발동의 대상과 관련 있는 것)

의의	① 경찰권은 원칙적으로 경찰상 위해라는 객관적 사실을 야기한 자(경찰책임자)에 대해서만 발동할 수 있고, 그 밖의 제3자에 대하여는 발동할 수 없다는 원칙 ◆ 타인의 행위에 의해서도 경찰책임이 성립하는 경우가 있음 ② 공공의 안녕과 질서유지 위험 방지를 위해서 고의·과실·가벌성·유책성 불문 ◆ 경찰책임의 원칙상 법규위반자에 대한 처벌은 중요하다. (×) ③ 경찰권 발동의 대상에 관한 원칙을 말함	
성질	실정법상 명문으로 인정된 것은 아님	
종류	행위책임	① 사람의 행위로 인한 위해가 발생한 경우 경찰권 발동의 대상은 누가 되는가의 문제 ② 자기의 행위에 대한 책임 : 위해야기자 책임(원칙) ③ 자기의 보호감독을 받는 자의 행위로 인한 책임(예외)
	상태책임	① 물건 또는 동물로 인한 위해가 발생한 경우 경찰권 발동의 대상은 누가 되는가의 문제 ② 물건의 사실상의 지배자 책임(점유자 책임) ③ 정당한 권원성은 불문 예 절취당한 물건이 경찰상의 위해를 조성하고 있는 경우에, 소유자에게 상태책임을 귀속시킬 수는 없다.
	혼합책임	행위책임 + 상태책임이 경합할 경우 : 행위책임이 우선
경찰책임의 예외	① 경찰상 위해라는 객관적 사실을 야기하지 않더라도 경찰권 발동의 대상이 되는 경우 ② 긴급한 경우 그리고 법령에 규정된 경우에 경찰책임자가 아닌 제3자에게도 경찰권을 발동할 수 있다. ◆ 긴급한 경우 또는 법령에 규정된 경우 (×) ◆ 경찰권의 발동은 경찰긴급권이라는 자연법적 근거만으로 발동이 가능하다. (×) ③ 손실이 발생한 경우 : 손실보상 청구가 가능	

(5) 경찰 평등의 원칙
① 헌법상 원칙
② 모든 공권력을 통제하는 원칙(재량권과 깊은 관련이 있음)

04 경찰개입청구권

1. 개념 정의

(1) 경찰개입청구권

의의	① 행정청의 위법한 부작위 등으로 인하여 권익을 침해당한 자가 당해 행정청에 대하여 (제3자에 대한) 일정한 법에 규정된 행정권의 발동을 청구하는 권리를 말함 ② 1960년 독일의 연방행정재판소의 띠톱판결에서 시작하여 학설과 판례상 정착한 개념임 ③ 다른 행정작용으로 문제를 해결할 경우에는 경찰개입청구권을 인정하지 않음
인정 배경	과거에는 행정청에 대해 발동 요구권이 없다고 보았지만 오늘날 재량권이 0으로 수축된 경우에도 경찰개입청구권이 인정되고 + 무하자재량행사청구권까지 인정되고 있음
성립요건	① 경찰(행정)개입청구권은 다른 자에 대한 행정권 발동으로 받는 이익이 반사적 이익이 아니고, 법적 이익으로 인정되어야 성립할 수 있음 ② 경찰(행정)개입청구권이 인정되기 위하여는 행정청에게 규제권한의 행사의무가 존재하여야 함
법적 성질	① 실체적 공권(행정권의 적극적 발동을 청구) ◆ 형식적 공권 (×) ② 적극적 공권(적극적으로 행정작용을 할 것을 요구)

관련 판례	① 경찰개입청구권을 최초로 인정한 판례 : 띠톱판결
	② 관련된 판례
	    ㉠ 김신조무장공비침투 사건
	    ㉡ 지뢰판결
	    ㉢ 별장점탈 사건
	    ㉣ 눈썰매 사건
	◆ 프로이센 일반란트법 (×), 크로이쯔베르크 판결 (×)

(2) 무하자재량행사청구권

의의	① 행정청의 재량이 인정되는 경우 재량권을 하자 없이 행사하여 줄 것을 청구할 수 있는 권리 ② 개인적(주관적) 공권의 확장과 관련 있음
법적 성질	① 제한적 공권(재량권의 법적 한계를 규정) ② 형식적 권리(단지 하자 없는 재량행사를 요구) ③ 절차적 공권 ④ 적극적 공권(적법한 재량처분을 구하는 권리이지 위법한 처분을 배제를 요구하는 소극적·방어적 권리가 아님)

2. 경찰재량의 0으로의 수축이론

의의	경찰권 행사의 편의주의 원칙상 경찰관청이 현존하는 위험에 대하여 개입하지 않더라도 반드시 위법한 것은 아니나 학설과 판례는 예외적인 상황하에서는 오직 하나의 결정(조치)만이 의무에 합당한 재량권 행사로 인정된다고 보고 있는바, 이것을 재량권의 0으로의 수축이론이라고 한다.
전개과정	기속재량행위 ⇨ 경찰개입청구시 ⇨ 재량이 0으로 수축(하나의 결정만이 유효한 결정이 됨) ⇨ 기속행위화 ⇨ 경찰권 발동의 법적 의무가 발생 ⇨ 위반시(부작위시) : 위법(소송의 대상·손해배상)

3. 반사적 이익론

개요	① 행정청의 행정행위에 부수하여 발생한 일정한 이익 ② 공무원의 직무명령으로 인하여 개인이 누리는 이익 ③ 행정관청의 규제 권한의 행사를 오로지 공익 목적만을 위한 것으로 보고, 이로 인해 사인이 어떠한 이익을 향유하더라도 이는 반사적 이익일 뿐, 법률상의 권리가 아니라고 본다. ④ 반사적 이익은 법적 권리가 아니므로 반사적 이익에 기초한 보호요청이나 경찰개입청구는 요청할 수 없다. ⑤ 원칙적으로 반사적 이익의 보호성 부정(손배상청구 ×, 경찰개입청구 ×)
예외	반사적 이익의 보호법익화(예외적으로 반사적 이익이 보호법익이 되는 경우) ① 신뢰 보호의 원칙과 관련이 있는 경우 ② 반사적 이익이 공권과 관련이 있는 경우 　　**사례** 위법한 연탄공장의 설치허가를 인근주민이 다툰 사건(대판 73누96, 97) ③ 반사적 이익이 보호법익이 될 경우 보호요청이나 경찰개입청구를 요청할 수 있다.

05 기속행위와 재량행위

의의	기속행위	행정에 있어서 법규가 어떤 요건하에 어떤 행위를 할 것인가를 명확하게 규정하고 있어서 행정청이 단순히 집행하게 하는 것을 기속행위라고 한다.
	재량행위	① 재량행위란 법률이 행정청에게 그 요건의 판단 또는 효과의 결정에 있어 일정한 범위 내의 독자적 판단권을 인정하고 있는 경우를 말한다. ② 재량은 행정행위를 할 것인가 말 것인가를 결정하는 결정재량과 복수의 행정행위 중 어느 것을 할 것인가의 선택재량이 있다.
기속재량과 자유재량	기속재량행위 (법규재량)	행정행위의 요건을 갖추면 원칙상 그 행위를 하여야 하나, 중대한 공익상 필요가 있는 경우에 한하여 예외적으로 그 행위를 거부할 수 있는 행정행위를 의미한다.
	자유재량행위 (공익재량)	법에 위반되지 않는 여러 가지 수단 중에서 어떠한 수단이 공익에 더 적합할 것인가를 판단하는 재량으로 무엇이 공익에 적합한가의 판단재량을 말한다.
구별의 실익		① 기속행위와 기속재량행위를 위반한 행위 : 위법의 문제가 되어 행정소송 등 사법심사의 대상이 된다. ② 자유재량행위를 위반한 행위 : 자유재량행위를 위반한 경우에 징계의 대상은 될지언정 위법한 것으로 되어 사법심사의 대상이 되지는 않는다. ③ 부관(附款)과의 관계 : 법규가 행정청의 행위에 대하여 재량을 부여한 경우에는 그 범위 안에서 부관을 붙일 수 있으나, 기속행위는 특별한 규정이 없는 한 부관을 붙일 수 없다.

재량의 일탈과 남용	재량의 일탈	재량권의 외적 한계(법적·객관적 한계)를 벗어난 것을 의미한다(성문법 위반).
	재량의 남용	재량권의 내적 한계(재량권이 부여된 내재적 목적)를 벗어난 것을 의미한다(조리상 한계를 위반한 경우).
	판례	대법원은 재량의 일탈과 남용을 명확히 구분하지 않고 재량권의 행사에 재량의 일탈이나 남용이 없는지 여부를 함께 판단한다.

06 행정행위

1. 행정행위의 개념

의의		행정행위란 행정청이 우월한 지위에서 행하는 구체적 법집행행위로서 국민의 권리·의무에 직접적 효과를 발생시키는 행위로 실정법상으로는 허가, 특허 등의 표현을 사용하고 행정소송법은 행정행위를 "처분"이라는 표현을 사용함
구별 개념	강학상 행정행위	행정행위는 법적인 권리·의무의 발생·변경·소멸의 법적 효과를 발생시키는 법적 행위만이 개념에 포함
	실정법상 처분	실정법상 처분이란 행정청이 행하는 구체적 사실에 관한 법집행으로서의 공권력의 행사 또는 거부와 그 밖에 이에 준하는 행정작용이라고 규정(권력적 작용)

2. 행정행위의 종류

법률행위 (법적 행위)	의의	법률행위는 행정기관이 행정의 객체로서의 국민에 대하여 행하는 행위로서 국민의 권리·의무의 발생·변경·소멸, 즉 권리변동이라는 법률상의 결과(법률효과)를 발생시키는 원인행위
	종류	① 법률행위적 행정행위 : 행정청의 의사표시를 구성요소로 하고 그 의사의 내용에 따라 법적 효과가 발생하는 행정행위 ② 준법률적 행정행위 : 행정청의 의사표시 이외의 인식·판단 등의 정신작용을 요소로 하여 법률에 규정된 대로 효과를 발생시키는 행정행위(공증, 통지, 수리, 확인)
	권리구제	법률행위에 의해 국민이 권리침해를 받은 경우에 대한 권리구제 수단으로 행정쟁송이나 손해배상 청구가 가능
사실행위	의의	사실행위란 일정한 법적 효과의 발생을 목적으로 의사표시를 요건으로 하지 않고 직접 어떠한 사실상의 효과, 결과의 실현을 목적으로 하는 행정작용
	종류	① 권력적 사실행위 : 행정청이 행정의 상대방에 대하여 우월적 지위에서 일방적으로 강제하는 사실 행위로서 묵시적인 수인 하명이 내포된 행위 ② 비권력적 사실행위 : 행정청의 공권력 행사와 관계없는 모든 행정행위로 행정지도나 단순한 교통경찰의 지시, 도로건설, 여론조사 등이 있음
	권리구제	① 권력적 사실행위 : 권력적 사실행위에 의해 손해를 입은 경우에 원칙적으로 항고소송의 대상이 될 수 있고, 손해배상 청구도 가능 ② 비권력적 사실행위 : 비권력적 사실행위에 의해 손해를 입은 경우에 항고소송의 대상이 될 수 없지만 손해배상 청구는 가능

3. 법률행위적 행정행위

명령적 행정행위	① 국민의 자연적 자유영역에서 공익상 질서유지를 위하여 자연적 자유를 제한하거나 제한된 자유를 회복시켜주는 행정행위 ② 명령적 행정행위는 하명·허가·면제가 있음
형성적 행정행위	① 상대방에게 새로운 권리·법률상의 지위 내지 법률상 힘을 발생·변경·소멸시키는 행정행위 ② 형성적 행정행위에는 특허, 인가, 대리가 있음

4. 허가·특허·인가 비교

허가	① 의의: 금지의 해제, 자연적 자유의 회복 ② 허가의 예: 건축허가, 대중음식점 영업허가, 주류제조업허가, 운전면허, 자동차학원의 설립허가, 의사면허, 주유소허가 등
특허	① 의의: 특정인에 대하여 권리 등 새로운 법률상의 힘을 발생시키는 행위 ② 특허의 예: 국유재산 등의 관리청이 행정재산의 사용 수익에 대하여 하는 허가, 공용수면 매립면허, 도로점용허가, 어업면허, 광업허가, 조합설립인가처분 등
인가	① 의의: 행정청이 제3자의 법률행위를 보충하여 법률행위의 효력을 완성시켜주는 보충행위 ② 인가의 예: 재단법인의 정관변경 허가, 국토이용관리법상 규제구역 내의 토지등의 거래계약허가, 공유수면매립면허의 양도, 하천공사권리의무양수도에 관한 허가, 외자도입법에 따른 기술도입계약에 대한 인가 등

07 경찰하명(下命)

1. 의의

개요		① 국민에게 작위·부작위·수인·급부의 의무를 명령하는 경찰작용 ② 개인의 자연적 자유를 제한하거나 의무를 부과하는 것을 내용으로 하는 법률행위적 행정행위 ③ 일반통치권에 의거한 행위
형식	법규하명	① 법규 자체가 명령이므로 구체적 행정행위의 존재를 요하지 않고 법률의 규정만으로 일정한 하명의 효과를 발생하게 하는 것 ◆ 행정청의 특별한 행위 不要 ② 법규 자체가 행정행위의 효력을 가지는 것 ③ 법률로 금지, 절대적 금지 ◆ 허가로써 해제 (×) ④ 법령의 공포라는 형식에 의하여 효력이 발생함
	처분에 의한 하명 (경찰처분)	① 법률에 근거하여 행정청의 구체적 행정행위가 있음으로써 하명의 효과가 발생하는 경우 ② 경찰처분은 경찰권 발동의 한계론 적용받음 ③ 상대적 금지 ◆ 허가로써 해제가 가능 ④ 경찰처분은 특별한 방식을 필요하지 않으므로, 요식행위가 될 수 없다.

2. 경찰처분의 효과

구속력	이해관계인에 대하여 일정한 법적 효과가 발생하여 그 효과를 받는 자를 구속하는 힘
공정력	① 행정청의 행위가 당연무효로 인정되는 경우를 제외하고는 취소되기까지는 일단 유효하다고 보는 힘(절차법적 구속력) ◆ 행정의 안정성·법적 안정성 때문에 공정력을 인정 ② 행정과 법적 안정성을 추정하기 위한 것이므로 적법성을 추정하는 요건이 아님 ③ 비권력적 사실행위에는 공정력이 성립할 수 없다. ④ 법정요건을 갖추지 못한 흠이 중대·명백하여 절대무효라고 인정될 때에는 공정력이 인정될 수 없다.
확정력	불가쟁력	① 행정행위로 확정이 될 경우 소송을 제기할 수 없는 힘 ② 행정객체를 구속하는 힘(국민을 구속하는 힘) ③ 절차법적 구속력 ④ 모든 행정행위에 대해서 불가쟁력이 발생
	불가변력	① 행정행위로 확정이 될 경우 임의대로 변경할 수 없는 힘 ② 행정주체를 구속하는 힘(국가를 구속하는 힘) ③ 실체법적 구속력 ④ 준사법적 행정행위와 같은 특정 행위에 대해서만 불가변력이 발생
강제력	의무부과적 행정행위는 그 실효성을 확보하기 위하여 강제력이라는 우월한 힘을 보유

◆ 불가쟁력 O, 불가변력 × : 행정객체는 소로써 다툴 수 없으나, 행정주체는 임의로 변경이 가능
◆ 불가쟁력 ×, 불가변력 O : 행정객체는 소로써 변경이 가능, 행정주체는 임의로 변경할 수 없음

3. 경찰하명의 종류

내용에 의한 분류	① 작위하명(~해라)	② 부작위하명(~하지 마라)
	③ 급부하명(돈을 내라)	④ 수인하명(참아라)

대상에 의한 분류	① 개별하명과 일반하명 ② 대인적 하명과 대물적 하명 ③ 혼합적 하명(대인적 하명 + 대물적 하명)

4. 경찰하명의 효과

대인적 하명	① 일신전속적 성질 O ② 이전성 ×, 승계성 ×
대물적 하명	① 일신전속적 성질 × ② 이전성 O, 승계성 O
지역적 효과	① 원칙 : 경찰청 관할구역 내에서만 미치는 것이 원칙 ② 예외 : 경찰하명의 내용에 따라서 관할구역 외에서도 미치는 경우가 있다. 　　　　　예 경찰서장의 자동차사용정지처분

5. 경찰하명의 위반에 대한 제재

① 경찰의무를 불이행한 경우 : 강제집행의 대상

② 경찰의무를 위반한 경우: 경찰벌의 대상
③ 하명에 위반한 행위는 그 법률상의 효과에는 직접적으로 아무런 영향도 미치지 못함
◆ 하명 위반한 행위 자체의 효력은 유효하다.

6. 무효 · 취소 · 철회

(1) 무효 · 취소의 정의

무효	외관상 행정행위는 존재하나 그 하자가 중대·명백하여 행정청의 취소가 없어도 처음부터 그 법률행위의 효과가 발생하지 않는 행위
취소	경찰처분의 취소란 경찰처분에 하자가 있지만 그 하자가 경미하여 부당 또는 단순위법에 불과하므로 '일단 유효하게 효력을 발생'하지만 나중에 정당한 권한 있는 기관에 의하여 행정행위의 하자를 이유로 그 효력이 '소급적으로 소멸'되는 경우

(2) 무효와 취소와의 구분

구분	무효	취소
공정력, 불가쟁력	인정 안 됨	인정됨
사정재결, 사정판결	불가능	가능
필요적 행정심판전치주의	적용 안 됨	적용됨
출소기간	제한 없음	제한 있음
선결문제	판단 가능	판단 불가
전환, 치유	전환만 인정(반대견해 있음)	치유만 인정(반대견해 있음)
하자의 승계	선행행위가 무효인 경우 후행행위도 무효	① 선·후행행위가 동일한 효과 발생시 승계 인정 ② 양자가 별개 효과 발생시 승계 불인정

◆ 하자의 치유와 전환에 관한 직접적인 국내 행정법 규정은 존재하지 않는다.

(3) 철회

① 의의: 일단 유효하지만 철회시부터 효과가 없는 것으로 간주
② 취소와 철회와의 구분

구분	취소	철회
권한자	처분청, 감독청, 법원	원칙적으로 처분청만 가능 (감독청은 특별규정 있으면 가능)
발생 원인	원시적 하자	사후적 하자
절차	엄격한 절차 적용	특별한 절차 규정 없음
효과	소급효 긍정	소급효 부정

7. 하자의 승계

개요	① 두 개 이상의 행정행위가 서로 연속하여 행하여지는 경우에, 선행행위의 하자가 있으나 그에 대해 불가쟁력이 발생했을 때 후행행위 자체는 하자가 없음에도 불구하고 선행행위의 하자를 이유로 후행행위의 하자를 주장할 수 있는지의 문제
	② 원칙 : 행정행위 사이에는 하자의 승계가 인정되지 않음
	③ 예외(하자의 승계가 인정되는 경우가 있음)
	   ㉠ 선행위가 당연 무효인 경우
	   ㉡ 선·후 행정행위가 결합하여 하나의 행위가 되는 경우
	④ 선·후행행위가 상호 독립하여 별개의 효과를 발생하는 경우
	   ㉠ 선행행위가 무효인 경우 : 하자는 승계가 인정
	   ㉡ 선행행위가 취소인 경우 : 하자는 승계되지 않음

하자 승계 인정 판례	① 귀속재산의 임대처분과 후행매각처분 ② 한의사시험자격인정과 한의사면허처분 ③ 기준지가고시와 토지수용처분 ④ 안경사시험합격무효처분과 안경사면허취소처분 ⑤ 대집행에 있어서 계고, 통지, 실행, 비용납부명령 ⑥ 개별공시지가결정과 과세처분 ⑦ 독촉과 가산금, 중가산금징수처분

08 경찰허가

1. 경찰허가와 그 성질

경찰허가의 의의	일반적·상대적 금지를 특정한 경우에 해제하여 적법하게 특정행위를 할 수 있도록 자연적 자유를 회복시켜주는 경찰처분

경찰허가의 성질	① 부작위 의무의 해제(금지의 해제)
	② 일반적·상대적 금지의 해제 ◆ 법으로 금지된 절대적 금지의 해제 (×)
	③ 특정한 경우에 해제해주는 것 : 처분의 형식·명령의 형식
	④ 쌍방적 행정행위(당사자의 신청이 필요)
	   ㉠ 원칙 : 당사자의 신청 + 허가
	   ㉡ 예외 : 신청(출원) 없이 이루어지는 허가도 있다(이 경우에는 불특정 다수인에게 효과 발생한다). ◆ 허가는 언제나 상대방의 출원이 있어야만 한다. (×)
	⑤ 기속재량행위 : 허가의 요건이 갖추어지면 허가를 해야만 한다(기속행위).
	⑥ 허가는 적법요건일 뿐 유효요건은 아님

2. 경찰허가의 유형

형식	① 처분형식 : 일반적 금지를 직접 허가하는 법규허가는 없음 ② 불요식행위 : 특별한 방식을 요하지 않음
신청	① 당사자의 신청을 필요로 하는 쌍방적 행정행위 ② 경찰허가는 반드시 허가 내용이 신청 내용과 일치될 필요는 없으며, 신청 내용의 일부를 변경하거나 부관(부담)을 붙여 허가하는 것도 가능

3. 경찰허가의 종류

구분	내용
대인적 허가	① 사람의 능력 자격과 같은 인적 요소, 주관적 요소를 심사대상으로 하는 허가(비이전성) ② 의사면허, 자동차운전면허, 마약류취급면허, 총포류 소지허가 등
대물적 허가	① 물건의 객관적 사정에 착안하여 행하는 허가(이전 가능) ② 자동차검사, 건축허가 등
혼합적 허가	① 사람과 물건을 모두 심사대상으로 하는 허가 ② 자동차운전학원의 허가, 총포류 제조판매허가, 풍속영업허가 등

4. 경찰허가의 효과

허가로 얻는 이익의 성격	제3자에 대한 관계에서 허가는 새로운 권리를 설정하여 주는 특허가 아니므로 허가로 인하여 얻는 이익은 반사적 이익에 불과함(원칙)
경찰허가 효과의 적용범위	일반적 금지가 해제됨으로써 피허가자는 적법하게 허가된 행위를 할 수 있게 되지만, 타법상의 제한까지 해제되는 것은 아니다. 예 공무원이 음식점 영업허가를 받은 경우 식품위생법상의 금지만을 해제한 것이고 공무원법상의 영리업무 금지까지 해제해주는 것은 아님
무허가 행위의 효과	① 특정행위를 사실상 적법하게 할 수 있도록 하는 적법요건에 불과할 뿐 유효요건은 아님 ② 무허가행위는 강제집행이나 행정벌의 대상은 되지만, 행위 자체의 효력은 유효하다.
허가여부의 결정기준	판례와 학설에 의하면 허가여부의 결정기준은 신청 당시의 법령이 아닌 허가처분시의 법령을 기준으로 하여 결정함
기한부 허가의 경우	기한부 허가의 경우에 그 기간이 도래하면 별도의 취소절차 없이 원칙적으로 허가의 효력이 상실됨
허가의 갱신	① 허가의 갱신은 새로운 허가신청이 아닌 종래의 허가에 대한 기간의 연장신청에 해당함 ② 허가의 갱신여부는 행정청의 재량적 행위에 해당함

5. 경찰허가의 부관

(1) 부관의 의미

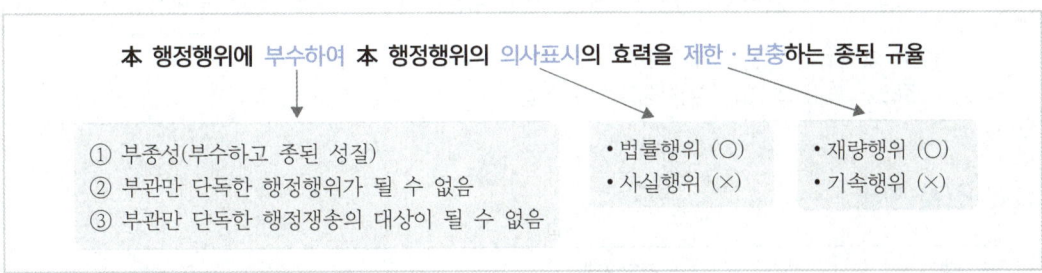

(2) 부관의 종류

조건	① 의의 : 행정행위의 효과의 발생 또는 소멸을 장래의 불확실한 사실에 의존시키는 부관 ② 종류 　㉠ 정지조건 : 행정행위의 효과의 발생을 장래의 불확실한 사실에 의존시키는 것 　㉡ 해제조건 : 행정행위의 효과의 소멸을 장래의 불확실한 사실에 의존시키는 것
기한	① 의의 : 행정행위의 효력의 발생 또는 소멸을 '발생이 확실'한 장래의 사실에 의존케 하는 행정청의 의사표시 ② 종류 　㉠ 확정기한 : 도래할 것이 확실함은 물론 도래하는 시기까지 확실한 기한 　㉡ 불확정기한 : 도래할 것은 확실하나 도래하는 시기는 확실하지 않은 기한
부담	① 의의 : 행정행위의 주된 의사표시에 부가하여 그 효과를 받는 상대방에게 '작위·부작위·급부·수인의무'를 명하는 행정청의 의사표시를 말한다. ② 성질 　㉠ 부담은 독립성이 인정되지 않는 다른 부관과는 달리 그 자체가 하나의 독립된 행정행위이고 이는 '하명으로서의 성질'을 가진다. 　㉡ 부담만 '단독으로' 강제집행이나 행정쟁송의 대상이 가능하다.
철회권의 유보	철회권의 유보란 행정행위의 주된 의사표시에 부가하여 특정한 경우에 행정행위를 철회할 수 있는 권리를 미리 유보하는 행정청의 의사표시를 말한다.
법률효과의 일부배제	행정행위의 주된 의사표시에 부가하여, 법률에서 일반적으로 그 행위에 부여한 '법률효과' 중의 일부의 발생을 배제하는 행정청의 의사표시를 말한다.
행정행위의 시후변경의 유보	행정행위의 효력이 장기간 존속하는 경우 사회적·경제적 변화에 적응할 수 있도록 행정행위를 사후에 변경·보충 또는 새로운 부담을 붙일 수 있는 권리를 유보하는 부관을 말한다.
수정부담	행정행위의 상대방이 신청한 것과 다르게 행정행위의 내용을 정하는 부관을 말한다.

(3) 부관의 하자

무효인 부관	① 원칙 : 부관이 없는 허가로서 효력을 발생 ② 예외 : 그 부관이 중대하여 그 부관이 없었더라면 하지 않았다고 인정되면 경찰허가 자체도 무효로 됨(전체무효)
취소할 수 있는 부관	① 권한 있는 기관에 의하여 취소가 될 때까지는 일단은 유효한 부관 ② 취소가 있었을 때에는 부관의 무효의 경우와 동일한 효과가 발생
부관에 대한 쟁송	① 원칙 : 부관만 독립시켜 쟁송의 대상이 될 수 없음 ② 예외 : 부관 중 부담은 독립시켜 쟁송의 대상이 될 수 있음

09 경찰면제

구분	경찰면제	경찰허가
차이점	경찰상 작위·급부·수인 의무의 해제	부작위 의무의 해제(경찰금지의 해제)
공통점	의무의 해제	

10 행정지도

구분	내용
의의	행정주체가 일정한 행정목적의 실현을 위하여 상대방의 임의적 협력 또는 동의하에 일정한 행정질서의 형성을 유도하는 비권력적 사실행위를 말한다.
성질	① 행정지도는 단순한 사실행위에 불과하므로 법적 효과가 발생하지 아니한다. ② 행정지도는 비권력적 사실행위로서 강제력이 발생하지 아니한다. ③ 행정지도는 비권력적 사실행위로서 원칙적으로 행정소송의 대상이 되지 않는다. ④ 위법한 행정지도로 국민이 손해를 입으면 국가배상책임이 인정될 수 있다.

원칙		
	비례원칙	행정지도는 그 목적달성에 필요한 최소한도에 그쳐야 한다는 것은 행정지도에 비례원칙이 적용됨을 의미한다.
	임의성의 원칙	행정지도는 상대방의 의사에 반하여 부당하게 강요하여서는 아니 된다는 것은 행정지도에 임의성의 원칙이 적용됨을 의미한다.
	불이익조치금지의 원칙	행정기관은 행정지도의 상대방이 행정지도에 따르지 아니하였다는 것을 이유로 불이익한 조치를 하여서는 아니 된다.

| 방식 | ① 행정지도는 반드시 문서로 하여야 하는 것은 아니다.
② 행정지도는 구술로도 이루어질 수 있다.
③ 의견제출 : 행정지도의 상대방은 당해 행정지도의 방식·내용 등에 관하여 행정기관에 의견제출을 할 수 있다.
④ 다수인을 대상으로 하는 행정지도 : 행정기관이 같은 행정목적을 실현하기 위하여 많은 상대방에게 행정지도를 하고자 하는 때에는 특별한 사정이 없는 한 행정지도에 공통적인 내용이 되는 사항을 공표하여야 한다. |

11 경찰상 의무이행 확보수단

1. 수단

(1) 전통적 수단과 새로운 수단

전통적 수단	경찰강제	강제집행 : 대집행, 집행벌(이행강제금), 직접강제, 체납처분
		즉시강제
		경찰조사
	경찰벌	경찰형벌, 경찰질서벌
새로운 수단	비금전적 제재	공급거부, 공표, 관허사업의 제한, 행정행위의 철회·정지, 취업 제한
	금전적 제재	과징금(부과금), 가산세, 가산금(중가산금)

(2) 직접적 수단과 간접적 수단

분류	종류
직접적 수단	㉠ 경찰강제(대집행, 직접강제, 강제징수) ㉡ 즉시강제
간접적 수단	㉠ 경찰벌(경찰형벌, 경찰질서벌) ㉡ 집행벌(이행강제금) ㉢ 새로운 수단(금전적 제재, 비금전적 제재)

2. 경찰강제

(1) 의의

개념	행정주체가 국민에게 의무를 부과했는데도 불구하고 국민이 이를 이행하지 않을 시 경찰목적을 달성하기 위한 불가결한 제도
성질	경찰상 질서유지를 위하여 개인의 신체·재산 또는 가택에 실력을 가하여 경찰상 필요한 상태를 실현하는 사실상의 작용(권력적 사실행위)

(2) 경찰강제의 종류

① 경찰상 강제집행(경찰의무의 불이행을 전제)

대집행	㉠ 대체적 작위의무 불이행(누구나 대신할 수 있는 일을 불이행할 경우) ㉡ 대집행의 일반법 : 행정대집행법 ㉢ 대집행의 절차 : 대집행의 계고 ⇨ 대집행영장에 의한 통지 ⇨ 대집행의 실행 ⇨ 비용의 징수 ㉣ 쟁송 가능성 : 대집행은 행정쟁송의 대상이 된다는 것이 다수설의 입장이다.

집행벌
(이행강제금)
	㉠ 부작위 의무 또는 비대체적 작위의무 불이행
	㉡ 집행벌의 일반법 : 행정기본법
	㉢ 경찰벌과 집행벌은 병과할 수 있음
	㉣ 집행벌은 사후적 제재가 아닌, 장래의 의무이행을 담보 : 일사부재리에 반하지 않음
	㉤ 불복시
	    ⓐ 개별법에서 특별한 불복방법을 규정하고 있는 경우 : 그 방법(예컨대, 비송사건절차법에 의한 방법)에 따름
	    ⓑ 개별법에서 특별한 규정을 두고 있지 않은 경우 : 행정쟁송
	㉥ 집행벌은 형벌과 같은 엄격한 절차가 요구되지 않음

직접강제	㉠ 직접 신체 또는 재산에 강제력 행사하는 것 ㉡ 모든 의무 불이행 시 행사 : 대체적·비대체적 작위의무·부작위·수인의무 불이행에 대해 행사 가능 ㉢ 직접강제의 일반법 : 행정기본법 ㉣ 최후의 수단으로 행사
강제징수	㉠ 금전 급부의무를 이행하지 않는 경우 ㉡ 강제징수의 일반법 : 국세징수법 ㉢ 절차 : 독촉 ⇨ 체납처분 ⇨ 체납처분의 중지 ⇨ 결손처분

② 즉시강제

의의	목전의 급박한 위해를 제거하기 위한 강제력의 행사

성질	⊙ 의무불이행을 전제로 하지 않음 ✦ 의무불이행과 상관없이 실력행사가 가능
	ⓒ 법적 근거는 필요(권력적 실력행사) : 즉시강제의 일반법으로 행정기본법이 있고, 또 일반법적 성격을 가지는 경찰관 직무집행법이 있음
	ⓒ 영장주의 : 행정상 즉시강제에도 영장주의가 적용된다는 보다 적극적 입장을 취하되, 다만 즉시강제에서 행정목적 달성을 위하여 불가피하다고 인정할 만한 합리적인 이유가 있는 특별한 경우에 한하여 영장주의가 적용되지 아니한다(절충설).
	ⓔ 즉시강제에 대한 구제
	   ⓐ 적법한 즉시강제에 대한 구제 : 손실보상
	   ⓑ 위법한 즉시강제에 대한 구제 : 손해배상청구가 가능·정당방위가 가능, 위법한 상태가 장기간 존속된 경우에는 소송의 대상이 된다.

③ 경찰상 강제집행과 즉시강제의 비교

구분	강제집행	즉시강제
차이점	의무불이행을 전제	의무불이행을 전제로 하지 않음
공통점	⊙ 권력적 실력행사 ⓒ 사실행위 ⓒ 경찰목적의 실현을 확보하기 위한 수단	

3. 경찰벌

(1) 경찰벌의 종류

구분	경찰형벌	경찰질서벌
형법총칙	적용	적용 없음
고의·과실	필요 + 위법성의 인식까지 요함	필요 + 위법성의 인식까지 요함
과벌절차	형사소송법에 따라 처벌	비송사건절차법에 따라 처벌
병과	① 다수설·헌재 : 병과 × ② 대법원 : 병과 가능	

(2) 경찰상 강제집행과의 구별

구분	강제집행	경찰벌
차이점	장래에 대해 의무이행을 강제	과거 의무위반에 대한 제재

(3) 집행벌과의 구별

집행벌	경찰벌
① 행정법상의 의무불이행이 있는 경우 장래의 의무이행을 확보하기 위한 행정상 강제집행의 일종 ② 고의·과실 불요 ③ 이행할 때까지 거듭 부과 가능함	① 과거의 의무위반행위에 대한 제재 ② 고의·과실 요 ③ 일사부재리의 원칙이 적용

12 질서위반행위규제법

개요	① 시간적 범위 : 질서위반행위의 성립과 과태료처분은 행위시의 법률에 따르는 것을 원칙으로 한다. ② 장소적 범위 : 속인주의, 속지주의, 기국주의 ③ 다른 법률과의 관계 : 과태료의 부과·징수, 재판 및 집행 등의 절차에 관한 다른 법률의 규정 중 이 법의 규정에 저촉되는 것은 이 법으로 정하는 바에 따른다.
주관적 요건	① 고의, 과실 : 고의·과실이 없는 질서위반행위는 과태료 부과하지 않음 ② 위법성의 착오 : 착오에 정당한 이유가 있는 때에는 과태료 부과하지 않음
책임	① 14세 미만의 자에게는 과태료 부과하지 않는다. ② 심신상실인 경우에는 과태료를 부과하지 않는다. ③ 심신미약의 경우에는 과태료를 감경한다.
질서위반행위의 처리	① 2인 이상이 질서위반행위에 가담한 때에는 각자가 질서위반행위를 한 것으로 본다. ② 신분에 의하여 성립하는 질서위반행위에 신분이 없는 자가 가담한 때에는 신분이 없는 자에 대하여도 질서위반행위가 성립한다. ③ 신분에 의하여 과태료를 감경 또는 가중하거나 과태료를 부과하지 아니하는 때에는 그 신분의 효과는 신분이 없는 자에게는 미치지 아니한다. ④ 하나의 행위가 2 이상의 질서위반행위에 해당하는 경우에는 각 질서위반행위에 대하여 정한 과태료 중 가장 중한 과태료를 부과한다. ⑤ 2 이상의 질서위반행위가 경합하는 경우에는 각 질서위반행위에 대하여 정한 과태료를 각각 부과한다.
과태료의 징수	① 10일 이상의 기간을 정하여 의견을 제출할 기회를 주어야 한다. ② 의견 제출 절차를 마친 후에 서면으로 과태료를 부과하여야 한다. ③ 과태료 처분의 제척기간, 소멸시효 : 5년 ④ 이의제기 　㉠ 통지를 받은 날로부터 60일 이내에 해당 행정청에 서면으로 이의제기가 가능하다. 　㉡ 이의제기가 있는 경우에는 행정청의 과태료 부과처분은 그 효력을 상실한다. 　㉢ 이의제기를 받은 행정청은 이의제기를 받은 날부터 14일 이내에 이에 대한 의견 및 증빙서류를 첨부하여 관할 법원에 통보하여야 한다.
과태료의 징수유예	① 행정청은 당사자가 과태료를 납부하기가 곤란하다고 인정되면 1년의 범위에서 대통령령으로 정하는 바에 따라 과태료의 분할납부나 납부기일의 연기를 결정할 수 있다. ② 행정청은 ①에 따라 과태료의 분할납부나 납부기일의 연기(징수유예등)를 결정하는 경우 그 기간을 그 징수유예등을 결정한 날의 다음 날부터 9개월 이내로 하여야 한다. 다만, 그 기간이 만료될 때까지 ①에 따른 징수유예등의 사유가 해소되지 아니하는 경우에는 1회에 한정하여 3개월의 범위에서 그 기간을 연장할 수 있다.

13 경찰관 직무집행법

개요	① 경찰작용에 관한 일반법 ② 경찰상 즉시강제에 관한 일반법 ③ 경찰관 직무집행법에는 강제를 수반하지 않는 임의적 사실행위에 대해서도 규정하고 있다(사실확인을 위한 출석요구). ④ 우리나라의 경찰관 직무집행법은 대륙법계적 요소와 영미법계적 요소를 모두 반영하고 있음
목적	① 이 법은 국민의 자유와 권리 및 모든 개인이 가지는 불가침의 기본적 인권을 보호하고 사회공공의 질서를 유지하기 위한 경찰관(경찰공무원만 해당한다)의 직무 수행에 필요한 사항을 규정함을 목적으로 한다. ② 이 법에 규정된 경찰관의 직권은 그 직무수행에 필요한 최소한도 내에서 행사되어야 하며 이를 남용하여서는 아니 된다
직무범위	① 국민의 생명·신체 및 재산의 보호 ② 범죄의 예방·진압 및 수사 ③ 범죄피해자 보호 ④ 경비, 주요 인사(人士) 경호 및 대간첩·대테러 작전 수행 ⑤ 공공안녕에 대한 위험의 예방과 대응을 위한 정보의 수집·작성 및 배포 ⑥ 교통 단속과 교통 위해(危害)의 방지 ⑦ 외국 정부기관 및 국제기구와의 국제협력 ⑧ 그 밖에 공공의 안녕과 질서유지(위험방지 ×)
적용 대상자	① 경찰공무원(해경 포함) ② 의무경찰 : 긴급체포는 불가능 ③ 청원경찰법상 청원경찰 : 범죄수사는 불가 ④ 특별사법경찰관리

1. 불심검문(제3조) (대인적 즉시강제)

의의		① 경찰관이 범죄의 예방 및 범인검거의 목적으로 거동불심자를 정지시켜서 그 권한에 의하여 직접 질문하여 조사하는 것 ◆ 범죄예방 이외의 위험방지 목적의 불심검문은 규정하고 있지 않음 ② 불심검문을 위한 정지행위는 원칙적으로 임의수단이지만, 사태의 긴급성·혐의의 중증 등을 고려하여 강제에 이르지 않는 정도의 유형력 행사는 가능함
대상자		① 어떤 죄를 범하였거나 또는 범하려 하고 있다고 의심할 만한 상당한 이유가 있는 자 ② 이미 행하여진 범죄 또는 행하여지려고 하는 범죄에 관하여 그 사실을 안다고 인정되는 자 ◆ 형사책임능력은 요하지 않음 : 어린이나 심신상실자도 불심검문의 대상이 될 수 있다.
수단	정지·질문	① 당해인(피질문자)은 답변을 강요당하지 않음 ② 진술거부권 고지의무는 없음 ③ 경찰관은 당해인에게 자신의 신분을 표시하는 증표를 제시하면서 소속과 성명을 밝히고 그 목적과 이유를 설명하여야 한다.

임의동행	① 요건	
		㉠ 당사자에게 불리하거나 교통에 방해가 된다고 인정되는 때
		㉡ 당사자의 동의가 있을 것 ◆ 강제력 행사 (×)
		◆ 임의동행시 동행을 거부할 자유와 동행 후 언제든지 경찰관서로부터 퇴거할 수 있음을 고지할 필요는 없다(고지하여야 한다 ×).
	② 절차	
		㉠ 임의동행 요구시에도 직무질문과 마찬가지로 경찰관은 당해인에게 자신의 신분을 표시하는 증표를 제시하면서 소속과 성명을 밝히고 그 목적과 이유를 설명하여야 하며, 동행장소를 밝혀야 함
		㉡ 경찰관 직무집행법에 의할 때 임의동행시 임의동행을 거부할 자유 있음 및 동행 중이라도 언제든지 떠날 수 있음은 고지할 필요 없음
	③ 장소	
		㉠ 인근의 경찰서·파출소 또는 출장소
		㉡ 상대방의 동의가 있는 경우에는 그들 장소 이외의 장소에도 동행 가능
	④ 동행 후 조치	
		㉠ 가족 등에의 고지 : 보호자에게 연락하거나 또는 본인으로 하여금 연락할 기회를 부여하여야 함(택일적)
		㉡ 변호인의 도움을 받을 권리 : 고지하여야 함
		㉢ 임의동행 후 6시간을 초과할 수 없음
		㉣ 임의동행 후 24시간 이내에 동행검문 보고서를 작성하여 소속 관서 장에게 제출하여야 한다.
	⑤ 경찰관 직무집행법에 의할 경우 당해인은 형사소송에 관한 법률에 의하지 아니하고는 신체를 구속당하지 아니하며, 그 의사에 반하여 답변을 강요당하지 아니함	
흉기조사	① 상대방의 동의를 얻어 실시	
	② 신체수색은 오직 흉기의 소지유무를 조사하는 데 그쳐야 함	
	◆ 소지품 조사 (×)	
	③ 흉기조사시 구속영장은 불필요	
	④ 당해인이 흉기소지 여부 조사를 거부할 수 있다는 규정은 없음	

2. 보호조치등(제4조)

보호조치 (대인적 즉시강제)	① 경찰관은 수상한 행동이나 그 밖의 주위 사정을 합리적으로 판단하여 구호대상자를 발견하였을 때에는 보건의료기관이나 공공구호기관에 긴급구호를 요청하거나 경찰관서에 보호하는 등 적절한 조치를 할 수 있다.
	② 강제보호조치 대상자
	㉠ 정신착란 또는 술취한 상태로 인하여 자기 또는 타인의 생명·신체와 재산에 위해를 미칠 우려가 있는 자
	㉡ 자살을 기도하는 자
	③ 임의보호조치 대상자
	㉠ 미아·병자·부상자 등으로서 적당한 보호자가 없으며 응급의 구호를 요한다고 인정되는 자 (기아, 기아상태에 있는 자, 길을 잃은 병약자 포함)
	㉡ 다만, 당해인이 이를 거절하는 경우에는 보호조치를 할 수 없음

	④ 사후조치 　㉠ 보호조치를 하였을 때에는 지체 없이 연고자 등에게 통지하여야 함 　㉡ 경찰관이 구호기관에 인계한 때에는 즉시 그 사실을 소속경찰서장에게 보고하여야 함
임시영치 (대물적 즉시강제)	① 임시영치를 하는 경우에는 24시간 이내에 임시영치 보고서를 작성하여 소속관서의 장에게 보고 ② 임시영치 기간은 10일을 초과할 수 없음

3. 위험발생의 방지(제5조)(대인·대물·대가택적 강제수단)

의의	① 경찰관이 인명·신체에 위해를 미치거나 또는 재산에 중대한 손해를 끼칠 위험한 사태가 발생한 경우에 취하는 경찰상의 즉시강제 조치 ② 대인·대물·대가택적 강제수단 : 적용요건이 가장 포괄적인 수단임
요건	① 위험사태의 존재 　㉠ 위험사태 : 천재·사변, 인공구조물의 파손이나 붕괴, 교통사고, 위험물의 폭발, 위험한 동물 등의 출현, 극단한 혼잡 기타 위험한 사태 　㉡ 중대한 재산상 손해 ② 위험사태의 급박성
수단 (방법)	① 경고 : 그 장소에 모인 사람, 사물의 관리자, 그 밖의 관계인 ② 억류·피난 : 긴급을 요할 때 위해를 받을 우려가 있는 자 ③ 직접적인 위험 방지조치 : 위험사태의 발생현장에 있는 자, 사물의 관리자, 그 밖의 관계자 ◆ 대형교통사고 발생시 경찰관은 경찰관 직무집행법에 의해 압수·제지할 수 있다. (×) ④ 경찰관서의 장은 대간첩작전수행 또는 소요사태의 진압을 위하여 필요하다고 인정되는 상당한 이유가 있을 때 : 접근 또는 통행을 제한하거나 금지할 수 있다.

4. 범죄의 예방과 제지(제6조)(대인적 즉시강제)

경찰관이 범죄가 목전에 행하여지려고 하고 있다고 인정될 때 이를 예방하기 위하여 관계인에게 필요한 경고를 발하고 또 그 행위로 인하여 인명·신체에 위해를 미치거나 재산에 중대한 손해를 끼칠 우려가 있어 긴급을 요하는 경우에 그 행위를 제지하는 것

5. 위험방지를 위한 출입(제7조)(대가택적 강제수단)

법적 성질		① 경찰상 즉시강제수단의 일종이며, 경찰관 직무집행법상의 대가택적 강제수단 ② 범죄수사를 위한 출입은 허용되지 않음 ③ 영장은 필요 없음 ◆ 총포·도검·화약류 단속을 위한 출입 (×)　범죄수사를 위한 출입 (×)
종류	긴급출입	① 경찰관이 위험사태가 발생하여 긴급한 조치를 취하여야 하는 경우에 관계자의 승낙없이 타인의 토지·건물·배 또는 차 내에 출입(위해 제거를 위한 출입) ② 상대방의 동의·시간·장소 불문

예방출입	① 흥행장·여관·음식점·역 기타 다수인이 출입하는 장소에 범죄예방과 위해예방을 목적으로 공개시간 중에 출입(범죄예방 위험방지를 위한 출입) ② 공개된 장소 내에서만 출입이 가능 ③ 공개된 시간 내에서만 출입이 가능 ④ 상대방의 동의를 얻어야 출입 가능 　㉠ 상대방은 동의 의무가 있음 　㉡ 관리자 등은 정당한 이유 없이 이를 거절하지 못한다. 　◆ 정당한 이유 : 타당성을 판정 (×), 관리자는 공개된 시간·장소가 아니라는 이유만으로 거절할 수 있다.
작전지역 내에서의 검색	① 대간첩작전수행을 위해 작전지역 안에서 흥행장·여관·음식점·역 기타 다수인이 출입하는 장소 안을 공개시간은 물론 공개시간이 아니더라도 검색(대간첩 작전시) ② 상대방의 동의·시간 불문

6. 사실확인 및 출석요구(제8조)(임의적 사실행위)

의의	경찰관서의 장은 직무수행에 필요하다고 인정되는 상당한 이유가 있을 때에는 국가기관이나 공사단체 등에 직무수행에 관련된 사실을 조회할 수 있다. 다만, 긴급한 경우에는 소속 경찰관으로 하여금 현장에 나가 해당 기관 또는 단체의 장의 협조를 받아 그 사실을 확인하게 할 수 있다(임의적 사실행위).　◆ 범죄관련 (×), 형사처벌 (×)
사실확인을 위한 출석요구	① 미아를 인수할 보호자의 여부를 확인 ② 행정처분을 위한 교통사고 조사상의 사실 등을 확인 ③ 사고로 인한 사상자를 확인 ④ 유실물을 인수할 권리자의 여부를 확인 ◆ 출석요구 제외 사유 : 형사처벌, 범죄수사, 고소, 민사관련

7. 정보의 수집(제8조의2)

정보의 수집	경찰관은 범죄·재난·공공갈등 등 공공안녕에 대한 위험의 예방과 대응을 위한 정보의 수집·작성·배포와 이에 수반되는 사실의 확인을 할 수 있다.
정보활동의 기본원칙	① 정보활동은 국민의 자유와 권리를 보호하는 것을 목적으로 해야 하며, 필요 최소한의 범위에 그쳐야 한다. ② 경찰관은 정보활동과 관련하여 다음의 행위를 해서는 안 된다. 　㉠ 정치에 관여하기 위해 정보를 수집·작성·배포하는 행위 　㉡ 법령의 직무 범위를 벗어나 개인의 동향 등을 파악하기 위해 사생활에 관한 정보를 수집·작성·배포하는 행위 　㉢ 상대방의 명시적 의사에 반해 자료 제출이나 의견 표명을 강요하는 행위 　㉣ 부당한 민원이나 청탁을 직무 관련자에게 전달하는 행위 　㉤ 직무상 알게 된 정보를 누설하거나 개인의 이익을 위해 사용하는 행위 　㉥ 직무와 무관한 비공식적 직함을 사용하는 행위
정보수집 절차	경찰관은 정보를 수집하거나 사실을 확인하려는 경우에는 상대방에게 자신의 신분을 밝히고 정보 수집 또는 사실 확인의 목적을 설명해야 한다. 이 경우 강제적인 방법을 사용해서는 안 된다.

정보 수집 등을 위한 출입의 한계	경찰관은 다음의 장소에 상시적으로 출입해서는 안 되며, 정보활동을 위해 필요한 경우에 한정하여 일시적으로만 출입해야 한다. ① 언론·교육·종교·시민사회 단체 등 민간단체 ② 민간기업 ③ 정당의 사무소
위법한 지시의 금지 및 거부	① 누구든지 정보활동과 관련하여 경찰관에게 「경찰관의 정보수집 및 처리 등에 관한 규정」과 그 밖의 법령에 반하여 지시해서는 안 된다. ② 경찰관은 명백히 위법한 지시라고 판단되는 경우에는 그 집행을 거부할 수 있다. ③ 경찰관은 명백히 위법한 지시를 거부했다는 이유로 인사·직무 등과 관련한 어떠한 불이익도 받지 않는다.

8. 국제협력업무(제8조의3)

경찰청장 또는 해양경찰청장은 이 법에 따른 경찰관의 직무수행을 위하여 외국 정부기관, 국제기구 등과 자료 교환, 국제협력 활동 등을 할 수 있다.

9. 유치장(제9조)

설치	경찰관 직무집행법에 의해 경찰서나 해양경찰서에 설치(지구대 ×)
입감대상자	① 체포·구속된 자 ② 신체의 자유를 제한하는 판결 또는 처분을 받은 자 ◆ 보호조치 대상자 (×)

10. 경찰장비(제10조)(대인적 즉시강제)

사용	경찰관은 직무수행 중 경찰장비를 사용할 수 있다. 다만, 사람의 생명이나 신체에 위해를 끼칠 수 있는 경찰장비를 사용할 때에는 필요한 안전교육과 안전검사를 받은 후 사용하여야 한다.
종류	무기, 경찰장구, 경찰착용기록장치, 최루제와 그 발사장치, 살수차, 감식기구, 해안 감시기구, 통신기기, 차량·선박·항공기 등 경찰이 직무를 수행할 때 필요한 장치와 기구를 말한다.
제한	① 경찰관은 경찰장비를 함부로 개조하거나 경찰장비에 임의의 장비를 부착하여 일반적인 사용법과 달리 사용함으로써 다른 사람의 생명·신체에 위해를 끼쳐서는 아니 된다. ② 위해성 경찰장비는 필요한 최소한도에서 사용하여야 한다.
도입	경찰청장은 위해성 경찰장비를 새로 도입하려는 경우에는 대통령령으로 정하는 바에 따라 안전성 검사를 실시하여 그 안전성 검사의 결과보고서를 국회 소관 상임위원회에 제출하여야 한다. 이 경우 안전성 검사에는 외부 전문가를 참여시켜야 한다.

🍎 참고 경찰장비의 종류(위해성 경찰장비의 사용기준 등에 관한 규정)

경찰장구	수갑, 포승, 호송용포승, 경찰봉, 호신용경봉, 전자충격기, 진압봉, 방패 및 전자방패
무기	권총, 소총, 기관총, 산탄총, 유탄발사기, 박격포, 3인치포, 크레모아, 수류탄, 폭약류 및 도검
분사기 등	근접분사기, 가스분사기, 가스발사총, 가스분사겸용경봉, 최루탄발사기 및 최루탄
기타장비	특수진압차·도주차량차단장비·가스차·석궁·살수차·물포·다목적발사기

11. 경찰장구(제10조의2)

요건	① 현행범인인 경우와 사형·무기 또는 장기 3년 이상의 징역이나 금고에 해당하는 죄를 범한 범인의 체포와 도주의 방지상 필요한 때 ② 자기 또는 타인의 생명·신체에 대한 방호를 위한 때 ③ 공무집행에 대한 항거의 억제를 위하여 필요한 경우
한계	상당성·합리성·필요성

12. 분사기(최루탄)등(제10조의3)(대인적 즉시강제)

요건	① 범인의 체포와 도주의 방지 또는 불법집회와 시위 ② 자기 또는 타인의 생명·신체와 재산 및 공공시설안전에 대한 현저한 위해발생의 억제
한계	① 현장 책임자의 판단으로 부득이한 경우(최후 수단 : 보충성의 원칙) ② 필요 최소한의 범위 안에서 사용 가능(비례성의 원칙)

13. 무기사용(제10조의4)(대인적 즉시강제)

위해를 수반하지 않는 무기사용	요건	① 범인의 체포·범인의 도주의 방지 ② 자기 또는 타인의 생명·신체·방호 ③ 공무집행방해에 대한 항거의 제지
	한계	① 합리성(합리적 판단) ② 필요성(필요한 한도 내) ③ 상당성(상당한 이유)

위해를 수반하는 무기사용	요건	① 「형법」에 규정된 정당방위와 긴급피난에 해당할 때
		② 다음의 어느 하나에 해당하는 때에 그 행위를 방지하거나 그 행위자를 체포하기 위하여 무기를 사용하지 아니하고는 다른 수단이 없다고 인정되는 상당한 이유가 있을 때
		  ㉠ 사형·무기 또는 장기 3년 이상의 징역이나 금고에 해당하는 죄를 범하거나 범하였다고 의심할 만한 충분한 이유가 있는 사람이 경찰관의 직무집행에 항거하거나 도주하려고 할 때
		  ㉡ 체포·구속영장과 압수·수색영장을 집행하는 과정에서 경찰관의 직무집행에 항거하거나 도주하려고 할 때
		  ㉢ 제3자가 ㉠ 또는 ㉡에 해당하는 사람을 도주시키려고 경찰관에게 항거할 때
		  ㉣ 범인이나 소요를 일으킨 사람이 무기·흉기 등 위험한 물건을 지니고 경찰관으로부터 3회 이상 물건을 버리라는 명령이나 항복하라는 명령을 받고도 따르지 아니하면서 계속 항거할 때
		③ 대간첩 작전 수행 과정에서 무장간첩이 항복하라는 경찰관의 명령을 받고도 따르지 아니할 때

한계	① 합리성(합리적 판단) ② 필요성(필요한 한도 내) ③ 상당성(상당한 이유) ④ 보충성(다른 수단이 없음) : 정당방위·대간첩작전 수행 시에는 보충성이 요구되지 않음

> 참고) 경찰장구·분사기·무기의 사용요건 구분

구분	내용
경찰장구	① 현행범인인 경우 ② 사형·무기 또는 장기 3년 이상의 징역이나 금고에 해당하는 죄를 범한 범인의 체포와 도주의 방지상 필요한 때 ③ 자기 또는 타인의 생명·신체에 대한 방호를 위한 때 ④ 공무집행에 대한 항거억제를 위하여 필요한 경우
분사기 및 최루탄	① 범인의 체포와 도주의 방지 ② 불법집회와 시위 ③ 자기 또는 타인의 생명·신체와 재산에 대한 현저한 위해발생의 억제 ④ 공공시설안전에 대한 현저한 위해발생의 억제
무기사용 (위해수반 ×)	① 범인의 체포·도주의 방지 ② 자기 또는 타인의 생명·신체의 방호 ③ 공무집행에 대한 항거억제의 경우
무기사용 (위해수반 ○)	① 정당방위·긴급피난에 해당하는 때 ② 사형·무기 또는 장기 3년 이상의 징역이나 금고에 해당하는 죄를 범한 범인이 항거하거나 도주하려고 할 때 또는 제3자가 그를 도주시키려고 경찰관에게 항거할 때 이를 방지, 체포하기 위한 경우 ③ 체포·구속영장과 압수·수색영장의 집행시에 본인이 항거하거나 도주하려고 할 때 또는 제3자가 그를 도주시키려고 경찰관에게 항거할 때, 이를 방지 또는 체포하기 위한 경우 ④ 무기·흉기 등 위험한 물건을 소지한 범인 등이 경찰관으로부터 3회 이상의 투기명령·투항명령을 받고도 이에 불응하면서 계속 항거할 때 ⑤ 대간첩작전수행 중 무장간첩이 경찰관의 투항명령을 받고도 이에 불응하는 경우

TIP

🛡 관련 법조문 – 경찰관 직무집행법

제10조의5【경찰착용기록장치의 사용】 ① 경찰관은 다음 각 호의 어느 하나에 해당하는 직무 수행을 위하여 필요한 경우에는 필요한 최소한의 범위에서 경찰착용기록장치를 사용할 수 있다.
1. 경찰관이 「형사소송법」 제200조의2, 제200조의3, 제201조 또는 제212조에 따라 피의자를 체포 또는 구속하는 경우
2. 범죄 수사를 위하여 필요한 경우로서 다음 각 목의 요건을 모두 갖춘 경우
   가. 범행 중이거나 범행 직전 또는 직후일 것
   나. 증거보전의 필요성 및 긴급성이 있을 것
3. 제5조 제1항에 따른 인공구조물의 파손이나 붕괴 등의 위험한 사태가 발생한 경우
4. 경찰착용기록장치에 기록되는 대상자(이하 이 조에서 "기록대상자"라 한다)로부터 그 기록의 요청 또는 동의를 받은 경우
5. 제4조 제1항 각 호에 해당하는 것이 명백하고 응급구호가 필요하다고 믿을 만한 상당한 이유가 있는 경우
6. 제6조에 따라 사람의 생명·신체에 위해를 끼치거나 재산에 중대한 손해를 끼칠 우려가 있는 범죄행위를 긴급하게 예방 및 제지하는 경우

7. 경찰관이 「해양경비법」 제12조 또는 제13조에 따라 해상검문검색 또는 추적·나포하는 경우
8. 경찰관이 「수상에서의 수색·구조 등에 관한 법률」에 따라 같은 법 제2조 제4호의 수난구호 업무 시 수색 또는 구조를 하는 경우
9. 그 밖에 제1호부터 제8호까지에 준하는 경우로서 대통령령으로 정하는 경우
② 이 법에서 "경찰착용기록장치"란 경찰관이 신체에 착용 또는 휴대하여 직무수행 과정을 근거리에서 영상·음성으로 기록할 수 있는 기록장치 또는 그 밖에 이와 유사한 기능을 갖춘 기계장치를 말한다.

제10조의 6【경찰착용기록장치의 사용 고지 등】① 경찰관이 경찰착용기록장치를 사용하여 기록하는 경우로서 이동형 영상정보처리기기로 사람 또는 그 사람과 관련된 사물의 영상을 촬영하는 때에는 불빛, 소리, 안내판 등 대통령령으로 정하는 바에 따라 촬영 사실을 표시하고 알려야 한다.
② 제1항에도 불구하고 제10조의5 제1항 각 호에 따른 경우로서 불가피하게 고지가 곤란한 경우에는 제3항에 따라 영상음성기록을 전송·저장하는 때에 그 고지를 못한 사유를 기록하는 것으로 대체할 수 있다.
③ 경찰착용기록장치로 기록을 마친 영상음성기록은 지체 없이 제10조의7에 따른 영상음성기록정보 관리체계를 이용하여 영상음성기록정보 데이터베이스에 전송·저장하도록 하여야 하며, 영상음성기록을 임의로 편집·복사하거나 삭제하여서는 아니 된다.
④ 그 밖에 경찰착용기록장치의 사용기준 및 관리 등에 필요한 사항은 대통령령으로 정한다.

제10조의 7【영상음성기록정보 관리체계의 구축·운영】경찰청장 및 해양경찰청장은 경찰착용기록장치로 기록한 영상·음성을 저장하고 데이터베이스로 관리하는 영상음성기록정보 관리체계를 구축·운영하여야 한다.

14. 사용등록 보관 및 경찰관의 권한남용시의 책임

사용등록 보관	살수차, 분사기나 최루탄 또는 무기를 사용하는 경우 그 책임자는 사용일시·사용장소·사용대상·현장책임자·종류·수량 등을 기록하여 보관하여야 한다.
경찰관의 권한남용시의 책임	"이 법에 규정된 경찰관의 의무에 위반하거나 경찰관의 직권을 남용하여 다른 사람에게 해를 끼친 자는 1년 이하의 징역이나 금고 또는 300만원 이하의 벌금에 처한다."고 규정하고 있다.

15. 손실보상

개요	국가는 경찰관의 적법한 직무집행으로 인하여 손실을 입은 자에 대하여 정당한 보상을 하여야 한다.
소멸시효	손실보상을 청구할 수 있는 권리는 손실이 있음을 안 날부터 3년, 손실이 발생한 날부터 5년간 행사하지 아니하면 시효의 완성으로 소멸한다.
손실보상의 지급절차 및 방법	① 경찰청장등은 손실보상심의위원회의 심의·의결에 따라 보상 여부 및 보상금액을 결정하되, 요건과 절차를 갖추지 못한 경우 등에는 그 청구를 각하하는 결정을 하여야 한다(기각 ×). ② 경찰청장등은 ①에 따른 결정일부터 10일 이내에 통지서에 결정 내용을 적어서 청구인에게 통지하여야 한다. ③ 보상금은 다른 법률에 특별한 규정이 있는 경우를 제외하고는 현금으로 지급하여야 한다. ④ 보상금은 일시불로 지급하되, 예산 부족 등의 사유로 일시금으로 지급할 수 없는 특별한 사정이 있는 경우에는 청구인의 동의를 받아 분할하여 지급할 수 있다. ⑤ 손실보상의 청구 및 지급에 필요한 사항은 경찰청장이 정한다.

손실보상심의 위원회의 설치 및 구성	① 소속 경찰공무원의 직무집행으로 인하여 발생한 손실보상청구 사건을 심의하기 위하여 경찰청, 해양경찰청, 시·도경찰청 및 지방해양경찰청에 손실보상심의위원회(이하 "위원회"라 한다)를 설치한다. ② 위원회는 위원장 1명을 포함한 5명 이상 7명 이하의 위원으로 구성한다. ③ 위원회의 위원은 경찰청장등이 위촉하거나 임명한다. ④ 위촉위원의 임기는 2년으로 한다. ⑤ 위원회의 사무를 처리하기 위하여 위원회에 간사 1명을 두되, 간사는 소속 경찰공무원 중에서 경찰청장등이 지명한다.
위원장	① 위원장은 위원 중에서 호선(互選)한다. ② 위원장이 부득이한 사유로 직무를 수행할 수 없는 때에는 위원장이 미리 지명한 위원이 그 직무를 대행한다.
손실보상심의 위원회의 운영	① 위원회의 회의는 재적위원 과반수의 출석으로 개의(開議)하고, 출석위원 과반수의 찬성으로 의결한다. ② 위원회는 심의를 위하여 필요한 경우에는 관계 공무원이나 관계 기관에 사실조사나 자료의 제출 등을 요구할 수 있으며, 관계 전문가에게 필요한 정보의 제공이나 의견의 진술 등을 요청할 수 있다.

16. 보상금의 지급(경찰관 직무집행법 제11조의3)

보상금 지급	경찰청장, 시·도경찰청장 또는 경찰서장은 다음의 어느 하나에 해당하는 사람에게 보상금을 지급할 수 있다.
	① 범인 또는 범인의 소재를 신고하여 검거하게 한 사람
	② 범인을 검거하여 경찰공무원에게 인도한 사람
	③ 테러범죄의 예방활동에 현저한 공로가 있는 사람
	④ 그 밖에 대통령령으로 정하는 사람
	    ㉠ 범인의 신원을 특정할 수 있는 정보를 제공한 사람
	    ㉡ 범죄사실을 입증하는 증거물을 제출한 사람
	    ㉢ 그 밖에 범인 검거와 관련하여 경찰 수사 활동에 협조한 사람 중 보상금 지급 대상자에 해당한다고 보상금심사위원회가 인정하는 사람

보상금 심사 위원회	① 경찰청장, 시·도경찰청장 및 경찰서장은 보상금 지급의 심사를 위하여 대통령령으로 정하는 바에 따라 각각 보상금심사위원회를 설치·운영하여야 한다. ② 보상금심사위원회는 위원장 1명을 포함한 5명 이내의 위원으로 구성한다. ③ 경찰청에 두는 보상금심사위원회의 위원장은 경찰청 소속 과장급 이상의 경찰공무원 중에서 경찰청장이 임명하는 사람으로 한다. ④ 보상금심사위원회의 위원은 소속 경찰공무원 중에서 경찰청장, 시·도경찰청장 또는 경찰서장이 임명한다. ⑤ 보상금심사위원회의 회의는 재적위원 과반수의 찬성으로 의결한다.
보상금 지급	경찰청장, 시·도경찰청장 또는 경찰서장은 보상금 지급사유가 발생한 경우에는 직권으로 또는 보상금을 지급받으려는 사람의 신청에 따라 소속 보상금심사위원회의 심사·의결을 거쳐 보상금을 지급한다.

17. 소송지원과 형의 감면

소송지원	경찰청장과 해양경찰청장은 경찰관이 제2조(경찰관의 직무범위) 각 호에 따른 직무의 수행으로 인하여 민·형사상 책임과 관련된 소송을 수행할 경우 변호인 선임 등 소송 수행에 필요한 지원을 할 수 있다.
형의 감면	살인의 죄 등이 행하여지려고 하거나 행하여지고 있어 타인의 생명·신체에 대한 위해 발생의 우려가 명백하고 긴급한 상황에서, 경찰관이 그 위해를 예방하거나 진압하기 위한 행위 또는 범인의 검거 과정에서 경찰관을 향한 직접적인 유형력 행사에 대응하는 행위를 하여 그로 인하여 타인에게 피해가 발생한 경우, 그 경찰관의 직무수행이 불가피한 것이고 필요한 최소한의 범위에서 이루어졌으며 해당 경찰관에게 고의 또는 중대한 과실이 없는 때에는 그 정상을 참작하여 형을 감경하거나 면제할 수 있다.

> **참고** 경찰 물리력 행사의 기준과 방법(대상자 행위와 경찰 물리력 사용의 정도)

1. 대상자 행위

순응	대상자가 경찰관의 지시, 통제에 따르는 상태를 말한다.
소극적 저항	① 대상자가 경찰관의 지시, 통제를 따르지 않고 비협조적이지만 경찰관 또는 제3자에 대해 직접적인 위해를 가하지 않는 상태를 말한다. ② 경찰관이 정당한 이동 명령을 발하였음에도 가만히 서 있거나 앉아 있는 등 전혀 움직이지 않는 상태, 일부러 몸의 힘을 모두 빼거나, 고정된 물체를 꽉 잡고 버팀으로써 움직이지 않으려는 상태 등이 이에 해당한다.
적극적 저항	① 대상자가 자신에 대한 경찰관의 체포·연행 등 정당한 공무집행을 방해하지만 경찰관 또는 제3자에 대해 위해 수준이 낮은 행위만을 하는 상태를 말한다. ② 대상자가 자신을 체포·연행하려는 경찰관으로부터 물리적으로 이탈하거나 도주하려는 행위, 체포·연행을 위해 팔을 잡으려는 경찰관의 손을 뿌리치거나, 경찰관을 밀고 잡아끄는 행위, 경찰관에게 침을 뱉거나 경찰관을 밀치는 행위 등이 이에 해당한다.
폭력적 공격	① 대상자가 경찰관 또는 제3자에 대해 신체적 위해를 가하는 상태를 말한다. ② 대상자가 경찰관에게 폭력을 행사하려는 자세를 취하여 그 행사가 임박한 상태, 주먹·발 등을 사용해서 경찰관에 대해 신체적 위해를 초래하고 있거나 임박한 상태, 강한 힘으로 경찰관을 밀거나 잡아당기는 등 완력을 사용해 체포에서 벗어나려고 하는 상태 등이 이에 해당한다.
치명적 공격	① 대상자가 경찰관 또는 제3자에 대해 사망 또는 심각한 부상을 초래할 수 있는 행위를 하는 상태를 말한다. ② 총기류, 흉기, 둔기를 이용하여 경찰관, 제3자에 대해 위력을 행사하고 있거나 위해 발생이 임박한 경우, 경찰관이나 제3자의 목을 세게 조르거나 무차별 폭행하는 등 생명·신체에 대해 중대한 위해가 발생할 정도의 위험한 폭력을 행사하는 경우가 이에 해당한다.

2. 경찰관 대응 수준

협조적 통제	의의	'순응' 이상의 상태인 대상자에 대해 사용할 수 있는 물리력 수준으로서, 대상자의 협조를 유도하거나 협조에 따른 물리력을 말한다.
	종류	현장 임장, 언어적 통제, 체포 등을 위한 수갑 사용, 안내·체포 등에 수반한 신체적 물리력
접촉 통제	의의	'소극적 저항' 이상의 상태인 대상자에 대해 사용할 수 있는 물리력 수준으로서, 대상자 신체 접촉을 통해 경찰목적 달성을 강제하지만 신체적 부상을 야기할 가능성은 극히 낮은 물리력을 말한다.
	종류	① 신체 일부 잡기·밀기·잡아끌기, 쥐기·누르기·비틀기 ② 경찰봉 양 끝 또는 방패를 잡고 대상자의 신체에 안전하게 밀착한 상태에서 대상자를 특정 방향으로 밀거나 잡아당기기

저위험 물리력	의의	'적극적 저항' 이상의 상태인 대상자에 대해 사용할 수 있는 물리력 수준으로서, 대상자가 통증을 느낄 수 있으나 신체적 부상을 당할 가능성은 낮은 물리력을 말한다.
	종류	① 목을 압박하여 제압하거나 관절을 꺾는 방법, 팔·다리를 이용해 움직이지 못하도록 조르는 방법, 다리를 걸거나 들쳐 매는 등 균형을 무너뜨려 넘어뜨리는 방법, 대상자가 넘어진 상태에서 움직이지 못하게 위에서 눌러 제압하는 방법 ② 분사기 사용(다른 저위험 물리력 이하의 수단으로 제압이 어렵고, 경찰관이나 대상자의 부상 등의 방지를 위해 필요한 경우)
중위험 물리력	의의	'폭력적 공격' 이상의 상태의 대상자에 대해 사용할 수 있는 물리력 수준으로서, 대상자에게 신체적 부상을 입힐 수 있으나 생명·신체에 대한 중대한 위해 발생 가능성은 낮은 물리력을 말한다.
	종류	손바닥, 주먹, 발 등 신체부위를 이용한 가격, 경찰봉으로 중요부위가 아닌 신체 부위를 찌르거나 가격, 방패로 강하게 압박하거나 세게 미는 행위, 전자충격기 사용
고위험 물리력	의의	'치명적 공격' 상태의 대상자로 인해 경찰관 또는 제3자의 생명·신체에 급박하고 중대한 위해가 초래될 가능성이 있는 경우 최후의 수단으로 사용할 수 있는 물리력 수준으로서, 대상자의 사망 또는 심각한 부상을 초래할 수 있는 물리력을 말한다.
	종류	권총 등 총기류 사용, 경찰봉, 방패, 신체적 물리력으로 대상자의 신체 중요 부위 또는 급소 부위 가격, 대상자의 목을 강하게 조르거나 신체를 강한 힘으로 압박하는 행위

TIP

위해성 경찰장비의 사용기준 등에 관한 규정

제4조【영장집행등에 따른 수갑등의 사용기준】 경찰관(경찰공무원에 한한다)은 체포·구속영장을 집행하거나 신체의 자유를 제한하는 판결 또는 처분을 받은 자를 법률이 정한 절차에 따라 호송하거나 수용하기 위하여 필요한 때에는 최소한의 범위 안에서 수갑·포승 또는 호송용포승을 사용할 수 있다.

제5조【자살방지등을 위한 수갑등의 사용기준 및 사용보고】 경찰관은 범인·술에 취한 사람 또는 정신착란자의 자살 또는 자해기도를 방지하기 위하여 필요한 때에는 수갑·포승 또는 호송용포승을 사용할 수 있다. 이 경우 경찰관은 소속 경찰관서의 장(경찰청장·해양경찰청장·시·도경찰청장·지방해양경찰청장·경찰서장 또는 해양경찰서장 기타 경무관·총경·경정 또는 경감을 장으로 하는 국가경찰관서의 장을 말한다. 이하 같다)에게 그 사실을 보고하여야 한다.

제6조【불법집회등에서의 경찰봉·호신용경봉의 사용기준】 경찰관은 불법집회·시위로 인하여 발생할 수 있는 타인 또는 경찰관의 생명·신체의 위해와 재산·공공시설의 위험을 방지하기 위하여 필요한 때에는 최소한의 범위안에서 경찰봉 또는 호신용경봉을 사용할 수 있다.

제8조【전자충격기등의 사용제한】 ① 경찰관은 14세 미만의 자 또는 임산부에 대하여 전자충격기 또는 전자방패를 사용하여서는 아니 된다.
② 경찰관은 전극침(電極針) 발사장치가 있는 전자충격기를 사용하는 경우 상대방의 얼굴을 향하여 전극침을 발사하여서는 아니 된다.

제10조【권총 또는 소총의 사용제한】 ② 경찰관은 총기 또는 폭발물을 가지고 대항하는 경우를 제외하고는 14세 미만의 자 또는 임산부에 대하여 권총 또는 소총을 발사하여서는 아니 된다.

제12조【가스발사총등의 사용제한】 ① 경찰관은 범인의 체포 또는 도주방지, 타인 또는 경찰관의 생명·신체에 대한 방호, 공무집행에 대한 항거의 억제를 위하여 필요한 때에는 최소한의 범위안에서 가스발사총을 사용할 수 있다. 이 경우 경찰관은 1미터 이내의 거리에서 상대방의 얼굴을 향하여 이를 발사하여서는 아니 된다.
② 경찰관은 최루탄발사기로 최루탄을 발사하는 경우 30도 이상의 발사각을 유지하여야 하고, 가스차·살수차 또는 특수진압차의 최루탄발사대로 최루탄을 발사하는 경우에는 15도 이상의 발사각을 유지하여야 한다.

제13조【가스차·특수진압차·물포의 사용기준】 ① 경찰관은 불법집회·시위 또는 소요사태로 인하여 발생할 수 있는 타인 또는 경찰관의 생명·신체의 위해와 재산·공공시설의 위험을 억제하기 위하여 부득이한 경우에는 현장책임자의 판단에 의하여 필요한 최소한의 범위에서 가스차를 사용할 수 있다.

제13조의2【살수차의 사용기준】 ① 경찰관은 다음 각 호의 어느 하나에 해당하여 살수차 외의 경찰장비로는 그 위험을 제거·완화시키는 것이 현저히 곤란한 경우에는 시·도경찰청장의 명령에 따라 살수차를 배치·사용할 수 있다.

제18조의2【신규 도입 장비의 안전성 검사】 ③ 법 제10조 제5항 후단에 따라 안전성 검사에 참여한 외부 전문가는 안전성 검사가 끝난 후 30일 이내에 신규 도입 장비의 안전성 여부에 대한 의견을 경찰청장에게 제출하여야 한다.
④ 경찰청장은 신규 도입 장비에 대한 안전성 검사를 실시한 후 3개월 이내에 다음 각 호의 내용이 포함된 안전성 검사 결과보고서를 국회 소관 상임위원회에 제출하여야 한다.

제20조【사용기록의 보관 등】 ① 제2조 제2호부터 제4호까지의 위해성 경찰장비(제4호의 경우에는 살수차만 해당한다)를 사용하는 경우 그 현장책임자 또는 사용자는 별지 서식의 사용보고서를 작성하여 직근상급 감독자에게 보고하고, 직근상급 감독자는 이를 3년간 보관하여야 한다.

CHAPTER 05 경찰관리

제1절 | 총설

제2절 | 경찰조직관리

01 서설

1. 경찰조직의 이념

경찰법의 규정	민주성과 효율성
민주성의 보장	① 합의제 행정청 ◆ ○○○ 위원회 　㉠ 민주성의 요청에 부합 　㉡ 신속성 저해 ② 권한의 분산 : 경찰청장과 시·도경찰청장의 관청화를 통한 권한과 책임의 조화 및 자치경찰제도의 시행 ◆ 경찰권의 행사는 국민의 헌법상 기본권 침해의 우려가 많기 때문에 합의제 행정관청으로 조직하게 되면 민주성·공정성을 확보할 수 있으나 신속성은 저해된다.
효율성의 확보	① 국가경찰제　　② 계층제적 구조　　③ 행정관청의 독임제

2. M. Weber의 이상적인 관료제의 구조적인 특성

특성	① 계층제적 구조로 편성 ② 관료의 권한과 직무범위 : 법규에 의해 규정(법규 중시) ③ 관료의 직무수행 : 애정이나 증오 등의 개인적 감정에 의하지 않고 법규에 따라 임무를 수행(몰인정성, 비정의성) ④ 문서주의 : 직무의 수행은 서류에 의해서 이루어지며 기록은 장기간 보존 ⑤ 공개채용이 원칙 : 모든 직무는 전문지식과 기술을 지닌 관료가 담당하며, 이들은 시험 또는 자격 등에 의해 공개적으로 채용 ⑥ 급여지급 : 급료를 정규적으로 받고, 승진 및 퇴직금 등의 직업적 보상을 취득 ⑦ 관료제에서 구성원은 신분의 계급에 의한 관계가 아니라 계약관계에 해당
역기능	① 수단의 목표화　　　　② 권위의 위계화 ③ 부처할거주의　　　　④ 몰인정성 ⑤ 무사안일주의　　　　⑥ 조직의 경직성 ⑦ 번문욕례

02 조직편성의 원리

분업의 원리	① 기능주의와 관련이 있음 ② 전문화의 원리와 관련 있음 ③ 경과로 구분하여 보직관리하는 원리

계층제의 원리	① 조직의 일체감과 통일감 형성 : 계층제가 필요한 이유
	② 조직 운영의 효율성·능률성의 확보
	③ 책임과 임무의 한계가 명확함
	④ 업무처리의 신중성을 기할 수 있다는 특징이 있음
	⑤ 조직이 커질수록 필요한 원리임
	⑥ 단점
	   ㉠ 조직의 경직성 초래로 인해 신기술이나 신지식의 도입이 곤란함
	   ㉡ 환경 변화에 신축적 대응이 곤란함
	   ㉢ 조직의 경직화를 초래하고 동태적인 인간관계의 형성이 곤란함

통솔범위의 원리	① 관리자의 통솔범위로 적정한 부하의 수는 어느 정도인가라는 문제 ② 관리의 효율성을 좌우하는 원리 ③ 구조조정의 문제와 관련 있음 ④ 통솔범위의 결정요인 ・ **부하직원의 능력** : 부하직원의 능력, 의욕, 경험 등이 높아질수록 통솔범위는 넓어질 수 있다. ・ **관리자의 능력** : 관리자의 리더십 능력이 높으면 높을수록 통솔범위도 넓어질 수 있다. ・ **시간적 요인** : 신설 부서보다는 오래된 부서(기성조직)의 경우에 통솔범위는 넓어질 수 있다. ・ **공간적 요인** : ㉠ 지리적으로 분산된 부서보다는 근접한 부서에 통솔범위는 넓어질 수 있다. ㉡ 교통의 발달도 통솔범위가 넓어질 수 있는 요인이 된다. ・ **직무상 성질** : 복잡·전문적인 업무보다는 단순한 업무의 경우에 통솔범위는 넓어질 수 있다. ・ **계층제의 수** : 계층의 수가 적으면 적을수록 통솔범위가 넓어질 수 있다. ・ **조직의 규모** : 일반적으로 조직의 규모가 클수록 통솔의 범위는 좁아지는 데 반하여 조직의 규모가 작을수록 통솔의 범위는 넓어진다. ⑤ 청사의 크기·조직 전체의 인원 수 : 통솔범위와 관련이 없다.

명령·통일의 원리	① 조직의 구성원 간에 지시나 보고를 주고 받는 과정에서 지시는 한 사람만이 할 수 있고, 보고도 한 사람에게만 하여야 한다는 원칙
	② 필요성
	   ㉠ 조직의 혼선과 혼란으로 인한 비능률을 막기 위함
	   ㉡ 신속한 결단을 위함
	   ◆ 한 사람은 한 사람에게만 명령해야 한다. (×)
	   ◆ 한 사람은 한 사람으로부터만 명령을 받는다. (○)
	③ 본 원리를 너무 충실하게 지키게 되면 더 큰 혼란과 혼선을 야기된다.
	④ 대안 : 권한의 위임·대리제도

조정과 통합의 원리	① 조직편성의 제1의 원리(Mooney) ② 조직의 공동목적을 달성하기 위하여 구성원의 행동통일을 기하도록 집단적 노력을 질서 있게 배열하는 과정 ③ 구성원이나 단위기관의 활동을 전체적인 관점에서 통일하여 조직의 목표달성도를 높이려는 원리

제3절 경찰인사관리

01 인사관리

1. 인사관리의 제도적 조류

정실주의	혈연·학연·지연에 따른 인사 분류
엽관주의	① 관직은 선거 승리의 전리품 ② 정당에 대한 충성도와 공헌도에 따른 관직 구분 : 정당의 책임정치가 가능 ③ 행정은 단순하게 보아 누구나 수행할 수 있는 것으로 봄 ④ 신분보장 (×) ◆ 직업공무원제에 부합하지 않음 ⑤ 민주주의 원칙에 부합 ⑥ 미국의 정당민주주의 발달과정에서 출현
실적주의	① 성적에 따른 관직 구분 ② 신분보장 (○) ◆ 직업공무원제에 부합 ③ 정치적 중립의 보장 ④ 전문화의 요청에 부합함 ⑤ 공직은 모든 국민에게 개방되어 어떠한 차별도 받지 않는다.

📝 TIP

🛡 엽관주의와 실적주의 비교

구분	엽관주의	실적주의
장점	① 정당이념의 철저한 실현이 가능 ② 관직의 특권화를 배제함으로써 평등의 이념에 부합 ③ 공직 경질을 통하여 관료주의화 및 침체화를 방지 ④ 국민의 지지를 받은 정당의 당원이 관직에 임명되므로 민주통제의 강화 및 행정의 민주화가 가능	① 공직에의 기회균등이 보장(공직은 모든 국민에게 개방되며 성별, 신앙, 사회적 신분, 학벌 기타의 어떠한 차별도 받지 않음) ② 정치적 중립의 보장 ③ 신분보장
단점	① 정치의 부패를 초래(정당관료제하에서 공직을 얻기 위한 정치헌금의 수수) ② 정권교체시마다 공무원의 대량 경질로 자격이나 경험을 가진 유능한 공무원이 배제되고 행정의 무질서와 비능률을 초래 ③ 관료가 국민이 아닌 정당을 위해 봉사함으로써 행정책임의 확보가 곤란 ④ 불필요한 관직의 남설(지나치게 설치함)로 예산의 낭비가 심화	① 인사행정의 지나친 소극성과 비융통성(합리적인 인사행정을 추구하는 나머지 모든 인사처리가 기준에 얽매여 적극적으로 사회의 유능한 인재를 유치하기 곤란) ② 지나친 집권성과 독립성 ③ 형식화 및 비인간화 ④ 관료의 특권화 초래 ⑤ 정당정치의 실현이 곤란 ⑥ 행정의 민주통제가 곤란

2. 직업공무원제도

의의	① 직업공무원제도는 정권교체에 따른 국정운영의 중단과 혼란을 예방하며 일관성 있는 공무수행을 유지하게 함으로써 안정적이고 능률적인 정책집행을 보장하는 공직제도를 말하는 것으로 정치적 중립성과 신분보장을 그 내용으로 한다. ② 실적주의는 직업공무원제도로 발전되어 가는 기반이 되지만 실적주의가 바로 직업공무원제도를 의미하는 것은 아니다. 즉, 실적주의가 직업공무원제보다 더 넓은 개념이다.

장·단점	① 직업공무원제도의 장점
	   ㉠ 직업공무원제도는 행정의 안정성, 계속성, 독립성을 확보할 수 있다.
	   ㉡ 직업공무원제도를 통해 정치적 중립성의 확보가 용이하다.
	   ㉢ 직업공무원제도는 공무원의 신분보장으로 사기를 고취할 수 있다.
	   ㉣ 젊고 유능한 인재확보를 가능하게 한다.
	② 직업공무원제도의 단점
	   ㉠ 연령제한으로 기회균등을 저해할 수 있다.
	   ㉡ 폐쇄형 충원방식으로 인한 관료주의화와 특권집단화를 초래할 수 있다.
	   ㉢ 신분보장으로 인한 행정통제와 행정책임의 확보가 어려울 수 있다.
	   ㉣ 현상유지적, 보수적 경향으로 변화에 저항이 발생할 수 있다.

3. 계급제와 직위분류제 ◆ 계급제와 직위분류제의 관계는 상대적 관계(절대적 관계 ×)

계급제	① 인간 중심의 분류방법 ◆ 관료제의 전통이 강한 나라 : 독일·프랑스·일본에서 채택 ② 일반 행정가의 확보에 유리 ③ 신축적·융통적 인사관리가 가능 ④ 기관 간 횡적 협조가 용이 ⑤ 보수와 인사의 불합리성 ⑥ 권한과 책임의 한계가 불명확함 ⑦ 신분보장 (O) ◆ 직업공무원제에 용이 ⑧ 신규채용 : 폐쇄형 충원방식(신규채용이 최말단 계급에서만 성립) ⑨ 계급수는 적고, 계급 간 차별이 심하다.
직위분류제	① 직무 중심의 분류방법 ◆ 미국의 시카고시에서 처음 실시 ② 전문가의 확보에 유리 ③ 비융통적 인사관리 ◆ 신축적·융통적 인사관리 (×) ④ 기관 간 횡적 협조가 곤란 ⑤ 보수와 인사의 합리성 ⑥ 권한과 책임의 한계가 명확함 ⑦ 신분보장 (×) ⑧ 신규채용 : 개방형 충원방식(신규채용이 전 계급에서 성립)

◆ 우리나라 한국은 계급제를 근간으로 하고, 직위분류제가 가미된 형태이다.

02 사기관리

1. 사기관리의 의의

개념	① 경찰조직의 목표달성에 기여하려는 경찰관 개인과 집단의 정신자세 또는 태도를 말한다. ② 자발성·자주성의 개념으로 성취도와 정비례관계에 있다.
성격	개인적 성격, 집단적·조직적 성격 및 사회적 성격을 가진다.

2. 매슬로의 5단계 기본욕구

개요	① 욕구는 한 단계의 욕구가 충족되어야 다음 단계로 순차적·상향적으로 표출 ② 생리적 욕구 충족이 없이는 존경의 욕구의 충족이란 있을 수 없다. ③ 한 단계의 욕구가 만족되면 그 욕구는 더 이상 동기부여 요인으로서의 의미가 소멸함 ④ 상위단계의 욕구로 올라갈수록 조직과의 갈등은 커진다. ⑤ 5가지 욕구는 인간에게는 모두 본능적인 것
생리적 욕구	① 가장 기본적이고 최우선시되며, 가장 강력한 욕구 ② 의식주·보수제도·휴양제도
안전의 욕구	장래의 안전과 신분보장·연금제도
사회적 욕구	인간관계 개선·소속감의 충족·귀속감·고충상담
존경의 욕구	포상·권한의 위임·제안 제도·참여확대
자아실현의 욕구	승진·공무원 단체 활용

📘 **TIP**

🛡 **기타 동기부여이론**

1. 내용이론
   ① 허즈버그(Frederick Herzberg)의 동기위생요인이론
      ㉠ 허즈버그는 만족을 느끼게 하는 요인을 높은 업적향상을 위한 동기부여의 유효차원에서 동기유발요인(motivational factor)이라 불렀으며, 불만을 느끼게 하는 요인을 불만의 제거 및 예방차원에서 위생요인(hygiene factor)이라 하였다.
      ㉡ 허즈버그는 사기진작을 위해서는 동기요인이 강화되어야 하므로 적성에 맞는 직무에 배정하고 책임감과 성취감을 느낄 수 있도록 독려하였다.
   ② 맥클랜드(David McClelland)
      ㉠ 맥클랜드는 조직에서 훌륭한 직무수행을 가져올 수 있는 동기유발요인을 성취욕구로 보고 있다. 즉, 어려운 일을 성취하려는 욕구, 장애를 극복하고 높은 수준을 유지하려는 욕구, 자신을 탁월하게 만들고 앞서려는 욕구, 자신의 능력을 스스로 성공적으로 발휘함으로써 자부심을 높이려는 욕구이다.
      ㉡ 맥클랜드는 권력동기(Power Motive) ⇨ 친화동기(Affiliation Motive) ⇨ 성취동기(Achievement Motive)로 인간동기가 발전한다고 한다.
      ㉢ 성취동기가 높을수록 생산성이 높아진다고 하였다.
   ③ 앨더퍼(C. P. Alderfer)
      ㉠ 존재욕구 – 매슬로우의 생리적 욕구나 안전의 욕구에 해당한다.

ⓒ 관계욕구 - 매슬로우의 사회적, 존경욕구에 해당한다.
ⓒ 성장욕구 - 매슬로우의 일부 존경욕구나 자아실현욕구의 범주에 해당한다.

2. 과정이론
   ① 아담스의 형평성이론
      인간은 서로 비교하는 특성이 있으므로 업무에서 동일하게 취급받으려는 욕구가 행동유발의 동기를 갖게 된다고 하였다.
   ② 브룸(Vroom)의 기대이론
      동기의 강도는 ㉠ 자신의 노력이 성과로 이어질 거라는 기대, ㉡ 성과가 보상을 가져올 것이라는 믿음, ㉢ 보상에 대한 자신의 선호도에 달려 있다고 주장하였다.
   ③ 포터와 롤러(Porter & Lawler)의 성과 - 만족이론
      ㉠ 기대이론을 발전시킨 것으로 만족 ⇨ 성과 관점이 아닌, 성과 ⇨ 만족의 원인이 될 수 있다는 관점을 지녔다.
      ㉡ 개인은 성과를 내고 보상을 받는데, 그 보상이 자신의 기대를 충족하는 수준 이상에 도달해야 만족감을 주고 개인의 동기를 강화시킨다는 것이다.
   ④ 로크의 목표설정이론
      ㉠ 인간의 행동은 목표와 성취의도에 따라서 결정된다는 것이다.
      ㉡ 목표의 난이도와 구체성에 의해 개인의 성과가 결정된다고 주장하여 목표가 도전적이고 명확할 때 인간은 더욱 노력하게 된다고 보았다.

3. 아지리스(Argyris)의 미성숙 - 성숙이론
   인간의 개인적 성격과 성격의 성숙과정을 '미성숙에서 성숙으로'라고 보고, 관리자는 조직 구성원을 최대의 성숙상태로 실현시켜야 한다고 하였다.

제4절 경찰예산관리

01 예산 편성

1. 경찰예산의 편성

신규 및 중기사업계획서 제출	각 중앙관서의 장은 매년 1월 31일까지 당해 회계연도부터 5회계연도 이상의 기간 동안의 신규사업 및 기획재정부장관이 정하는 주요 계속사업에 대한 중기사업계획서를 기획재정부장관에게 제출하여야 한다.
예산안편성지침의 통보	기획재정부장관은 국무회의 심의를 거쳐 대통령의 승인을 얻은 다음 연도의 예산안편성지침을 매년 3월 31일까지 각 중앙관서의 장에게 통보하여야 한다.
예산요구서 제출	각 중앙관서의 장은 예산안편성지침에 따라 그 소관에 속하는 다음 연도의 세입세출예산·계속비·명시이월비 및 국고채무부담행위 요구서를 작성하여 매년 5월 31일까지 기획재정부장관에게 제출하여야 한다.
정부안의 확정 및 국회에 제출	정부는 대통령의 승인을 얻은 예산안을 회계연도 개시 120일 전까지 국회에 제출하여야 한다.

국회의 심의·의결	① 정부의 예산안이 회계연도 개시 120일 전까지 국회에 제출되면, 예산안 심의를 위한 국회가 개회되고 예산안의 종합심사를 위하여 예산결산특별위원회가 구성 ② 예산안 확정 : 예산결산특별위원회의 종합심사를 거친 예산안은 회계연도 개시 30일 전까지 본회의의 의결을 거침으로써 확정

2. 예산의 집행

의의	예산의 집행이란 국회에서 의결·확정된 예산에 따라 재원을 조달하고 경비를 지출하는 재정활동
집행과정	① 예산배정요구서의 제출 : 각 중앙관서의 장은 예산이 확정된 후 사업운영계획 및 이에 따른 세입세출예산·계속비와 국고채무부담행위를 포함한 예산배정요구서를 기획재정부장관에게 제출하여야 함 ② 예산의 배정 : 기획재정부장관은 분기별 예산배정계획을 작성하여 국무회의의 심의를 거친 후 대통령의 승인을 얻어야 함 ③ 기획재정부장관은 각 중앙관서의 장에게 예산을 배정한 때에는 감사원에 통지하여야 한다. ④ 기획재정부장관은 예산집행의 효율성을 높이기 위하여 매년 예산집행에 관한 지침을 작성하여 각 중앙관서의 장에게 통보하여야 한다. ⑤ 각 중앙관서의 장은 세출예산이 정한 목적 외에 경비를 사용할 수 없다. ◆ 예산이 확정되었더라도 해당 예산이 배정되지 않은 상태에서는 지출원인 행위를 할 수 없다. ◆ 원칙적으로 예산의 배정은 분기별로 하게 되어 있음

3. 예산의 결산

결산보고서의 작성 및 제출	각 중앙관서의 장은 회계연도마다 작성한 결산보고서를 다음 연도 2월 말일까지 기획재정부장관에게 제출하여야 한다.
국가결산보고서의 작성 및 제출	기획재정부장관은 회계연도마다 작성하여 대통령의 승인을 받은 국가결산보고서를 다음 연도 4월 10일까지 감사원에 제출하여야 한다.
결산검사	감사원은 제출된 국가결산보고서를 검사하고 그 보고서를 다음 연도 5월 20일까지 기획재정부장관에게 송부하여야 한다.
국가결산보고서의 국회 제출	정부는 감사원의 검사를 거친 국가결산보고서를 다음 연도 5월 31일까지 국회에 제출하여야 한다. ◆ 국회의 결산승인으로 정부의 예산집행책임이 해제되고 당해 연도 예산기능은 완결된다.

TIP

🛡 문서 보존 연한

5년	① 비밀 관련 서류 ② 관서운영경비와 관련된 서류
나머지 전부	3년

02 경찰예산의 분류

1. 일반회계와 특별회계

일반회계	① 중앙정부 예산의 중심회계 ② 경찰예산의 대부분은 일반회계에 해당
특별회계	① 특정한 세입으로 특정한 세출을 충당하는 회계 ② 특별회계는 원칙적으로 설치 소관부서가 관리 ③ 기획재정부의 직접적인 통제를 받지 않음 ④ 특별회계의 적용이 점차 늘고 있는 추세 ⑤ 경찰 관련 특별회계 : 책임운영기관 특별회계가 존재 예 경찰병원 등

2. 예산의 과정상 분류 ◆ 과정상 분류 이외는 형식상 분류에 속함

본예산	당초에 국회의 의결을 얻어 성립된 예산
수정예산	① 국회의 심의·의결 전에 변경을 가하는 예산 ② 정부는 예산안을 국회에 제출한 후 부득이한 사유로 인하여 그 내용의 일부를 수정하고자 하는 때에는 국무회의의 심의를 거쳐 대통령의 승인을 얻은 수정예산안을 국회에 제출할 수 있음
추가경정예산	국회의 심의·의결 후에 변경을 가하는 예산

준예산	① 새로운 회계연도가 개시될 때까지 예산안이 성립되지 못할 경우 전년도 예산에 준하여 집행할 수 있는 예산
	② 지출 용도(헌법에 규정됨)
	   ㉠ 헌법이나 법률에 의해 설치된 기관 또는 시설의 유지·운영비
	   ㉡ 공무원의 보수와 사무처리에 관한 경비(법률상 지출 의무)
	   ㉢ 이미 예산으로 승인된 사업의 계속비

3. 예산제도의 종류

(1) 품목별 예산제도(LIBS)

개요	① 지출품목마다 그 비용이 얼마인가에 따라 예산을 배정하는 방식 ② 전년도 예산을 기초로 품목별로 예산을 편성 ③ 통제지향적 예산제도로 관계공무원의 회계기술이 필요 ④ 현재 경찰청 예산제도(통제가 용이하기 때문)
장점	① 회계통제가 용이　　② 회계책임이 명확함 ③ 편성이 용이　　　　④ 인사행정에 유용한 정보자료의 제공
단점	① 예산의 신축적 집행이 곤란　　② 기능의 중복을 피할 수 없음 ③ 계획과 예산의 괴리가 발생함　　④ 정부사업의 전모 파악이 곤란 ⑤ 예산의 효율적 집행이 곤란　　⑥ 효과성 측정이 곤란 ⑦ 미시적 분석방법 ◆ 거시적 분석방법 (×) ⑧ 의사결정을 위한 충분한 자료 제시가 부족

(2) 성과주의 예산제도(PBS)

개요	① 정부가 구입하는 물품보다 정부가 수행하는 업무에 중점을 두는 관리지향적 예산제도 ② 경비지출에 의한 성과와 실적에 그 역점을 두는 제도 ③ 「단위원가 × 업무량 = 예산액」 　◆ 단위원가에는 간접비 등이 포함되어 있다.
장점	① 예산을 통하여 경찰의 활동의 이해가 가능 ② 예산(자원)배분의 합리화를 꾀할 수 있고 예산의 집행에 있어서 신축성 부여 ③ 정부정책이나 계획수립이 용이 ④ 입법부의 예산심의가 용이 ⑤ 예산집행 결과에 대한 평가를 통하여 해당 부서의 업무능률의 측정이 가능
단점	① 업무측정단위 선정의 곤란과 단위원가 계산의 곤란 ② 인건비 등의 경직성 비용(불용비용) 산정의 곤란

(3) 계획 예산제도(PPBS)

개요	① 장기적인 기획과 단기적인 예산을 프로그램적 규정에 의해 혼합한 예산제도 ② 예산편성에 있어서 관리중심의 예산기능을 지양하고 계획기능을 중시하는 예산제도
장점	① 정책결정자의 욕구를 충족하고 자원배분의 합리화 가능 ② 계획과 예산과의 괴리 극복 : 예산과 기획의 통합
단점	① 예산의 정치적 성격과 실현에 필요한 비용분담 및 분석의 곤란 ② 주민의 의견을 수시로 반영하기 곤란

(4) 영기준 예산제도(ZBB)

개요	① 전년도 사업을 기초로 하지 않음　◆ 예산의 효율성 집행이 가능 ② 중요한 사업에 우선 예산편성하고 불필요한 사업을 과감하게 폐지 ③ 작은 정부시대에 각광을 받는 예산제도
장점	① 예산의 효율적 집행이 가능 ② 사업의 무계획성과 비효율성을 줄이는 획기적인 예산제도 ③ 전년도 예산을 기준으로 하여 점증적으로 예산액을 책정하는 폐단을 시정
단점	폐지할 사업의 선정이 곤란함

(5) 기타 예산제도

일몰법	① 사업이 일정기간이 지나면 의무적·자동적으로 폐지되는 예산제도 ② 행정부가 정하는 것이 아니라 입법부가 법률로써 정하는 것이며, 모든 사업이 아닌 중요사업에 대해 적용함
자본예산제도	정부예산을 경상지출과 자본지출로 구분하고 경상지출은 경상수입으로 충당시켜 균형을 이루도록 하지만, 자본지출은 적자재정과 공채발행으로 그 수입에 충당케 함으로써 불균형을 이루게 하는 예산제도이다.　◆ 균형 예산 편성 제도 (×)

◆ 예산의 성립순서 : LIBS → PBS → PPBS → ZBB

제5절 | 장비관리 및 보안관리

01 경찰장비관리

1. 경찰장비관리의 의의

① 개념: 물품관리 또는 장비관리는 경찰업무를 수행하는 데 필요한 물품을 취득하여 효율적으로 보관·사용하고, 사용 후에 합리적으로 처분하는 과정
② 장비관리의 목표: 능률성, 효과성, 경제성(민주성 ×)

2. 물품관리기관의 체계

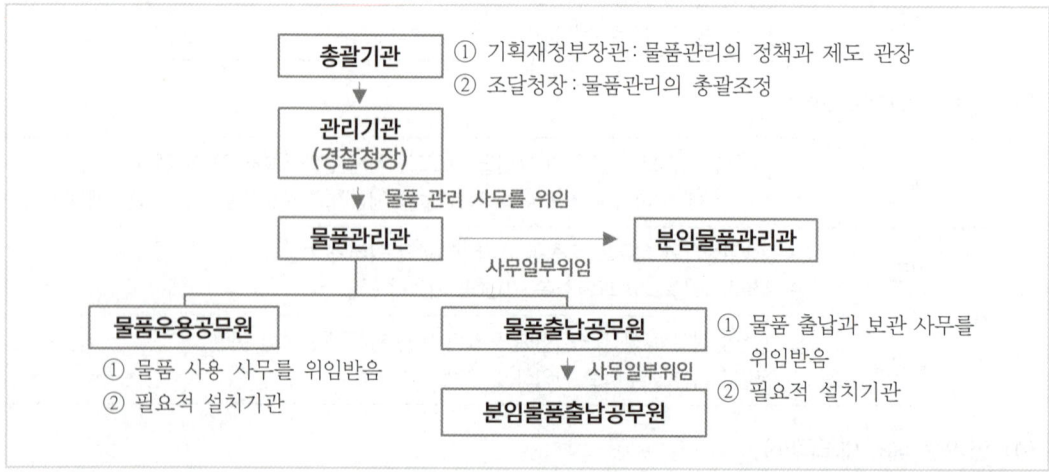

총괄기관	① 기획재정부장관은 물품관리의 제도와 정책에 관한 사항을 관장하며, 물품관리에 관한 정책의 결정을 위하여 필요하면 조달청장이나 각 중앙관서의 장으로 하여금 물품관리 상황에 관한 보고를 하게 하거나 필요한 조치를 할 수 있다. ② 조달청장은 각 중앙관서의 장이 수행하는 물품관리에 관한 업무를 총괄·조정한다.
관리기관	각 중앙관서의 장은 그 소관 물품을 관리한다.
물품관리관	각 중앙관서의 장으로부터 물품관리에 관한 사무를 위임받은 공무원을 물품관리관(物品管理官)이라 한다.
물품출납 공무원	① 물품관리관은 그가 소속된 관서의 공무원에게 그 관리하는 물품의 출납(出納)과 보관에 관한 사무(출납명령에 관한 사무는 제외한다)를 위임하여야 한다. ② ①에 따라 물품의 출납과 보관에 관한 사무를 위임받은 공무원을 물품출납공무원이라 한다.
물품운용관	① 물품관리관은 그가 소속된 관서의 공무원에게 물품을 사용하게 하거나 사용 중인 물품의 관리에 관한 사무를 위임하여야 한다. ② ①에 따라 물품의 사용에 관한 사무를 위임받은 공무원을 물품운용관이라 한다.
분임 물품관리관	각 중앙관서의 장은 물품관리관의 사무의 일부를 분장하는 분임 물품관리관을 둘 수 있다.
분임 물품출납공무원	물품관리관은 물품출납공무원의 사무의 일부를 분장하는 공무원을 둘 수 있다.

3. 주요 경찰장비 관리

(1) 무기관리

① 무기고의 종류

간이무기고	㉠ 경찰기관의 각 기능별 운용부서에서 효율적 사용을 위하여 집중무기고로부터 무기·탄약의 일부를 대여받아 별도로 보관·관리하는 시설 ㉡ 간이무기고는 근무자가 24시간 상주하는 지구대, 파출소와 상황실 및 112타격대 등 경찰기관의 장이 필요하다고 인정하는 상당한 이유가 있는 장소에 설치할 수 있다.
집중무기고	㉠ 경찰인력 및 경찰기관별 무기책정기준에 의하여 배정된 개인화기와 공용화기를 집중 보관·관리하기 위하여 각 경찰기관에 설치된 시설 ㉡ 간이무기고 설치장소 이외의 경찰기관에 설치한다.

② 무기고·탄약고의 열쇠관리 및 설치

무기고·탄약고의 열쇠관리	㉠ 집중무기고 : 정보화장비담당관(정보화장비과장, 운영지원과장, 경찰서는 경무과장), 일과 후는 상황관리(담당)관 ㉡ 지구대 등 간이무기고 : 지역경찰관리자(지구대장, 파출소장, 순찰팀장)
무기고·탄약고의 설치	㉠ 탄약고는 무기고와 분리되어야 하며 가능한 본 청사와 격리된 독립 건물로 하여야 한다. ㉡ 무기고와 탄약고의 환기통 등에는 손이 들어가지 않도록 쇠창살 시설을 하고, 출입문은 2중으로 하여 각 1개소 이상씩 자물쇠를 설치하여야 한다. ㉢ 무기·탄약고 비상벨은 상황실과 숙직실 등 초동조치 가능장소와 연결하고, 외곽에는 철조망장치와 조명등 및 순찰함을 설치하여야 한다. ㉣ 무기·탄약고 비상벨은 상황실과 숙직실 등 초동조치 가능장소와 연결하고, 외곽에는 철조망장치와 조명등 및 순찰함을 설치하여야 한다. ㉤ 탄약고 내에는 전기시설을 하여서는 아니 되며, 조명은 건전지 등으로 하고 방화시설을 완비하여야 한다. 단, 방폭설비를 갖춘 경우 전기시설을 설치할 수 있다.

(2) 무기·탄약 회수

강제회수 대상자	① 직무상의 비위 등으로 인하여 중징계 의결 요구된 자 ② 사의를 표명한 자
임의회수 대상자	① 직무상의 비위 등으로 인하여 감찰조사의 대상이 되거나 경징계의결 요구 또는 경징계 처분 중인 자 ② 형사사건의 수사 대상이 된 자 ③ 경찰공무원 직무적성검사 결과 고위험군에 해당되는 자 ④ 정신건강상 문제가 우려되어 치료가 필요한 자 ⑤ 정서적 불안 상태로 인하여 무기 소지가 적합하지 않은 자로서 소속 부서장의 요청이 있는 자 ⑥ 그 밖에 경찰기관의 장이 무기 소지 적격 여부에 대해 심의를 요청하는 자
무기탄약을 보관하여야 하는 경우	① 술자리 또는 연회장소에 출입할 경우 ② 상사의 사무실을 출입할 경우 ③ 기타 정황을 판단하여 필요하다고 인정되는 경우

(3) 차량관리

차량의 구분	차량은 용도별로 전용·지휘용·업무용·순찰용·특수용 차량으로 구분한다. (수사용 ×, 행정용 ×)
교체대상 차량의 불용처리	① 차량교체를 위한 불용 대상차량은 부속기관 및 시·도경찰청에 배정되는 수량의 범위 내에서 내용연수 경과 여부 등 차량사용기간을 최우선적으로 고려하여 선정한다. ② 부속기관 및 시·도경찰청의 장은 다음 연도에 소속기관의 차량정수를 증감시킬 필요가 있을 때에는 매년 3월 말까지 다음 연도 차량정수 소요계획을 경찰청장에게 제출하여야 한다. ③ 부속기관 및 시·도경찰청은 소속기관 차량 중 다음 연도 교체대상 차량을 매년 11월 말까지 경찰청장에게 보고하여야 한다.
차량의 집중관리	각 경찰기관의 업무용 차량은 운전요원의 부족 등 불가피한 사유가 없는 한 집중관리를 원칙으로 한다.
차량의 관리	차량열쇠는 지정된 열쇠함에 집중보관하여 주간에는 경무과장, 일과 후 및 공휴일에는 상황관리관이 관리하고 예비열쇠의 확보 등을 위한 무단복제와 운전원의 임의 소지 및 보관을 금한다.
차량의 관리책임	① 차량운행시 책임자는 1차 운전자, 2차 선임탑승자(사용자), 3차 경찰기관의 장으로 한다. ② 차량을 운행하고자 할 때는 사용자가 경찰배차관리시스템을 이용하여 주간에는 해당 경찰기관장의 운행허가를 받아야 하고, 일과 후 및 공휴일에는 상황관리(담당)관[경찰서는 상황(부)실장을 말한다]의 허가를 받아야 한다. ③ 의경 신임운전요원은 4주 이상 운전교육을 실시한 후에 운행하도록 하여야 한다.

02 경찰보안관리

1. 보안업무의 원칙

알 사람만 알아야 하는 원칙	① 보안의 대상이 되는 사실은 전파할 때 전파가 꼭 필요한가 또는 피전파자가 반드시 전달받아야 하며 필요한 것인가 검토하여야 한다. ② 보안에 있어서 가장 기본적이며 중요한 원칙
부분화의 원칙	한 번에 다량의 비밀이나 정보가 유출되지 않도록 하여야 한다.
보안과 효율의 조화	보안과 업무효율은 반비례 관계가 있으므로, 양자의 적절한 조화가 필요

2. 보안의 대상 및 방법

(1) **비밀의 구분**: 비밀의 구분은 비밀을 작성하거나 생산한 자가 비밀을 구분한다.

Ⅰ급 비밀	누설되는 경우 대한민국과 외교관계가 단절되고 전쟁을 유발하며, 국가의 방위계획 정보활동 및 국가방위상 필요불가결한 과학과 기술의 개발을 위태롭게 하는 등의 우려가 있는 비밀
Ⅲ급 비밀	누설되는 경우 국가안전보장에 손해를 끼칠 우려가 있는 비밀
Ⅱ급 비밀	누설되는 경우 국가안전보장에 막대한 지장을 초래할 우려가 있는 비밀

대외비	비밀은 아니지만 직무수행상 일시적으로 누설을 방지하기 위하여 특별히 보호를 요하는 사항으로 비밀에 준하여 취급

◆ 보안의 대상에는 인원, 문서, 시설 등이 있다(국가는 보안의 주체일 뿐 보안의 대상은 아님).
◆ 보안업무규정상의 비밀 : Ⅰ급 비밀, Ⅱ급 비밀, Ⅲ급 비밀로만 구분한다(대외비는 포함하지 않음).

(2) Ⅱ급 및 Ⅲ급 비밀 취급인가권자 및 비밀의 보관기준

Ⅱ급·Ⅲ급 비밀 취급인가권자	① 경찰청장, 경찰대학장, 경찰인재개발원장, 중앙경찰학교장, 경찰수사연수원장, 경찰병원장, 시·도경찰청장 ② 시·도경찰청장은 경찰서장, 기동대장에게 Ⅱ급 및 Ⅲ급 비밀 취급인가권을 위임한다. ③ 이때 경정 이상의 경찰공무원을 장으로 하는 경찰기관의 장에게도 위임할 수 있다. ④ ②의 규정에 의하여 Ⅱ급 및 Ⅲ급 비밀 취급인가권을 위임받은 기관의 장은 이를 다시 위임할 수 없다.
비밀의 보관기준	① 비밀은 일반문서나 자재와 혼합보관할 수 없다. ② Ⅰ급 비밀은 반드시 금고에 보관하여야 하며, 다른 비밀과 혼합보관 하여서는 안 된다. ③ Ⅱ급 및 Ⅲ급 비밀은 금고 또는 철제상자나 안전한 용기에 보관하여야 하며, 보관책임자가 Ⅱ급 비밀 취급인가를 받은 때에는 동일 용기에 혼합보관할 수 있다. ④ 비밀의 보관용기 외부에는 비밀의 보관을 알리거나 나타내는 어떠한 표시도 하여서는 안 된다.

◆ 비밀은 해당 등급의 비밀취급 인가를 받은 사람만 취급할 수 있다.
◆ 각급기관의 장은 비밀의 분류·취급·유통 및 이관 등의 모든 과정에서 비밀이 누설되거나 유출되지 아니하도록 보안 대책을 수립하여 시행하여야 한다.

(3) 비밀관리

비밀관리기록부	① Ⅰ급 비밀 관리기록부는 별도로 비치 ② Ⅱ급·Ⅲ급 비밀과 대외비는 동일 관리기록부를 사용할 수 있음 ③ 모든 비밀에는 작성 및 접수순서에 따라 관리번호를 부여 　◆ 비밀 등급에 따라 관리번호를 부여한다. (×)
비밀열람기록전	① 개개의 비밀에 대한 열람자를 파악하기 위하여 각개의 비밀문서 말미에 비밀열람기록전을 첨부함 ② 비밀 파기시에도 비밀에서 분리하여 따로 철하여 보관
비밀관리부철의 보존	보존기간은 5년
비밀의 복제·복사 제한	비밀의 일부 또는 전부나 암호자재에 대해서는 모사(模寫)·타자(打字)·인쇄·조각·녹음·촬영·인화(印畵)·확대 등 그 원형을 재현(再現)하는 행위를 할 수 없다. 다만, 다음의 구분에 따른 비밀의 경우에는 그러하지 아니하다. ① Ⅰ급 비밀 : 그 생산자의 허가를 받은 경우 ② Ⅱ급 비밀 및 Ⅲ급 비밀 : 그 생산자가 특정한 제한을 하지 아니한 것으로서 해당 등급의 비밀취급 인가를 받은 사람이 공용(共用)으로 사용하는 경우 ③ 전자적 방법으로 관리되는 비밀 : 해당 비밀을 보관하기 위한 용도인 경우

비밀의 열람	① 비밀은 해당 등급의 비밀취급 인가를 받은 사람 중 그 비밀과 업무상 직접 관계가 있는 사람만 열람할 수 있다. ② 비밀취급 인가를 받지 아니한 사람에게 비밀을 열람하거나 취급하게 할 때에는 국가정보원장이 정하는 바에 따라 소속 기관의 장(비밀이 군사와 관련된 사항인 경우에는 국방부장관)이 미리 열람자의 인적 사항과 열람하려는 비밀의 내용 등을 확인하고 열람 시 비밀 보호에 필요한 자체 보안대책을 마련하는 등의 보안조치를 하여야 한다. 다만, Ⅰ급 비밀의 보안조치에 관하여는 국가정보원장과 미리 협의하여야 한다.
비밀의 공개	① 중앙행정기관의 장은 그가 생산한 비밀을 보안심사위원회의 심의를 거쳐 공개할 수 있다. 다만, Ⅰ급 비밀의 공개에 관하여는 국가정보원장과 미리 협의하여야 한다. ② 공무원 또는 공무원이었던 사람은 법률에서 정하는 경우를 제외하고는 소속 기관의 장이나 소속되었던 기관의 장의 승인 없이 비밀을 공개해서는 아니 된다.

비밀분류의 원칙		
	과도·과소 분류 금지의 원칙	비밀은 적절히 보호할 수 있는 **최저등급**으로 분류하여야 한다. ◆ 최고등급 (×)
	독립분류의 원칙	내용과 가치의 정도에 따라 분류하여야 하며 다른 비밀과 관련하여서는 안 된다.
	외국비밀존중의 원칙	외국 정부 또는 국제기구로부터 접수한 비밀은 그 생산기관이 필요로 하는 정도로 보호할 수 있도록 분류하여야 한다.

(4) 보안의 대상 : 인원보안 · 문서보안 · 시설보안(국가는 보안의 주체)

인원보안	경찰공무원을 포함하여 국가공무원, 지방공무원 등이 대상	
문서보안	① 의의 : 보안의 대상이 되는 문서는 일반문서와 비밀문서 모두를 포함하는바, Ⅰ·Ⅱ·Ⅲ급 등의 비밀표시가 되어 있지 않은 문서라도 국가기밀에 해당하는 문서는 보안의 대상에 해당된다. ② 공문서의 종류	
	구분	정의
	법규문서	헌법·법률·대통령령·총리령·부령·조례·규칙 등에 관한 문서
	지시문서	훈령·지시·예규·일일명령 등 행정기관이 그 하급기관이나 소속 공무원에 대하여 일정한 사항을 지시하는 문서
	공고문서	고시·공고 등 행정기관이 일정한 사항을 일반에게 알리는 문서
	비치문서	행정기관이 일정한 사항을 기록하여 행정기관 내부에 비치하면서 업무에 활용하는 대장, 카드 등의 문서
	민원문서	민원인이 행정기관에 허가, 인가, 그 밖의 처분 등 특정한 행위를 요구하는 문서와 그에 대한 처리문서
	일반문서	법규·지시·공고·비치·민원문서에 속하지 아니하는 모든 문서

(5) 보호구역의 구분

구분		내용
제한지역		비밀 또는 국·공유재산의 보호를 위하여 울타리 또는 방호·경비인력에 의하여 기관장의 승인을 받지 않은 사람의 접근이나 출입에 대한 감시가 필요한 지역 예 경찰관서 전역
제한구역	정의	비인가자가 비밀, 주요시설 및 Ⅲ급 비밀 소통용 암호자재에 접근하는 것을 방지하기 위하여 안내를 받아 출입하여야 하는 구역
	구역	① 전자교환기(통합장비)실, 정보통신실 ② 발간실(경찰기관) ③ 송신 및 중계소, 정보통신관제센터 ④ 경찰청 및 시·도경찰청 항공대 ⑤ 작전·경호·정보·보안업무 담당부서 전역 ⑥ 과학수사센터
통제구역	정의	보안상 매우 중요한 구역으로서 비인가자의 출입이 금지되는 구역
	구역	① 암호취급소 ② 정보보안기록실 ③ 무기창·무기고 및 탄약고 ④ 종합상황실·치안상황실 ⑤ 암호장비관리실 ⑥ 정보상황실 ⑦ 비밀발간실 ⑧ 종합조회처리실

3. 비밀을 취급할 수 있는 자(Ⅱ급·Ⅲ급)

Ⅲ급	경찰공무원(의무경찰 포함)은 임명과 동시에 Ⅲ급 비밀 취급권자
Ⅱ급	① 특수경과 근무자는 보직 발령과 동시에 Ⅱ급 비밀 취급권자가 됨 ② 경비·경호·작전담당부서 ◆ 기동대의 경우 : 행정부서에 한함 ◆ Ⅱ급 비밀취급권을 인가받은 경우, 비밀 취급인가증은 별도로 발급치 않음 ◆ 경찰은 비밀취급인가증이 필요 없는 특별비밀취급권자에 해당한다.

CHAPTER 06 경찰통제

제1절 | 경찰통제의 의의 및 필요성

제2절 | 통제의 유형

01 민주적 통제와 사법적 통제

1. 각국의 통제유형

영미법계	① 민주적 통제 · 제도적 통제(자치권) ② 경찰책임자의 선거 · 경찰위원회 · 자치경찰제도 ③ 법원의 판례가 경찰통제의 중요수단에 해당됨
대륙법계	① 사법적 통제 ② 행정소송 · 국가배상제도 ③ 초기에는 열기주의에서 현재는 개괄주의로 전환(행정에 대한 사법적 통제가 강화됨)

2. 우리나라 제도

제도적 통제	① 경찰위원회 제도 도입과 자치경찰제도의 시행 ② 국민감사청구 제도 : 만 18세 이상의 300명 이상의 국민의 연서로 감사원에 감사를 청구할 수 있음
사법적 통제	① 경찰기관의 행위에 대해 법원이 사법심사를 통해 통제하는 방식(법원의 통제) ② 행정소송 · 국가배상제도 ③ 재량의 일탈이나 남용에 대한 사법심사와 같은 재량의 실체적 심사뿐만 아니라, 재량의 절차적 통제가 이루어지고 있음

02 사전통제와 사후통제

사전적 통제	① 행정절차법
	   ㉠ 행정에 대한 사전통제를 규정하고 있는 기본법
	   ㉡ 통지 · 청문(입법예고 · 행정예고) · 결정
	   ㉢ 행정절차법은 행정조사에 관해서는 규정하고 있지 않음
	② 예산 심의권 ◆ 예산결산권 : 사후통제
	③ 국회 입법권
	④ 사전통제가 강화되는 경향

사후적 통제	① 사법부에 의한 통제 ② 행정부에 의한 통제 : 징계권, 감사권, 행정심판 ③ 입법부에 의한 통제 : 예산 결산권, 국정감사 · 조사권

03 내부적 통제와 외부적 통제

내부적 통제
(경찰청 소속)
	① 경찰 내부 조직에 대한 통제
	   ㉠ 경찰청 : 감사관
	   ㉡ 시 · 도경찰청 : 청문감사인권담당관
	   ㉢ 경찰서 : 청문감사인권관
	② 경찰 내부 작용에 대한 통제
	   ㉠ 훈령 · 직무명령
	   ㉡ 직근 상급관청의 재결권(행정상 재결권) 예 집시법상 이의신청
	   ◆ 행정심판의 재결권 : 외부적 통제

외부적 통제
(경찰청 소속 ×)
	① 국가경찰위원회(행정안전부 소속)
	② 국회에 의한 통제
	③ 사법부에 의한 통제
	④ 행정부에 의한 통제
	   ㉠ 대통령에 의한 통제
	   ㉡ 행정안전부장관에 의한 통제
	   ㉢ 국민권익위원회에 의한 통제
	   ㉣ 감사원(대통령 직속기관)
	   ㉤ 소청심사위원회의 심사
	⑤ 기타
	   ㉠ 국가정보원의 조정과 통제 : 정보 · 보안업무
	   ㉡ 국방부의 통제 : 대간첩작전
	⑥ 민중통제
	   ㉠ 비공식적 통제
	   ㉡ 여론, 이익집단, 언론기관, 정당 등을 통한 직 · 간접적인 통제

04 경찰 감찰 규칙

감찰관 선발	경찰기관의 장은 감찰관 보직공모에 응모한 지원자 및 3인 이상의 동료로부터 추천받은 자를 대상으로 적격심사를 거쳐 감찰관을 선발한다.
감찰관 적격심사	경찰기관의 장은 소속 감찰관에 대하여 감찰관 보직 후 2년마다 적격심사를 실시하여 인사에 반영하여야 한다.
감찰관의 결격사유	① 직무와 관련한 금품 및 향응 수수, 공금횡령 · 유용, 성폭력범죄로 징계처분을 받은 자 ② ① 이외의 사유로 징계처분을 받아 말소기간이 경과하지 아니한 사람 ③ 질병 등으로 감찰관으로서의 업무수행이 어려운 사람 ④ 기타 감찰관으로서 적합하지 아니하다고 판단되는 사람

신분보장	① 감찰관의 결격사유에 해당되는 것이 밝혀진 경우에 해당하는 것을 제외하고는 2년 이내에 본인의 의사에 반하여 전보를 할 수 없다. ② 1년 이상 성실히 근무한 감찰관에 대해서는 희망부서를 고려하여 전보한다.
관할구역	감찰관은 소속 경찰기관의 관할구역 안에서 활동하는 것을 원칙으로 한다. 다만, 상급 경찰기관장 지시가 있는 경우에는 관할구역 밖에서도 활동할 수 있다.
특별감찰	의무위반행위가 자주 발생하거나 그 발생 가능성이 높다고 인정되는 시기, 업무분야 및 경찰관서 등에 대하여는 일정 기간 동안 전반적인 조직관리 및 업무추진 실태 등을 집중 점검할 수 있다.
교류감찰	감찰관은 상급 경찰기관장의 지시에 따라 일정 기간 동안 소속 경찰기관이 아닌 다른 경찰기관의 소속 직원의 복무실태, 업무추진 실태 등을 점검할 수 있다.
민원사건	경찰공무원 등의 의무위반사실에 대한 민원접수 : 접수일로부터 2개월 이내에 처리(기간 연장 가능함) ◆ 1개월 이내에 처리 (×)
기관통보사건	다른 경찰기관 또는 검찰, 감사원 등 다른 행정기관으로부터 통보받은 소속 직원의 의무위반행위 : 통보받은 날로부터 1개월 이내에 처리 ◆ 2개월 이내에 처리 (×)
감찰활동의 착수	감찰관은 소속공무원의 의무위반행위에 관한 단서(현장인지, 진정·탄원 등을 포함한다)를 수집·접수한 경우 소속 경찰기관의 감찰부서장에게 보고하여야 한다.
출석요구	① 원칙적으로 조사기일 3일 전까지 서면(출석요구서) 또는 구두로 조사일시, 의무위반행위사실 요지 등을 통지하여야 한다. ◆ 반드시 서면으로 통지하여야 한다. (×) ② 다만, 사안이 급박한 경우에는 즉시 조사에 착수할 수 있다.
심야조사	① 원칙적으로는 심야(자정부터 오전 6시)조사는 금지된다. ② 감찰관은 조사대상자 또는 그 변호인의 심야조사 요청이 있는 경우에는 예외적으로 심야조사를 할 수 있다. 이 경우 심야조사의 사유를 조서에 명확히 기재하여야 한다.

05 경찰청 감사 규칙

감사의 종류와 주기	① 감사의 종류는 종합감사, 특정감사, 재무감사, 성과감사, 복무감사, 일상감사로 구분한다. ② 종합감사의 주기는 1년에서 3년까지 하되 치안수요 등을 고려하여 조정 실시한다.
감사결과의 처리기준	① 징계 또는 문책 요구 : 국가공무원법과 그 밖의 법령에 규정된 징계 또는 문책 사유에 해당하거나 정당한 사유 없이 자체감사를 거부하거나 자료의 제출을 게을리한 경우 ② 시정 요구 : 감사결과 위법 또는 부당하다고 인정되는 사실이 있어 추징·회수·환급·추급 또는 원상복구 등이 필요하다고 인정되는 경우 ③ 경고·주의 요구 : 감사결과 위법 또는 부당하다고 인정되는 사실이 있으나 그 정도가 징계 또는 문책사유에 이르지 아니할 정도로 경미하거나, 감사대상기관 또는 부서에 대한 제재가 필요한 경우 ④ 개선 요구 : 감사결과 법령상·제도상 또는 행정상 모순이 있거나 그 밖에 개선할 사항이 있다고 인정되는 경우 ⑤ 권고 : 감사결과 문제점이 인정되는 사실이 있어 그 대안을 제시하고 감사대상기관의 장 등으로 하여금 개선방안을 마련하도록 할 필요가 있는 경우

⑥ 통보 : 감사결과 비위 사실이나 위법 또는 부당하다고 인정되는 사실이 있으나 ①부터 ⑤까지의 요구를 하기에 부적합하여 감사대상기관 또는 부서에서 자율적으로 처리할 필요가 있다고 인정되는 경우
⑦ 변상명령 : 「회계관계직원 등의 책임에 관한 법률」이 정하는 바에 따라 변상책임이 있는 경우
⑧ 고발 : 감사결과 범죄 혐의가 있다고 인정되는 경우
⑨ 현지조치 : 감사결과 경미한 지적사항으로서 현지에서 즉시 시정·개선조치가 필요한 경우

06 정보공개제도

1. 정보공개의 의의

정보공개의 의의	공공기관이 보유한 문서 및 기타 정보를 국민이나 주민의 청구에 의해 이를 공개하는 행위로 행정통제의 근본에 해당한다.
정보공개의 원칙	① 원칙 : 공공기관이 보유·관리하는 정보는 공공기관의 정보공개에 관한 법률이 정하는 바에 따라 적극적으로 공개하여야 한다. ② 부분공개 : 공개청구한 정보가 비공개 대상 정보에 해당하는 부분과 공개가 가능한 부분이 혼합되어 있는 경우로서 두 부분을 분리할 수 있는 때에는 비공개 대상 정보에 해당하는 부분을 제외하고 공개하여야 한다 ③ 예외 : 비공개 대상 정보도 있다. 예 보안처분에 관한 사항 등
정보공개 청구권자	① 국민은 법률상 이해관계가 없는 경우에도 정보공개의 청구가 인정된다. ② 외국인의 정보공개 청구에 관하여는 대통령령으로 정한다.
비용부담	정보의 공개 및 우송 등에 소요되는 비용은 실비의 범위 안에서 청구인의 부담으로 한다.

2. 정보공개 청구 절차

정보공개 청구	① 공공기관은 공개 청구를 받은 날부터 10일 이내에 공개·비공개 결정하여야 한다(만료일 다음날부터 기산하여 10일 연장 가능). ② 공공기관은 공개청구된 공개대상정보의 전부 또는 일부가 제3자와 관련이 있을 때에는 그 사실을 제3자에게 지체 없이 통지하여야 한다.
제3자의 비공개요청	① 통지받은 날부터 3일 이내에 자신과 관련된 정보를 공개하지 아니할 것을 요청할 수 있다. ② 제3자의 비공개요청에도 불구하고 공공기관이 공개결정을 하는 때에는 지체 없이 문서로 통지하여야 하며, 제3자는 당해 공공기관에 문서로 이의신청을 하거나 행정심판 또는 행정소송을 제기할 수 있다. ③ 이의신청은 통지를 받은 날부터 7일 이내에 하여야 한다.
비공개 결정에 대한 구제제도	① 청구인이 정보공개와 관련한 공공기관의 비공개 결정 또는 부분 공개 결정에 대하여 불복이 있거나 정보공개 청구 후 20일이 경과하도록 정보공개 결정이 없는 때에는 공공기관으로부터 정보공개 여부의 결정 통지를 받은 날 또는 정보공개 청구 후 20일이 경과한 날부터 30일 이내에 해당 공공기관에 문서로 이의신청을 할 수 있다. ② 이의신청 절차를 거치지 않고 바로 행정심판을 청구할 수 있다. ③ 이의신청을 받은 날부터 7일 이내에 결정하여야 한다(7일 이내의 범위에서 연장 가능).

3. 정보공개위원회

구분	내용
설치	행정안전부장관 소속으로 정보공개위원회를 둔다.
구성	① 위원회는 위원장과 부위원장 각 1명을 포함한 11명의 위원으로 구성한다. ② 위원장을 포함한 7명은 공무원이 아닌 사람으로 위촉하여야 한다. ③ 위원장·부위원장 및 위원의 임기는 2년으로 하며, 연임할 수 있다.

> **TIP**
>
> ### 🛡 개인정보보호법
>
> **제2조【정의】** 이 법에서 사용하는 용어의 뜻은 다음과 같다.
> 1. "개인정보"란 살아 있는 개인에 관한 정보로서 다음 각 목의 어느 하나에 해당하는 정보를 말한다.
> 1의2. "가명처리"란 개인정보의 일부를 삭제하거나 일부 또는 전부를 대체하는 등의 방법으로 추가 정보가 없이는 특정 개인을 알아볼 수 없도록 처리하는 것을 말한다.
> 2. "처리"란 개인정보의 수집, 생성, 연계, 연동, 기록, 저장, 보유, 가공, 편집, 검색, 출력, 정정(訂正), 복구, 이용, 제공, 공개, 파기(破棄), 그 밖에 이와 유사한 행위를 말한다.
> 3. "정보주체"란 처리되는 정보에 의하여 알아볼 수 있는 사람으로서 그 정보의 주체가 되는 사람을 말한다.
> 4. "개인정보파일"이란 개인정보를 쉽게 검색할 수 있도록 일정한 규칙에 따라 체계적으로 배열하거나 구성한 개인정보의 집합물(集合物)을 말한다.
> 5. "개인정보처리자"란 업무를 목적으로 개인정보파일을 운용하기 위하여 스스로 또는 다른 사람을 통하여 개인정보를 처리하는 공공기관, 법인, 단체 및 개인 등을 말한다.
> 6. "공공기관"이란 다음 각 목의 기관을 말한다.
>   가. 국회, 법원, 헌법재판소, 중앙선거관리위원회의 행정사무를 처리하는 기관, 중앙행정기관(대통령 소속 기관과 국무총리 소속 기관을 포함한다) 및 그 소속 기관, 지방자치단체
>   나. 그 밖의 국가기관 및 공공단체 중 대통령령으로 정하는 기관
> 7. "고정형 영상정보처리기기"란 일정한 공간에 설치되어 지속적 또는 주기적으로 사람 또는 사물의 영상 등을 촬영하거나 이를 유·무선망을 통하여 전송하는 장치로서 대통령령으로 정하는 장치를 말한다.
> 7의2. "이동형 영상정보처리기기"란 사람이 신체에 착용 또는 휴대하거나 이동 가능한 물체에 부착 또는 거치(据置)하여 사람 또는 사물의 영상 등을 촬영하거나 이를 유·무선망을 통하여 전송하는 장치로서 대통령령으로 정하는 장치를 말한다.
> 8. "과학적 연구"란 기술의 개발과 실증, 기초연구, 응용연구 및 민간 투자 연구 등 과학적 방법을 적용하는 연구를 말한다.
>
> **제3조【개인정보 보호 원칙】** ① 개인정보처리자는 개인정보의 처리 목적을 명확하게 하여야 하고 그 목적에 필요한 범위에서 최소한의 개인정보만을 적법하고 정당하게 수집하여야 한다.
> ⑦ 개인정보처리자는 개인정보를 익명 또는 가명으로 처리하여도 개인정보 수집목적을 달성할 수 있는 경우 익명처리가 가능한 경우에는 익명에 의하여, 익명처리로 목적을 달성할 수 없는 경우에는 가명에 의하여 처리될 수 있도록 하여야 한다.

제4조【정보주체의 권리】 정보주체는 자신의 개인정보 처리와 관련하여 다음 각 호의 권리를 가진다.
  1. 개인정보의 처리에 관한 정보를 제공받을 권리
  2. 개인정보의 처리에 관한 동의 여부, 동의 범위 등을 선택하고 결정할 권리
  3. 개인정보의 처리 여부를 확인하고 개인정보에 대한 열람(사본의 발급을 포함한다. 이하 같다) 및 전송을 요구할 권리
  4. 개인정보의 처리 정지, 정정·삭제 및 파기를 요구할 권리
  5. 개인정보의 처리로 인하여 발생한 피해를 신속하고 공정한 절차에 따라 구제받을 권리
  6. 완전히 자동화된 개인정보 처리에 따른 결정을 거부하거나 그에 대한 설명 등을 요구할 권리

제5조【국가 등의 책무】 ③ 국가와 지방자치단체는 만 14세 미만 아동이 개인정보 처리가 미치는 영향과 정보주체의 권리 등을 명확하게 알 수 있도록 만 14세 미만 아동의 개인정보 보호에 필요한 시책을 마련하여야 한다.

CHAPTER 07 한국경찰의 향후 과제

제1절 | 경찰제도 개혁

> 참고 에찌오니의 저항의 극복전략

규범적 전략	① 조직 구성원의 윤리의식과 가치에 호소 ② 개혁 지도자의 카리스마나 개혁의 당위성을 주장 ③ 교육과 훈련을 통한 저항 극복
공리적 전략	① 경제적 보상을 이용하는 저항의 극복 전략 ② 희생비용이 많이 들고 효과는 장기간이 지난 후에 나타나는 혁신의 경우에는 비용만 많이 들고 겉으로만 혁신에 따라오는 현상도 초래
강제적 전략	① 강제력을 통한 저항 극복 방법 ② 최후의 수단으로 한정적으로 사용

제2절 | 수사구조 개혁

01 독자적 수사권에 관한 견해

찬성론	반대론
① 국민의 편익 저해 ② 현실과 법규범과의 괴리 ③ 명령통일의 원리의 위배 ④ 권한과 책임의 불일치 ⑤ 업무의 과중화 ⑥ 사기 저하 ⑦ 공소권의 순수성 유지 ⑧ 권력의 집중현상 해소	① 경찰수사의 합목적성만 추구하는 나머지 적정절차와 인권존중의 요청을 외면할 우려 ② 법률전문가인 검사가 수사의 주체가 되는 것이 수사원리에 부합 ③ 법 집행의 왜곡을 막고, 인권옹호 ④ 사법경찰과 행정경찰과의 분리 ⑤ 권력의 집중현상 해소

📖 TIP

🛡 **행정절차법**

제1조【목적】이 법은 행정절차에 관한 공통적인 사항을 규정하여 국민의 행정 참여를 도모함으로써 행정의 공정성·투명성 및 신뢰성을 확보하고 국민의 권익을 보호함을 목적으로 한다.
　◆ 행정절차법은 주로 절차적 규정만 두고 있고 예외적으로 실체법 규정도 있다.

제3조【적용 범위】① 처분, 신고, 확약, 위반사실 등의 공표, 행정계획, 행정상 입법예고, 행정예고 및 행정지도의 절차(이하 "행정절차"라 한다)에 관하여 다른 법률에 특별한 규정이 있는 경우를 제외하고는 이 법에서 정하는 바에 따른다.
　◆ 행정조사의 경우에는 행정절차법에서 규정하지 않는다.

제15조【송달의 효력 발생】 ① 송달은 다른 법령등에 특별한 규정이 있는 경우를 제외하고는 해당 문서가 송달받을 자에게 도달됨으로써 그 효력이 발생한다.
② 제14조 제3항에 따라 정보통신망을 이용하여 전자문서로 송달하는 경우에는 송달받을 자가 지정한 컴퓨터 등에 입력된 때에 도달된 것으로 본다.
③ 제14조 제4항(공고)의 경우에는 다른 법령등에 특별한 규정이 있는 경우를 제외하고는 공고일부터 14일이 지난 때에 그 효력이 발생한다. 다만, 긴급히 시행하여야 할 특별한 사유가 있어 효력 발생 시기를 달리 정하여 공고한 경우에는 그에 따른다.

제21조【처분의 사전 통지】 ① 행정청은 당사자에게 의무를 부과하거나 권익을 제한하는 처분을 하는 경우에는 미리 다음 각 호의 사항을 당사자등에게 통지하여야 한다.
② 행정청은 청문을 하려면 청문이 시작되는 날부터 10일 전까지 제1항 각 호의 사항을 당사자등에게 통지하여야 한다.
④ 다음 각 호의 어느 하나에 해당하는 경우에는 제1항에 따른 통지를 하지 아니할 수 있다.
1. 공공의 안전 또는 복리를 위하여 긴급히 처분을 할 필요가 있는 경우
2. 법령등에서 요구된 자격이 없거나 없어지게 되면 반드시 일정한 처분을 하여야 하는 경우에 그 자격이 없거나 없어지게 된 사실이 법원의 재판 등에 의하여 객관적으로 증명된 경우
3. 해당 처분의 성질상 의견청취가 현저히 곤란하거나 명백히 불필요하다고 인정될 만한 상당한 이유가 있는 경우

제22조【의견청취】 ① 행정청이 처분을 할 때 다음 각 호의 어느 하나에 해당하는 경우에는 청문을 한다.
1. 다른 법령등에서 청문을 하도록 규정하고 있는 경우
2. 행정청이 필요하다고 인정하는 경우
3. 다음 각 목의 처분을 하는 경우
  가. 인허가 등의 취소
  나. 신분·자격의 박탈
  다. 법인이나 조합 등의 설립허가의 취소
② 행정청이 처분을 할 때 다음 각 호의 어느 하나에 해당하는 경우에는 공청회를 개최한다.
1. 다른 법령등에서 공청회를 개최하도록 규정하고 있는 경우
2. 해당 처분의 영향이 광범위하여 널리 의견을 수렴할 필요가 있다고 행정청이 인정하는 경우
3. 국민생활에 큰 영향을 미치는 처분으로서 대통령령으로 정하는 처분에 대하여 대통령령으로 정하는 수 이상의 당사자등이 공청회 개최를 요구하는 경우
◆ 공청회는 행정입법 예고시뿐만 아니라 행정처분절차에도 규정되어 있다.
③ 행정청이 당사자에게 의무를 부과하거나 권익을 제한하는 처분을 할 때 제1항 또는 제2항의 경우 외에는 당사자등에게 의견제출의 기회를 주어야 한다.
◆ 현행법상 의견청취절차는 청문, 공청회, 의견제출로 나누어진다.
④ 제1항부터 제3항까지의 규정에도 불구하고 제21조 제4항 각 호의 어느 하나에 해당하는 경우와 당사자가 의견진술의 기회를 포기한다는 뜻을 명백히 표시한 경우에는 의견청취를 하지 아니할 수 있다.
⑥ 행정청은 처분 후 1년 이내에 당사자등이 요청하는 경우에는 청문·공청회 또는 의견제출을 위하여 제출받은 서류나 그 밖의 물건을 반환하여야 한다.

제23조【처분의 이유 제시】 ① 행정청은 처분을 할 때에는 다음 각 호의 어느 하나에 해당하는 경우를 제외하고는 당사자에게 그 근거와 이유를 제시하여야 한다.
1. 신청 내용을 모두 그대로 인정하는 처분인 경우
2. 단순·반복적인 처분 또는 경미한 처분으로서 당사자가 그 이유를 명백히 알 수 있는 경우
3. 긴급히 처분을 할 필요가 있는 경우
② 행정청은 제1항 제2호 및 제3호의 경우에 처분 후 당사자가 요청하는 경우에는 그 근거와 이유를 제시하여야 한다.

제27조【의견제출】① 당사자등은 처분 전에 그 처분의 관할 행정청에 서면이나 말로 또는 정보통신망을 이용하여 의견제출을 할 수 있다.
　④ 당사자등이 정당한 이유 없이 의견제출기한까지 의견제출을 하지 아니한 경우에는 의견이 없는 것으로 본다.

제30조【청문의 공개】청문은 당사자가 공개를 신청하거나 청문 주재자가 필요하다고 인정하는 경우 공개할 수 있다. 다만, 공익 또는 제3자의 정당한 이익을 현저히 해칠 우려가 있는 경우에는 공개하여서는 아니 된다.

제33조【증거조사】① 청문 주재자는 직권으로 또는 당사자의 신청에 따라 필요한 조사를 할 수 있으며, 당사자등이 주장하지 아니한 사실에 대하여도 조사할 수 있다.
　③ 청문 주재자는 필요하다고 인정할 때에는 관계 행정청에 필요한 문서의 제출 또는 의견의 진술을 요구할 수 있다. 이 경우 관계 행정청은 직무 수행에 특별한 지장이 없으면 그 요구에 따라야 한다.

제38조【공청회 개최의 알림】행정청은 공청회를 개최하려는 경우에는 공청회 개최 14일 전까지 다음 각 호의 사항을 당사자등에게 통지하고 관보, 공보, 인터넷 홈페이지 또는 일간신문 등에 공고하는 등의 방법으로 널리 알려야 한다. 다만, 공청회 개최를 알린 후 예정대로 개최하지 못하여 새로 일시 및 장소 등을 정한 경우에는 공청회 개최 7일 전까지 알려야 한다.

제41조【행정상 입법예고】① 법령등을 제정·개정 또는 폐지(이하 "입법"이라 한다)하려는 경우에는 해당 입법안을 마련한 행정청은 이를 예고하여야 한다. 다만, 다음 각 호의 어느 하나에 해당하는 경우에는 예고를 하지 아니할 수 있다.
　1. 신속한 국민의 권리 보호 또는 예측 곤란한 특별한 사정의 발생 등으로 입법이 긴급을 요하는 경우
　2. 상위 법령등의 단순한 집행을 위한 경우
　3. 입법내용이 국민의 권리·의무 또는 일상생활과 관련이 없는 경우
　4. 단순한 표현·자구를 변경하는 경우 등 입법내용의 성질상 예고의 필요가 없거나 곤란하다고 판단되는 경우
　5. 예고함이 공공의 안전 또는 복리를 현저히 해칠 우려가 있는 경우

제42조【예고방법】② 행정청은 대통령령을 입법예고하는 경우 국회 소관 상임위원회에 이를 제출하여야 한다.
　⑤ 행정청은 예고된 입법안의 전문에 대한 열람 또는 복사를 요청받았을 때에는 특별한 사유가 없으면 그 요청에 따라야 한다.
　⑥ 행정청은 제5항에 따른 복사에 드는 비용을 복사를 요청한 자에게 부담시킬 수 있다.

제43조【예고기간】입법예고기간은 예고할 때 정하되, 특별한 사정이 없으면 40일(자치법규는 20일) 이상으로 한다.

MEMO

PART 02

각론

2025 공병인 미라클 경찰학 서브노트

Chapter 01	생활안전경찰
Chapter 02	수사경찰활동
Chapter 03	경비경찰활동
Chapter 04	교통경찰활동
Chapter 05	정보경찰활동
Chapter 06	안보경찰활동
Chapter 07	외사경찰활동
Chapter 08	기타활동

CHAPTER 01 생활안전경찰

제1절 범죄의 원인과 예방

01 범죄의 의의와 원인

1. 범죄의 의의

(1) 범죄개념

① 범죄는 상대적 개념
② 사회의 법규범 위반한 행위를 범죄라 함
③ G. M. Sykes에 의한 범죄개념
  ㉠ 범죄는 사회규범에 대한 위반행위
  ㉡ 범죄는 도덕적·윤리적 개념을 포함하지 않는다고 봄

> 참고 화이트칼라 범죄

화이트칼라 범죄	① 사회의 지도적·관리적 입장에 있는 사람들이 자신의 지위를 이용해 저지르는 범죄 ② 서덜랜드가 제시한 범죄개념 ③ 유가증권의 위조, 기업범죄, 경제범죄 등

(2) 범죄발생의 4가지 요소

제안자	내용
Joseph F. Sheley	① 범행의 동기, 사회적 제재로부터의 자유, 범행의 기술, 범행의 기회 ② 위의 범죄의 네 가지 요소는 범죄의 필요조건에는 해당하나, 충분조건은 아님

2. 범죄의 원인

(1) 개인적 수준의 범죄원인론

고전주의 범죄학	① 인간을 자유의지를 가진 합리적 인간으로 전제(의사비결정론) ② 효과적 범죄통제를 위한 엄격하고 분명하며 신속한 형벌 주장(처벌의 엄격성, 처벌의 확실성, 처벌의 신속성) ③ 효과적인 범죄예방은 범죄를 선택하지 못하게 하는 형벌
실증주의 범죄학	① 인간의 행위는 생물적·심리학적·사회적 성질에 의해 결정된다. ② 범죄는 자유의지가 아닌 외적요소에 의해 강요되는 것이다. ③ 기존의 형벌과 제도로는 범죄통제가 불가능하다.

(2) 사회적 수준의 범죄원인론

이론	내용
사회해체론	① Show & Macay가 주장한 범죄원인론이다. ② 범죄의 원인이 산업화·도시화 ⇨ 사회해체 ⇨ 사회통제의 약화 ⇨ 일탈의 과정을 통하여 발생한다고 본다(IMF로 인한 가정의 해체 등). ③ 도시의 특정지역에서 범죄가 일반화되는 이유는 산업화·도시화 과정에서 사회의 해체현상에 따른 것으로 이는 환경적 측면에서 본 개념이다.
문화적 전파이론	① 범죄라는 고유한 문화가 다음 세대에 전달되어 범죄가 지속적으로 발생된다는 이론이다. ② 이러한 비행지역은 그 지역의 구성원이 바뀌더라도 계속 다음 세대에 전달되기 때문에 비행은 지속적으로 발생한다. ③ 범죄를 부추기는 가치관으로의 사회화과정을 거치면서 범죄가 다음 세대에 전달되어 범죄가 지속적으로 발생한다.
아노미이론 (긴장이론)	① 목표와 그 목표를 이루기 위한 수단과의 간극이 커지면서 아노미 조건이 유발되어 분노와 좌절이라는 긴장이 초래되고 그 목적을 달성하기 위하여 범죄를 선택하여 범죄가 발생한다. ② 뒤르켐은 사회규범이 붕괴되어 제대로 작용하지 못하는 상태를 아노미 상태라 하면서 이러한 무규범 상태에서 범죄가 발생한다고 본다.
하위문화 이론	① Cohen이 제시한 사회구조원인에 따른 범죄원인론이다. ② 하류계층의 청소년들이 중류계층에 대한 저항으로 비행을 저지르며 목표와 수단과의 괴리를 극복하기 위해 자신들만의 고유한 문화를 형성하게 되는데, 그 문화에서 범죄가 발생한다고 보는 이론이다.
분화적 (차별적) 접촉이론	① 서덜랜드(Edwin. H. Sutherland)가 주장한 범죄원인론이다. ② 특정한 개인이 범죄문화에 접촉, 참가, 동조함으로써 범죄행동이 학습되어 범죄가 발생한다.
차별적 동일시이론	① Glaser가 제시한 사회과정원인에 따른 범죄원인론이다. ② 청소년들이 영화의 주인공을 모방하고 자신과 동일시하여 범죄를 학습하게 되고 그러한 과정에서 범죄가 발생한다고 보는 이론이다.
중화기술 이론	① D. Matza & G. M. Sykes가 주장한 범죄원인론이다. ② 인간에게 내면화되어 있는 합법적 규범이나 가치관을 중화(마비)시킴으로써 범죄에 이른다는 이론이다. ③ 중화기술의 방법: 책임의 회피, 행위로 인한 피해발생의 부정, 피해자의 부정, 비난자에 대한 비난, 보다 높은 충성심에의 호소
견제이론	① Reckless가 제시한 사회과정원인에 따른 범죄원인론이다. ② 견제이론은 사회통제이론의 일종으로 좋은 자아관념은 주변의 범죄적 환경에도 불구하고 비행행위에 가담하지 않도록 하는 중요한 요소가 된다.
사회적 유대이론	① 허쉬(Hirschi)가 발표한 사회통제이론이다. ② 사람은 일탈의 잠재적 가능성을 가지고 있어서 사회적 유대가 약해지면 일탈의 가능성이 범죄로 발현된다.
낙인이론	① 범죄를 행위의 질적인 면이 아니라 사회인이 가지고 있는 그 행위에 대한 인식이라고 보는 견해이다. ② 범죄의 원인을 사법당국의 낙인(烙印) 때문이라고 보는 이론이다.

3. 범죄예방

(1) 범죄통제의 시대별 변천 과정

고대	고전주의	실증주의	범죄사회학자	상황적 예방이론
응보와 복수	형벌과 제재	교정과 치료	범죄예방	
-	억제이론	치료 및 갱생이론	사회발전이론	상황적 예방이론
	일반예방주의	특별예방주의	사회발전을 통한 범죄예방	범죄 기회의 제거
	의사비결정론	의사결정론	범죄는 사회책임	미시적 분석 방법

(2) 범죄예방이론

억제이론		① 인간의 자유의지에 의해 범죄가 발생한다(비결정론적 인간관). ② 범죄는 개인의 책임일 뿐 사회의 책임이 될 수 없다. ③ 강력한 처벌을 통한 범죄억제를 주장한다. ④ 충동적 범죄에는 적용에 한계가 있다.
치료 및 갱생이론		① 결정론적 인간관에 기초하여 특별예방효과를 강조하였다. ② 범죄는 사회의 책임이다. 따라서 범죄자의 처벌이 아닌 치료 내지 갱생으로 범죄를 예방한다. ③ 치료·갱생에 비용이 많이 들고 적극적 일반예방효과에 한계가 있다.
사회발전을 통한 예방이론		① 범죄자의 사회적 환경을 범죄자의 내재적 환경보다 더 중요한 범죄원인으로 본다. ② 범죄를 유발하는 사회적 환경을 개선하고 국가발전을 통해서 범죄를 억제한다. ③ 막대한 인적·물적 자원이 필요하다(개인이나 소규모 조직체는 수행할 수 없음).
상황적 범죄 예방이론		① 상황적 범죄예방이론은 미시적 분석을 통한 범죄기회의 제거를 주장한다. ② 상황적 범죄예방이론은 국가통제사회 및 전이효과가 나타날 수 있다는 비판이 있다.
	합리적 선택이론	① 인간의 자유의지를 강조하였다(비결정론적 인간관). ② 범죄자는 비용과 이익을 계산하여 유리한 경우 범죄를 결행한다. ③ 체포의 위험성과 처벌의 확실성으로 범죄를 예방한다.
	일상활동 이론	① 모든 개인을 잠재적인 범죄자로 본다. ② 범죄자적 속성을 범죄의 결정적 요소로 보지 않는다. ③ 미시적 분석을 토대로 상황에 따라 범죄를 예방한다. ④ 범죄발생의 3요소 : 범죄자, 범행대상, 보호자의 부재 ◆ 범죄자의 입장에서 범죄를 결정하는 데 고려가 되는 요소(VIVA모델) : 대상의 가치(Value), 이동의 용이성(Inertia), 가시성(Visibility), 접근성(Access)
	범죄패턴 이론	① 범죄에는 일정한 장소적 패턴이 있으며, 이는 범죄자의 일상적인 행동패턴과 유사하다. ② 범죄자의 이동경로 및 이동수단을 분석한 지리적 프로파일링을 통한 범죄지역의 예측활성화에 기여함으로 연쇄범죄 해결에 도움을 준다.

환경범죄 이론	범죄발생을 용이하게 하는 환경적 요소를 파악하여 도시건설 과정에서 범죄가 발생할 수 있는 환경적 요소를 최소화하여 범죄를 예방하는 이론이다.
집합효율성 이론	집합효율성은 지역주민 간의 사회적 응집력과 지역사회에 대한 특정 안건, 예를 들면 범죄예방 및 안전에 대한 문제를 해결하기 위한 주민의 자발적인 참여로 이루어진 개념이다
깨진유리창 이론	무질서한 행위와 환경을 그대로 방치하면 주민들은 공공장소를 회피하게 되고 범죄에 대한 두려움을 증가시키며, 증가된 무질서와 약화된 사회통제는 범죄를 증가시킨다고 본다.

02 생활안전경찰

1. 생활안전경찰의 의의

개요	① 일정한 지역성을 기초로 함 ② 초동조치를 담당 ③ 생활안전경찰의 분류 　㉠ 직접적인 목적에 따른 분류 : 광의의 행정경찰 　㉡ 다른 행정작용의 부수여부에 따른 분류 : 보안경찰 　㉢ 경찰권 발동의 시점에 따른 분류 : 예방경찰 ④ 1차적 목적 : 개인적 법익보호
특성	① 임무의 전반성 　㉠ 다른 경찰작용에 부수함 　㉡ 작용의 다양성 및 대상의 광범성 ② 대상의 유동성 ③ 업무의 비긴박성 · 비즉효성 ④ 주민과의 접촉성 ⑤ 관계법령의 다양성 · 전문성

제2절 | 지역사회 경찰활동

01 범죄예방활동의 중요성과 지역경찰활동

1. 지역사회 경찰활동

(1) 의의

의의	경찰이 시민과 지역사회와의 공동노력을 통하여 범죄를 예방하려는 지역사회 범죄예방활동이다.
조직개편	① 일선기관에의 재량권 강화 ② 일선기관으로서의 권한 분산

(2) 지역경찰의 개념정리

구분	내용
지역중심 경찰활동	① 학자 : 트리야노비치 & 버케로 ② 지역사회와 경찰 사이의 새로운 관계를 증진시키는 조직적인 전략 및 원리 ③ 지역사회에서의 전반적인 사람의 질 향상이 목표 ④ 경찰과 지역사회가 마약, 범죄와 범죄에 대한 두려움, 사회적·물리적 무질서 그리고 전반적인 지역의 타락과 같은 당대의 문제들을 확인하고 우선순위를 정하여 해결하고자 함께 노력
문제 지향적 경찰활동	① 학자 : 골드슈타인 ② 지역사회의 문제를 해결하기 위한 여러 가지 방안을 중점으로 우선순위를 재평가, 각각의 문제에 따른 형태별 대응 강조 ③ 문제해결과정 : 조사(Scan) ⇨ 분석(Analysis) ⇨ 대응(Response) ⇨ 평가(Assessment)
이웃 지향적 경찰활동	① 학자 : 윌리엄스 ② 지역에서 범죄는 비공식적 사회통제의 약화와 경제적 궁핍이 소외를 정당화하기 때문 ③ 지역조직은 경찰관에게서 중요한 역할을 부여받으며, 서로를 위해 감시하고 공식적인 민간순찰을 실시 ④ 지역조직은 거주자들에게 지역에 관한 정보를 제공하며 경찰과 협동해서 범죄를 억제하는 기능을 수행

2. 전통적 경찰활동과 지역사회 경찰활동의 차이

구분	전통적 경찰활동	지역사회 경찰활동
정의	경찰을 법집행의 책임을 갖는 유일한 정부기관으로 정의	경찰과 시민 모두에게 범죄방지의 의무가 있고, 단지 경찰은 범죄방지에 전적으로 노력을 기울이는 사람으로 정의
역할	범죄해결사로서의 역할 강조	보다 포괄적인 문제해결사로서의 역할로 접근
업무평가방식	범인검거율로 경찰업무를 평가	범죄와 무질서가 얼마나 적은가에 의해 경찰업무를 평가
업무의 우선순위	범죄와 폭력의 퇴치에 치중	범죄와 폭력의 퇴치 이외에도 지역사회질서를 문란시키는 근본적인 요인의 해결에 최우선 순위를 둠

효율성	범죄신고에 대한 반응시간이 얼마나 짧은가에 의해 평가	주민의 경찰업무에의 협조도에 의해 평가
대상	범죄사건	시민의 문제와 걱정거리
언론접촉 부서의 역할	현장 경찰관들에 대한 비판적 여론 차단	지역사회와의 원활한 소통창구의 역할
중요한 정보	범죄사건 정보(특정범죄사건 또는 일련의 범죄사건 관련 정보)	범죄자 정보(개인 또는 집단의 활동사항 관련 정보)
조직과 강조점	집중화된 조직구조를 갖고, 법과 규범에 의해 규제되며, 법을 엄격히 준수하는 책임을 강조	지역사회의 요구에 부응하는 분권화된 경찰관 개개인의 능력을 강조
타 기관과의 관계	책임과 권한 문제로 갈등이 존재함	주민의 삶의 질을 높인다는 동일한 목적을 수행하게 되므로 원활한 협조가 이루어짐

02 지역경찰활동

1. 개요

의의	지역경찰은 경찰업무를 초기적으로 수행하는 경찰활동과 이와 같은 임무와 활동을 적정하고 효율적으로 실시하기 위한 관리업무를 포함하는 개념
지역경찰의 정원	경찰서장은 지역경찰의 정원을 다른 부서에 우선하여 충원하여야 한다.
지역경찰의 동원	지역경찰 동원은 근무자 동원을 원칙으로 하되, 불가피한 경우에 한하여 비번자, 휴무자 순으로 동원할 수 있다.

2. 지역경찰의 조직 및 구성

(1) 지역경찰관서의 설치

지구대 · 파출소 설치권자	① 시 · 도경찰청장은 경찰서장의 소관사무를 분장하기 위하여 경찰청장의 승인을 얻어 지구대 또는 파출소를 둘 수 있다. ② 시 · 도경찰청장은 경찰서의 관할구역을 나누어 지역경찰관서(지구대 및 파출소)를 설치한다. ③ 시 · 도경찰청장이 지구대 또는 파출소를 폐지, 명칭 · 위치 및 관할구역을 변경하였을 때에는 경찰청장에게 보고하여야 한다.
출장소 · 치안센터 설치권자	① 출장소 : 시 · 도경찰청장은 임시로 필요한 때에는 출장소를 둘 수 있다. ② 치안센터 : 시 · 도경찰청장은 지역치안을 효율적으로 수행하기 위하여 지역경찰관서장 소속하에 치안센터를 설치할 수 있다. ③ 지구대 · 파출소 및 출장소의 명칭 · 위치 및 관할구역과 기타 필요한 사항은 시 · 도경찰청장이 정한다. ④ 치안센터 관할구역의 크기는 설치 목적, 배치 인원 및 장비, 교통 · 지리적 요건 등을 고려하여 경찰서장이 정한다.

(2) 지역경찰관서의 구성

구분	내용
지역경찰관서장	지구대장 및 파출소장을 말한다.
관리팀	문서의 접수 및 처리, 시설 및 장비의 관리, 예산의 집행 등 지역경찰관서의 행정업무를 담당한다.
순찰팀	범죄예방 순찰, 각종 사건사고에 대한 초동조치 등 현장 치안활동을 담당한다.

3. 지역경찰의 직무

(1) 지역경찰관서장

임무	① 관내 치안상황의 분석 및 대책 수립 ② 경찰 중요 시책의 홍보 및 협력치안 활동 ③ 소속 지역경찰의 근무와 관련된 제반사항에 대한 지휘 및 감독 ◆ 지역경찰관서의 총괄 지휘·감독: 경찰서장 ④ 지역경찰관서의 시설·예산·장비의 관리

(2) 지역경찰관서에 대한 지휘 및 감독

구분	내용
경찰서장	지역경찰관서의 운영에 관하여 총괄 지휘·감독
지역경찰관서장	지역경찰관서의 시설·장비·예산 및 소속 지역경찰의 근무에 관한 제반사항을 지휘·감독
순찰팀장	근무시간 중 소속 지역경찰을 지휘·감독

(3) 하부조직

구분	내용
관리팀	문서의 접수 및 처리, 시설 및 장비의 관리, 예산의 집행 등 지역경찰관서의 행정업무를 담당
순찰팀	① 범죄예방 순찰, 각종 사건사고에 대한 초동조치를 담당 ② 순찰팀장의 직무 ㉠ 관리팀원 및 순찰팀원에 대한 일일근무 지정 및 지휘·감독 ㉡ 지역경찰관서장 부재시 업무 대행 ㉢ 근무교대시 주요 취급사항 및 장비 등의 인수인계 확인 ㉣ 관내 중요 사건 발생시 현장 지휘 ㉤ 순찰팀원의 업무역량 향상을 위한 교육 ③ 순찰팀의 수: 시·도경찰청장이 결정한다. ④ 관리팀 및 순찰팀의 인원: 경찰서장이 결정한다.

4. 치안센터

설치·폐지권자	시·도경찰청장
관할구역	관할구역의 크기는 설치 목적, 배치 인원 및 장비, 교통·지리적 요건 등을 고려하여 경찰서장이 정한다.
운영시간	① 원칙 : 24시간 상시 운영 ② 예외 : 경찰서장은 지역 치안여건 및 인원여건을 고려, 운영시간을 탄력적으로 조정할 수 있다.

치안센터장	① 경찰서장은 치안센터에 전담근무자를 배치하는 경우 전담근무자 중 1명을 치안센터장으로 지정할 수 있다.
	② 임무
	  ㉠ 경찰 민원 접수 및 처리
	  ㉡ 관할지역 내 주민 여론 수렴 및 보고
	  ㉢ 타기관 협조 등 협력방범활동
	  ㉣ 기타 치안센터 운영과 관련된 문제점 및 개선대책 수립 및 보고

검문소형 치안센터	① 설치 : 적의 침투 예상로 또는 주요 간선도로의 취약요소 등에 교통통제 요소 등을 고려하여 설치
	② 임무
	  ㉠ 거점 형성에 의한 지역 경계
	  ㉡ 불심검문 및 범법자의 단속·검거
	  ㉢ 지역경찰관서에서 즉시 출동하기 어려운 사건·사고 발생시 초동조치

출장소형 치안센터	① 설치 : 지역 치안활동의 효율성 및 주민 편의 등을 고려하여 필요한 지역에 설치
	② 임무
	  ㉠ 범죄예방 순찰 및 위험발생 방지
	  ㉡ 방문 민원 접수 및 처리
	  ㉢ 지역경찰관서에서 즉시 출동하기 어려운 사건·사고 발생시 초동조치
	  ㉣ 관할 내 주민여론 청취 등 지역사회 경찰활동

직주일체형 치안센터	① 출장소형 치안센터 중 근무자가 치안센터 내에서 거주하면서 근무하는 형태의 치안센터 ② 배우자와 함께 거주함을 원칙(근무자 부재시 보조 역할을 수행) ③ 직주일체형 치안센터에 배치된 근무자는 근무 종료 후에도 관할구역 내에 위치하며 지역경찰관서와 연락체계를 유지(다만, 휴무일은 제외)

5. 지역경찰의 근무의 종류

(1) 근무의 종류

근무의 종류	업무
행정근무	① 문서의 접수 및 처리 ② 시설·장비의 관리 및 예산의 집행 ③ 각종 현황, 통계, 자료, 부책 관리 ④ 기타 행정업무 및 지역경찰관서장이 지시한 업무

상황근무	① 시설 및 장비의 작동여부 확인 ② 방문민원 및 각종 신고사건의 접수 및 처리 ③ 요보호자 또는 피의자에 대한 보호·감시 ④ 중요 사건·사고 발생시 보고 및 전파 ⑤ 기타 필요한 문서의 작성

순찰근무	① 반드시 2인 이상 합동으로 지정하여야 함
	② 업무
	   ㉠ 주민여론 및 범죄첩보 수집
	   ㉡ 각종 사건사고 발생시 초동조치 및 보고, 전파
	   ㉢ 범죄 예방 및 위험발생 방지 활동
	   ㉣ 범법자의 단속 및 검거
	   ㉤ 경찰방문 및 방범진단
	   ㉥ 통행인 및 차량에 대한 검문검색 등

경계근무	① 반드시 2인 이상 합동으로 지정하여야 함
	② 업무
	   ㉠ 범법자 등을 단속·검거하기 위한 통행인 및 차량, 선박 등에 대한 검문검색 및 후속조치
	   ㉡ 비상 및 작전사태 등 발생시 차량, 선박 등의 통행 통제

대기근무	① 대기근무 장소
	   ㉠ 원칙: 지역경찰관서 및 치안센터
	   ㉡ 예외: 식사시간을 대기근무로 지정한 경우에는 식사 장소를 대기근무 장소로 지정할 수 있다.
	② 대기근무를 지정받은 지역경찰은 지정된 장소에서 휴식을 취하되, 무전기를 청취하며 10분 이내 출동이 가능한 상태를 유지하여야 한다.

기타 근무	행정근무, 상황근무, 순찰근무, 경계근무를 제외하고 치안상황에 효과적으로 대응하기 위하여 지역경찰 관리자가 지정하는 근무

(2) 일일근무의 지정

지역경찰관서장	각종 여건을 감안하여 근무의 종류 및 실시 기준을 지정한다.
순찰팀장	중점 근무사항을 근무일지(갑지)에 지정하여야 한다. ◆ 지역경찰관리자와 상황근무자는 근무 중 주요사항: 근무일지(을지)에 기재(근무수첩은 3년간 보관)
근무내용의 변경	지정된 근무 종류 및 근무구역 등을 변경하고자 할 때에는 순찰팀장에게 보고하여야 한다.

6. 인사 및 문서관리

인사관리	지역경찰의 정원은 다른 부서에 우선하여 충원하여야 한다.

문서관리	① 근무일지의 기록 및 보관
	   ㉠ 근무 중 주요사항: 근무일지(을지)에 기재
	      ◆ 근무의 지정: 근무일지(갑지)에 기재
	   ㉡ 근무수첩은 3년간 보관
	② 문서부책: 업무수행에 필요한 최소한의 부책만을 비치하여야 한다(가급적 억제).

7. 순찰

(1) 순찰의 기능과 필요성

C. D. Hale의 순찰의 기능	① 범죄예방과 범인검거 ③ 대민 서비스 제공	② 법집행과 질서유지 ④ 교통지도단속
S. Walker의 순찰의 필요성	① 범죄의 억제 ③ 대민 서비스 제공	② 공공 안전감의 증진

(2) 순찰의 효과 연구

뉴욕 경찰의 작전 25구역 실험	일정 지역에 경찰력을 두 배 투입하였더니 범죄가 감소했다. ◆ 범죄에 영향을 미침
켄자스 차량 순찰 실험	① 차량순찰 증가를 시켰으나 범죄감소 無 ② 주민들은 순찰 수준을 인식하지 못함 ◆ 범죄의 영향 및 주민의 안정도에 영향을 미치지 않음
뉴왁시 도보 순찰 실험	① 도보순찰을 증가하였으나 범죄감소 無 ② 주민들은 더 안전하다고 느낌 ◆ 범죄에 영향 주지 못하였으나 주민의 안정도에는 영향을 미침
플린트시의 도보 순찰 실험	① 도보 순찰을 증가하였으나 실험기간 중 범죄증가 ○ ② 주민들은 더 안전하다고 느낌 ◆ 범죄의 영향 및 주민의 안정도에 영향 미침

◆ 범죄의 영향 및 주민의 안전도에도 영향을 미치지 못한 실험 : 켄자스 차량 순찰 실험

8. 경찰방문 · 방범진단

경찰방문	'경찰방문'이란 경찰관이 관할구역 내의 각 가정, 상가 및 기타시설 등을 방문하여 청소년선도, 소년소녀가장 및 독거노인·장애인 등 사회적 약자 보호활동 및 안전사고방지 등의 지도·상담·홍보 등을 행하며 민원사항을 청취하고, 필요시 주민의 협조를 받아 방범진단을 하는 등 예방경찰 활동을 말한다.
방범진단	'방범진단'이란 범죄예방 및 안전사고방지를 위하여 관내 주택, 고층빌딩, 금융기관 등 현금다액 취급업소 및 상가·여성운영업소 등에 대하여 방범시설 및 안전설비의 설치상황, 자위방범역량 등을 점검하여 미비점을 보완하도록 지도하거나 경찰력 운용상의 문제점을 보완하는 활동을 말한다.

9. 오스카 뉴먼의 방어공간이론

오스카 뉴먼의 방어공간이론	의의	주거에 대한 영역성의 강화를 통해 주민들이 살고 있는 지역이나 장소를 자신들의 영역이라 생각하고 감시를 게을리 하지 않으면 어떤 지역이든 범죄로부터 안전할 수 있다고 주장
	요소	① 이미지 ② 영역성 ③ 자연적 감시 ④ 입지조건

10. 환경설계를 통한 범죄예방(CPTED)

자연적 감시	내용	가시권의 확보를 통해 외부침입자에 대한 감시기능을 강화함으로써 범죄행위의 발견 가능성을 증가시키고, 기회를 감소시킬 수 있는 원리
	종류	조명·조경·가시권의 확대를 위한 건물의 배치
영역성 강화	내용	경계선의 구분을 통해 거주자의 소유의식과 책임의식을 증대함으로써 사적 공간에 대한 관리권과 권리를 강화시키고, 외부인들에게는 침입에 대한 불법사실을 인식시켜 범죄기회를 차단하는 원리
	종류	울타리·펜스의 설치, 사적·공적 공간의 분리
활동성의 활성화	내용	주민들의 의사소통과 유대감을 강화하기 위한 공공장소를 설치하고 이용하도록 함으로써 '거리의 눈'을 활용한 자연적 감시와 접근통제의 기능을 확대하는 원리
	종류	놀이터·공원의 설치, 체육시설의 접근성과 이용의 증대, 벤치·정자의 위치 및 활용성에 대한 설계
유지관리	내용	최초의 환경설계의 취지가 유지되도록 지속적인 관리를 실천하여 범죄예방을 위한 환경설계의 장기적이고 지속적인 효과를 유지하는 원리
	종류	파손시 즉시 보수, 청결유지, 조명·조경의 관리
자연적 접근통제	내용	일정한 지역에 접근하는 사람들을 정해진 공간으로 유도하거나 외부인의 출입을 통제하도록 설계하여 접근에 대한 심리적 부담을 증대시키는 원리
	종류	차단기, 방범창, 잠금장치, 통행로의 설계, 출입구의 최소화

제3절 | 경찰사범의 단속

01 풍속사범의 단속(풍속영업의 규제에 관한 법률)

1. 풍속영업의 정의 및 단속대상

용어의 정의	풍속 영업자	풍속영업은 허가 유·무를 가리지 않고, 사실상 풍속영업을 하면 본법을 적용받음 (허가를 받지 않고 영업을 하는 자도 포함) 예 유흥주점 영업허가를 받고 실제로는 노래연습장영업을 하고 있는 경우 : 유흥주점영업에 따른 영업자 준수사항을 지켜야 할 의무는 없고, 노래연습장업의 준수사항을 지켜야 한다.
	종사자	명칭 불문, 영업자의 지시를 받아 일시영업을 하는 기타 종업원을 포함함(무도학원의 경우 : 강사보조원도 종사자에 해당함)
영업 대상	대상 O	① 게임제공업, 복합유통게임제공업 ② 비디오물감상실업 ③ 노래연습장업 ④ 숙박업, 목욕장업, 이용업 중 대통령령으로 정하는 것 ⑤ 단란주점영업, 유흥주점영업 ⑥ 무도학원업 및 무도장업 ⑦ 청소년보호법 제2조 제5호 가목 8) 또는 9)에 따른 청소년 출입·고용금지업소
	대상 ×	① 안마시술소·티켓다방·당구장 제외 ② 미용실 제외

2. 단속행위

(1) 성매매 행위

① 정의

구분	정의
성매매	"성매매"라 함은 불특정인을 상대로 금품 그 밖의 재산상의 이익을 수수·약속하고 ㉠ 성교행위, ㉡ 구강·항문 등 신체의 일부 또는 도구를 이용한 유사성교행위를 하거나 그 상대방이 되는 것을 말한다.
성매매알선 등행위	㉠ 성매매를 알선·권유·유인 또는 강요하는 행위 ㉡ 성매매의 장소를 제공하는 행위 ㉢ 성매매에 제공되는 사실을 알면서 자금·토지 또는 건물을 제공하는 행위
성매매 목적의 인신매매	성을 파는 행위 또는 음란행위를 하게 하거나, 성교행위 등 음란한 내용을 표현하는 사진·영상물 등의 촬영 대상으로 삼을 목적으로 위계, 위력, 그 밖에 이에 준하는 방법으로 대상자를 지배·관리하면서 제3자에게 인계하는 행위 등
성매매 피해자	㉠ 위계·위력 그 밖에 이에 준하는 방법으로 성매매를 강요당한 자 ㉡ 업무·고용 그 밖의 관계로 인하여 보호 또는 감독하는 자에 의하여 마약 등에 중독되어 성매매를 한 자

ⓒ 미성년자, 사물을 변별하거나 의사를 결정할 능력이 없거나 미약한 자 또는 대통령령이 정하는 중대한 장애가 있는 자로서 성매매를 하도록 알선·유인된 자
ⓓ 성매매 목적의 인신매매를 당한 자

◆ 성매매 피해자는 처벌하지 않음
◆ 성매매의 전제가 된 채무관계는 명목여하를 불문하고 무효

② 성매매 범죄의 처리

신뢰관계인의 동석	㉠ 수사기관이 신고자 등을 조사하는 때, 법원이 신고자 등을 증인으로 신문하는 때에는 직권 또는 본인·법정대리인이나 검사의 신청에 의하여 신뢰관계에 있는 자를 동석하게 할 수 있다. ㉡ 미성년자, 사물을 변별하거나 의사를 결정할 능력이 없거나 미약한 자 또는 대통령령이 정하는 중대한 장애가 있는 자에 대하여 ㉠의 규정에 따른 신청이 있는 경우에는 재판 또는 수사에 지장을 초래할 우려가 있는 등 특별한 사유가 없는 한 신뢰관계에 있는 자를 동석하게 하여야 한다.
심리	비공개할 수 있음(필요적 ×)
기타	㉠ 미수범 처벌이 가능 : 성매매의 미수는 처벌하지 않음 ㉡ 이 법에서 규정한 사항에 관하여 아동·청소년의 성보호에 관한 법률에 특별한 규정이 있는 경우에는 그 법이 정하는 바에 따르도록 함 ㉢ 이 법에 규정된 범죄를 신고하거나 자수한 경우에 형을 감경 또는 면제할 수 있음(임의적 감면)

(2) 사행행위

의의	여러 사람으로부터 금품을 모아 우연한 결과에 의해 특정인에게 재산상 이익을 제공하고 다른 참가자에게는 손실을 주는 일체의 행위
사행행위영업의 종류	① 복권발행업 ② 회전판 돌리기업 ③ 경품업 ④ 추천업 ⑤ 현상업 ⑥ 사행기구 제조업·판매업 ◆ 카지노, 경마 제외
사행행위 영업의 허가	① 일반적인 경우 : 시·도경찰청장의 허가 ② 2 이상의 시·도에 걸친 영업 : 경찰청장의 허가 ③ 국가나 지자체가 영업 : 경찰청장의 승인 ④ 사행기구 제조·판매업 : 경찰청장의 허가 🍎 참고 카지노업(슬롯머신) 　(1) 관광진흥법상 영업의 종류로 인정 　(2) 문화체육관광부장관 허가

02 청소년 보호법

1. 용어의 정의

구분	정의
청소년	19세 미만자, 만 19세가 되는 해의 1월 1일을 맞이한 사람은 제외
청소년유해약물	① 주류·담배(금연초 포함)·마약류·환각물질 ② 청소년에게 청소년유해약물 또는 청소년유해물건을 판매·대여·배포 등은 금지 및 처벌됨 : 제공받은 청소년은 불처벌 **판례** 18세 미만의 청소년에게 술을 판매함에 있어서 민법상 법정대리인의 동의를 받았다고 하더라도 그러한 사정만으로 위 술 판매행위가 정당화될 수 없다.

2. 청소년 유해업소

구분	내용
청소년출입· 고용금지업소	① 일반게임제공업 및 복합유통게임제공업 ② 사행행위영업 ③ 단란주점영업 및 유흥주점영업 ④ 비디오물감상실업 및 제한관람가비디오물소극장업 ⑤ 노래연습장(다만, 청소년실을 갖춘 노래연습장업의 경우에는 청소년실에 한하여 청소년의 출입을 허용한다. 고용만 금지) ⑥ 무도학원업 및 무도장업 ⑦ 전기통신설비를 갖추고 불특정한 사람들 사이의 음성대화 또는 화상대화를 매개하는 것을 주된 목적으로 하는 영업. 다만, 「전기통신사업법」 등 다른 법률에 따라 통신을 매개하는 영업은 제외한다. ⑧ 불특정한 사람 사이의 신체적인 접촉 또는 은밀한 부분의 노출 등 성적 행위가 이루어지거나 이와 유사한 행위가 이루어질 우려가 있는 서비스를 제공하는 영업으로서 청소년보호위원회가 결정하고 여성가족부장관이 고시한 것 ⑨ 청소년유해매체물, 청소년유해약물 및 청소년유해물건을 제작·생산·유통하는 영업 등 청소년의 출입과 고용이 청소년에게 유해하다고 인정되는 영업으로서 대통령령이 정하는 기준에 따라 청소년보호위원회가 결정하고 여성가족부장관이 이를 고시한 것 : 키스방, 인형체험방 등 ⑩ 한국마사회법에 따른 장외발매소 ⑪ 경륜·경정법에 따른 장외매장
청소년 고용금지업소 (출입 ○, 고용 ×)	① 청소년게임제공업 및 인터넷컴퓨터게임시설제공업 ② 숙박업, 이용업(남자청소년 고용은 제외), 목욕장업 중 안마실을 설치하거나 개별실로 구획하여 하는 영업 ③ 티켓다방, 소주방, 호프, 카페 ④ 비디오물 소극장업 ⑤ 유해화학물질영업. 다만, 유해화학물질 사용과 직접 관련이 없는 영업은 제외 ⑥ 회비 등을 받거나 유료로 만화를 빌려주는 만화대여업 ⑦ 청소년유해매체물, 청소년유해약물 및 청소년유해물건을 제작·생산·유통하는 영업 등 청소년의 고용이 청소년에게 유해하다고 인정되는 영업으로서 대통령령이 정하는 기준에 따라 청소년보호위원회가 결정하고 여성가족부장관이 이를 고시한 것

3. 청소년 보호 규정

청소년의 인터넷 게임중독예방	인터넷게임의 제공자는 회원으로 가입하려는 사람이 16세 미만의 청소년일 경우에는 친권자 등의 동의를 받아야 한다.
유해행위 금지	① 성적접대행위　　　　　　　　　　② 유흥접객행위 등 금지 ◆ 청소년유해행위를 한 자가 그 행위와 관련하여 청소년에 대하여 가지는 채권은 그 계약의 형식이나 명목에 관계없이 무효로 한다.

◆ 게임산업진흥에 관한 법률상 청소년은 청소년 보호법상의 청소년을 의미하는데, 만 19세 미만의 사람(만 19세가 되는 해의 1월 1일을 맞이한 사람은 제외)을 말한다.

03 아동·청소년성보호법

용어 정의	아동·청소년	만 19세 미만자, 만 19세가 되는 해의 1월 1일을 맞이한 사람은 제외
	성을 사는 행위	① 성교행위 ② 유사 성교행위 ③ 일반인의 성적 수치심이나 혐오감을 일으킨 행위 ④ 자위행위
미수범 처벌	미수처벌	① 아동·청소년에 대한 강간·강제추행 ② 아동·청소년성착취물을 제작·수입 또는 수출하는 행위 ③ 아동·청소년 매매행위 ④ 아동·청소년에 대한 강요행위(아동·청소년에 대한 강요행위 중 아동·청소년의 성을 사는 행위의 상대방이 되도록 유인·권유한 자는 미수처벌되지 않는다)
	미수처벌 ×	① 영리목적으로 아동·청소년성착취물을 판매·대여·배포 ② 영리목적으로 아동·청소년성착취물을 소지·운반하거나 공연히 전시·상영하는 행위 ③ 아동·청소년의 성을 사는 행위 ④ 알선영업행위
처벌의 특례		① 음주 또는 약물로 인한 심신장애 상태에서 아동·청소년에 대하여 성폭력 범죄를 범한 때에는 형의 감경규정을 적용하지 아니할 수 있음 ② 공소시효 기산에 관한 특례 　㉠ 아동·청소년대상 성범죄의 공소시효는 해당 성범죄로 피해를 당한 아동·청소년이 성년에 달한 날부터 진행한다. 　㉡ 아동·청소년에 대한 강간·강제추행 등은 디엔에이(DNA)증거 등 그 죄를 증명할 수 있는 과학적인 증거가 있는 때에는 공소시효가 10년 연장된다. 　㉢ 13세 미만의 사람 및 신체적인 또는 정신적인 장애가 있는 사람에 대하여 강간, 강제추행, 준강간, 준강제추행, 강간 등 상해·치상 또는 강간 등 살인·치사의 죄를 범한 경우에는 공소시효를 적용하지 아니한다. 　㉣ 아동·청소년성착취물 제작·수입·수출죄의 경우에는 「형사소송법」상 공소시효를 적용하지 아니한다.

디지털 성범죄의 수사 특례	① 사법경찰관리는 디지털 성범죄에 대하여 신분을 비공개하고 범죄현장(정보통신망을 포함한다) 또는 범인으로 추정되는 자들에게 접근하여 범죄행위의 증거 및 자료 등을 수집(이하 "신분비공개수사"라 한다)할 수 있다. ② 사법경찰관리는 디지털 성범죄를 계획 또는 실행하고 있거나 실행하였다고 의심할 만한 충분한 이유가 있고, 다른 방법으로는 그 범죄의 실행을 저지하거나 범인의 체포 또는 증거의 수집이 어려운 경우에 한정하여 수사목적을 달성하기 위하여 부득이한 때에는 신분위장수사를 할 수 있다. ③ 사법경찰관리가 신분비공개수사를 진행하고자 할 때에는 사전에 상급 경찰관서 수사부서의 장의 승인을 받아야 한다. 이 경우 그 수사기간은 3개월을 초과할 수 없다. ④ 사법경찰관리는 신분위장수사를 하려는 경우에는 검사에게 신분위장수사에 대한 허가를 신청하고, 검사는 법원에 그 허가를 청구한다. ⑤ 신분위장수사의 기간은 3개월을 초과할 수 없으며, 그 수사기간 중 수사의 목적이 달성되었을 경우에는 즉시 종료하여야 한다. ⑥ 신분위장수사기간을 연장할 필요가 있는 경우에는 사법경찰관리는 소명자료를 첨부하여 3개월의 범위에서 수사기간의 연장을 검사에게 신청하고, 검사는 법원에 그 연장을 청구한다. 이 경우 신분위장수사의 총 기간은 1년을 초과할 수 없다. ⑦ 사법경찰관리는 긴급을 요하는 때에는 법원의 허가 없이 신분위장수사를 할 수 있다. ⑧ 사법경찰관리는 긴급 신분위장수사 개시 후 지체 없이 검사에게 허가를 신청하여야 하고, 사법경찰관리는 48시간 이내에 법원의 허가를 받지 못한 때에는 즉시 신분위장수사를 중지하여야 한다. ⑨ 국가수사본부장은 신분비공개수사가 종료된 즉시 대통령령으로 정하는 바에 따라 국가경찰위원회에 수사 관련 자료를 보고하여야 한다. ⑩ 국가수사본부장은 대통령령으로 정하는 바에 따라 국회 소관 상임위원회에 신분비공개수사 관련 자료를 반기별로 보고하여야 한다.
처벌법규	① 성폭력처벌법과 경합된 경우 : 법정형이 중한 법률로 처벌 ② 13세 미만의 미성년자의 강간 · 강제추행 : 성폭력처벌법으로 처벌
매춘청소년	① 소년법상 보호처분(귀가조치, 보호관찰, 병원 등 위탁, 소년원수감, 선도보호시설 위탁) ② 매춘청소년에 대한 형사처벌은 일체 면제
친권상실청구	부모나 후견인이 가해자인 경우 : 검사는 친권상실 청구를 하여야 한다(의무적).
피해자의 의사	아동 · 청소년을 대상으로 한 성범죄에 대하여는 피해자의 고소가 없어도 공소를 제기할 수 있다.
영상물의 촬영 · 보존 등	① 아동 · 청소년대상 성범죄 피해자의 진술내용과 조사과정은 비디오녹화기 등 영상물 녹화장치로 촬영 · 보존하여야 한다. ② ①에 따른 영상물 녹화는 피해자 또는 법정대리인이 이를 원하지 아니하는 의사를 표시한 때에는 촬영을 하여서는 아니 된다. 다만, 가해자가 친권자 중 일방인 경우는 그러하지 아니하다.
신뢰관계에 있는 사람의 동석	법원은 아동 · 청소년대상 성범죄의 피해자를 증인으로 신문하는 경우에 검사, 피해자 또는 법정대리인이 신청하는 경우에는 재판에 지장을 줄 우려가 있는 등 부득이한 경우가 아니면 피해자와 신뢰관계에 있는 사람을 동석하게 하여야 한다.
형벌과 수강명령 등의 병과	법원은 아동 · 청소년 대상 성범죄를 범한 「소년법」 제2조의 소년에 대하여 형의 선고를 유예하는 경우에는 반드시 보호관찰을 명하여야 한다.

04 총포·도검·화약류 등의 단속

용어 정의	총포	① 총 : 기관총(구경 20mm 미만, 기관권총 제외) 포함한 엽총, 사격총, 어획총 등등 ② 포(전자충격기 제외)
	도검	① 칼날의 길이가 15cm 이상 되는 칼 ② 칼날의 길이가 15cm 미만일지라도 흉기로 사용될 위험성이 뚜렷한 것 ③ 재크나이프 : 칼날의 길이가 6cm 이상의 것 ④ 비출나이프 : 칼날의 길이가 5.5cm 이상이고, 45° 이상 자동으로 펴지는 장치가 있는 것
허가 권자	제조업 (제조소마다)	경찰청장	총포·화약류
		시·도경찰청장	① 도검·분사기 ② 전자충격기·석궁 ③ 화공품 ④ 총포 위임 ㉠ 마취총 ㉡ 산업용총 ㉢ 가스발사총 ㉣ 구난구명총 ㉤ 엽총 ㉥ 어획총 ㉦ 도살총 ㉧ 사격총 ◆ 공기총 (×)
	소지허가	시·도경찰청장	총포(어획총·사격총 포함)
		경찰서장	① 도검·분사기 ② 전자충격기·석궁 ③ 총포 위임 ㉠ 마취총 ㉡ 산업용총 ㉢ 가스발사총 ㉣ 구난구명총 ㉤ 엽총 ㉥ 도살총 ㉦ 공기총 ◆ 사격총·어획총 (×)
	판매업 (판매소마다)	모두 시·도경찰청장 허가	
	수입·수출	총포·화약류	수출·수입시마다 경찰청장 허가
		도검	수출·수입시마다 시·도경찰청장 허가
	화약류 저장소	경찰서장	3급·간이저장소
		시·도경찰청장	1급저장소, 2급저장소, 수중저장소, 실탄저장소, 꽃불류저장소, 장난감용 꽃불류저장소, 도화선저장소
	사격장 설치	경찰서장	공기총·석궁 사격장 설치
		시·도경찰청장	그 외 나머지 사격장
	신고사항	화약류 수입신고	24시간 이내 수입지 관할 경찰서장에게 신고
		화약류 폐기신고	폐기지 관할 경찰서장에게 신고(허가 ×)

허가 권자		모의총포 제조신고	수출 목적으로 모의총포를 제조하는 경우 제조소 소재지 관할 경찰서장에게 신고하여야 함
		화약류 운반신고	운반 개시 1시간 전에 발송지 관할 경찰서장에게 신고
	총포금지연령	취급금지	18세 미만
		소지금지	20세 미만
	기타		① 화약류 사용허가·양수허가 : 경찰서장 ② 총포소지 허가 유효기간 : 3년마다 갱신(갱신하지 않는 경우 허가취소)

05 기초질서 위반사범의 단속

1. 의의

① 비교적 경미한 범죄행위의 단속을 통하여 그 이후에 발생할 수도 있는 더 큰 범죄를 사전에 예방하는 데 목적이 있음
② 실무상 용어 ◆ 학문상 용어 (×)
③ 깨진 유리창 이론(Broken-Window Theory)와 관련 있음 : 무관용의 원칙의 반영
　㉠ 사소한 규칙 위반에도 관용을 베풀지 않는 정책
　㉡ 단점 : 경미한 범죄자에 대해 낙인효과를 유발할 수 있다는 비판이 있음

2. 경범죄처벌법

개요	① 법정형 10만 원 이하, 20만 원 이하, 60만 원 이하의 벌금·구류·과료 ② 광의의 형법·형법의 보충법 ◆ 형법의 특별법 (×) ③ 추상적 위험범 : 미수 처벌하지 않음 ④ 형사 실체법 : 범죄와 형벌을 규정한 실체법이지만, 제2장에 통고처분 절차 규정이 존재하므로 절차법적 성격도 가지고 있음
형법과의 관계 (형법총칙이 적용)	① 벌금 또는 과료를 납입하지 아니한 자 : 1일 이상 30일 미만의 기간을 정하여 노역장에 유치 ② 벌금 또는 과료를 선고할 때는 유치기간을 정하여 동시에 선고할 수 있다. ③ 법인 : 금전벌에 한하여 이를 처벌할 수 있다. ④ 단순한 주의의무 또는 감독의무를 위반한 자도 처벌된다. ⑤ 벌금형의 집행유예 및 선고유예 가능 ⑥ 벌금형이 규정되어 있으므로 범인은닉죄·범인도피죄가 성립 ⑦ 경범죄처벌법은 미수범 처벌규정이 없으므로 미수범 처벌이 불가능함 ⑧ 교사·방조 : 정범과 동일하게 처벌(선고형은 다를 수 있음)
구성	① 60만 원 이하의 벌금·구류·과료 : 관공서에서의 주취소란, 거짓신고 ② 20만 원 이하의 벌금·구류·과료 : 업무방해, 거짓광고, 출판물의 부당게재 등, 암표매매) ③ 10만 원 이하의 벌금·구류·과료 : 경범죄처벌법에 규정된 나머지 범죄

범칙행위	① 범칙행위란 경범죄처벌법 제3조 제1항(10만 원 이하의 벌금·구류·과료) 및 제2항(20만 원 이하의 벌금·구류·과료)에 해당하는 행위를 말한다. ② 경범죄처벌법 제3조 제3항(60만 원 이하의 벌금·구류·과료)은 통고처분 대상이 아니고, 현행범 체포대상에 해당한다(주거명확 불문).

범칙금의 납부	① 범칙금의 납부(1차 납부기간)
	   ㉠ 통고처분서를 받은 날로부터 10일
	   ㉡ 단, 기산일은 익일부터(다음날)
	② 납부기간의 연장 : 사유가 없어진 날로 5일 이내
	③ 범칙금액의 연체료(2차 납부기간) : 1차 납부 종료 다음날부터 20일 이내 + 범칙금액의 20%를 더한 금액
	④ 통고처분 불이행자의 처리
	   ㉠ 지체 없이 즉결심판에 회부
	   ㉡ 다만, 즉결심판청구 전까지 100분의 50을 더한 금액을 납부하면 즉결심판을 취소하여야 함

3. 스토킹범죄의 처벌 등에 관한 법률

스토킹행위	상대방의 의사에 반(反)하여 정당한 이유 없이 상대방 또는 그의 동거인, 가족에 대하여 따라다니는 등의 행위를 하여 상대방에게 불안감 또는 공포심을 일으키는 것을 말한다.
응급조치	사법경찰관리는 진행 중인 스토킹행위에 대하여 신고를 받은 경우 즉시 현장에 나가 다음의 조치를 하여야 한다. ① 스토킹행위의 제지, 향후 스토킹행위의 중단 통보 및 스토킹행위를 지속적 또는 반복적으로 할 경우 처벌 서면경고 ② 스토킹행위자와 피해자등의 분리 및 범죄수사 ③ 피해자등에 대한 긴급응급조치 및 잠정조치 요청의 절차 등 안내 ④ 스토킹 피해 관련 상담소 또는 보호시설로의 피해자등 인도(피해자등이 동의한 경우만 해당한다)

긴급응급 조치	① 사법경찰관은 스토킹행위 신고와 관련하여 스토킹행위가 지속적 또는 반복적으로 행하여질 우려가 있고 스토킹범죄의 예방을 위하여 긴급을 요하는 경우 스토킹행위자에게 직권으로 또는 스토킹행위의 상대방이나 그 법정대리인 또는 스토킹행위를 신고한 사람의 요청에 의하여 다음에 따른 조치를 할 수 있다.
	   ㉠ 스토킹행위의 상대방이나 그 주거등으로부터 100미터 이내의 접근 금지
	   ㉡ 스토킹행위의 상대방에 대한 「전기통신기본법」 제2조 제1호의 전기통신을 이용한 접근 금지
	② 사법경찰관은 긴급응급조치를 하였을 때에는 지체 없이 검사에게 해당 긴급응급조치에 대한 사후승인을 지방법원 판사에게 청구하여줄 것을 신청하여야 한다.
	③ ②의 신청을 받은 검사는 긴급응급조치가 있었던 때부터 48시간 이내에 지방법원 판사에게 해당 긴급응급조치에 대한 사후승인을 청구한다.
	④ 지방법원 판사는 긴급응급조치를 승인할 수 있다.
	⑤ 긴급응급조치기간은 1개월을 초과할 수 없다.

잠정조치	① 검사는 스토킹범죄가 재발될 우려가 있다고 인정하면 직권 또는 사법경찰관의 신청에 따라 법원에 잠정조치를 청구할 수 있다. ② 법원은 스토킹범죄의 원활한 조사·심리 또는 피해자 보호를 위하여 필요하다고 인정하는 경우에는 결정으로 스토킹행위자에게 다음의 잠정조치를 할 수 있다. 　㉠ 피해자에 대한 스토킹범죄 중단에 관한 서면 경고 　㉡ 피해자나 그 주거등으로부터 100미터 이내의 접근 금지 　㉢ 피해자에 대한 전기통신을 이용한 접근 금지 　㉣ 국가경찰관서의 유치장 또는 구치소에의 유치 　㉤ 「전자장치 부착 등에 관한 법률」 제2조 제4호의 위치추적 전자장치(이하 "전자장치"라 한다)의 부착 ③ 잠정조치는 병과(倂科)할 수 있다. ④ ②의 ㉡, ㉢, ㉤에 따른 잠정조치기간은 3개월, ㉣에 따른 잠정조치기간은 1개월을 초과할 수 없다. 다만, 법원은 피해자의 보호를 위하여 그 기간을 연장할 필요가 있다고 인정하는 경우에는 결정으로 ②의 ㉡, ㉢, ㉤에 따른 잠정조치에 대하여 두 차례에 한정하여 각 3개월의 범위에서 연장할 수 있다.

06 즉결심판에 관한 업무

대상	선고형 20만 원 이하 벌금, 구류, 과료
청구	① 즉결심판 청구권자 : 경찰서장(해양경찰서장 포함) ② 기소독점주의의 예외이며, 기소편의주의는 적용
증거에 관한 특칙	① 사법경찰관작성의 피의자신문조서는 피의자였던 피고인이나 변호인이 그 내용을 인정하지 아니하더라도 성립의 진정이 인정되면 증거능력을 가짐 ② 자백의 보강법칙의 배제 ③ 자백의 임의성의 법칙 적용
정식재판의 청구	① 청구권자 : 피고인, 경찰서장 ② 피고인이 청구할 경우 : 즉결심판의 선고·고지를 받은 날부터 7일 이내에 정식재판청구서를 경찰서장에게 제출하여야 하고, 정식재판청구서를 받은 경찰서장은 지체없이 판사에게 이를 송부하여야 함 ③ 경찰서장이 청구할 경우(무죄·면소 또는 공소기각) : 무죄·면소 또는 공소기각의 재판이 선고·고지된 때에는 그 선고·고지를 한 날부터 7일 이내에 정식재판을 청구할 수 있음 ④ 정식재판의 청구는 제1심판결선고 전까지 취하가 가능

07 청소년 선도와 보호

1. 소년법상 소년 및 특례

소년법상 소년	비행소년	범죄소년	① 14세 이상 19세 미만의 자로서 죄를 범한 자 ② 범죄소년은 검찰청에 송치한다.
		촉법소년	① 10세 이상 14세 미만의 자로서 형벌법령에 저촉되는 행위를 한 자 ② 촉법소년은 경찰서장이 직접 관할 소년부에 송치하여야 한다.
		우범소년	① 다음에 해당하는 사유가 있고 그의 성격이나 환경에 비추어 앞으로 형벌 법령에 저촉되는 행위를 할 우려가 있는 10세 이상 19세 미만인 소년 　㉠ 집단적으로 몰려다니며 주위 사람들에게 불안감을 조성하는 성벽이 있는 것 　㉡ 정당한 이유 없이 가출하는 것 　㉢ 술을 마시고 소란을 피우거나 유해환경에 접하는 성벽이 있는 것 ② 우범소년은 경찰서장이 직접 관할 소년부에 송치하여야 한다.
	요보호소년		① 학대·혹사·방임된 소년 또는 보호자로부터 유기 또는 이탈된 소년 ② 비행성 예측 자료표 작성하지 않음
	불량행위소년		음주·흡연·싸움 등 자기 또는 타인의 덕성을 해하는 소년
특례	사형·무기형의 완화		죄를 범한 때에 18세 미만인 소년에 대하여는 사형 또는 무기형으로 처할 것인 때에는 15년의 유기징역으로 한다.
	부정기형의 선고		법정형 장기 2년 이상의 유기형에 해당하는 죄를 범한 때에는 그 형의 범위 안에서 장기와 단기를 정하여 선고하되 장기는 10년, 단기는 5년을 초과하지 못한다.
	환형처분의 금지		18세 미만의 소년에 대하여는 노역장 유치가 금지된다.
	자유형 집행의 분리		① 금고 또는 징역의 선고를 받은 소년의 형의 집행은 소년교도소에서 하여야 하며 부득이 일반교도소에서 집행할 때에는 특히 분리된 장소에서 하여야 한다. ② 다만, 소년이 형의 집행 중에 23세에 달한 때에는 일반교도소에서 집행할 수 있다.
	형의 집행		보호처분의 계속 중에 징역, 금고 또는 구류의 선고를 받은 소년에 대하여는 징역, 금고를 먼저 집행한다.

2. 실종아동등 및 가출인 업무처리 규칙

(1) 용어의 정의

용어	정의
실종아동등	① 아동등 : 실종 당시 18세 미만의 아동, 지적·자폐성·정신장애인, 치매환자를 말한다. ② 실종아동등 : 약취·유인·유기·사고 또는 가출하거나 길을 잃는 등의 사유로 인하여 보호자로부터 이탈된 아동등을 말한다. ③ 찾는실종아동등 : 실종아동등 중 보호자가 찾고 있는 실종아동등을 말한다. ④ 보호실종아동등 : 보호자가 확인되지 않아 경찰관이 보호하고 있는 실종아동등을 말한다.

장기 실종아동 등	보호자로부터 신고를 접수한 지 48시간이 경과한 후에도 발견되지 않은 찾는 실종아동등
가출인	신고 당시 보호자로부터 이탈된 만 18세 이상의 사람을 말한다.
발생지	"발생지"란 실종아동등 및 가출인이 실종·가출 전 최종적으로 목격되었거나 목격되었을 것으로 추정하여 신고자 등이 진술한 장소를 말하며, 신고자 등이 최종 목격 장소를 진술하지 못하거나, 목격되었을 것으로 추정되는 장소가 대중교통시설 등일 경우 또는 실종·가출 발생 후 1개월이 경과한 때에는 실종아동등 및 가출인의 실종 전 최종 주거지를 말한다.
발견지	"발견지"란 실종아동등 또는 가출인을 발견하여 보호 중인 장소를 말하며, 발견한 장소와 보호 중인 장소가 서로 다른 경우에는 보호 중인 장소를 말한다.

(2) 정보시스템

정보시스템의 운영	경찰청 생활안전국장은 정보시스템으로 실종아동 등 프로파일링시스템 및 실종아동찾기센터 홈페이지(이하 "인터넷 안전드림"이라 한다)를 운영한다.
실종아동등 프로파일링시스템에 입력하는 대상	① 실종아동등 ② 가출인 ③ 보호시설 입소자 중 보호자가 확인되지 않는 사람(보호시설 무연고자)

(3) 실종아동 등 프로파일링시스템에서 등록된 자료

구분	내용
자료보존 기간	① 발견된 18세 미만 아동 및 가출인 : 수배 해제 후로부터 5년간 보관 ② 발견된 지적·자폐성·정신장애인 등 및 치매환자 : 수배 해제 후로부터 10년간 보관 ③ 미발견자 : 소재 발견시까지 보관 ④ 보호시설 무연고자 : 본인 요청시 및 신원 확인시 즉시 삭제
자료공개	경찰관서 장은 본인 또는 보호자의 동의를 받아 실종아동등 프로파일링시스템에서 데이터 베이스로 관리하는 실종아동등 및 보호시설 무연고자 자료를 인터넷 안전드림에 공개할 수 있다.

(4) 실종아동 등 프로파일링시스템 수배

구분	내용
등록	경찰관서의 장은 정보통신망 입력 대상에 대하여 별지 제2호 서식의 실종아동등 프로파일링 시스템 입력자료를 시스템에 등록한다.
수배해제	실종아동 등에 대한 해제는 실종아동찾기센터에서 하며, 시·도경찰청장 및 경찰서장이 해제하려면 실종아동찾기센터로 요청하여야 한다.

(5) 기타

실종아동 찾기센터	신속하고 효과적인 실종아동등 관련 업무수행을 위해 경찰청에 실종아동찾기센터를 설치한다.	
장기실종아동 추적팀	장기실종아동등에 대한 전담 추적·조사를 위해 경찰청 또는 시·도경찰청에 장기실종아동 추적팀을 설치할 수 있다.	
실종아동등의 신고접수	실종아동등 신고는 관할에 관계없이 실종아동찾기센터, 각 시·도경찰청 및 경찰서에서 전화, 서면, 구술 등의 방법으로 접수하며 신고를 접수한 경찰관은 범죄와의 관련 여부 등을 확인해야 한다. 이 경우 지방경찰청 및 경찰서에서 신고를 접수한 때에는 즉시 신고내용을 경찰청장(실종아동찾기센터)에게 보고하여야 한다.	
신고에 대한 조치 등	경찰관서의 장은 실종아동등에 대하여 현장 탐문 및 수색 후 그 결과를 즉시 보호자에게 통보하여야 한다. 이후에는 실종아동등 프로파일링시스템에 등록한 날로부터 1개월까지는 15일에 1회, 1개월이 경과한 후부터는 분기별 1회 보호자에게 추적 진행사항을 통보한다.	
가출인의 신고 접수	① 가출인 신고의 접수는 관할을 불문하고 접수하여야 하며, 신고접수시 관련 경찰관은 범죄와의 관련 여부를 확인하여야 한다. ② 가출인 사건은 수배일로부터 반기별 1회 보호자에게 귀가 여부를 확인한다. ③ 경찰서장은 가출인을 발견할 경우에는 가출수배가 되어 있음을 고지하고, 보호자에게 통보한다. 다만, 가출인의 의사에 반하여 보호자에게 가출인의 위치를 알 수 있는 사항을 통보하여서는 아니 된다.	
초동조치	① 찾는실종아동등·가출인 발생신고를 접수·통보받은 발생지 관할 경찰서장은 즉시 현장 출동 경찰관을 지정하여, 현장에 출동, 탐문·수색하도록 하여야 함 ② 다만, 경찰관서장이 판단하여 수색의 실익이 없거나 현저히 곤란한 경우에는 탐문·수색의 생략 가능	

🍎 참고 실종아동등의 보호 및 지원에 관한 법률

구분	정의
아동 등	① 실종 당시 18세 미만인 아동 ② 장애인복지법 제2조의 장애인 중 지적장애인, 자폐성장애인 또는 정신장애인 ③ 치매질환자
실종아동 등	약취·유인·유기·사고 또는 가출하거나 길을 잃는 등의 사유로 인하여 보호자로부터 이탈된 아동등을 말한다.
보호자	친권자·후견인 그 밖에 다른 법률에 의하여 아동등을 보호·부양할 의무가 있는 자를 말한다(보호시설의 장 또는 종사자 제외).
보호시설	사회복지사업법 제2조 제4호에 따른 사회복지시설 및 인가·신고 등이 없이 아동 등을 보호하는 시설로서 사회복지시설에 준하는 시설을 말한다.
신고의무	다음에 해당하는 사람은 그 직무를 수행하면서 실종아동등임을 알게 되었을 때에는 경찰청장이 구축하여 운영하는 신고체계로 지체 없이 신고하여야 한다. ① 보호시설의 장 또는 그 종사자 ② 아동복지지도원 ③ 청소년보호센터 및 청소년재활센터의 장 또는 그 종사자 ④ 사회복지전담공무원 ⑤ 의료기관의 장 또는 의료인 ⑥ 업무·고용 등의 관계로 사실상 아동등을 보호·감독하는 자

08 민간경비업

의의	① 안전·경비에 관련된 서비스를 행하는 개인 및 단체 그리고 영리기업 ② 경찰은 공공재에 해당하나 민간경비업은 경제재에 해당
종류	**시설경비** : 국가중요시설, 산업시설, 공공시설, 사무소, 흥행장, 주택, 창고, 주차장, 행사장, 유원지, 항공기, 차량 기타 경비를 필요로 하는 시설 및 장소에서의 도난·화재 기타 혼잡 등으로 인한 위험발생을 방지하는 업무 **신변보호** : 사람의 생명이나 신체에 대한 위해발생을 방지하고 그 신변을 보호하는 업무 **호송경비** : 운반 중에 있는 현금·유가증권·귀금속·상품 기타 물건에 대하여 도난·화재 등 위험발생을 방지하는 업무 **특수경비** : 공항(항공기를 포함) 등 대통령령이 정하는 국가중요시설의 경비 및 도난·화재 그 밖의 위험발생을 방지하는 업무 **기계경비** : 경비대상시설에 설치한 기기에 의하여 감지·송신된 정보를 그 경비대상시설 외의 장소에 설치한 관제시설의 기기로 수신하여 도난·화재 등 위험발생을 방지하는 업무
허가	① 허가권자 : 주사무소의 소재지를 관할하는 시·도경찰청장의 허가 ② 허가의 유효기간 : 허가받은 날부터 5년
제한	경비업은 법인만이 영위할 수 있다.

09 유실물법

의의	① 도품이 아닌 소유자의 의사에 반하여 점유 이탈한 물품 ② 점유자의 의사에 의하여 버린 물건 아닌 도품은 장물이므로 유실물에 해당하지 않음
유실물 처리법규	① 유실물·준유실물·습득물·매장물·점유이탈물 : 유실물법 ② 표류물·침몰품 : 수난구호법 ③ 유기동물 : 동물보호법
유실물 처리요령	① 습득자는 습득일로 7일 이내 경찰서에 신고하고 습득물 제출 ② 습득물을 공고하였음에도 불구하고 6개월 내에 그 소유자가 권리를 주장하지 아니하면 습득자가 소유권을 취득함 ③ 습득자가 3개월 이내 소유권을 취득하지 아니하면 국가에 귀속됨
보상금 지급	① 습득물 가액의 5~20% 범위(필요적 지급) ② 비용과 보상금은 물건을 반환한 후 1개월이 지나면 청구할 수 없다.

CHAPTER 02 수사경찰활동

제1절 | 수사경찰의 의의

제2절 | 사범별 수사

1. 가정폭력사건의 처리

(1) 정의

가정폭력	가정폭력이란 가정구성원 사이의 신체적, 정신적 또는 재산상 피해를 수반하는 행위를 말함
가정구성원	① 배우자(사실상 혼인관계에 있는 자를 포함한다) 또는 배우자관계에 있었던 자 ② 자기 또는 배우자와 직계존비속 관계(사실상의 양친자관계를 포함한다)에 있거나 있었던 자 ③ 계부모(繼父母)와 자(子)의 관계 또는 적모(嫡母)와 서자(庶子)의 관계에 있거나 있었던 자 ④ 동거하는 친족관계에 있는 자

(2) 가정폭력범죄

구분	내용
해당	상해와 폭력의 죄, 유기와 학대의 죄, 체포와 감금의 죄, 협박의 죄, 강간과 추행의 죄, 명예에 관한 죄, 주거침입, 퇴거불응, 주거·신체수색의 죄, 권리행사를 방해 하는 죄, 공갈의 죄, 손괴의 죄, 위 罪로서의 다른 법률에 의하여 가중처벌되는 죄
제외	강도, 사기, 약취유인, 배임, 살인(~치사 포함), 아동구걸, 절도, 횡령, 업무방해

(3) 가정폭력범죄 수사

신고	누구든지 가정폭력범죄를 알게 된 때에는 즉시 수사기관에 신고할 수 있음
고소	① 피해자는 「형사소송법」 제224조에도 불구하고 가정폭력행위자가 자기 또는 배우자의 직계존 속인 경우에도 고소할 수 있다. ② 피해자에게 고소할 법정대리인이나 친족이 없는 경우에 이해관계인이 신청하면 검사는 10일 이내에 고소할 수 있는 사람을 지정하여야 한다.
초동조치 요령	경찰관이 이웃의 신고를 받고 현장 도착시, 폭력이 행해지고 있으나 당사자가 들어오지 못하게 제지 하는 때에는 경찰법상 즉시강제의 원리에 입각하여 방실에 강제로 들어가야 함

(4) 응급조치(가정폭력범죄의 처벌 등에 관한 특례법 제5조)

응급조치	진행 중인 가정폭력범죄에 대하여 신고를 받은 사법경찰관리는 즉시 현장에 임하여 다음에 해당하는 조치를 취하여야 한다. ① 폭력행위의 제지, 가정폭력행위자·피해자의 분리 ② 「형사소송법」 제212조에 따른 현행범인의 체포 등 범죄수사 ③ 피해자의 가정폭력관련상담소 또는 보호시설 인도(단, 피해자의 동의가 있는 경우에 한함) ④ 긴급치료가 필요한 피해자의 의료기관에의 인도 ⑤ 폭력행위의 재발시 동법 제8조의 규정에 의하여 임시조치를 신청할 수 있음을 통보 ⑥ 피해자보호명령 또는 신변안전조치를 청구할 수 있음을 고지
기타	사법경찰관은 가정폭력범죄를 신속히 수사하여 사건을 검사에게 송치하여야 한다. 이 경우 사법경찰관은 해당사건을 가정보호사건으로 처리하는 것이 적절한지에 관한 의견을 제시할 수 있다.

(5) 임시조치

임시조치	① 피해자 또는 가정구성원의 주거 또는 점유하는 방실(房室)로부터의 퇴거 등 격리 ② 피해자 또는 가정구성원이나 그 주거·직장 등에서 100미터 이내의 접근 금지 ③ 피해자 또는 가정구성원에 대한 전기통신기본법 제2조 제1호의 전기통신을 이용한 접근 금지 ④ 의료기관이나 그 밖의 요양소에의 위탁 ⑤ 국가경찰관서의 유치장 또는 구치소에의 유치 ⑥ 상담소등에의 상담위탁
임시조치의 청구	검사는 가정폭력범죄가 재발될 우려가 있다고 인정하는 경우에는 직권으로 또는 사법경찰관의 신청에 의하여 법원에 ① 피해자 또는 가정구성원의 주거 또는 점유하는 방실(房室)로부터의 퇴거 등 격리, ② 피해자 또는 가정구성원이나 그 주거·직장 등에서 100미터 이내의 접근금지, ③ 피해자 또는 가정구성원에 대한 전기통신기본법 제2조 제1호의 전기통신을 이용한 접근 금지의 임시조치를 청구할 수 있다.
긴급 임시조치	사법경찰관은 응급조치에도 불구하고 가정폭력범죄가 재발될 우려가 있고, 긴급을 요하여 법원의 임시조치결정을 받을 수 없을 때에는 직권 또는 피해자나 그 법정대리인의 신청에 의하여 ① 피해자 또는 가정구성원의 주거 또는 점유하는 방실(房室)로부터의 퇴거 등 격리, ② 피해자 또는 가정구성원이나 그 주거·직장 등에서 100미터 이내의 접근 금지, ③ 피해자 또는 가정구성원에 대한 전기통신기본법 제2조 제1호의 전기통신을 이용한 접근 금지의 조치(긴급임시조치)를 할 수 있다.
긴급임시조치와 임시조치의 청구	사법경찰관이 긴급임시조치를 한 때에는 지체 없이 검사에게 임시조치를 신청하고, 신청받은 검사는 법원에 임시조치를 청구하여야 한다. 이 경우 임시조치의 청구는 긴급임시조치를 한 때부터 48시간 이내에 청구하여야 하며, 제8조의2 제2항에 따른 긴급임시조치결정서를 첨부하여야 한다.

2. 아동학대범죄의 처리

(1) 정의

구분	정의
아동	"아동"이란 18세 미만인 사람을 말한다.
보호자	친권자, 후견인, 아동을 보호·양육·교육하거나 그러한 의무가 있는 자 또는 업무·고용 등의 관계로 사실상 아동을 보호·감독하는 자를 말한다.
아동학대	보호자를 포함한 성인이 아동의 건강 또는 복지를 해치거나 정상적 발달을 저해할 수 있는 신체적·정신적·성적 폭력이나 가혹행위를 하는 것과 아동의 보호자가 아동을 유기하거나 방임하는 것을 말한다. 다만, 「유아교육법」과 「초·중등교육법」에 따른 교원의 정당한 교육활동과 학생생활지도는 아동학대로 보지 아니한다.
아동학대범죄	"아동학대범죄"란 보호자에 의한 아동학대로서 다음의 어느 하나에 해당하는 죄를 말한다. ① 상해, 폭행, 특수폭행, 폭행치사상 ② 유기, 영아유기, 학대, 아동혹사, 유기등 치사상 ③ 체포·감금, 중체포·중감금, 특수체포·특수감금, 체포·감금등의 치사상 ④ 협박, 특수협박 ⑤ 미성년자 약취·유인, 추행 등 목적 약취·유인 등, 인신매매, 약취·유인·매매·이송 등 상해·치상 ⑥ 강간, 유사강간, 강제추행, 준강간, 준강제추행, 강간등 상해·치상, 강간등 살인·치사, 미성년자등에 대한 간음, 업무상위력 등에 의한 간음, 미성년자에 대한 간음, 추행 ⑦ 명예훼손, 출판물등에 의한 명예훼손, 모욕 ⑧ 주거·신체 수색 ⑨ 강요, 공갈 ⑩ 재물손괴 등 ⑪ 「아동복지법」 제71조 제1항 각 호의 죄

(2) 아동학대범죄의 처리절차에 관한 특례

아동학대범죄 신고의무	누구든지 아동학대범죄를 알게 된 경우나 그 의심이 있는 경우에는 아동보호전문기관 또는 수사기관에 신고할 수 있다.
현장출동	아동학대범죄 신고를 접수한 사법경찰관리나 아동보호전문기관의 직원은 지체 없이 아동학대범죄의 현장에 출동하여야 한다.

피해아동에
대한
응급조치
	① 현장에 출동하거나 아동학대범죄 현장을 발견한 사법경찰관리 또는 아동보호전문기관의 직원은 피해아동 보호를 위하여 즉시 이하의 응급조치를 하여야 한다.
	  ㉠ 아동학대범죄 행위의 제지
	  ㉡ 아동학대행위자를 피해아동으로부터 격리
	  ㉢ 피해아동을 아동학대 관련 보호시설로 인도(이 경우 피해아동의 의사를 존중하여야 한다)
	  ㉣ 긴급치료가 필요한 피해아동을 의료기관으로 인도
	② 사법경찰관리나 아동보호전문기관의 직원은 피해아동을 분리·인도하여 보호하는 경우 지체 없이 피해아동을 인도받은 보호시설·의료시설을 관할하는 시장 등에게 그 사실을 통보하여야 한다.
	③ 응급조치는 72시간을 넘을 수 없다.

아동학대 행위자에 대한 임시조치	① 판사는 아동학대범죄의 원활한 조사·심리 또는 피해아동 보호를 위하여 필요하다고 인정하는 경우에는 결정으로 아동학대행위자에게 다음의 어느 하나에 해당하는 조치(임시조치)를 할 수 있다. 　㉠ 피해아동 또는 가정구성원의 주거로부터 퇴거 등 격리 　㉡ 피해아동 또는 가정구성원의 주거, 학교 또는 보호시설 등에서 100미터 이내의 접근금지 　㉢ 피해아동 또는 가정구성원에 대한 「전기통신기본법」 제2조 제1호의 전기통신을 이용한 접근 금지 　㉣ 친권 또는 후견인 권한 행사의 제한 또는 정지 　㉤ 아동보호전문기관 등에의 상담 및 교육 위탁 　㉥ 의료기관이나 그 밖의 요양시설에의 위탁 　㉦ 경찰관서의 유치장 또는 구치소에의 유치 ② ①의 처분은 병과할 수 있다. ③ 판사는 피해아동에 대하여 응급조치가 행하여진 경우에는 임시조치가 청구된 때로부터 24시간 이내에 임시조치 여부를 결정하여야 한다. ④ 임시조치기간은 2개월을 초과할 수 없다.
아동학대 행위자에 대한 긴급 임시조치	사법경찰관은 응급조치에도 불구하고 아동학대범죄가 재발될 우려가 있고, 긴급을 요하여 법원의 임시조치 결정을 받을 수 없을 때에는 직권이나 피해아동, 그 법정대리인, 변호사 또는 아동보호전문기관의 장의 신청에 따라 임시조치 중 ① ㉠, ㉡, ㉢ 의 어느 하나에 해당하는 조치를 할 수 있다.
임시조치의 청구	검사는 아동학대범죄가 재발될 우려가 있다고 인정하는 경우에는 직권으로 또는 사법경찰관이나 보호관찰관의 신청에 따라 법원에 임시조치를 청구할 수 있다.
응급조치·긴급 임시조치 후 임시조치의 청구	① 사법경찰관이 응급조치 또는 긴급임시조치를 하였거나 아동보호전문기관의 장으로부터 응급조치가 행하여졌다는 통지를 받은 때에는 지체 없이 검사에게 임시조치의 청구를 신청하여야 한다. ② ①의 신청을 받은 검사는 임시조치를 청구하는 때에는 응급조치가 있었던 때부터 72시간 이내에, 긴급임시조치가 있었던 때부터 48시간 이내에 하여야 한다. ③ 사법경찰관은 검사가 임시조치를 청구하지 아니하거나 법원이 임시조치의 결정을 하지 아니한 때에는 즉시 그 긴급임시조치를 취소하여야 한다.

3. 성폭력범죄의 처벌 등에 관한 특례법

(1) 성폭력범죄 수사

피해자의 신원과 사생활 비밀 누설 금지	성폭력범죄의 수사 또는 재판을 담당하는 사람은 피해자를 특정하여 파악할 수 있게 하는 인적 사항과 사진 등 또는 그 피해자의 사생활에 관한 비밀을 공개하거나 다른 사람에게 누설하여서는 아니 된다.
성폭력범죄의 피해자에 대한 전담조사제	경찰청장은 각 경찰서장으로 하여금 성폭력범죄 전담 사법경찰관을 지정하도록 하여 특별한 사정이 없으면 이들로 하여금 피해자를 조사하게 하여야 한다.

수사 및 재판절차에서의 배려	수사기관과 법원은 성폭력범죄의 피해자를 조사하거나 심리·재판할 때 피해자가 편안한 상태에서 진술할 수 있는 환경을 조성하여야 하며, 조사 및 심리·재판 횟수는 필요한 범위에서 최소한으로 하여야 한다.
영상물의 촬영·보존 등	① 성폭력범죄의 피해자가 19세 미만이거나 심신미약인 경우에는 피해자의 진술 내용과 조사과정을 비디오녹화기 등 영상물 녹화장치로 촬영·보존하여야 한다. ② ①에 따른 영상물 녹화는 피해자 또는 법정대리인이 이를 원하지 아니하는 의사를 표시한 경우에는 촬영을 하여서는 아니 된다.
심리의 비공개	성폭력범죄에 대한 심리는 그 피해자의 사생활을 보호하기 위하여 결정으로써 공개하지 아니할 수 있다.
신뢰관계에 있는 사람의 동석	법원은 범죄의 피해자를 증인으로 신문하는 경우에 검사, 피해자 또는 법정대리인이 신청할 때에는 재판에 지장을 줄 우려가 있는 등 부득이한 경우가 아니면 피해자와 신뢰관계에 있는 사람을 동석하게 하여야 한다.
진술조력인의 수사과정 참여	검사 또는 사법경찰관은 성폭력범죄의 피해자가 19세 미만 피해자등인 경우 형사사법절차에서의 조력과 원활한 조사를 위하여 직권이나 피해자 등의 신청에 따라 진술조력인으로 하여금 조사과정에 참여하여 의사소통을 중개하거나 보조하게 할 수 있다. 다만, 피해자 또는 그 법정대리인이 이를 원하지 아니하는 의사를 표시한 경우에는 그러하지 아니하다.

(2) 성폭력범죄의 처벌특례

고소 제한에 대한 예외	성폭력범죄에 대하여는 「형사소송법」 제224조(고소의 제한)에도 불구하고 자기 또는 배우자의 직계존속을 고소할 수 있다.
감경규정에 관한 특례	음주 또는 약물로 인한 심신장애 상태에서 성폭력범죄를 범한 때에는 형법상 감경규정을 적용하지 아니할 수 있다.
공소시효에 관한 특례	① 미성년자에 대한 성폭력범죄의 공소시효는 해당 성폭력범죄로 피해를 당한 미성년자가 성년에 달한 날부터 진행한다. ② 미성년자에 대한 강간 등의 죄는 디엔에이(DNA)증거 등 그 죄를 증명할 수 있는 과학적인 증거가 있는 때에는 공소시효가 10년 연장된다. ③ 13세 미만의 사람 및 신체적인 또는 정신적인 장애가 있는 사람에 대하여 강간 등의 죄를 범한 경우에는 공소시효를 적용하지 아니한다.
형벌과 수강명령 등의 병과	① 법원이 성폭력범죄를 범한 사람에 대하여 형의 선고를 유예하는 경우에는 1년 동안 보호관찰을 받을 것을 명할 수 있다. 다만, 성폭력범죄를 범한 「소년법」 제2조에 따른 소년에 대하여 형의 선고를 유예하는 경우에는 반드시 보호관찰을 명하여야 한다. ② 법원이 성폭력범죄를 범한 사람에 대하여 유죄판결(선고유예는 제외한다)을 선고하거나 약식명령을 고지하는 경우에는 500시간의 범위에서 재범예방에 필요한 수강명령 또는 성폭력 치료프로그램의 이수명령을 병과하여야 한다.

(3) 신상정보 등록

신상정보 등록 대상자	등록대상자는 판결이 확정된 날부터 30일 이내에 기본신상정보를 자신의 주소지를 관할하는 경찰관서의 장에게 제출하여야 한다.
출입국 시 신고의무	① 등록대상자가 6개월 이상 국외에 체류하기 위하여 출국하는 경우에는 미리 관할경찰관서의 장에게 체류국가 및 체류기간 등을 신고하여야 한다. ② ①에 따라 신고한 등록대상자가 입국하였을 때에는 특별한 사정이 없으면 14일 이내에 관할경찰관서의 장에게 입국 사실을 신고하여야 한다. 신고를 하지 아니하고 출국하여 6개월 이상 국외에 체류한 등록대상자가 입국하였을 때에도 또한 같다.
신상정보 등록의 면제	신상정보 등록의 원인이 된 성범죄로 형의 선고를 유예받은 사람이 선고유예를 받은 날부터 2년이 경과하여 면소된 것으로 간주되면 신상정보 등록을 면제한다.

4. 컴퓨터범죄 수사

(1) 컴퓨터범죄의 의의

컴퓨터범죄란 컴퓨터 및 프로그램 데이터 등에 대해 행하여지는 범죄 또는 각종 범죄행위에 컴퓨터를 사용하는 범죄이다.

(2) 컴퓨터범죄의 특징

구분기준	특징
범행동기	① 게임이나 단순한 유희 ② 정치적 목적이나 산업경쟁
행위자	① 행위자의 연령이 낮다. ② 죄의식이 희박하다.
범행행위	① 범행이 되풀이될 가능성이 높다. ② 발각이 어렵고 고의 입증이 곤란하다.

(3) 컴퓨터범죄의 유형

구분	의의
트로이목마 (Trojan horse)	프로그램 목적을 실행하면서 일부에서 부정한 결과가 나오도록 프로그램 속에 범죄자만이 아는 명령문을 삽입시켜 이용하는 방법
쌀라미 기법 (Salami techniques)	어떤 일을 정상적으로 수행하면서 관심 밖에 있는 조그마한 이익을 긁어 모으는 수법으로써 금융기관의 컴퓨터 체계에 이자계산시 단수 이하의 적은 금액을 특정계좌에 모이게 하는 방법 등
슈퍼 재핑 (Super zapping)	슈퍼잽(Super zap)이란 컴퓨터가 작동정지되어 복구나 재작동절차에 의하여 해결할 수 없을 때 사용하는 만능키와 같은 프로그램인데 이 프로그램의 강력한 힘을 이용하여 부정을 행하는 방법

5. 마약사범의 수사

(1) 의의

마약류	마약류란 마약·향정신성의약품 및 대마를 말한다.
마약	마약이란 양귀비, 아편, 코카인과 이로부터 추출되는 모든 알칼로이드로서 대통령령으로 정하는 것을 말한다.

(2) 마약의 종류

① 마약

㉠ 천연마약

양귀비	ⓐ 양귀비의 설익은 열매에 상처를 내면 알타로이드가 함유된 부액이 흘러 나오는데 이것을 긁어 모아 말리는 것을 생아편이라 한다. ⓑ 앵속(백색액 → 갈색) ⇨ 생아편 ⇨ 모르핀 ⇨ 헤로인
코카인	ⓐ 코카나무 잎에서 추출(抽出)되는 흰색의 결정성(結晶性) 알칼로이드 ⓑ 금단 증상으로 기생충이나 벌레들이 떼를 지어 스물스물 기어다니는 듯한 환촉현상(Cokebugs)을 경험한다. ⓒ 운동선수들이 많이 사용하며 육체적 의존성보다는 정신적 의존성, 습관이 크다. ⓓ 코로 흡입하거나 또는 주사를 이용하여 사용한다.
모르핀	ⓐ 1803년 독일에서 만들어졌으며 '꿈의 신'인 Morpheusdml 이름을 따서 모르핀이라 한다. ⓑ 아편보다 효력이 강하고 설사약으로 가장 강력한 진통제이다. ⓒ 헤로인의 원료

㉡ 반합성 마약

헤로인	ⓐ 폐렴, 결핵치료제로 개발되어 독일의 Bayer사에서 Heroin이라는 상표로 판매하기 시작하였다. ⓑ 모르핀을 원료로 초산을 화학합성하여 아세틸화한 것으로 독성은 모르핀보다 10배 이상 강하고 금단현상도 마약 중 제일 강하다. ⓒ 순백색이 가장 순도가 높다. ⓓ 물에 쉽게 녹기 때문에, 정맥주사를 사용한다.

② 대마

대마초 (마리화나)	㉠ 식별이 용이한 생육기간인 7~9월에 집중단속한다. ㉡ 대마초의 종자, 뿌리 및 성숙한 대마초의 줄기와 그 제품은 대마에서 제외된다. ㉢ 대마 종자의 단순소지나 매매는 처벌되지 않는다. ㉣ 대마초의 뿌리는 마약류 관리에 관한 법률상 대마에 해당하지 않는다. ㉤ 흡연·섭취할 목적으로 대마초 종자의 껍질을 소지하는 행위는 처벌되나 단순 소지는 처벌하지 않는다.
해쉬쉬 (대마수지)	성숙한 대마의 정상 꽃대 부분의 수지성 분비물을 알코올로 침출, 채취 또는 가마솥에서 증류하여 건조 농축한 제품으로 마리화나보다 10배 가량 효과가 높다.

해쉬쉬 미네랄 오일	㉠ 대마수지를 농축 또는 건조하지 않고 정제된 수지를 병이나 캔 속에 넣어두고 기름형태 그대로 사용하는 것으로 마리화나보다 10배 가량 효과가 높다. ㉡ 알콜·설탕·꿀에 타서 마시거나 담배외벽에 발라서 피우기도 한다.

③ 향정신성 의약품

메스암페타민	㉠ 히로뽕 또는 필로폰으로 불리는 것으로 1919년 일본에서 개발되었고 2차 세계대전 중 독일병사들의 피로감 회복을 위해 광범위하게 사용되었다. ㉡ 초기에는 비만이나 체중조절 등의 식욕억제제로 사용되었다. ㉢ 염산에페트린, 지오닐, 클로로포름을 원료로 사용하여 각 공정을 거쳐서 제조하는 것으로 가장 주된 원료는 염산에페트린이며, 일반적으로 감기약의 제조원료로 쓰인다.
야바	㉠ 야바는 태국에서는 '말처럼 힘이 솟고 발기에 좋은 약'이라 하여 'Horse Medicine'으로 통용되고 있다. ㉡ 태국 등 동남아시아 지역에서 주로 생산되어, 육체노동자·운전기사 등을 중심으로 급속히 확산되고 있다. ㉢ 원재료가 화공약품인 관계로 양귀비의 작황에 좌우되는 헤로인과는 달리 안정적인 제조가 가능하다. ㉣ 카페인, 에페드린, 밀가루 등에 필로폰을 혼합한 것으로 순도가 20~30% 정도가 낮다.
엑스터시	㉠ 1949년 독일에서 식용감퇴제로 개발되었다. ㉡ 기분이 좋아지는 약, 포옹마약, 클럽마약, 도리도리 등으로 지칭된다. ㉢ 육체적 증상으로는 신체적 접촉욕구가 강하게 나타난다. ㉣ 복용자는 나이트클럽 등에서 막대사탕을 물고 있거나 물을 자주 마시는 등의 행동을 보인다.
GHB (물뽕)	㉠ 무색무취로 짠맛이 나며 소다수 등 음료에 타서 복용하여 "물 같은 히로뽕"이라는 뜻으로 일명 "물뽕"으로 불리운다. ㉡ 미국, 캐나다, 유럽 등지에서 성범죄용으로 악용되어 "데이트 강간약물"로도 불리운다. ㉢ 근육강화 호르몬 분비효과가 있다. ㉣ 사용 후 15분 후에 효과가 나타나, 3시간 지속되며 24시간 내에 인체에서 빠져나가기 때문에 사후 추적이 불가능하다.
러미나	㉠ 러미나는 본래 진해거담제로 감기 및 기관지염의 치료에 쓰이는 약물로 진해거담제에 들어 있는 텍스트로 메트로판은 지나치게 많이 복용하면 눈동자가 풀리고 사물이 흐릿하게 보이며 목이 마르고 음식물을 삼키기 힘든 증상 등이 나타난다. ㉡ 러미나는 청소년들 사이에서 소주에 타서 마시고 정글쥬스라고도 불리운다.
카리소프로돌 (S정)	㉠ 카리소프로돌은 근골격계 질환 치료제로 쓰이는 약물이다. ㉡ 금단증상으로 온몸이 뻣뻣해지고 혀 꼬부라지는 소리를 낸다.
L.S.D	㉠ 중추신경흥분제로 무미·무취·무색으로 강한 흥분적 성분을 가진 환각제이다. ㉡ 1938년 스위스의 알버트 호프만 박사가 호밀에서 자라는 깜부기병균(맥각)에서 추출하여 인공적으로 합성하였다. ㉢ 미량으로 사용하는 것이 보통이며 사용방법은 종이에 묻혔다가 뜯어서 입에 넣는 방법을 택하기도 한다. ㉣ 내성이나 심리적 의존현상은 있지만 금단증상은 일으키지 않는다고 알려져 있으며, 일부 남용자들은 '플래시백 현상'을 일으키기도 한다.

프로포폴	⊙ 페놀계 화합물로 흔히 수면마취제라고 불리는 정맥마취제로서 수면내시경검사 마취 등에 사용된다. ⓒ 무색투명한 앰플에 백색의 전질 균등한 유탁액이 든 주사제로 일명 우유주사라고도 불린다. ⓒ 환각제 대용으로 오남용되는 사례가 있으며, 정신적 의존성을 유발하기도 한 탓에 2011년에 「마약류 관리에 관한 법률」에 따라 향정신성의약품으로 지정되었다. ② 대표적인 부작용으로는 과량으로 투여했을 경우에 발생할 수 있는 호흡억제 문제가 있다.
메스카린	미국의 텍사스나 멕시코 북부지역에서 자생하는 선인장인 페이요트에서 추출·합성한 향정신성 의약품이다.
펜싸이 크라딘	마취제나 진통제로 사용되었으며, 천사의 가루로 호칭되며 남용되었다.
사이로사이빈	남미에서 자생하는 검고 작은 버섯에서 추출한 것으로 알카로이드로 사용시 환각작용을 일으킨다.

CHAPTER 03 경비경찰활동

제1절 | 경비경찰

01 경비경찰의 의의

의의	① 국가비상사태·긴급사태시 조직적 부대활동 단위로서, 대응하고자 하는 경찰 ② 경비경찰 : 공공의 안녕과 질서유지를 직접 목적
대상	① 사람에 의한 경우는 물론이고 풍수해 등 자연력에 의한 경우도 포함한다. ② 개인적·단체적 불법행위 : 치안경비·특수경비(대테러)·경호경비·중요시설 경비 ③ 인위적·자연적 재해 : 혼잡경비·재해경비 ◆ 경비경찰의 대상은 불법행위와 관련이 없어도 그 대상이 될 수 있다. ◆ 집단적 폭력이나 단체·집합의 위력을 보여 폭행한다 해도 개인적 법익의 침해나 일반 시설에 대한 경비는 경비경찰의 대상이 아니다.

02 경비경찰의 특성

복합기능적 활동	① 사후진압적·사전예방적 활동 ② 종합 업무적인 성격(정보, 교통, 수사, 경비활동이 모두 포함됨)
현상유지적 활동	① 경비활동은 기본적으로 현재의 질서상태를 보존하는 것에 가치를 둔다고 볼 수 있음 ② 정태적·소극적인 의미의 현상유지적 활동이 아니라, 새로운 변화와 발전을 보장하기 위한 동태적·적극적인 의미의 현상유지작용 ◆ 경찰소극목적의 원칙은 경비경찰의 현상유지적 활동과 연관되는 조리상의 원칙이다.
즉응적 활동	① 경비경찰의 활동은 특정한 기한 없이 그러한 사태가 종료될 때, 동시에 해당업무도 종료되는 것이 하나의 특성에 해당 ② 즉응태세의 순서 : 선조치 후보고의 원칙
조직적인 부대활동	경비경찰은 개인단위로 활동하기보다는 보통 부대단위로 경비사태에 조직적이고 집단적이며 물리적인 힘으로 대처하는 것을 그 특징으로 함
하향적 명령에 따르는 활동	① 경비경찰의 활동은 부대활동으로서 하향적인 명령에 의하여 움직이는 활동으로 책임의 소재가 분명하다는 특징이 있음 ② 경비경찰은 명령에 의한 활동인 만큼 부대원 각 개인의 재량이 적기 때문에 수명사항에 대한 활동의 결과는 지휘관이 책임지는 경우가 많은 것이 특징임
직접적인 안녕 및 질서유지활동	경비경찰의 활동 결과는 국가사회 전반에 직접적으로 큰 영향을 줄 수 있다는 것이 특징임

제2절 경비경찰의 기본원칙

01 경비경찰의 일반적 원칙

비례의 원칙	① 경비경찰의 질서권 발동의 조건과 그 정도는 공공질서 유지를 위하여 개인의 자유를 제한할 경우에 필요한 최소범위 내에서 행해져야 한다는 원칙 ② 비례의 원칙은 임의수단에 대해서도 적용되나 특히 강제수단에서 중요함
보충성의 원칙	다른 사회 일반적인 방법으로 통제 불가능할 때 최후수단으로서 개입
적시성의 원칙	경비경찰권은 경비상황의 발생에 따른 개입의 조건을 고려하여 가장 적합한 시기에 발동되어야 한다는 원칙

02 경비경찰활동의 원칙

1. 경비경찰의 조직운영 원칙

조직운영의 원칙	내용
부대단위활동의 원칙	① 경비경찰은 업무의 성격상 개인적 활동보다는 부대단위활동으로 이루어지는 경우가 많다. ② 부대에는 반드시 그 부대를 지휘하는 지휘관이 있고, 지휘를 받는 직원 및 대원이 있으며 하급 부대원들을 관리하기 위한 지휘권과 장비가 편성되며 임무수행을 위한 보급지원체제를 갖추고 있어야 한다. ③ 부대의 관리와 임무의 수행을 위한 최종결정은 지휘관만이 할 수 있고 부대의 성패는 지휘관에 의해 크게 좌우되는 것이다.
지휘관단일성의 원칙	① 효율적인 업무수행을 위해 지휘관은 단일해야 한다는 원칙으로 의사결정의 과정에서까지 단일해야 한다는 의미는 아니다. ② 지휘관 단일성은 경비경찰업무의 신속한 처리를 위하여 절실히 요청된다.
체계통일성의 원칙	① 경비경찰은 책임과 임무의 분담이 명확히 이루어지고 명령과 복종의 체계가 통일되어야 함을 의미한다. ② 임무를 중복 부여하는 것은 경비경찰 업무의 효율성을 저해할 수 있다.
치안협력성의 원칙	업무수행과정에서 국민(주민)과 협력을 이루어야 효과적인 목적 달성이 가능하다.

2. 경비수단의 기본원칙

균형의 원칙	군중의 수와 성향에 맞는 적절한 경력 운용(경력낭비의 최소화)
위치의 원칙	경비사태에 실력행사를 할 경우에 유리한 지점과 위치를 확보하여야 한다는 원칙
적시의 원칙	가장 허약한 시점에 집중적이고 강력한 실력행사를 하여야 한다는 원칙
안전의 원칙	진압하는 과정에서 사고 없이 안전하게 진압해야 한다는 원칙

◆ 보충의 원칙 (×)

3. 경비수단의 종류

간접적 실력행사	경고	① 경비부대를 전면에 배치 또는 진출시켜 위력을 과시하거나 경고하여 범죄실행의 의사를 자발적으로 포기하도록 하는 간접적 실력행사이다. ② 관계자에게 주의를 촉구하는 사실상의 통지행위이며 임의처분이다. ③ 경찰관 직무집행법(제5조)에 근거를 두고 있다. ④ 경고가 임의처분이라도 경찰비례의 원칙은 적용되어야 한다.
직접적 실력행사	제지	① 경비사태를 예방·진압하기 위한 강제처분으로 세력분산·통제파괴·주동자 및 주모자의 격리 등을 실시하는 직접적 실력행사이다. ② 제지는 반드시 법률에 근거를 두어야 하고, 경찰비례의 원칙이 적용되어야 한다는 것이다. ③ 경찰관 직무집행법(제6조)에 근거하고 있으며, 즉시강제에 해당하는 강제처분이다. ④ 제지행위는 강제처분행위로서 무기의 사용은 허용될 수 있다.
	체포	① 상대방의 신체를 구속하는 강제처분이며, 직접적 실력행사이다. ② 체포는 명백한 위법일 때 실력을 행사하는 행위이다. ③ 형사소송법에 근거를 두고 있다.

◆ 경비수단으로 실력행사의 정해진 순서는 없으므로 반드시 경고, 제지, 체포의 순으로 할 필요는 없다.

제3절 │ 경비경찰과 그 법적 토대

01 경비경찰권 발동의 법적 근거

헌법 (제37조 제2항)	국민의 모든 자유와 권리는 국가안전보장·질서유지 또는 공공복리를 위하여 필요한 경우에 한하여 법률로써 제한할 수 있으며, 제한하는 경우에도 자유와 권리의 본질적인 내용을 침해할 수 없다. ◆ 국가안전보장이나 공공복리를 위해 필요한 경우에 한하여 법령(법률 + 명령)으로 제한할 수 있다. (×)

법률	① 국가경찰과 자치경찰의 조직 및 운영에 관한 법률 : 국가경찰과 자치경찰의 조직 및 운영에 관한 법률 제3조(경찰의 임무)에 경비경찰의 활동근거를 제시하고 있음
	② 경찰관 직무집행법
	    ㉠ 각종 경찰업무의 범위 및 발동요건이 구체적으로 규정되어 있음
	    ㉡ 경비경찰권 발동의 가장 주된 법률
	    ㉢ 지하철의 무정차 통과, 시위군중의 상경저지 등도 범죄예방 차원에서 경찰관 직무집행법 제6조에 근거하여 인정될 수 있음

02 행사안전경비(혼잡경비)

1. 행사안전경비의 개념

의의	① 미조직된 군중에 의하여 발생되는 자연적인 혼란상태를 사전에 예방·경계하고, 사전에 필요한 부대배치와 예비경력을 확보하여 돌발사태에 대비하는 경비경찰활동이다. ② 기념행사, 경기대회, 제례의식 등이 행사안전경비의 대상에 해당된다. ③ 행사안전경비와 다중범죄진압 경비는 군중의 조직화 정도에 차이가 있다.
법적 근거	① 국가경찰과 자치경찰의 조직 및 운영에 관한 법률 ② 경찰관 직무집행법 ③ 집회 및 시위에 관한 법률은 행사안전경비의 법적 근거에 해당하지 않는다.

2. 행사안전경비실시의 경우 부대의 편성·배치

(1) 편성과 배치

편성	① 치안상 문제 없는 행사 : 가급적 경찰배치를 지양(최소 경력 배치)
	② 치안상 문제가 있는 행사 : 정보·교통요원 등 최소 경력 배치
	③ 영리를 목적으로 개최되는 행사(수익성 행사)
	   ⊙ 수익자 부담의 원칙에 따라 행사장의 안전은 주최측이 담당함
	   ⓒ 주최측의 요청시에는 민간경비 등을 최대한 활용하여 행사안전을 확보하고, 경찰력은 부득이한 경우에 지원함
	   ⓒ 예비대의 운용여부 : 전적으로 경찰 판단하에 실시
	     ◆ 주최측과 협조하에 실시 (×)
	     ◆ 올림픽이나 월드컵은 대규모 국가적 행사로 수익자 부담의 원칙을 적용하지 않고, 사전에 충분한 부대배치가 이루어져야 한다.

배치	① 경비경력은 군중이 입장하기 전에 사전배치가 원칙이다. ② 관중석에 배치되는 예비대는 단시간 내에 효율적으로 혼란예상지역에 도달할 수 있도록 통로 주변에 배치한다.

(2) 군중정리의 원칙

밀도의 희박화	① 제한된 면적의 특정한 지역에 사람이 많이 모이면 상호 간에 충돌현상이 나타나고 혼잡을 야기시키게 되므로 가급적 많은 사람이 모이는 것을 회피케 하는 것이다. ② 대규모 군중이 모이는 장소는 사전에 블럭화한다.
이동의 일정화	군중은 현재의 자기 위치와 갈 곳을 잘 몰라 불안감과 초조감을 갖게 되므로 일정방향으로 일정한 속도로 이동을 시켜 주위의 상황을 파악할 수 있는 여건을 조성시킴으로써 안정감을 갖도록 하는 것이다.
경쟁적 사태의 해소	① 군중이 질서를 지키면 손해를 볼 수 있다는 분위기를 느끼게 되면 남보다 먼저 가려고 하는 심리상태로 인하여 혼란상태가 발생하므로 질서 있게 행동하면 모든 일이 잘될 수 있다는 것을 납득시켜야 한다. ② 차분한 목소리로 안내방송을 하는 것도 한 방법이다.
지시의 철저	자세한 안내방송으로 지시를 철저히 해서 혼잡한 사태를 회피하고 사고를 방지할 수 있다.

03 선거경비

1. 선거경비의 방침

의의	선거경비는 혼잡경비, 특수경비, 경호경비, 다중경비 등 종합적인 경비활동이 요구되는 경비활동
비상 근무 체제	① 경계강화기간 : 선거기간 개시일부터 선거 전일까지 ② 선거일부터 개표종료시까지 : 갑호비상
후보자 신변보호	**대통령선거** ① 기간 : 후보자 등록시부터 당선 확정시까지(을호 경호 대상) ② 을호 경호 대상자 : 경찰 책임하 실시 ③ 사형·무기·장기 7년 이상의 징역이나 금고에 해당하는 죄를 범한 경우를 제외하고는 현행범이 아니면 체포 또는 구속되지 아니하며, 병역 소집의 유예를 받음 ④ 신변경호를 원하지 않는 후보자 : 각 시·도경찰청별로 관내 유세기간 중 근접 배치함 **지자체 및 국회의원** ① 사형·무기 또는 장기 5년 이상의 징역이나 금고에 해당하는 죄를 범한 경우를 제외하고는 현행범인이 아니면 체포 또는 구속되지 아니하며 병역 소집의 유예를 받음 ② 각 선거구를 관할하는 경찰서에서는 후보자가 원할 경우 전담 경호요원 2~3명을 배치

2. 개표소 경비

1선 (개표소 내부)	개표소 내부의 사전안전검측	경찰은 보안안전팀을 운영하고 선관위와 협조하여 개표소 내·외곽에 대한 사전 안전검측을 실시하고 안전을 유지
	개표소 내부의 출입구 경비	개표소 출입구에 선관위직원과 경찰합동으로 출입자 통제(정·사복 혼합배치)
	개표소 내부 경비	① 개표소 내부는 선거관리위원회 위원장의 책임하에 질서를 유지함 ② 개표소 내부에 질서문란행위가 발생한 경우에 선거관리위원회 위원장 또는 선거관리위원의 요청이 있는 경우에만 정복경관을 투입하여 질서유지 ③ 개표소 내부의 질서가 회복되거나 선거관리위원회 위원장의 요구가 있을 때에는 즉시 퇴거함
제2선 (울타리 내곽)		① 선거관리위원회와 경찰합동으로 출입자 통제 ② 2선의 출입문은 되도록 정문만을 사용하고 기타 출입문은 시정함
제3선 (울타리 외곽)		검문조·순찰조를 운용하여 위해 기도자의 접근 차단

04 재해경비

의의	자연적인 재해 또는 사회적인 재난으로부터 국민의 생명과 재산을 보호하고 공공의 안녕을 유지하기 위하여 이를 예방·경계·진압하는 경비경찰활동
유형	재난의 유형은 자연재난과 사회재난으로 구분함
특별재난지역	대통령령으로 정하는 재난의 발생으로 인하여 국가의 안녕 및 사회질서의 유지에 중대한 영향을 미치거나 당해 재난으로 인한 피해의 효과적인 수습 및 복구를 위해 특별한 조치가 필요하다고 인정되는 경우에 선포하여 특별지원을 할 수 있는 지역
중앙재난안전대책본부	① 행정안전부에 중앙재난안전대책본부(중앙대책본부)를 둔다. ② 중앙대책본부장은 행정안전부장관이 된다. ③ 해외재난의 경우에는 외교부장관이, 방사능재난의 경우에는 원자력안전위원회 위원장이 각각 중앙대책본부장의 권한을 행사한다.
재난관리방식	① 재난이 발생하면 1차적인 조치의 권한 및 책무는 관계행정기관장이 가진다. ② 행정안전부장관(중앙대책본부장)은 국가 및 지방자치단체가 행하는 재난 및 안전관리 업무를 총괄·조정한다. ③ 특별재난지역은 중앙대책본부장의 건의에 의하여 대통령이 선포한다. ◆ 경찰은 재난 때 긴급지원기관으로서의 임무를 수행하고, 지역통제단장은 시·도는 소방본부장이 맡고, 시·군·구는 소방서장이 맡는다.

재난관리체계	① 예방단계
	   ㉠ 예방단계는 재난요소를 사전에 제거하는 행위, 피해 가능성을 최소화하는 행위, 그 피해를 분산시키는 행위를 말한다.
	   ㉡ 예방단계에서는 정부합동안전점검, 재난관리체계 등의 평가활동을 한다.
	② 대비단계
	   ㉠ 대비단계는 재난발생을 예상하여 그 피해를 최소화하고, 원활한 대응을 위한 준비를 수행하는 과정이다.
	   ㉡ 대비단계에서는 기능별 재난대비 활동계획 작성, 재난분야 위기관리 매뉴얼 작성, 재난대비훈련을 한다.
	③ 대응단계 : 대응단계는 실제로 재난이 발생하였을 때 수행해야 할 행동으로 응급조치, 긴급구조 등이 있다.
	④ 복구단계
	   ㉠ 복구단계는 재난으로 인한 혼란상태가 상당히 안정되고 응급적인 인명구조와 재산의 보호활동이 이루어진 후에 재난 전의 정상상태로 회복시키기 위한 활동을 말한다.
	   ㉡ 복구단계에서는 재난피해조사, 특별재난지역의 선포 등을 한다.

재난상황실의 설치	재난상황실은 치안상황관리관 또는 시·도경찰청장·경찰서장이 필요하다고 판단할 경우에 재난구분과 관계없이 설치·운용할 수 있다. 다만, 심각단계에서는 반드시 설치하도록 규정되어 있다.

05 중요시설 경비

1. 의의

중요시설 경비의 의의	국가보안목표로 지정된 중요시설과 보안상 중요하다고 인정되는 시설에 대하여 적이나 불순분자의 각종 위해행위로부터 시설을 보호하기 위한 제반 활동
국가중요시설의 지정	매년 국방부장관이 관계행정기관의 장 및 국가정보원장과 협의하여 지정
근거법규	통합방위법, 통합방위법시행령, 통합방위 지침(대통령 훈령 28호)

2. 중요시설의 분류

(1) 형식적 분류(사용목적상의 분류)

행정시설	청와대, 국회의사당, 대법원, 중앙부처기관, 한국은행, 지방관청 등
산업시설	일반산업시설, 발전시설, 변전시설, 방송·통신시설 등

(2) 실질적 분류(시설이 국가안전에 미치는 중요도에 의한 분류)

가급	① 적에 의하여 점령 또는 파괴되거나 기능마비시 광범위한 지역의 통합방위작전수행이 요구되고 국민생활에 결정적인 영향을 미칠 수 있는 시설 ② 청와대, 국회의사당, 대법원, 정부중앙청사, 국방부, 한국은행본점 등
나급	① 적에 의하여 파괴되거나 기능마비시 일부지역의 통합방위작전수행이 요구되고 국민생활에 중대한 영향을 미칠 수 있는 시설 ② 경찰청, 대검찰청, 국책은행 등
다급	① 적에 의하여 파괴되거나 기능마비시 제한된 지역에서 단기간 통합방위작전수행이 요구되고 국민생활에 상당한 영향을 미칠 수 있는 시설 ② 기타 중앙행정기관의 청 등

3. 방호지대(3지대 방호지대구축)

1지대 (경계지대)	① 목지점 및 감제고지 등을 장악하는 선 ② 매복을 실시하는 것이 효과적 방호에 해당	
2지대 (주방어지대)	① 결정적으로 중요시설을 방호하는 선 ② 시설 울타리를 연결하는 선 ③ 소총의 유효사거리 ④ 초소 설치 및 CCTV 설치(방호시설을 집중적으로 설치) ⑤ 순찰 등을 활용	예 국정원
3지대 (핵심방어지대)	① 최후 방호선 ② 지하화, 방호벽, 방화벽 ③ 유사시 결정적 보호가 될 수 있도록 경비인력을 증가 배치해야 함(상시경계체제유지)	

4. 시설의 방호지도 및 감독책임

개요	① 국가중요시설의 관리자
	    ㉠ 경비·보안 및 방호책임을 지며, 통합방위사태에 대비하여 자체방호계획을 수립하여야 함
	    ㉡ 자체방호계획을 수립하기 위하여 필요하면 시·도경찰청장 또는 지역군사령관에게 협조를 요청할 수 있음
	② 시·도경찰청장 또는 지역군사령관: 통합방위사태에 대비하여 국가중요시설에 대한 방호지원계획을 수립·시행하여야 함
	③ 평시 방호활동에 대한 지도·감독: 관계 행정기관의 장과 국가정보원장이 수행함

제1차적 방호책임	사태의 구분 없이 시설의 관리자가 보유함
평시	① 시설의 관리자의 방호책임하에 실시함 ② 중요시설은 관리자의 방호책임하에 실시하는 것으로 평상시에는 부득이한 경우를 제외하고는 경찰력을 지원하지 않는다.
비상시	① 갑종 사태시: 지역군사령관(통합방위 본부장) ② 을종 사태시: 지역군사령관 ③ 병종 사태시: 경찰책임지역내의 군 지도감독시설을 제외하고는 당해 시·도 지방경찰청장
전시	전 중요시설(군의 직접 경비담당시설 제외)을 경찰이 담당

TIP

🛡 갑종 사태

대규모의 적의 침투 또는 대량살상무기공격 등의 도발로 인한 비상사태로서 통합방위본부장 또는 지역군사령관의 지휘·통제하에 통합방위작전을 수행하여야 할 사태

중요시설방호책임	작전지휘권자	선포권자	선포건의권자
통합방위본부장 지역군사령관	통합방위본부장 지역군사령관	대통령	국방부장관

🛡 을종 사태

일부 또는 수개 지역에서 적의 침투·도발로 인하여 단기간 내에 치안회복이 어려워 지역 군사령관의 지휘·통제하에 통합방위작전을 수행하여야 할 사태

중요시설방호	작전지휘권자	선포권자	선포건의권자
지역군사령관	지역군사령관	시·도지사	① 지역군사령관 ② 함대사령관 ③ 시·도경찰청장

병종 사태

적의 침투·도발위협이 예상되거나 소규모의 적이 침투한 때에 시·도경찰청장·지역군사령관 또는 함대사령관의 지휘·통제하에 통합방위작전을 수행하여 단기간 내에 치안이 회복될 수 있는 사태

중요시설방호	작전지휘권자	선포권자	선포건의권자
시·도경찰청장	① 시·도경찰청장 ② 지역군사령관 ③ 함대사령관	시·도지사	① 지역군사령관 ② 함대사령관 ③ 시·도경찰청장

2 이상의 시·도에 걸쳐 을종·병종 사태 선포

2 이상의 시·도에 걸쳐	을종 사태	선포시	국방부장관의 건의로	대통령이 선포
	병종 사태		국방부장관, 행안부장관의 건의로	

06 다중범죄진압

1. 다중범죄진압의 의의

특정 집단의 주장·조건 등을 관철시킬 목적으로 나타나는 조직된 군중에 의한 불법집단행위를 예방·경계·진압하는 경비경찰의 활동이다.

2. 다중범죄의 특징

확신적 행동성	① 자신의 사고가 정의라는 확신을 가지고 감행하는 경우가 많다(죄의식이 희박). ② 이들의 행동은 과감하고 전투적이며 희생을 스스로 자초하는 경우가 많다.
조직적 연계성	전국적으로 공통성이 있으며 조직도 전국적으로 연계되어 있는 경우가 많다.
부화뇌동적 파급성	아주 작은 동기에 의하여 발생하기도 하고 일단 발생되면 부화뇌동으로 인하여 갑자기 확대될 수도 있다.
비이성적 단순성	이들의 주장내용이 아주 편협하여 타협이나 설득이 어려운 경우가 많다.

3. 다중범죄의 정책적 치료법

선수승화법	사전에 불만 및 분쟁요인을 찾아 해소시켜주는 방법 **사례** A지역의 재건축과 관련하여 일부 세입자들이 이주비 보상 및 영구 임대아파트 보장을 요구하며 시위를 벌이려고 한다는 첩보가 입수되어 A경찰서 정보과에서는 구청장 및 재건축 조합장과의 면담을 주선하여 대화에 의한 타협을 보았다.
전이법	규모가 큰 행사를 개최함으로써 원래의 이슈가 상대적으로 약화되도록 하는 방법
지연정화법	시간을 끌어 분노의 감정을 둔화시켜 흥분을 가라앉게 하는 방법

경쟁행위법	불만 집단과 이에 반대하는 대중의견을 크게 부각시켜 불만집단이 위압되어 자동해산 및 분산되도록 하는 방법
	📖 사례 서울 지하철 노조가 객관적으로 명분 없는 지하철 운행 중단을 실시하자 언론에 일반 시민의 불만과 비난의 목소리가 크게 부각되었다. 이에 당황한 지하철 노조는 스스로 지하철 정상운행에 복귀하였다.

4. 진압의 기본원칙

봉쇄·방어	사전에 진압부대가 점령하거나 바리케이트 등으로 봉쇄하여 방어 조치를 취하는 방법
차단·배제	군중이 목적지에 집결하기 전에 중간에서 차단하여 집합을 못하게 하는 방법
세력분산	가스탄 등을 사용하여 집합된 군중을 해산
주동자 격리	주모자(主謀者)를 사전에 검거하거나 군중과 격리시킴으로써 군중의 집단적 결속력을 약화시켜 계속된 행동을 못하게 진압하는 방법

5. 진압의 3원칙 : 신속한 해산·주모자 체포(사전에 검거)·재집결 방지

6. 집회·시위의 관리대책

(1) 행사시

행사장 내부	① 집회 및 시위에 관한 법률 　㉠ 원칙 : 경찰 투입 불가 　㉡ 예외 : 질서유지 차원에서 현장책임자의 허가와 주최자에게 통보 + 정복경관을 투입 　　◆ 사복경찰 투입 (×) ② 다중범죄진압 : 행사장 내부라도 범죄정보 수집을 위해 사복경관 투입이 가능함
행사장 주변	근무복 배치하여 질서유지
행사장 원거리	사복요원을 배치

(2) 행진시

정상 행진시	① 제1선 : 여경·교통의경을 배치 ② 제2선 : 근무복을 배치 ③ 진압복(타격대) : 비노출
불법시위로 변질시	① 1차 여경을 2선으로 이동조치, 근무복만으로 차단 ② 정상행진으로 복귀시 여경·근무복 재배치

07 경호경비

1. 서설

① 경호의 의의
  ㉠ 호위 : 신체에 대하여 직접적으로 가해지는 위해를 방지하는 행위
  ㉡ 경비 : 특정한 지역을 경계, 순찰, 방비하는 행위
② 경호경비의 특색 : 한번 실패하면 사후에 보완이 불가능하다.
③ 3중 경호원리 ◆ 경호의 주된 부서 : 대통령경호처

제1선 (안전구역)	㉠ 이것은 VIP 승·하차지점, 행사장 내부로 피경호자에게 직접적으로 위해를 가할 수 있는 거리 내의 지역 ㉡ 경호에 대한 주관 및 책임은 대통령경호처에서 직접 계획을 수립·실시하고 경찰은 대통령경호처 요청시 경력 및 장비를 지원함 ㉢ 출입자 통제관리, MD설치 운용, 비표확인 및 출입자 감시
제2선 (경비구역)	㉠ 제1선을 제외한 행사장 중심으로 소총의 유효사거리를 고려한 거리의 개념으로 설정된 선 ㉡ 일반적인 경호책임은 경찰이 담당하고, 군부대 내일 경우에는 군이 담당함 ㉢ 바리케이트 등 장애물 설치, 예비대 운영 및 구급차, 소방차를 대기함
제3선 (경계구역)	㉠ 행사장 중심으로 적의 접근을 조기에 경보하고 차단하기 위하여 설정된 선 ㉡ 제3선에서 임무는 주변 동향파악과 직시고층건물 및 감제고지에 대한 안전확보, 우발사태에 대비책을 강구하며 피경호자에 대한 위해요소를 제거하는 데 있음 ㉢ 통상 경찰이 경호책임을 담당 ㉣ 감시조 운영 및 원거리 기동순찰조를 운영

2. 경호의 대상

갑호	① 대통령과 그 가족 ② 대통령당선인과 그 가족 ③ 본인의 의사에 반하지 아니하는 경우에 한하여 퇴임 후 10년 이내의 전직대통령과 그의 배우자 ④ 대통령권한대행과 그 배우자 ⑤ 그 밖에 경호처장이 경호가 필요하다고 인정하는 국내외 요인
을호	국회의장, 대법원장, 국무총리, 헌법재판소장, 전직대통령(퇴임 후 10년 경과), 대통령선거후보자
병호	경찰청장이 필요하다고 인정한 사람
A·B·C·D 등급	방한하는 외국의 국가원수 또는 행정수반과 그 배우자
E·F등급	그 외 나머지

◆ 대통령 경호처 주관 : 갑호, A·B·C·D 등급
◆ 경찰 책임 : 을호, 병호, E·F 등급

3. 행사 성격에 의한 경호의 구분

완전공식	대규모 국가적인 행사로 사전에 언론을 통해 완전히 공개된 행사 예 대통령 취임식, 아시아유럽정상회의 ASEM 등
공식	연례적·통상적으로 실시하는 공개된 행사 예 국경일 행사, 기념일 행사
비공식	보안유지가 요구되는 비공개 행사시 실시하는 경호 예 현장 방문 행사
완전비공식	정무 또는 사무상 필요에 의해 사전 통보나 절차 없이 이루어지는 행사 예 비공식방문, 운동, 공연관람, 민정시찰, 사저활동

4. 경호의 4대 원칙

목표물 보존의 원칙 (보안의 원칙)	① 위해기도자로부터 피경호자를 떼어놓는 원칙 ② 행사코스·행사 예정 장소 등은 비공개 ③ 동일 장소에 수차 행차하였던 곳은 가급적 피한다. ④ 도보 행차는 가급적 제한되어야 한다.
자기 희생의 원칙	자기가 희생하는 한이 있더라도 피경호자의 신변의 안전은 보호되어야 한다.
하나의 지정된 지점을 통한 접근의 원칙	피경호자와 접근할 수 있는 통로는 경호상 통제된 유일한 통로만이 필요하고 여러 개의 통로는 필요가 없다는 원칙
자기 담당 구역 책임 원칙	경호원은 자기담당구역 내에서 일어나는 어떠한 사태에 대하여도 다른 사람 아닌 자기만이 책임을 지고 해결하여야 한다는 원칙

◆ 동원경력 : 2시간 전에 배치
◆ MD(금속탐지기) : 제1선에 3시간 전에 배치완료

08 대테러 업무

1. 서설

테러의 정의	정치적 또는 사회적 영향력을 증대하기 위한 목적으로 조직적이고 계획적으로 비합법적인 폭력을 사용하거나 위협함으로써 상징적인 인물이나 불특정 다수에게 심리적인 공포심을 부여하는 행위

대테러 부대	① 경찰청 경비국 위기관리센터에서 담당
	② KNP868
	    ㉠ 86아시안게임과 88올림픽을 대비하여 만들어진 경찰특수부대
	    ㉡ 현재는 서울경찰청 직할부대

2. 국민보호와 공공안전을 위한 테러방지법

정의	① "테러"란 국가·지방자치단체 또는 외국 정부(외국 지방자치단체와 조약 또는 그 밖의 국제적인 협약에 따라 설립된 국제기구를 포함한다)의 권한행사를 방해하거나 의무 없는 일을 하게 할 목적 또는 공중을 협박할 목적으로 하는 여러 행위를 말한다. ② "테러단체"란 국제연합(UN)이 지정한 테러단체를 말한다. ③ "테러위험인물"이란 테러단체의 조직원이거나 테러단체 선전, 테러자금 모금·기부, 그 밖에 테러 예비·음모·선전·선동을 하였거나 하였다고 의심할 상당한 이유가 있는 사람을 말한다. ④ "외국인테러전투원"이란 테러를 실행·계획·준비하거나 테러에 참가할 목적으로 국적국이 아닌 국가의 테러단체에 가입하거나 가입하기 위하여 이동 또는 이동을 시도하는 내국인·외국인을 말한다.
국가테러대책위원회	① 국가테러대책위원회는 국무총리 및 관계기관의 장 중 대통령령으로 정하는 사람으로 구성하고 위원장은 국무총리로 한다. ② 관계기관의 대테러활동으로 인한 국민의 기본권 침해 방지를 위하여 대책위원회 소속으로 대테러 인권보호관 1명을 둔다.
테러위험인물에 대한 정보 수집 등	① 국가정보원장은 테러위험인물에 대하여 출입국·금융거래 및 통신이용 등 관련 정보를 수집할 수 있다. ② 국가정보원장은 대테러활동에 필요한 정보나 자료를 수집하기 위하여 대테러조사 및 테러위험인물에 대한 추적을 할 수 있다. 이 경우 사전 또는 사후에 대책위원회 위원장에게 보고하여야 한다.
테러피해의 지원 및 특별위로금	① 테러로 인하여 신체 또는 재산의 피해를 입은 국민은 관계기관에 즉시 신고하여야 한다. 다만, 인질 등 부득이한 사유로 신고할 수 없을 때에는 법률관계 또는 계약관계에 의하여 보호의무가 있는 사람이 이를 알게 된 때에 즉시 신고하여야 한다. ② 국가 또는 지방자치단체는 테러로 인하여 피해를 입은 사람에 대하여 대통령령으로 정하는 바에 따라 치료 및 복구에 필요한 비용의 전부 또는 일부를 지원할 수 있다. 다만, 「여권법」 제17조 제1항 단서에 따른 외교부장관의 허가를 받지 아니하고 방문 및 체류가 금지된 국가 또는 지역을 방문·체류한 사람에 대해서는 그러하지 아니하다.
외국인테러전투원에 대한 규제	① 관계기관의 장은 외국인테러전투원으로 출국하려 한다고 의심할 만한 상당한 이유가 있는 내국인·외국인에 대하여 일시 출국금지를 법무부장관에게 요청할 수 있다. ② ①에 따른 일시 출국금지 기간은 90일로 한다. 다만, 출국금지를 계속할 필요가 있다고 판단할 상당한 이유가 있는 경우에 관계기관의 장은 그 사유를 명시하여 연장을 요청할 수 있다.
세계주의	테러단체구성 등 죄는 대한민국 영역 밖에서 범한 외국인에게도 국내법을 적용한다.

3. 인질범과 인질과의 관계에 관한 신드롬

리마증후군	① 1995년 12월 17일 페루의 수도인 리마(Lima) 소재 일본대사관에 투팍 아마루 소속의 게릴라가 난입하여 대사관 직원등을 126일 동안 인질로 잡은 사건에서 유래된 것 ② 인질범이 인질에 동화되는 현상
스톡홀름증후군	① 인질이 인질범에 동화되는 현상 ② 일명 오귀인 효과라고도 함

09 경찰작전

1. 서설

경찰작전의 의의	대간첩작전, 전시대비 경찰작전, 비상업무, 상황실의 운영, 검문검색 등의 작전상황에 대비한 경비경찰의 일체의 작전업무이다.
통합방위사태	적의 침투·도발이나 그 위협에 대응하여 갑종·을종·병종사태의 구분에 따라 선포하는 단계별 사태이다.
대피명령	시·도지사 등은 통합방위사태가 선포된 때에는 인명·신체에 대한 위해를 방지하기 위하여 즉시 작전지역에 있는 주민이나 체류 중인 사람에게 대피할 것을 명할 수 있다.

2. 경찰 비상업무 규칙

① 경찰 비상업무 규칙상 용어정리

지휘선상 위치 근무	비상연락체계를 유지하며 유사시 1시간 이내에 현장지휘 및 현장근무가 가능한 장소에 위치하는 것
정위치 근무	감독순시·현장근무 및 사무실 대기 등 관할구역 내에 위치하는 것
정착근무	사무실 또는 상황과 관련된 현장에 위치하는 것
필수요원	전 경찰관 및 일반·별정·기능직공무원 중 경찰기관의 장이 지정한 자로 비상소집시 1시간 이내에 응소하여야 할 자
일반요원	필수요원을 제외한 경찰관 등으로 비상소집시 2시간 이내에 응소하여야 할 자
가용경력	총원에서 휴가·출장·교육·파견 등을 제외하고 실제 동원될 수 있는 모든 인원

② 비상근무의 종류

경비비상	갑호	대규모 집단사태·테러·재난 등의 발생으로 치안질서가 극도로 혼란하게 되었거나 그 징후가 현저한 경우
	을호	대규모 집단사태·테러·재난 등의 발생으로 치안질서가 혼란하게 되었거나 그 징후가 예견되는 경우
	병호	집단사태·테러·재난 등의 발생으로 치안질서의 혼란이 예견되는 경우
작전비상	갑호	대규모 적정이 발생하였거나 발생 징후가 현저한 경우
	을호	적정이 발생하였거나 일부 적의 침투가 예상되는 경우
	병호	정·첩보에 의해 적 침투에 대비한 고도의 경계강화가 필요한 경우
안보비상	갑호	간첩 또는 정보사범 색출을 위한 경계지역 내 검문검색 필요시
	을호	상기 상황하에서 특정지역·요지에 대한 검문검색 필요시
수사비상	갑호	사회이목을 집중시킬 만한 중대범죄 발생시
	을호	중요범죄 사건발생시

교통비상	갑호	농무, 풍수설해 및 화재로 극도의 교통혼란 및 사고발생시
	을호	상기 징후가 예상될 시
재난비상	갑호	대규모 재난의 발생으로 치안질서가 극도로 혼란하게 되었거나 그 징후가 현저한 경우
	을호	대규모 재난의 발생으로 치안질서가 혼란하게 되었거나 그 징후가 예견되는 경우
	병호	재난의 발생으로 치안질서의 혼란이 예견되는 경우
경계강화		"병호"비상보다는 낮은 단계로, 별도의 경력동원 없이 평상시보다 치안활동을 강화할 필요가 있을 때
작전준비 태세		"경계강화"를 발령하기 이전에 별도의 경력동원 없이 필요한 작전사항을 미리 조치할 필요가 있을 때

③ 경찰작전시 비상근무요령

갑호비상	㉠ 비상근무 갑호가 발령된 때에는 연가를 중지하고 가용경력 100%까지 동원할 수 있다. ㉡ 지휘관과 참모는 정착 근무를 원칙으로 한다.
을호비상	㉠ 비상근무 을호가 발령된 때에는 연가를 중지하고 가용경력 50%까지 동원할 수 있다. ㉡ 지휘관과 참모는 정위치 근무를 원칙으로 한다.
병호비상	㉠ 비상근무 병호가 발령된 때에는 부득이한 경우를 제외하고는 연가를 억제하고 가용경력 30%까지 동원할 수 있다. ㉡ 지휘관과 참모는 정위치 근무 또는 지휘선상 위치 근무를 원칙으로 한다.
경계강화	㉠ 별도의 경력동원 없이 특정분야의 근무를 강화한다. ㉡ 지휘관과 참모는 지휘선상 위치 근무를 원칙으로 한다.
작전준비 태세	㉠ 별도의 경력동원 없이 경찰관서 지휘관 및 참모의 비상연락망을 구축하고 신속한 응소체제를 유지한다. ㉡ 경찰작전부대는 상황발생시 즉각 출동이 가능하도록 출동태세 점검을 실시한다.

10 청원경찰

직무범위	① 경비 구역 안에서 경찰관 직무집행법에 의한 경찰관의 직무를 행함(경찰관 직무집행법의 적용을 받음) ◆ 경비구역 내에서 청원경찰법에 의하여 직무를 수행한다. (×) ② 경비 구역 내에서의 불심검문, 보호조치, 위험발생의 방지조치, 범죄의 예방과 제지, 경찰장구의 사용, 분사기의 사용, 무기의 사용 ③ 범죄수사 업무는 하지 못함 : 청원경찰은 제한된 범위 내에서 경찰관 직무집행법의 적용을 받고 있다.	
임용	임용자격	① 18세 이상의 자(남녀불문) ② 경찰공무원의 임용의 결격사유에 해당하지 아니한 자 ③ 행정안전부령으로 정하는 신체조건에 해당한 자

	임용권자	① 청원주 ② 청원주는 임용승인을 받은 자라도 임용하지 않을 수 있다(미리 시·도경찰청장의 승인을 얻어야 함).
	임용승인 신청	청원주는 30일 이내에 청원임용승인을 시·도경찰청장에게 신청하여야 한다.
	임용 승인권자	① 시·도경찰청장 ② 임용승인 없이 청원주가 임용한 경우 : 청원경찰 신분을 취득할 수 없으며, 청원주에게는 과태료가 부과됨
	임용사항 보고	청원주는 10일 이내에 사업장의 소재지를 관할하는 경찰서장을 거쳐 시·도경찰청장에게 보고하여야 한다.
	감독권자	① 청원주 ② 경찰서장(관할 경찰서장은 매월 1회 이상 청원경찰을 감독 실시)
	배치순서	배치신청 ⇨ 배치결정 ⇨ 임용승인신청 ⇨ 임용승인 ⇨ 임용
징계	징계권자	청원주
	징계 종류	파면, 해임, 정직, 감봉, 견책
무기휴대		① 시·도경찰청장은 청원경찰이 직무수행을 위하여 필요하다고 인정할 때는 청원주의 신청에 의하여 관할 경찰서장으로 하여금 무기를 대여하여 휴대하게 할 수 있다. ② 시·도경찰청장이 무기를 대여할 때에는 청원주로부터 국가에 기부체납된 무기에 한하여 관할 경찰서장으로 하여금 무기를 대여하여 휴대하게 할 수 있다.
배상책임		청원경찰(국가기관이나 지방자치단체에 근무하는 청원경찰은 제외한다)의 직무상 불법행위에 대한 배상책임에 관하여는 「민법」의 규정을 따른다.

제4절 외국의 경비경찰

01 영국의 경비경찰

개관	경비라는 독자적 경비분야가 독립되어 있지 않고 경비의 각 기능을 수행하는 개별적인 기관이 존재
대테러업무	SAS : 영국의 대테러부대, 세계최초 창설된 대테러부대

02 미국의 경비경찰

개관	우리의 경찰청 경비(교통)국과 같이 전국적 경비업무를 총괄하는 조직이 없음
대통령 경호업무	① 초기 : 재무부 소속의 Secret Service(특별업무부) ② 9·11테러 이후 : Secret Service가 국내안보국(DHS)으로 이관
대테러 업무	① 국방부 직속 : 델타포스 ② 미 해군 : 씰 그룹(SEAL) ③ 미 육군 : 레인저 부대 ④ 경찰특수부대 : SWAT(주 경찰 소속) ◆ 연방소속 (×)

03 독일·프랑스·일본의 경비경찰

독일	① 주 단위 국가경찰체제 : 각 주마다 경찰기동대가 존재
	② 연방국경경비업무 : 내무부장관의 지휘하에 연방경찰이 담당
	③ 대테러 업무 : GSG-9
	    ㉠ 뮌헨 올림픽사건 이후 창설
	    ㉡ 연방경찰 소속

프랑스	① 경비전담부서
	    ㉠ 내무부 국립경찰청 산하 국가경찰기동대(C.R.S)
	    ㉡ 국방부 산하의 군경찰
	    ㉢ GIPN : 경찰 소속의 대테러 부대
	    ※ GIGN : 군 소속의 대테러 부대(뮌헨 올림픽사건 이후 창설)
	② 경호 전담기구
	    ㉠ 국립경찰청 산하의 경호국(V.O)이 존재
	    ㉡ 프랑스에서는 경호 업무를 경찰이 전담함

일본	◆ 우리나라와 가장 유사한 체제
	① 경비경찰 : 경비경찰 + 정보, 보안업무
	② 경호경비
	    ㉠ 경찰이 전담
	    ㉡ 경호 업무
	        ⓐ 정부요원이나 외국 요인에 대한 신변보호활동
	        ⓑ 경찰청에서 담당
	    ㉢ 경위 업무
	        ⓐ 일본 왕족 경호경비
	        ⓑ 경찰청 직속의 왕궁경찰본부가 전담

CHAPTER 04 교통경찰활동

제1절 | 교통경찰의 의의

01 교통경찰의 의의

구분	내용
개념	① 교통이란 사람 + 물자 + 정보의 장소적 이동 ② 교통경찰의 대상이 되는 교통 : 오로지 도로교통에 한함
교통경찰의 대상에서 제외	① 정보의 장소적 이동 ② 궤도(철도교통)에 의해 운행 ③ 해상교통 · 항공교통

02 근거법령과 교통경찰의 특징

구분	내용
근거법령	① 국가경찰과 자치경찰의 조직 및 운영에 관한 법률(제3조), 경찰관 직무집행법(제2조) ② 도로교통법 : 도로교통의 안전에 관한 기본법적 성격
교통경찰의 특성	① 모든 계층의 사람(운전자뿐 아니라 보행자 포함)이 교통경찰의 대상이다(특정계층 대상 ×). ② 사회 · 경제생활에 중대한 영향을 미친다. ③ 경찰활동을 평가하는 창구가 된다. ④ 기술적 분야에 속하는 사항이 많다. ⑤ 행정적 환경에 속하는 사항이 많다(사법적 ×). ⑥ 교통정세의 변화가 급격하다. ⑦ 전국적인 관련성이 강하다(지역적 ×).

◆ 도로 주변 가로수 및 도로 자체에 대한 관리 : 일반 행정기관에서 담당
◆ 과속방지턱과 같은 도로부속물의 설치 · 관리는 지방자치단체 등의 임무에 해당한다.

제2절 교통경찰활동과 그 법적 토대

01 도로교통법상 용어의 정의

도로	① 「도로법」에 따른 도로 ② 「유료도로법」에 따른 유료도로 ③ 「농어촌도로 정비법」에 따른 농어촌도로 ④ 그 밖에 현실적으로 불특정 다수의 사람 또는 차마(車馬)가 통행할 수 있도록 공개된 장소로서 안전하고 원활한 교통을 확보할 필요가 있는 장소
자동차전용도로	"자동차전용도로"란 자동차만 다닐 수 있도록 설치된 도로를 말한다.
고속도로	"고속도로"란 자동차의 고속 운행에만 사용하기 위하여 지정된 도로를 말한다.

차도	"차도"(車道)란 연석선(차도와 보도를 구분하는 돌 등으로 이어진 선을 말한다. 이하 같다), 안전표지 또는 그와 비슷한 인공구조물을 이용하여 경계(境界)를 표시하여 모든 차가 통행할 수 있도록 설치된 도로의 부분을 말한다.
	① 중앙선
	   ㉠ 차마의 통행을 방향별로 명확하게 구분하기 위하여 도로에 황색실선 또는 황색점선 등의 안전표지로 표시한 선
	   ㉡ 중앙분리대·울타리 등으로 설치한 시설물
	   ㉢ 가변차로가 설치된 경우에는 신호기가 지시하는 진행방향의 가장 왼쪽의 황색점선
	② 차로 : 차마가 한 줄로 도로의 정하여진 부분을 통행하도록 차선(車線)으로 구분한 차도의 부분
	③ 차선 : 차로와 차로를 구분하기 위하여 그 경계지점을 안전표지로 표시한 선

자전거도로	① 의의 : 안전표지, 위험방지용 울타리나 그와 비슷한 인공구조물로 경계를 표시하여 자전거 및 개인형 이동장치가 통행할 수 있도록 설치된 도로 ② 자전거횡단도 : 자전거 및 개인형 이동장치가 일반도로를 횡단할 수 있도록 안전표지로 표시한 도로의 부분
보도	연석선, 안전표지나 그와 비슷한 인공구조물로 경계를 표시하여 보행자(유모차와 행정안전부령으로 정하는 보행보조용 의자차를 포함한다)가 통행할 수 있도록 한 도로의 부분
길가장자리구역	보도와 차도가 구분되지 아니한 도로에서 보행자의 안전을 확보하기 위하여 안전표지 등으로 경계를 표시한 도로의 가장자리 부분
횡단보도	보행자가 도로를 횡단할 수 있도록 안전표지로 표시한 도로의 부분
교차로	'십'자로, 'T'자로나 그 밖에 둘 이상의 도로(보도와 차도가 구분되어 있는 도로에서는 차도를 말한다)가 교차하는 부분
안전지대	도로를 횡단하는 보행자나 통행하는 차마의 안전을 위하여 안전표지나 이와 비슷한 인공구조물로 표시한 도로의 부분
신호기	도로교통에서 문자·기호 또는 등화(燈火)를 사용하여 진행·정지·방향전환·주의 등의 신호를 표시하기 위하여 사람이나 전기의 힘으로 조작하는 장치
안전표지	교통안전에 필요한 주의·규제·지시 등을 표시하는 표지판이나 도로의 바닥에 표시하는 기호·문자 또는 선 등

차마	① 차 　㉠ 자동차, ㉡ 건설기계, ㉢ 원동기장치자전거, ㉣ 자전거 　㉤ 사람 또는 가축의 힘이나 그 밖의 동력으로 도로에서 운전되는 것. 다만, 철길이나 가설된 선을 이용하여 운전되는 것, 유모차와 보행보조용 의자차는 제외 ② 우마 : 교통이나 운수에 사용되는 가축
자동차	① 자동차 　㉠ 철길 또는 가설된 선에 의하지 아니하고 원동기를 사용하여 운전되는 차 　㉡ 견인되는 자동차도 자동차의 일부로 봄 　㉢ 승용자동차·승합자동차·화물자동차·특수자동차·이륜자동차 및 건설기계관리법 규정에 의한 건설기계 　㉣ 자동차인 건설기계 : 덤프트럭, 아스팔트 살포기, 노상안전기, 콘크리트 믹서트럭, 콘크리트 펌프, 트럭적재식 천공기, 콘크리트믹서트레일러, 아스팔트콘크리트재생기, 도로보수트럭, 3t 미만의 지게차 ② 원동기장치자전거는 자동차의 범위에서 제외됨 ③ 자동차 등은 자동차와 원동기장치자전거를 말함
원동기장치자전거	자동차관리법 제3조의 규정에 의한 이륜자동차 중 배기량 125cc 이하의 이륜자동차와, 125cc 이하의 원동기를 단 차
개인형 이동장치	① 원동기장치자전거 중 시속 25킬로미터 이상으로 운행할 경우 전동기가 작동하지 아니하고 차체 중량이 30킬로그램 미만인 것 ② 원동기장치자전거를 운전할 수 있는 운전면허를 받은 사람만 개인형 이동장치를 운전할 수 있음
자전거	① 자전거 및 전기자전거 ② "자전거등"이란 자전거와 개인형 이동장치
긴급자동차	소방자동차·구급자동차·혈액공급차량 그 밖의 대통령령이 정하는 자동차로서 그 본래의 긴급한 용도로 사용되고 있는 중인 자동차
어린이통학버스	① 의의 : 어린이(13세 미만의 자)를 교습대상으로 하는 시설에서 어린이 통학 등에 이용되는 승합자동차 ② 어린이통학버스의 특별보호(도로교통법 제51조) 　㉠ 어린이통학버스에서 어린이나 영유아가 타고 내릴 때에는 어린이통학버스가 정차한 차로와 그 차로의 바로 옆차로를 통행하는 차의 운전자는 어린이통학버스에 이르기 전에 일시정지하여 안전을 확인한 후 서행하여야 함 　㉡ 모든 차의 운전자는 어린이 또는 영유아를 태우고 있다는 표시를 하고 도로를 통행하는 어린이통학버스를 앞지르지 못함 ③ 어린이 통학버스의 신고(도로교통법 제52조) : 어린이통학버스를 운영하려는 자는 미리 관할 경찰서장에게 신고하고 신고증명서를 발급받아야 한다. ④ 어린이통학버스 운전자 및 운영자의 의무 : 어린이통학버스를 운전하는 사람은 어린이나 영유아가 어린이통학버스를 탈 때에는 승차한 모든 어린이나 영유아가 좌석안전띠를 매도록 한 후에 출발하여야 하며, 내릴 때에는 보도나 길가장자리구역 등 자동차로부터 안전한 장소에 도착한 것을 확인한 후에 출발하여야 한다. ⑤ 어린이통학버스 및 어린이통학용자동차 운영자 등에 대한 안전교육 : 어린이통학버스를 운영하는 사람과 운전하는 사람은 어린이통학버스 등에 관한 안전교육을 받아야 한다.

주차	차가 승객을 기다리거나 화물을 싣거나 고장 그 밖의 사유로 인하여 계속하여 정지하거나 또는 그 차의 운전자가 그 차로부터 떠나서 즉시 운전할 수 없는 상태
정차	차가 5분을 초과하지 아니하고 정지하는 것으로서 주차 외의 정지상태
운전	도로에서 차마를 그 본래의 사용방법에 따라 사용하는 것(조종을 포함한다) 📘 **판례** 여기에서 말하는 운전의 개념은 그 규정의 내용에 비추어 목적적 요소를 포함하는 것이므로 고의의 운전행위만을 의미하고 자동차 안에 있는 사람의 의지나 관여 없이 자동차가 움직인 경우에는 운전에 해당하지 않는다.
초보운전자	처음 운전면허를 받은 날(처음 운전면허를 받은 날부터 2년이 경과되기 전에 운전면허 취소의 처분을 받은 경우에는 그 후 다시 운전면허를 받은 날을 말한다)부터 2년이 경과되지 아니한 사람
서행	차가 즉시 정지할 수 있는 느린 속도로 진행하는 것
앞지르기	차가 앞서가는 다른 차의 옆을 지나서 그 차의 앞으로 나가는 것
일시정지	차가 일시적으로 그 바퀴를 완전 정지시키는 것
보행자전용도로	보행자만이 다닐 수 있도록 안전표지 그 밖의 이와 비슷한 공작물로써 표시한 도로
모범운전자	무사고운전자 또는 유공운전자의 표시장을 받거나 2년 이상 사업용 자동차 운전에 종사하면서 교통사고를 일으킨 전력이 없는 사람으로서 경찰청장이 정하는 바에 따라 선발되어 교통안전 봉사활동에 종사하는 사람

02 보행자 및 차·마의 통행방법

보행자의 통행방법	① 보행자는 보도와 차도가 구분되지 아니한 도로에서는 진행하는 차마와 마주보는 방향의 길가장자리구역을 통행하여야 함 ② 보행자는 보도에서 우측통행 ③ 유모차 및 신체장애인용 의자차, 소아용자전거 : 도로교통법상 차에 해당하지 않고 보행자에 해당 ④ 보행자 　㉠ 횡단보도에 누워서 자는 자(보행자 ×) 　㉡ 손수레나 자전거를 끌고 가는 자는 보행자에 해당하나, 이를 타고 도로를 횡단하는 자는 보행자가 아님
차마의 통행방법	① 도로의 중앙으로부터 우측부분을 통행하여야 함(우측통행의 원칙) ② 자전거의 통행방법 　㉠ 자전거의 운전자는 길가장자리구역을 통행할 수 있음 　㉡ 자전거운전자는 안전표지로 통행이 허용된 경우를 제외하고는 2대 이상이 나란히 차도를 통행하여서는 아니 됨(병진금지) 　㉢ 자전거운전자가 횡단보도를 이용하여 도로를 횡단하고자 하는 때에는 자전거에서 내려서 자전거를 끌고 보행하여야 함 　㉣ 자전거 운전자가 술에 취한 상태에서 자전거를 운전하는 것은 금지 및 처벌된다.

03 주·정차

주·정차 금지장소	① 교차로·횡단보도·건널목이나 보도와 차도가 구분된 도로의 보도 ② 교차로의 가장자리나 도로의 모퉁이로부터 5미터 이내인 곳 ③ 안전지대가 설치된 도로에서는 그 안전지대의 사방으로부터 각각 10미터 이내인 곳 ④ 버스여객자동차의 정류지(停留地)임을 표시하는 기둥이나 표지판 또는 선이 설치된 곳으로부터 10미터 이내인 곳. ⑤ 건널목의 가장자리 또는 횡단보도로부터 10미터 이내인 곳 ⑥ 「소방기본법」 제10조에 따른 소방용수시설 또는 비상소화장치가 설치된 곳으로부터 5미터 이내인 곳 ⑦ 「화재예방, 소방시설 설치·유지 및 안전관리에 관한 법률」 제2조 제1항 제1호에 따른 소방시설로서 대통령령으로 정하는 시설이 설치된 곳으로부터 5미터 이내인 곳 ⑧ 시·도경찰청장이 도로에서의 위험을 방지하고 교통의 안전과 원활한 소통을 확보하기 위하여 필요하다고 인정하여 지정한 곳
주차 금지장소	① 터널 안 및 다리 위 ② 도로공사를 하고 있는 경우에는 그 공사 구역의 양쪽 가장자리로부터 5미터 이내인 곳 ③ 「다중이용업소의 안전관리에 관한 특별법」에 따른 다중이용업소의 영업장이 속한 건축물로 소방본부장의 요청에 의하여 시·도경찰청장이 지정한 곳으로부터 5미터 이내인 곳 ④ 시·도경찰청장이 도로에서의 위험을 방지하고 교통의 안전과 원활한 소통을 확보하기 위하여 필요하다고 인정하여 지정한 곳

04 차로 등의 설치권자

차로의 설치	시·도경찰청장
자전거횡단도의 설치	시·도경찰청장
전용차로(일반도로)의 설치	시장 등이 시·도경찰청장 또는 경찰서장과 협의하여 설치
전용차로(고속도로)의 설치	경찰청장
횡단보도의 설치	시·도경찰청장

05 주취운전

대상	① 주취운전은 그 장소가 도로든 도로가 아니든 관계없이 금지·처벌된다. ◆ 무면허운전과 주취운전은 상상적 경합으로 처리한다. ② 누구든지 술에 취한 상태에서 자동차 등 노면전차 또는 자전거를 운전하여서는 아니 된다. ③ 원동기장치자전거를 운전하고자 하는 자는 배기량에 관계없이 주취 중에 운전하면 주취운전으로 처벌된다.
음주측정 등	① 술에 취한 상태의 기준(혈중알콜농도가 0.03% 이상)을 넘어서 운전을 하다가 교통사고로 사람을 죽게 하거나 다치게 한 때와 술이 만취된 상태(혈중알콜농도 0.08% 이상)에서 운전한 때에는 운전면허가 취소된다.

> **판례** 현재 사용되는 음주감지기 시험에서 음주반응이 나온 경우, 그것만으로 바로 술에 취한 상태에 있다고 인정할 만한 상당한 이유가 있다고 볼 수 없다.

② 영장이나 상대방의 동의 없이 강제 채혈은 할 수 없다.

> **판례** 음주운전과 관련한 「도로교통법」 위반죄의 범죄수사를 위하여 미성년자인 피의자의 혈액채취가 필요한 경우, 피의자에게 의사 능력이 있다면 피의자 본인만이 혈액채취에 관한 유효한 동의를 할 수 있고, 피의자에게 의사능력이 없는 경우에도 명문의 규정이 없는 이상 법정대리인이 피의자를 대리하여 동의할 수는 없다.

③ 음주측정 요구에 불응하는 운전자에 대하여는 음주측정 불응에 따른 불이익을 5분 간격으로 2회 이상 명확히 고지한 후 「측정거부」로 주취운전자 적발보고서를 작성하고, 작성한 이후에는 당해 운전자의 요구가 있더라도 측정하여서는 안 된다.

> **판례** 특별한 이유 없이 호흡측정기에 의한 측정에 불응하는 운전자에게 경찰공무원이 혈액채취에 의한 측정방법이 있음을 고지하고 그 선택 여부를 물어야 할 의무가 있다고는 할 수 없다.

06 도로 및 신호기

도로	① 도로의 요건 : 형태성, 이용성, 공개성 ② 구별목적 : 무면허운전 등은 도로교통법상 도로인 경우에만 단속 가능하다.
신호기	① 도로교통에 관하여 문자·기호 또는 등화로써 진행·정지·방향전환·주의 등의 신호를 표시하기 위하여 인력 또는 전력에 의하여 조작되는 장치 ② 신호기의 신호보다 경찰공무원의 수신호가 우선함 ③ 우회전 차량은 신호에 관계없이 다른 차량에 주의하며 운전할 수 있음

07 안전표지

1. 안전표지의 의의

교통안전에 필요한 주의·규제·지시 등을 표시하는 표지와 이를 보충하는 보조표지, 주의·규제·지시의 내용을 도로바닥에 표시하는 문자·기호·선 등의 노면표지를 말한다.

2. 교통안전표지의 종류 및 내용

종류	내용
주의표지	도로상태가 위험하거나 도로 또는 그 근처에 위험물이 있는 경우에 필요한 안전조치를 할 수 있도록 이를 도로사용자에게 알리는 표지
규제표지	도로교통의 안전을 위하여 각종 제한·금지 등의 규제를 하는 경우에 이를 도로사용자에게 알리는 표지
지시표지	도로의 통행방법·통행구분 등 도로교통의 안전을 위하여 필요한 지시를 하는 경우에 도로사용자가 이에 따르도록 알리는 표지
보조표지	주의표지·규제표지 또는 지시표지의 주 기능을 보충하여 도로사용자에게 알리는 표지
노면표지	도로교통의 안전을 위하여 각종 주의·규제·지시 등의 내용을 노면에 기호·문자 또는 선으로 도로사용자에게 알리는 표지

08 어린이 보호구역

보호구역의 지정	① 어린이 보호구역은 학교장 등의 신청에 따라 시장 등이 지정한다. ② 어린이 보호구역의 지정범위는 주 출입문 기준 300m 이내의 도로로 한다. ③ 시장 등은 필요시 어린이 보호구역의 지정범위를 주 출입문 기준 500m까지 확대할 수 있다.

보호구역에서의 교통규제	① 시·도경찰청장이나 경찰서장의 조치사항
	   ㉠ 자동차의 통행을 제한하거나 금지
	   ㉡ 자동차의 주·정차 금지
	   ㉢ 이면도로를 일방통행으로 지정·운행하는 것
	   ㉣ 운행제한속도를 30km/h로 제한
	② 시장 등의 조치사항 : 운행제한속도를 30km/h로 제한

벌칙강화	① 적용되는 시간 : 오전 8시부터 오후 8시까지의 위반행위
	② 어린이 보호구역에서의 법규 위반행위시 벌칙이 강화되는 법규 위반행위에는 통행금지·제한위반, 주·정차위반, 속도위반, 신호·지시위반, 보행자보호의무불이행이 있다.
	③ 운전면허 벌점이 2배로 가중 부과되는 위반행위
	   ㉠ 속도위반
	   ㉡ 신호·지시위반
	   ㉢ 보행자보호의무 불이행

09 긴급자동차

개념		소방자동차, 구급자동차, 혈액공급차량 그 밖의 대통령령이 정하는 자동차로서 그 본래의 긴급한 용도로 사용되고 있는 중인 자동차(법정긴급자동차) ◆ 긴급한 용도가 종료된 경우 긴급자동차가 아니다.
종류	대통령령으로 정하는 긴급자동차	① 수사기관의 자동차 중 범죄수사를 위하여 사용되는 자동차(수사기관 자동차) ② 교도소 또는 교도기관의 자동차 중 도주자의 체포 또는 피수용자의 호송·경비를 위하여 사용되는 자동차(교도기관의 자동차) ③ 국군 및 주한국제연합군용 자동차 중 군 내부의 질서유지 및 부대의 질서 있는 이동을 유도하는 데 사용되는 자동차(국군용 자동차) ④ 경찰용 자동차 중 범죄수사·교통단속 그 밖의 긴급한 경찰임무 수행에 사용되는 자동차(경찰차) ⑤ 국내외 요인에 대한 경호업무 수행에 공무로써 사용되는 자동차
	사용자의 신청에 의하여 시·도경찰청장이 지정하는 긴급자동차	① 전기사업·가스사업 기타 공익사업기관에서 위험방지를 위한 응급작업에 사용되는 자동차(전기사업·가스사업의 차량) ② 민방위업무를 수행하는 기관에서 재해의 긴급예방 또는 복구를 위한 출동에 사용되는 자동차(민방위 차량) ③ 도로관리청이 도로관리를 위하여 사용하는 자동차 중 도로상의 위험을 방지하기 위한 응급작업에 사용하는 자동차(도로보수 차량) ④ 전신·전화의 수리공사 등 응급작업에 사용하는 자동차와 우편물의 운송에 사용되는 자동차 중 긴급배달 우편물의 운송에 사용되는 자동차 및 전파감시업무에 사용되는 자동차(전신·전화의 차량)

긴급자동차에 준하는 자동차	① 경찰용의 긴급자동차에 의하여 유도되고 있는 자동차 ② 국군 및 주한국제연합군용의 긴급자동차에 의하여 유도되고 있는 국군 및 주한국제연합군의 자동차 ③ 생명이 위급한 환자나 부상자를 운반 중인 자동차

특례	① 특례의 내용
	   ㉠ 자동차 등의 속도 제한, 앞지르기의 금지시기. 앞지르기 금지장소, 끼어들기의 금지에 관한 규정은 특례 적용(앞지르기 방법 위반 – 특례적용 ×)
	   ㉡ 소방차, 구급차, 혈액공급차량, 경찰용 자동차에 관하여는 신호위반, 보도침범, 중앙선 침범, 횡단 등의 금지, 안전거리 확보 등, 앞지르기 방법 등, 정차 및 주차의 금지, 주차금지, 고장 등의 조치에 관한 규정은 특례가 적용됨
	② 특례의 제한
	   ㉠ 중앙선침범 사고의 경우 긴급자동차라 할지라도 교통안전에 특히 주의하면서 통행할 때에만 특례가 인정되고 사고야기시에는 특례적용되지 않음
	   ㉡ 본래의 긴급한 용도로 사용되고 있는 중일 때에만 도로교통법상의 특례를 인정
	   ㉢ 긴급한 용도가 끝난 경우에는 특례 적용이 안 됨

10 교통경찰의 업무분장

1. 교통규제권자

고속도로	경찰청장 : 속도제한 · 버스전용차로 설치권자 ◆ 고속도로 신호기 설치 : 경찰청장과 협의 · 지시하여 고속도로 관리자가 설치 관리 ◆ 일반도로의 버스전용차로 설치 : 시장 등이 시 · 도경찰청장 또는 경찰서장과 협의하여 설치
일반도로	① 광역시급 이상 : 시 · 도경찰청장 ② 광역시급 미만 : 경찰서장
경찰공무원의 교통규제	① 필요 한도 내에서 차마의 통행을 일시 금지 · 제한이 가능 ② 교통혼잡 완화를 위한 조치 가능 ③ 위험방지를 위한 운전금지 ④ 교통정리(수신호)

2. 교통지도 단속권자

① 경찰공무원(의무경찰 포함)
② 경찰공무원을 보조하는 자(헌병 · 모범운전자 등)

◆ 단속권자가 아닌 자 : 어린이 교통, 녹색어머니회, 해병전우회, 택시기사 모임

3. 교통사고 처리

(1) 교통사고의 요건

차에 의한 사고	① 직접 차체의 의한 사고 ② 차량에 적재한 화물로 인한 사고도 포함
차의 운행으로 인한 사고	① 차를 본래의 방법으로 운전 중 사고 ② 차의 운행과 밀접한 관련 있는 부분으로 인한 사고 포함 예 잠시 주차·정차 중 사고 ◆ 타력 운행에 의한 사고는 교통사고에서 제외됨
피해의 결과 발생	① 신체·재산상의 피해에 국한(정신적 피해는 제외) ② 피해자가 존재해야 함(가해자만의 피해는 제외)

(2) 도로에서의 사고이어야 하는지 여부
① 도로교통법상의 사고 : 도로에서의 사고에 한함
② 교통사고처리특례법의 사고 : 도로뿐 아니라 도로 이외의 장소에서의 사고도 포함
◆ 도로가 아닌 곳에서 발생한 교통사고라도 교통사고 조사반에서 처리한다.

(3) 교통사고는 과실범일 것
◆ 고의범은 교통사고처리특례법을 적용하지 않음

(4) 교통사고에 적용되는 법령
① 일반적인 교통사고의 경우 : 교통사고처리특례법에 따라 처리
② 인적·물적피해가 있는 경우
  ㉠ 물적피해만 발생한 경우 : 도로교통법을 적용
  ㉡ 인적피해가 발생한 경우 : 교통사고처리특례법을 적용
③ 도주운전자의 경우(뺑소니 사고) : 특정범죄가중처벌법을 적용

(5) 교통사고 발생시 조치
① 교통사고가 발생한 때에는 교통사고를 야기하지 않은 피해차량의 운전자라도 부상자를 구호할 의무 있음
② 교통사고 야기 후 보호조치를 취하지 않고 운전을 계속할 수 있는 경우
  ㉠ 긴급자동차
  ㉡ 부상자를 운반 중인 차
  ㉢ 우편물자동차 ◆ 군용차량 (×)

4. 교통사고 처리 요령

구분		내용
인적 피해 사고	공소권 있는 사고	사망, 도주, 교통사고 특례법상 중요법규 위반 및 미합의 또는 보험미가입사고
	공소권 없는 사고	사망, 도주, 교통사고 특례법상 중요법규 위반 등에 해당되지 않고, 합의 또는 보험에 가입된 사고
물적 피해 사고	보험 또는 공제에 가입되지 않은 사고	① 2주일간의 합의유예기간을 두며, 그 기간 내에 합의가 성립되면 '공소권 없음'으로 처리하고 기간 내에 합의되지 않을 때는 '공소권 있음' 사고로 합의유예기간 경과 즉시 처리 ② 대물피해액 20만 원 이하의 사고로 미합의 또는 보험에 가입되지 않은 때는 즉심 청구서를 작성하여 24시간 내에 즉심 회부
	합의 또는 보험(공제)에 가입된 사고	교통사고보고서를 작성하여 원칙적으로 24시간 내(단, 관계증빙서류 필요시 48시간 내) 원인행위에 대하여 교통범칙자 적발보고서 또는 교통법규위반자 적발보고서를 작성 후 교부, 종결(귀가조치)하고 관계기록을 지체 없이 검찰에 송치

교통사고 야기 후 도주 사고		① 인명피해사고 야기 후 도주(도로, 비도로상의 사고 불문)
		   ㉠ 형사처벌 : 특정범죄 가중처벌 등에 관한 법률 제5조의3을 적용, 형사입건, 공소권 있음 처리
		   ㉡ 행정처분 : 운전면허가 취소되며, 자수하면 면허정지처분으로 감경
		② 단순 물적피해사고 야기 후 도주(도로, 비도로상의 사고 불문)
		   ㉠ 형사처벌 : 도로교통법 제106조 적용 형사입건, 공소권 있음 처리
		   ㉡ 행정처분 : 벌점은 15점이고, 자수감경 없음

5. 교통사고처리 특례법상 중요법규 위반 사고

① 신호기가 표시하는 신호 또는 교통정리를 하는 경찰공무원등의 신호를 위반하거나 통행금지 또는 일시정지를 내용으로 하는 안전표지가 표시하는 지시를 위반하여 운전한 경우

> **판례** 보행자용 신호기의 신호를 위반하여 교통사고를 야기한 경우 신호위반의 책임을 물을 수 없다.

② 중앙선침범, 자동차전용도로에서의 횡단, 유턴, 후진 위반

> **판례** 부득이한 사정으로 중앙선을 침범하여 교통사고를 일으켰으므로 교통사고처리특례법 제3조 제2항 제2호 소정의 중앙선 침범에는 해당하지 아니하나 업무상과실치사상죄 및 도로교통법 제108조 위반의 범죄에 해당한다.

③ 제한속도를 매시 20km를 초과하여 운전한 경우
④ 앞지르기 방법, 금지시기, 금지장소 또는 끼어들기의 금지에 위반하여 운전한 경우, 고속도로에서의 앞지르기 방법을 위반하여 운전한 경우
⑤ 철길·건널목 통과방법 위반
⑥ 횡단보도에서의 보행자보호의무 위반

> **판례** 횡단보도 보행신호등의 녹색등화가 점멸할 때에는 보행자의 횡단을 금지하고 있더라도 보행자가 녹색등화의 점멸신호 이후에 횡단을 시작하였다면 설사 녹색등화가 점멸 중이더라도 횡단보도에서의 보행자보호의무의 대상으로 본다.

⑦ 무면허 운전 중 사고
  ◆ 무면허 : 면허정지기간 중 운전행위, 면허종별 외 차량 운전행위, 외국에서 취득한 국제운전면허증으로 결격기간 중 운전행위
⑧ 주취·약물복용 운전 중 사고
  [판례] 약물 등의 영향으로 정상적으로 운전하지 못할 우려가 있는 상태에서 자동차 등을 운전하였다고 인정하려면, 약물 등의 영향으로 인하여 '정상적으로 운전하지 못할 우려가 있는 상태'에서 운전을 하면 바로 성립하고, 현실적으로 '정상적으로 운전하지 못할 상태'에 이르러야만 하는 것은 아니다.
  [판례] 술에 취한 피고인이 자동차 안에서 잠을 자다가 추위를 느껴 히터를 가동하기 위하여 시동을 걸었고, 실수로 제동장치 등을 건드려서 자동차가 움직였으면 음주운전에 해당하지 않는다.
⑨ 보도침범·통행방법 위반 사고
⑩ 승객추락방지의무 위반 사고
  [판례] 화물자동차 운전자가 적재함에서 철근 적재 작업을 하던 사람이 차에서 내리는 것을 확인하지 않고 출발하여 적재함에 타고 있던 사람이 추락하여 상해를 입은 경우에는 승객의 추락방지의무에 위반하지 않는다.
⑪ 어린이 보호구역 내에서의 어린이 상해사고
⑫ 자동차의 화물이 떨어지지 아니하도록 필요한 조치를 하지 아니하고 운전한 경우

11 운전면허

1. 면허종별에 따른 운전 가능 차량

운전면허		운전할 수 있는 차량
종별	구분	
1종	대형면허	① 승용자동차, 승합자동차, 화물자동차 ② 건설기계 　㉠ 아스팔트 살포기　㉡ 노상안정기 　㉢ 콘크리트 펌프　㉣ 천공기 　㉤ 덤프트럭　㉥ 콘크리트 믹서 트럭 　㉦ 콘크리트믹서트레일러　㉧ 아스팔트콘크리트재생기 　㉨ 도로보수트럭　㉩ 3t 미만의 지게차 ③ 3t 또는 3000L 초과의 위험물 적재차량 ④ 원동기 장치 자전거 ⑤ 제외 : 대형견인차, 소형견인차 및 구난차, 125cc 초과 이륜자동차, 3륜 화물·3륜 승용자동차
	보통면허	① 승용자동차 ② 15인승 이하 승합자동차 ③ 적재중량 12톤 미만 화물차 ④ 총중량 10톤 미만의 특수자동차(대형견인차, 소형견인차 및 구난차 제외) ⑤ 3톤 미만의 지게차 ⑥ 3t 또는 3,000L 이하의 위험물 적재차량 ⑦ 원동기 장치자전거

	소형면허		① 3륜 화물자동차 ② 3륜 승용자동차 ③ 원동기장치자전거(배기량 125cc 이하 오토바이)
	특수면허	대형 견인차	① 견인형 특수자동차 ② 제2종 보통면허로 운전할 수 있는 차량
		소형 견인차	① 총중량 3.5톤 이하의 견인형 특수자동차 ② 제2종 보통면허로 운전할 수 있는 차량
		구난차	① 구난형 특수자동차 ② 제2종보통면허로 운전할 수 있는 차량
2종	보통면허		① 승용자동차 ② 10인승 이하 승합차 ③ 4톤 이하 화물차 ④ 총중량 3.5톤 이하의 특수자동차(대형견인차, 소형견인차 및 구난차 제외) ⑤ 원동기 장치 자전거
	소형면허		① 이륜자동차(배기량 125cc 초과 오토바이) ② 원동기장치자전거
	원동기장치 자전거		배기량 125cc 이하 오토바이
연습 면허	개관		① 1종 보통연습면허와 2종 보통연습면허 두 종류가 있음 ◆ 연습운전면허증으로 원동기 장치 자전거 운전 (×) ② 면허를 받은 날로 1년간 효력 ③ 1종, 2종 면허 취득할 경우 연습면허 효력이 상실

	취소		① 원칙 : 고의 또는 과실로 교통사고를 일으키거나 도로교통법에 의한 명령 또는 처분을 위반한 때에는 연습면허를 취소하여야 한다.
			② 연습운전면허증 취소 예외 사유
			  ㉠ 운전면허 시험장의 도로주행 시험을 담당하는 기능 검정원의 지시에 따라 운전 중 교통사고를 일으킨 경우
			  ㉡ 도로가 아닌 곳에서 교통사고를 일으킨 경우
			  ㉢ 단순 물적 피해만 발생한 교통사고를 일으킨 경우
			    ◆ 인적 피해가 발생할 경우 취소사유에 해당

	준수사항		운전면허를 받은 날부터 2년이 경과된 사람과 함께 승차하여 그 사람의 지도를 받아야 함

2. 운전면허의 결격사유

① 18세 미만인 사람. 다만, 원동기장치자전거는 16세 미만인 사람
② 정신병자, 정신미약자, 뇌전증환자
③ 알콜중독자 등(마약·대마·향정신성의약품)
④ 앞을 보지 못하는 사람(한쪽 눈만 보지 못하는 사람의 경우에는 제1종 운전면허 중 대형면허·특수면허만 해당한다)
⑤ 듣지 못하는 사람(제1종 대형·특수 운전면허에 한함): 1종 보통 및 제2종 운전면허는 가능
⑥ 양팔의 팔꿈치관절 이상을 잃은 사람 또는 양팔을 전혀 쓸 수 없는 사람: 다만 본인의 신체장애 정도에 적합하게 제작된 자동차를 이용하여 정상적인 운전을 할 수 있는 경우 제2종 면허는 가능
⑦ 제1종 대형면허 또는 제1종 특수면허: 19세 미만이거나 자동차 등의 운전경험이 1년 미만인 사람(이륜자동차와 원동기장치자전거를 제외)
⑧ 대한민국의 국적을 가지지 아니한 사람 중 '외국인등록을 하지 아니한 사람(외국인등록이 면제된 사람은 제외한다)'이나 국내거소신고를 하지 아니한 사람

3. 면허발급 제한기간

무면허운전 및 뺑소니	① 무면허운전 　㉠ 위반한 날로부터 1년(원동기장치자전거 경우: 6개월, 공동위험행위의 금지를 위반한 경우에는 그 위반한 날부터 1년) 　㉡ 무면허운전 금지규정을 3회 이상 위반하여 자동차 등을 운전한 경우에는 그 위반한 날부터 2년 ② (단순)뺑소니: 취소된 날로부터 4년 ③ 무면허 + 뺑소니: 위반한 날로부터 5년 ④ 주취운전·과로운전·공동위험행위 + 뺑소니: 취소된 날로부터 5년
음주운전	① 음주운전으로 면허가 취소된 경우(혈중알콜농도 0.08% 이상): 운전면허가 취소된 날부터 1년 ② 음주운전 2회 이상 또는 음주측정 거부를 2회 이상 위반하여 면허취소가 된 경우: 운전면허가 취소된 날부터 2년 ③ 음주운전 또는 음주측정 거부를 하여 운전을 하다가 교통사고를 일으킨 경우: 2년 ④ 음주운전으로 2회 이상의 교통사고를 일으킨 경우: 운전면허가 취소된 날부터 3년 ⑤ 음주운전규정을 위반하여 운전을 하다가 사람을 사망에 이르게 한 경우: 5년
공동위험행위	① 공동위험행위를 1회 위반하여 운전면허가 취소된 경우: 운전면허가 취소된 날로부터 1년 ② 공동위험행위를 2회 이상 위반하여 운전면허가 취소된 경우: 운전면허가 취소된 날로부터 2년
부정한 면허취득	① 허위 부정한 방법으로 면허취득: 면허가 취소된 날로부터 2년 ② 대리 응시자: 면허가 취소된 날로부터 2년 ◆ 허위·부정한 수단으로 취득한 면허로 운전할 경우: 면허취소 사유일 뿐 무면허운전은 아님
자동차를 이용한 범죄	① 면허 有자가 자동차를 이용한 범죄: 면허가 취소된 날로부터 1년 ② 면허 無자가 자동차를 이용한 범죄: 위반한 날로부터 3년

자동차 강취·절취	① 면허 有자가 자동차를 강취·절취: 면허가 취소된 날로부터 2년 ② 면허 無자가 자동차를 강취·절취 후 운전: 위반한 날로부터 3년
부정행위자에 대한 조치	① 경찰청장은 전문학원의 강사자격시험 및 기능검정원 자격시험에서, 시·도경찰청장 또는 도로교통공단은 운전면허시험에서 부정행위를 한 사람에 대하여는 해당 시험을 각각 무효로 처리한다. ② ①에 따라 시험이 무효로 처리된 사람은 그 처분이 있는 날부터 2년간 해당 시험에 응시하지 못한다.
기타	① 벌점 초과로 면허가 취소가 된 경우: 1년 ② 적성검사 미필로 면허가 취소가 된 경우: 즉시 ③ 그 외 나머지 사유로 면허가 취소가 된 경우: 1년 ④ 운전면허효력 정지처분을 받고 있는 경우에는 그 정지기간

📂 TIP

🛡 **운전면허의 취소사유가 되는 자동차이용범죄**

1. 국가보안법을 위반한 범죄에 이용한 때
2. 형법 등을 위반하여 다음의 범죄에 이용한 때
   ① 살인 및 사체유기 또는 방화
   ② 강도, 강간, 또는 강제추행
   ③ 약취·유인 또는 감금
   ④ 상습절도(절취한 물건을 운반한 경우에 한한다)
   ⑤ 교통방해(단체에 소속되거나 다수인에 포함되어 교통을 방해한 경우에 한한다)

4. 운전면허증의 반납

운전면허증을 받은 사람이 운전면허 반납의 사유가 발생한 때에는 그 사유가 발생한 날로부터 7일 이내에 주소지를 관할하는 시·도경찰청장에게 그 운전면허증을 반납하여야 한다.

5. 운전면허의 취소·정지사유

시·도경찰청장은 운전면허(연습운전면허 제외)를 받은 사람이 다음에 해당하는 때에는 운전면허를 취소하거나 1년 이내의 범위에서 운전면허의 효력을 정지시킬 수 있음

6. 국제운전면허

의의	도로교통에 관한 협약에 가입하고 있는 국가(중국 제외) 간에는 서로 상대국의 행정관청에서 발급한 면허증만으로 운전할 수 있도록 한 제도
기간	① 외국에서 한국으로 입국한 경우: 입국시부터 1년간 ② 한국에서 외국으로 출국하는 경우: 면허증의 교부시부터 1년간
제한	① 국제운전면허를 외국에서 발급받은 사람은 사업용자동차를 운전할 수 없음 ② 다만, 대여사업용자동차를 임차하여 운전하는 경우에는 운전할 수 있음 ③ 운전면허 결격사유에 해당하는 사람으로서 그 기간이 지나지 아니한 사람은 자동차 등을 운전하여서는 아니 됨

신청과 교부	시·도경찰청장 또는 도로교통공단에 신청서를 제출하여야 하고, 시·도경찰청장 또는 도로교통공단은 신청자에게 국제운전면허증을 발급하여야 한다.
운전할 수 있는 차종	국제운전면허증에 기재된 것에 한하여 운전이 가능
제외	국내운전면허를 받은 사람 중에서 원동기장치자전거 및 연습운전면허를 받은 사람은 국제운전면허증을 발급받을 수 없음
기타	① 외국발행의 국제운전면허증의 경우 발급관청이 외국 행정청이므로 취소할 수는 없다. 다만, 운전금지처분은 할 수 있다. ② 국제운전면허를 소지하지 않고 운전하는 경우에는 무면허운전으로 처벌된다. ③ 국제운전면허 소지자는 원칙적으로 통고처분 대상이 아니나, 성명 및 주거 등이 확실한 경우에는 통고처분할 수 있다.

7. 임시운전증명서

① 시·도경찰청장은 다음의 경우에 해당하는 사람이 임시운전증명서의 교부를 신청한 때에는 임시운전증명서를 교부할 수 있음(임의적)
  ㉠ 운전면허증을 받은 사람이 재교부 신청을 한 경우
  ㉡ 적성검사 또는 운전면허증 갱신교부의 신청을 하거나, 수시적성검사를 신청한 경우
  ㉢ 운전면허의 취소 또는 정지 처분대상자가 운전면허증을 제출한 경우
② 임시운전증명서 유효기간
  ㉠ 20일 이내(1회에 한하여 20일 범위 내에서 연장 가능)
  ㉡ 면허취소 또는 정지처분을 받은 자 : 40일 이내(1회에 한하여 20일 범위 내에서 연장 가능)
  ㉢ 최장 : 60일
③ 임시운전증명서는 유효기간 중 운전면허증과 동일한 효력이 있음

12 교통법규 위반자에 대한 제재

1. 운전면허의 정지처분 기준

(1) 처분벌점

① 운전면허의 정지처분은 1회의 위반·사고로 인한 벌점 또는 처분벌점이 40점 이상이 된 때부터 결정하여 집행
② 1년간(121점 이상), 2년간(201점 이상), 3년간(271점 이상)이 되면 운전면허가 취소됨

(2) 교통사고결과에 따른 벌점기준

구분		벌점	내용
인적 피해 교통 사고	사망 1명마다	90	사고발생시부터 72시간 이내에 사망한 때
	중상 1명마다	15	3주 이상의 치료를 요하는 의사의 진단이 있는 사고
	경상 1명마다	5	3주 미만 5일 이상의 치료를 요하는 의사의 진단이 있는 사고
	부상신고 1명마다	2	5일 미만의 치료를 요하는 의사의 진단이 있는 사고

2. 범칙금 통고처분제도

(1) 의의
범칙금 통고처분제도란 경미한 교통법규 위반자에 대하여 경찰관이 직접 위반장소에서 위반자에게 범칙금을 납부할 것을 통고하여 범칙금을 납부하도록 하고 운전을 계속하게 하는 제도

(2) 범칙자
범칙자라 함은 범칙행위를 한 사람으로서 다음에 해당하지 아니하는 사람을 말한다.
① 범칙행위 당시 운전면허증 등 또는 이를 갈음하는 증명서를 제시하지 못한 운전자
② 경찰공무원의 운전자 신원 및 운전면허 확인을 위한 질문에 응하지 아니한 운전자
③ 범칙행위로 교통사고를 일으킨 사람 : 업무상과실치상죄·중과실치상죄 또는 벌을 받지 아니하게 된 사람은 제외함

(3) 과태료의 부과·징수권자는 시·도경찰청장 또는 시장 등이나 이러한 권한이 모두 경찰서장에게 위임되어 사실상 과태료의 부과·징수권자는 경찰서장이다.

(4) 통고처분 대상자

통고처분 대상자	경찰서장은 범칙자로 인정되는 사람에 대하여는 그 이유를 명시한 범칙금납부통고서에 기재된 범칙금을 납부할 것을 통고할 수 있다. 다만, 다음에 해당하는 사람에 대하여는 그러하지 아니하다. ① 성명 또는 주소가 확실하지 아니한 사람 ② 달아날 염려가 있는 사람 ③ 범칙금납부통고서를 받기를 거부한 사람
통고처분 불이행자의 처리	경찰서장은 교통법규 위반자로서 다음과 같은 사람에 대하여는 지체 없이 즉결심판에 회부하여야 한다. ① 성명 또는 주소가 확실치 아니한 사람 ② 달아날 염려가 있는 사람 ③ 범칙금납부통고서를 받기를 거절하는 사람 ④ 범칙금납부기간 내에 범칙금을 납부하지 아니한 사람

◆ 범칙금 납부 만료일로부터 60일까지 즉결심판 절차가 진행되지 못하는 경우에는 그 통고처분 불이행자의 운전면허의 효력을 40일간 일시 정지시킬 수 있다(벌점 40점).
◆ 무면허 운전자 : 통고처분의 대상이 아님(형사입건의 대상)(따라서 통고처분을 할 경우 먼저 면허 여부에 대하여 조회하도록 하여야 함)

> **참고** 신뢰의 원칙 관련 판례정리

구분	판례
신뢰의 원칙 긍정	① 고속도로를 운행하는 자동차 운전자는 고속도로를 무단횡단하는 보행자가 있을 것을 미리 예견하여 운전할 주의의무가 없다. ② 고속도로를 운행하는 자동차 운전자는 도로상에 장애물이 나타날 것을 예견하여 제한속도 이하로 감속 서행할 주의의무가 없다. ③ 운전자에게는 특별한 사정이 없는 한 반대차로를 운행하는 차가 갑자기 중앙선을 넘어올 것까지 예견하여 감속하는 등 미리 충돌을 방지할 태세를 갖추어 운전해야 할 주의의무가 있다고는 할 수 없다. ④ 중앙선이 표시되지 않은 비포장도로에서 서로 마주 보고 진행할 수 있는 여건이라면 마주 오는 차가 도로의 중앙 또는 좌측으로 진행해 올 것까지 예상할 주의의무는 없다. ⑤ 사거리를 녹색신호에 따라 통과할 무렵 제한속도를 초과하였다 할지라도 신호를 위반하고 직진한 상대방 차량에 대한 주의의무는 없다.

	⑥ 교차로를 거의 통과할 무렵 직진신호가 주의신호로 바뀐 경우 자동차운전자는 계속 진행하여 신속하게 교차로를 빠져나가면 되는 것이고 반대편에서 좌회전을 하기 위해 대기하던 차량이 주의신호임에도 미리 좌회전해 올지도 모른다는 것을 예상하여 이에 대비하여 운전할 주의의무는 없다. ⑦ 도로교통이 빈번한 대도시 육교 밑을 통과하는 운전자는 무단횡단하는 보행자가 있을 것을 미리 예견하여 운전할 주의의무가 없다.
신뢰의 원칙 부정	① 고속도로상을 통행하는 자동차 운전자는 도로를 횡단하는 보행자를 그 차의 제동거리 밖에서 발견하였다면 사고위험을 예상하여 이를 방지하기 위한 제반조치를 취하여야 할 주의의무가 인정된다. ② 도로교통에서 상대방의 규칙위반을 이미 인식한 경우에는 신뢰의 원칙이 적용되지 않는다. ③ 보행자 신호가 녹색신호에서 정지신호로 바뀔 무렵에 횡단보도를 통과하는 자동차 운전자는 보행자의 안전을 위해 어느 때라도 정지할 수 있는 태세를 갖추고 자동차를 운전하여야 할 주의의무가 있다.

CHAPTER 05 정보경찰활동

제1절 정보의 기본개념

01 정보의 개념

1. 정보와 첩보

정보의 의의	① 정보를 필요로 하는 분야에 따라 여러 가지로 정의할 수 있으나 원래는 군대에서 사용하던 전문 용어로 적국의 동정에 관하여 알림이라는 의미가 있음 ② 특정한 상황에서 가치가 평가되고 체계화된 지식(2차 정보 또는 지식이라고도 함)
첩보의 의의	① 목적성을 가지고 의도적으로 수집한 데이터 ② 우연히 수집한 자료 : 첩보가 아님 ③ 근거가 희박한 풍문, 소문, 루머도 첩보의 일종에 해당

2. 정보와 첩보의 비교

첩보	(가공)	정보
① 단순한 사실		① 체계화된 지식(가공된 지식)
② 사물에 대한 그 자체의 묘사 ◆ 사용자의 목적성이 없음		② 사용자의 목적에 맞도록 작성된 지식 ◆ 사용자의 목적성이 있음
③ 부정확한 지식		③ 정확한 지식
④ 시간에 구애받지 않고 과거와 현재의 것을 불문함 ◆ 적시성 (×)		④ 정보사용자에게 필요할 때 제공 ◆ 적시성이 필요
⑤ 정보의 범주보다 훨씬 넓음	>	⑤ 첩보의 범주보다 적음

◆ 동일한 정보라도 사용자가 다르면 그 가치가 달라진다.
◆ 정보를 사용하는 사용자의 지식과 경험에 따라서도 달라진다.
◆ 특정한 목적에 의해 평가되어 있지 않은 단순한 여러 사실이나 기호, 각종 신문자료, 서적, 광고 개개인의 신상자료 등 : 자료(Data)(정보 ×)

02 정보의 학문적 특성

1. 정보의 특성

필요성	정보는 사용자의 목적에 부합할 때 제공해야 가치가 있다는 특징
적시성	① 정보는 필요한 시기에 제공되어야 가치가 있다는 특징 ② 정보는 시간이 갈수록 가치는 줄어든다는 특징
비이전성	정보는 타인에게 전달해도 본인에게 그대로 남는 특징
누적효과성	정보는 생산되거나 축적되면 될수록 그 가치는 커지는 특징
신용가치성	정보는 정보원의 신용정도에 따라 가치가 달라지는 특징
무한가치성	① 정보는 단 한 가지라도 누구에나 가치를 가지고 있다는 특징 ② 정보는 필요한 사람이면 누구에게나 가치를 가지는 특징
정보제공의 빈도	정보는 제시되는 빈도에 따라 그 가치가 달라지는 특징
완벽성 (완전성)	정보를 필요로 하는 사람에게 얼마나 완전하고, 체계적인 내용으로 모두 전달할 수 있는가에 따라 가치가 달라지는 특징

2. 정보의 가치에 대한 평가 요소

적실성	정보사용자의 사용목적에 얼마나 관련된 것이냐 여부
정확성	수집된 정보가 얼마나 정확한 것이냐 여부
적시성	① 정보사용자에게 필요한 때 사용될 수 있도록 제공되느냐 여부 ② 정보의 제공이 너무 빠르면 불확실한 변수로 인한 오류가 있게 되고 보안성이 상실되기 쉬우며, 지나치게 늦으면 정보가치가 상실되거나 감소한다.
완전성	제시된 주제와 관련하여 얼마나 완전한 지식인지 여부
필요성	관련 정보가 사용자에게 필요한 지식인지 여부
객관성	정보가 생산자나 사용자의 의도에 따라 주관적으로 왜곡되면 선호하는 정책의 합리화 도구로 전락된다.

3. 정보의 분류

사용수준에 따른 분류	① 전략정보 ② 전술정보 ③ 방첩정보	정보출처에 따른 분류	① 근본출처와 부차적출처 ② 정기출처와 우연출처 ③ 비밀출처와 공개출처
사용주체에 따른 분류	① 내부정보 ② 외부정보	입수형태에 따른 분류	① 직접정보 ② 간접정보
경찰업무에 따른 분류	① 일반정보 ② 범죄정보 ③ 교통정보	요소별 분류	① 정치정보 ② 경제정보 ③ 사회정보

	④ 보안정보 ⑤ 외사정보		④ 군사정보 ⑤ 과학정보 ⑥ 산업정보
사용목적에 따른 분류	① 적극정보 ② 보안정보	수집활동에 따른 분류	① 인간정보 ② 기술정보
내용에 따른 분류	① 국내정보 ② 국외정보	분석형태에 따른 분류	① 기본정보 ② 현용정보 ③ 판단정보

(1) 사용수준에 따른 분류

전략정보	① 국가안전에 막대한 영향을 주는 국가수준의 정보 ② 전시에는 물론이고, 평시에도 요구되는 국가 수준의 정보
전술정보	전략정보를 수행하기 위한 구체적·세부적 정보
방첩정보	적 또는 집단의 정보공작력에 대항하기 위한 정보활동

(2) 정보출처에 따른 분류

① 근본출처와 부차적출처(정보가 얻어지는 출처에 따른 분류)

근본출처	㉠ 정보가 획득되는 실질적인 원천 ㉡ 전달자에 의한 변조가 없이 원형 그대로 입수할 수 있음(직접)
부차적출처	㉠ 근본출처로 입수된 첩보가 중간기관에 의해 평가·요약·변형된 것을 제공받는 출처 ㉡ 역정보·모략정보·조작정보가 산출될 소지가 많음

② 정기출처와 우연출처(정보가 얻어지는 시기에 따른 분류)

정기출처	㉠ 정기적으로 정보를 획득할 수 있는 출처 ㉡ 신문, 방송, 정기적 회의, 정기적인 제보를 해주는 망원 등
우연출처	우연히 정보가 제공되는 출처

③ 비밀출처와 공개출처(비밀보호의 정도에 따른 분류)

비밀출처	출처가 노출되지 않는 것
공개출처	㉠ 출처가 공개 ㉡ 출처가 공개되었다 하더라도 공개출처에서 얻은 첩보가 비밀첩보보다 가치가 떨어지는 것은 아니다.

◆ 정보의 80% 이상은 공개출처에서 얻어지고 있으므로 공개출처의 중요성은 더욱 강조되고 있음
◆ 공개출처에서 얻은 첩보는 비밀출처보다 첩보의 가치가 떨어진다. (×)

(3) 입수 형태에 따른 분류

직접정보	① 직접체험을 통해 입수한 정보 ② 신뢰성이 가장 높음
간접정보	① 중간매체를 통해 입수한 정보 ② 간접정보가 많아지는 추세

(4) 분석형태에 따른 분류

기본정보	① 과거 사태에 관련된 정보 예 기출문제 ② 정태적 정보, 정보기초자료
현용정보	① 현재 상황과 관련된 정보(상황속보) 예 실제시험, 속보 ② 동태적 정보
판단정보	① 미래 상황과 관련된 정보(향후대책) 예 예상문제 ② 정보 생산자의 능력을 요구

(5) 사용목적에 따른 분류

보안정보 (소극정보)	국가의 경찰기능에 필요한 정보(간첩활동, 태업 및 전복으로부터 지키는 것) 예 밀수, 마약, 외국인의 국내법위반, 산업스파이 등
적극정보	국가의 경찰기능에 필요한 정보 이외의 모든 정보 예 국가이익 증대를 위한 정책계획의 수행에 있어서 필요한 정보(물가조사, 경제총조사)

(6) 수집활동에 따른 분류

인간정보	① 정보관에 의해 수집한 정보 ② 백색정보관은 외교관 등을 말하는 것으로 적발될 경우에 추방이 되고, 흑색정보관은 신분을 위장한 간첩으로 활동이 용이하나 적발될 경우에 간첩죄로 처벌받음
기술정보	① 기술적 수단에 의해 수집한 정보 ② 영상정보 : 항공촬영이나 인공위성, 레이더 등으로 수집한 정보 ③ 신호정보 : 음성이나 전화회선, 이메일 등 신호를 수집한 정보

제2절 | 정보경찰

개념	① 정보를 수집·작성·분석·배포하는 경찰 ② 최종적 조치 권한이 없음 ③ 비권력적 사실행위 : 법적 근거는 필요(조직법적 근거 ○, 작용법적 근거 ×) 　㉠ 명령·강제하는 성질이 없음 : 형식적 의미의 경찰 　㉡ 정보경찰의 활동은 소송의 대상이 될 수 없음
법적 근거	구체적 수권은 필요하지 않고 국가경찰과 자치경찰의 조직 및 운영에 관한 법률 제3조와 경찰관 직무집행법 제2조와 같은 일반조항만으로도 가능(조직법적 근거는 요함)
특성	① 1차적 목적 : 국가적 법익의 보호 　◆ 개인적 법익 보호를 위한 정보경찰의 활동 (×) ② 정보경찰은 비공개성·기초 활동성이 특징

제3절 | 정보의 순환

01 정보의 순환과정

1. 정보순환의 의의

(1) 정보순환의 개념
　① 정보의 순환과정은 정보산출의 과정
　② 계속적·반복적으로 진행하여 순환하는 형식을 취함
　③ 각각의 소순환 과정을 거쳐 전체순환과정에 연결
　④ 정보의 순환은 연속적 또는 동시에 이루어질 수도 있음
　⑤ 첩보가 정보화되려면 정보순환의 과정을 거쳐야 함

(2) 정보의 순환과정 : 정보의 요구 ⇨ 첩보의 수집 ⇨ 정보의 생산 ⇨ 정보의 배포

단계	내용
정보요구단계	정보의 사용자가 필요성의 결정에 따라 첩보의 수집활동을 집중 지시하는 단계(정보활동의 기초) ◆ 첩보수집계획서를 작성
첩보수집단계	① 첩보수집기관이 출처를 수집하고 이를 사용자에게 제공하는 단계 ② 첩보는 수집하기가 어렵고, 많은 사람이 동원되어야 한다. ◆ 협력자가 가장 많이 필요한 단계, 가장 어렵고 중요한 단계
정보생산과정	① 수집된 첩보를 과정을 통해 정보로 전환하여 처리하는 단계 ② 전문적 지식이 필요한 단계(학문적 능력이 요구) ③ 정보의 순환과정에서 가장 중심
정보배포단계	생산된 정보를 필요한 사용자에게 배포하는 단계

2. 정보의 요구

(1) 정보의 요구의 소순환 과정

첩보의 기본요소의 결정
↓
첩보수집계획서 작성
↓
명령하달
↓
사후검토

◆ 명령하달 : 서면 또는 구두(반드시 구두 ×)
◆ 사후검토 : 지속적인 감독 및 조정이 요구됨

(2) 요구방법

P.N.I.O	① 국가정보목표 우선순위 ② 한 국가의 1년간 정보 운용 목표(정책) ③ 국가의 全 정보기관의 활동의 기본방침
E.E.I (첩보기본요소)	① P.N.I.O를 수행하기 위한 계속적·반복적·전국적·장기적 정보요구 ② 사전계획서 필요(첩보수집계획서) ③ 정보수집 계획서의 핵심 ④ 통상 연구 기관에서 사용 ⑤ 요구사항 : 서면이 원칙 ⑥ 대부분 통계표와 같이 공개적인 것이 많고 문서화되어 있다.
S.R.I (특별첩보요구)	① P.N.I.O를 수행하기 위한 돌발적·일시적·지엽적·단기적 정보요구 ② 사전계획서 불필요 ③ 통상 정보기관의 정보요구방법(경찰) ④ 요구사항 : 구두가 원칙 ⑤ 단편적인 사항에 대하여 수시로 명령하는 것이 원칙 ⑥ SRI는 정보의 단편적 상황에 대해 수시로 요구되는 만큼 정보의 신뢰성보다 정보사용자가 적시에 사용할 수 있도록 하는 적시성이 무엇보다도 중요함 ⑦ SRI는 비교적 전문적이고 구체적인 내용이 요구됨(구체성과 전문성)
O.I.R (기타 정보요구)	P.N.I.O를 수정(정책 수정)

3. 첩보의 수집

(1) 첩보수집의 소순환 과정

첩보수집계획
↓
첩보출처의 개척
↓
첩보의 획득
↓
첩보의 전달

(2) 첩보수집의 우선순위 결정

고이용 정보 우선	이용가치가 높은 정보부터 수집
참신성의 원칙	이제까지 알려지지 않은 정보부터 수집
긴급성	긴급한 정보부터 수집
수집 가능성의 원칙	수집 가능성이 있는 정보부터 수집
경제성의 원칙	경제성이 있는 정보부터 수집

4. 정보의 생산

첩보의 선택		수집된 첩보 중에서 긴급성, 유효성 등을 기준으로 필요한 것을 걸러내는 과정
↓		
첩보의 기록		즉각 사용되지 않거나 이미 사용된 첩보를 기록하여 관리하는 과정
↓		
첩보의 평가		첩보의 출처 및 내용에 관하여 그 신뢰성과 사실성, 즉 타당성을 판정하는 과정
↓		
첩보의 분석		평가된 첩보를 기본 요소별로 분류하고 기존 자료에 있는 것과 비교하여 유사한 것끼리 재분류하는 과정(논리적으로 검증하는 일련의 과정)
↓		
첩보의 종합		부여된 주제에 대한 정보를 생산하기 위하여 동류의 것끼리 분류된 사실을 하나의 통일체로 결합하는 과정
↓		
첩보의 해석		정보의 의미와 중요성을 결정하여 건전한 결론도출을 가능하게 하는 과정

◆ 정보의 분석, 평가는 수집된 정보를 정보생산의 자료로서의 가치와 적격여부를 판단하는 과정이다.

5. 정보의 배포

(1) 정보배포의 원칙

필요성	정보는 반드시 알아야 할 필요가 있는 대상에게만 알려야 한다.
적시성	정보는 정보사용자의 정보소요시기에 배포되어야 한다(적절한 시기).
보안성	정보배포시에는 보안을 갖추기 위한 장치가 필요하다.
적당성	정보는 사용자의 능력과 상황에 맞추어서 적당한 양을 조절하여 필요한 만큼만 적절한 전파수단을 통해 전달되어야 한다.
계속성	배포된 정보와 관련성을 가진 새로운 정보를 조직적이고 계속적으로 배포해야 한다(변경 사항이 생길 때마다 계속 배포).

◆ 정보는 소요시기와 사용목적에 따라 시급하고 중요한 정보를 우선적으로 배포해야지 먼저 생산되었다고 우선적으로 배포하는 것은 곤란하다.

(2) 정보배포의 수단

비공식적 방법	통상 개인적인 대화의 형태로 이루어지며, 질문에 대한 답변이나 토의 형태로 직접 전달하는 방법이다.
브리핑	① 정보사용자 또는 다수 인원에 대하여 정보분석관이 정보의 내용을 요약하여 구두로 설명하는 방법이다. ② 통상 강연식이나 문답식으로 진행되며 시간을 절약할 수 있어서 현용정보의 배포수단으로 많이 이용된다.
메모	① 정보분석관이 가장 많이 활용하는 방법으로 정기간행물에 포함시키는 것이 적절하지 못한 긴급한 정보를 전달하는 데 주로 사용되며, 신속성이 중요하다. ② 분석된 내용에 대한 요약이나 결론만을 언급하기 때문에 정확성은 다른 수단에 비해 낮은 편이다.
일일정보 보고서	매일 24시간에 걸친 제반 정세의 변화를 중점적으로 망라한 보고서로 사전에 고안된 양식에 의해 매일 작성되며, 제한된 범위에서 배포된다.
특별보고서	누적된 정보가 다수의 사람이나 기관에게 이해관계가 있거나 가치가 있을 때 사용한다.
전화(전신)	신속을 요하는 경우 1차적으로 전달하는 방법이며 보안유지가 특히 요구되는 방법이다.
휴대폰 문자메세지	정보사용자가 공식회의·행사 등에 참석하여 물리적인 접촉이 용이하지 않은 경우나 사실확인 차원의 단순 보고에 활용하는 방식으로서 때로는 일시에 다수를 대상으로 배포하는 데 활용되기도 한다.

(3) 정보보고서의 종류

견문보고서	경찰관이 오관의 작용을 통해 근무 및 일상생활 중 지득한 제 견문을 신속·정확하게 수집·보고하는 보고서
특별보고서	국내 치안상 중대한 위해를 미치거나 사회에 물의를 야기시킬 사항, 중요시책자료에 제공할 사항에 관한 보고서

정보판단서	① 타 견문과 자료를 종합·분석하여 작성한 보고서로서 지휘관으로 하여금 상황에 대한 조치를 요하는 보고서 ② 신고된 집회 또는 정보관들이 입수한 미신고 집회 등을 파악하여 대책서를 작성하는데 이 중 법률적인 판단이나 경비경력으로 대비할 필요가 있는 중요 집회에 대해서는 미리 정보판단서를 작성하여 해당기관에 전파하기도 한다.
정책정보 보고서	주로 정부정책의 문제점을 파악하고 그 개선책을 보고하는 데 주안점을 두는 정보보고로 국민여론 등에 대한 보고도 정책정보에 포함된다.
중요상황정보	매일 전국의 갈등상황이나 집회시위 상황을 정리하여 전파하는 보고서이다.

02 정보의 채증 및 신원조사

1. 정보의 채증

① 집회나 시위 및 치안 위해 사태의 발생시 범법 정황을 촬영·녹화 또는 녹음의 방법으로 정확한 상황파악과 사법처리를 위한 자료를 확보하는 정보경찰의 활동
② 정보활동과 수사활동으로서의 성격을 동시에 보유하고 있음

2. 신원조사

개요	① 신원조사란 국가안보를 위하여 보안의 대상이 되는 인원에 대하여 국가에 대한 충성심·성실성 및 신뢰성을 조사·확인하는 권력적 사실행위인 대인정보활동 ② 모든 신원조사는 간접조사가 원칙 ③ 신원조사는 관계 기관의 장의 요청에 따라 국가정보원장이 한다(국가정보원장이 직권으로 하는 신원조사 제도를 폐지). ◆ 민간기업체 신규채용은 신원조사의 대상이 아님
신원조사대상	① 공무원임용예정자(국가안전보장에 한정된 국가 기밀을 취급하는 직위에 임용될 예정인 사람으로 한정한다) ② 비밀취급인가예정자 ③ 국가보안시설·보호장비를 관리하는 기관 등의 장(해당 국가보안시설 등의 관리 업무를 수행하는 소속 직원을 포함한다) ④ 기타 법령이 정하는 자

제4절 | 집회 및 시위에 관한 법률

01 헌법 제21조 제1항 규정

1. 헌법 제21조 제1항은 집회의 자유의 대상으로 '집회'만을 규정하고 있으나 '시위'의 자유도 헌법에 의해 보장되는 자유이다.

2. **판례의 태도**
   ① 우리 헌법은 모든 국민에게 집회의 자유를 보장하고 있고, 집회에 대한 사전허가제를 금지하고 있다.
   ② 옥외집회를 주최하고자 하는 자는 집시법이 정한 시간 전에 관할 경찰관서장에게 집회신고서를 제출하여 접수시키기만 하면 원칙적으로 옥외집회를 할 수 있다.
   ③ 이러한 집회의 자유에 대한 제한은 법률에 의해서만 가능하므로 법률에 정하여지지 않은 방법으로 이를 제한할 경우에는 그것이 과잉금지 원칙에 위배되었는지 여부를 판단할 필요 없이 헌법에 위반된다.
   ④ 집회의 금지와 해산은 원칙적으로 공공의 안녕질서에 대한 직접적인 위협이 명백하게 존재하는 경우에 한하여 허용될 수 있다.

3. **집회 및 시위에 대한 방해금지**
   ① 누구든지 폭행, 협박, 그 밖의 방법으로 평화적인 집회 또는 시위를 방해하거나 질서를 문란하게 하여서는 아니 된다. 이를 위반한 자는 3년 이하의 징역 또는 300만 원 이하의 벌금에 처하고 군인·검사 또는 경찰관이 위반한 경우에는 5년 이하의 징역에 처한다.
   ② 집회 또는 시위의 주최자는 평화적인 집회 또는 시위가 방해받을 염려가 있다고 인정되면 관할 경찰관서에 그 사실을 알려 보호를 요청할 수 있다. 이 경우 관할 경찰관서의 장은 정당한 사유 없이 보호요청을 거절하여서는 아니 된다.

02 용어의 정의

집회	다수인이 공동목적을 가지고 일정한 장소에 모인 집단 ◆ 1인집회·1인시위 : 집회 및 시위에 관한 법률상 집회나 시위가 아님 ◆ 우연히 모인 집단 (×)
시위 (행진)	**제2조 제2호** 시위란 여러 사람이 공동의 목적을 가지고 도로, 광장, 공원 등 일반인이 자유로이 통행할 수 있는 장소를 행진하거나 위력 또는 기세를 보여, 불특정한 여러 사람의 의견에 영향을 주거나 제압을 가하는 행위를 말한다. ① 다수인이 공동목적을 가지고 행진 + 위력 + 기세를 보여 불특정 다수인의 의견에 영향을 주거나 제압을 가하는 행위 ② 위력이나 기세를 보여 영향을 주기만 하면 공개 장소이든, 비공개 장소이든 상관 없음

옥내집회	① 원칙적으로 신고대상이 아님 ② 옥내집회 후 행진하거나 행진만 개최한 경우 : 신고 대상(시위)
옥외집회	① 원칙적으로 신고대상임 ② 천장이 없거나 사방이 폐쇄되지 않은 장소
주최자	① 주최자란 자기 이름으로 자기 책임 아래 집회나 시위를 여는 사람이나 단체를 말한다. 주최자는 주관자를 따로 두어 집회 또는 시위의 실행을 맡아 관리하도록 위임할 수 있다. 이 경우 주관자는 그 위임의 범위 안에서 주최자로 본다. ② 주최자의 자격에는 아무런 제한이 없으며 단체인 경우에는 법인격 유무를 불문한다.
질서유지인	주최자가 자신을 보좌하여 집회 또는 시위의 질서를 유지하게 할 목적으로 임명한 자를 말한다. ◆ 동법은 질서유지인에 대해 그 능력이나 자격 또는 전문성에 관해 규정하고 있지 않다.
경찰관서	국가경찰관서를 말한다. ◆ 제주자치경찰관서는 동법의 경찰관서에 해당하지 않는다.

TIP

🛡 신고대상

신고대상 O	① 건물 현관 앞 계단과 도로에서의 집회나 시위 ② 소요시간이 단시간이거나 평화롭게 이루어졌어도 옥외시위에 해당 ③ 대학 구내·종교시설 구내 등 소위 '성역'에서의 집회 예 대학 학생회관 강당 내 : 옥내집회에 해당 ④ 공공용물로서 건설된 지하 전철역·대합실 등은 그 시설이 일반인에게 개방된 시간 ⑤ 역이나 광장에서의 유인물 배포 ⑥ 군(軍)작전 관할구역 내 ⑦ 죄수복 형태의 옷을 집단적으로 착용하고 포승으로 신체를 결박한 채 행진
신고대상 ×	① 종교, 오락, 관혼상제 등 ② 40여 명이 하천부지에서 과격한 내용의 구호나 노래 또는 다중의 위력을 통한 폭행이나 협박 없이 한 시위 ③ 해상시위나 자동차를 이용한 시위

03 집회 및 시위의 신고 절차 및 처리요령

1. 집회 및 시위의 신고

사전신고제 (허가제 ×)	① 옥외집회나 시위를 주최하려는 자는 옥외집회·시위 신고서를 옥외집회나 시위를 시작하기 720시간 전부터 48시간 전에 관할 경찰서장에게 제출하여야 한다(의무적). ② 학문·예술·체육·종교·의식·친목·오락·관혼상제 및 국경행사에 관한 집회에는 사전신고의 규정을 적용하지 않는다. ③ 주최자는 신고한 옥외집회 또는 시위를 하지 아니하게 된 경우에는 신고서에 적힌 집회 일시 24시간 전에 그 철회사유 등을 적은 철회신고서를 관할 경찰관서장에게 제출하여야 한다.

관할이 2 이상인 경우	① 옥외집회 또는 시위장소가 두 곳 이상의 경찰서의 관할에 속하는 경우에는 관할 시·도경찰청장에게 제출하여야 한다(의무적). ② 두 곳 이상의 시·도경찰청 관할에 속하는 경우에는 주최지 관할 시·도경찰청장에게 제출하여야 한다(의무적).
신고서 제출자	옥외집회·시위에 있어서 신고서의 제출자는 주최자가 되며, 주최자의 자격에는 아무런 제한이 없으며, 단체인 경우에는 법인격 유무를 불문한다.

2. 접수처리

접수증의 즉시교부	관할 경찰서장은 집회·시위 신고서를 접수하면 신고자에게 접수 일시를 적은 접수증을 즉시 내주어야 한다(의무적).
보완통고 등	① 관할 경찰관서장은 신고서의 기재사항에 미비한 점을 발견하면 접수증을 교부한 때부터 12시간 이내에 주최자에게 24시간을 기한으로 그 기재사항을 보완할 것을 통고할 수 있다(임의적). ② 보완통고는 보완할 사항을 분명히 밝혀 서면으로 주최자 또는 연락 책임자에게 송달하여야 한다.

3. 금지통고(제한통고)

금지통고 기간	① 신고된 옥외집회 또는 시위가 금지사유에 해당하는 때에는 신고서를 접수한 때부터 48시간 이내에 집회 또는 시위를 금지할 것을 주최자에게 통고할 수 있다(임의적). ② 집회 또는 시위가 집단적인 폭행·협박·손괴·방화 등으로 공공의 안녕질서에 직접적인 위험을 초래한 경우에는 48시간이 경과한 경우에도 금지통고할 수 있다(임의적).
시간과 장소가 중복하는 2 이상의 신고의 경우	① 관할 경찰관서장은 집회 또는 시위의 시간과 장소가 중복되는 2개 이상의 신고가 있는 경우에는 각 옥외집회 또는 시위 간에 시간을 나누거나 장소를 분할하여 개최하도록 권유하는 등 각 옥외집회 또는 시위가 서로 방해되지 아니하고 평화적으로 개최·진행될 수 있도록 노력하여야 한다. ② 관할 경찰관서장은 ①에 따른 권유가 받아들여지지 아니하면 뒤에 접수된 옥외집회 또는 시위에 대하여 그 집회 또는 시위의 금지를 통고할 수 있다. ③ ②에 따라 뒤에 접수된 옥외집회 또는 시위가 금지 통고된 경우 먼저 신고를 접수하여 옥외집회 또는 시위를 개최할 수 있는 자는 집회 시작 1시간 전에 관할 경찰관서장에게 집회 개최 사실을 통지하여야 한다. ④ 선신고자가 집회시위를 철회하는 경우에 관할 경찰관서장은 ②에 따라 금지 통고를 받은 주최자에게 그 사실을 즉시 알려야 한다. ⑤ ④에 따라 통지를 받은 주최자는 그 금지 통고된 집회 또는 시위를 최초에 신고한 대로 개최할 수 있다. ⑥ 다만, 금지 통고 등으로 시기를 놓친 경우에는 일시를 새로 정하여 집회 또는 시위를 시작하기 24시간 전에 관할 경찰관서장에게 신고서를 제출하고 집회 또는 시위를 개최할 수 있다.
집회장소가 타인의 주거지역 등일 경우	① 집회장소가 타인의 주거지역 등인 경우로서 그 거주자나 관리자가 시설이나 장소의 보호를 요청하는 경우에는 집회나 시위의 금지 또는 제한을 통고할 수 있다. ② 타인의 주거지역 등에서의 집회나 시위의 금지 또는 제한을 위반하여 교통소통 등 질서유지에 직접적인 위험을 명백하게 초래한 경우에는 해산사유가 된다.

4. 금지통고에 대한 이의신청

재결청	금지통고를 한 경찰관서의 직근 상급경찰관서의 장
이의신청	집회 또는 시위의 주최자는 금지 통고를 받은 날부터 10일 이내에 해당 경찰관서의 직근 상급경찰관서의 장에게 이의를 신청할 수 있음(임의적)
재결	① 이의 신청을 받은 경찰관서의 장은 접수 일시를 적은 접수증을 이의 신청인에게 즉시 내주고 접수한 때부터 24시간 이내에 재결을 하여야 함(의무적) ② 접수한 때부터 24시간 이내에 재결서를 발송하지 아니하면 관할 경찰관서장의 금지통고는 소급하여 그 효력을 잃는다.
재결의 효과	**허가를 한 경우**: ① 최초 신고대로 집회를 개최 ② 만약 기간이 경과한 경우 : 새로운 일시를 정하여 24시간 전에 신고함으로써 집회를 개최 **금지 처분한 경우**: 금지 처분에 대해 불복한 경우 : 금지통고를 한 경찰관서장을 피고로 행정소송 가능 ◆ 재결청 피고 (×) **허가 및 금지 처분을 하지 않는 경우**: 허가와 동일하게 봄

◆ 인용재결이나 24시간 이내 재결서를 발송하지 아니한 때 : 관할 경찰서장의 금지통고는 소급하여 그 효력을 상실하게 된다.

5. 집회 및 시위의 금지와 제한

절대적 금지사유	① 헌법재판소의 결정에 의해 해산된 정당의 목적을 달성하기 위한 집회
	② 집단적 폭행·협박·손괴·방화 등으로 공공의 안녕질서에 위협을 가할 것이 명백한 집회 및 시위
	③ 다음에 규정된 경계지점으로부터 100미터 이내의 장소에서의 옥외집회 또는 시위는 불가
	  ㉠ 국회의사당. 다만, 다음에 해당하는 경우로서 국회의 기능이나 안녕을 침해할 우려가 없다고 인정되는 때에는 그러하지 아니하다.
	    ⓐ 국회의 활동을 방해할 우려가 없는 경우
	    ⓑ 대규모 집회 또는 시위로 확산될 우려가 없는 경우
	  ㉡ 각급 법원, 헌법재판소. 다만, 다음에 해당하는 경우로서 각급 법원, 헌법재판소의 기능이나 안녕을 침해할 우려가 없다고 인정되는 때에는 그러하지 아니하다.
	    ⓐ 법관이나 재판관의 직무상 독립이나 구체적 사건의 재판에 영향을 미칠 우려가 없는 경우
	    ⓑ 대규모 집회 또는 시위로 확산될 우려가 없는 경우
	  ㉢ 대통령 관저(官邸), 국회의장 공관, 대법원장 공관, 헌법재판소장 공관
	  ㉣ 국무총리 공관. 다만, 다음에 해당하는 경우로서 국무총리 공관의 기능이나 안녕을 침해할 우려가 없다고 인정되는 때에는 그러하지 아니하다.
	    ⓐ 국무총리를 대상으로 하지 아니하는 경우
	    ⓑ 대규모 집회 또는 시위로 확산될 우려가 없는 경우
	  ㉤ 국내 주재 외국의 외교기관이나 외교사절의 숙소. 다만, 다음에 해당하는 경우로서 외교기관 또는 외교사절 숙소의 기능이나 안녕을 침해할 우려가 없다고 인정되는 때에는 그러하지 아니하다.

	ⓐ 해당 외교기관 또는 외교사절의 숙소를 대상으로 하지 아니하는 경우 ⓑ 대규모 집회 또는 시위로 확산될 우려가 없는 경우 ⓒ 외교기관의 업무가 없는 휴일에 개최하는 경우
상대적 금지사유	① 접수증을 교부한 때로부터 12시간 이내에 24시간의 기한으로 보완통고에도 불구하고 보완하지 않는 경우 ② 교통금지를 위해 제한 ③ 타인의 주거지역등에서의 집회 및 시위(사생활 평온을 위함) ④ 2 이상의 집회·시위가 경합한 경우 : 후신고자에게 접수 후 금지통고 ⑤ 야간(해가 뜨기 전이나 해가 진 후) 옥외집회의 조건부 허용 : 관할 경찰관서장은 해가 뜨기 전이나 해가 진 후의 옥외집회를 허용하는 경우에는 서면으로 질서유지를 위한 조건을 구체적으로 밝혀 주최자에게 알려야 한다. ⑥ 야간(자정부터 해가 뜨기 전) 옥외시위의 금지 : '시위'에 있어서 '해가 진 후부터 같은 날 24시까지의 시위'는 헌법에 위반되어 자정부터 해가 뜨기 전의 옥외시위만 금지한다. ⑦ 확성기 사용의 제한

소음도 구분		대상 지역	시간대		
			주간 (07:00 ~ 해지기 전)	야간 (해진 후 ~ 24:00)	심야 (00:00 ~ 07:00)
대상 소음도	등가 소음도	주거지역, 학교, 종합병원	65dB 이하	60dB 이하	55dB 이하
		공공도서관	65dB 이하	60dB 이하	
		그 밖의 지역	75dB 이하	65dB 이하	
	최고 소음도	주거지역, 학교, 종합병원	85dB 이하	80dB 이하	75dB 이하
		공공도서관	85dB 이하	80dB 이하	
		그 밖의 지역	95dB 이하		

⑧ 확성기 등의 소음
  ㉠ 확성기 등의 소음은 관할 경찰서장(현장 경찰공무원)이 측정한다.
  ㉡ 소음 측정 장소는 피해자가 위치한 건물의 외벽에서 소음원 방향으로 1 ~ 3.5m 떨어진 지점으로 하되, 소음도가 높을 것으로 예상되는 지점의 지면 위 1.2 ~ 1.5m 높이에서 측정한다. 다만, 주된 건물의 경비 등을 위하여 사용되는 부속 건물, 광장·공원이나 도로상의 영업시설물, 공원의 관리사무소 등은 소음 측정 장소에서 제외한다.
  ㉢ ㉡의 장소에서 확성기 등의 대상소음이 있을 때 10분간(소음 발생 시간이 10분 이내인 경우에는 그 발생 시간 동안을 말한다) 측정한 소음도를 측정소음도로 하고, 같은 장소에서 확성기 등의 대상소음이 없을 때 5분간 측정한 소음도를 배경소음도로 한다.

6. 특정인 참가의 배제

집회 또는 시위의 주최자 및 질서유지인은 특정한 사람이나 단체가 집회나 시위에 참가하는 것을 막을 수 있다. 다만, 언론사의 기자는 출입이 보장되어야 하며, 이 경우 기자는 신분증을 제시하고 기자임을 표시한 완장(腕章)을 착용하여야 한다.

7. 질서유지선의 설정

① 집회신고를 받은 관할 경찰관서장은 집회 및 시위의 보호와 공공의 질서유지를 위하여 필요하다고 인정하면 최소한의 범위를 정하여 질서유지선을 설정할 수 있다.
② 경찰관서장이 질서유지선을 설정할 때에는 주최자 또는 연락 책임자에게 이를 알려야 한다.

> **참고** 경찰관서장이 질서유지선을 설정할 경우 주최자에게 서면으로 고지함이 원칙이나 상황에 따라 질서유지선을 새로이 설정하거나 변경하는 경우에는 집회·시위 장소에 있는 경찰관이 이를 구두로 고지할 수 있다.

③ 질서유지선을 경찰관의 경고에도 불구하고 정당한 사유 없이 상당 시간 침범하거나 손괴·은닉·이동 또는 제거하거나 그 밖의 방법으로 그 효용을 해친 자는 6개월 이하의 징역 또는 50만 원 이하의 벌금·구류 또는 과료에 처한다.

8. 집회 또는 시위의 해산절차

① 집회 또는 시위를 해산시키고자 할 때에는 관할 경찰관서장 또는 관할 경찰관서장으로부터 권한을 부여받은 국가경찰공무원은 종결선언의 요청 ⇨ 자진해산의 요청 ⇨ 해산명령 ⇨ 직접 해산 순으로 해산조치를 하여야 한다.
② 미신고 불법집회이거나 집회 및 시위에 관한 법률 제5조(집회 및 시위의 금지)에 해당하는 집회를 할 경우에는 종결선언의 요청을 생략해도 무방하다.
③ 주최자에게 집회 또는 시위의 종결 선언을 요청하되, 주최자의 소재를 알 수 없는 경우에는 주관자·연락책임자 또는 질서유지인을 통하여 종결 선언을 요청할 수 있다.
④ 종결 선언 요청에 따르지 아니하거나 종결 선언에도 불구하고 집회 또는 시위의 참가자들이 집회 또는 시위를 계속하는 경우에는 직접 참가자들에 대하여 자진 해산할 것을 요청한다.
⑤ 자진 해산 요청에 따르지 아니하는 경우에는 세 번 이상 자진 해산할 것을 명령하고, 참가자들이 해산명령에도 불구하고 해산하지 아니하면 직접 해산시킬 수 있다.

CHAPTER 06 안보경찰활동

제1절 | 안보경찰

간첩이나 좌익사범을 대상으로 하는 경찰

제2절 | 공산주의의 이념

제3절 | 방첩활동

01 방첩 일반

① 방첩이란 비밀유지, 보안유지라고도 하는데 이는 적국에 의한 태업·간첩·전복 등 위해로부터 국가안전을 보장하기 위한 일체의 활동
② 방첩의 대상: 간첩, 태업, 전복

02 간첩 · 태업

1. 간첩

(1) 간첩의 종류

임무에 의한 구분	일반간첩	전형적인 간첩의 형태
	증원간첩	간첩요원의 보충 · 유인 · 납치 등 인적자원의 확보를 위해 파견되는 간첩
	보급간첩	이미 침투된 간첩에게 필요한 물적지원을 하는 간첩
	무장간첩	간첩의 호송 · 안내 · 연락 · 침투로 개척하기 위하여 특별히 훈련된 간첩
활동방법에 의한 구분	고정간첩	일정한 지역 내 영구적으로 임무 수행
	배회간첩	일정한 주거 없이 전국을 배회하면서 임무 수행
	공행간첩	외교관과 같은 합법적인 신분을 가지고 입국하여 정보를 수집
행위 대상에 의한 분류	군사적 간첩	전쟁 전 · 중에 적의 세력 및 의도의 정확한 파악을 위한 전쟁기술의 하나로 활용하는 첩자
	정치적 간첩	국가가 다른 국가나 국민에 대하여 정치적 정보를 수집하려고 정탐하는 것
	경제적 간첩	산업기술 등 경제적 사항을 대상으로 하는 간첩

(2) 간첩망의 형태

삼각형	① 지하당 구축을 하명받은 간첩이 3명 이내의 행동공작원을 포섭하여 직접 지휘하고, 횡적 연락을 차단 ② 장점 : 일망타진의 위험성이 적고 보안유지가 용이 ③ 단점 : 활동범위가 적고, 행동공작원 검거시 주공작원 정체가 쉽게 노출
서클형	① 합법적 신분으로 침투(공행간첩) ② 장점 : 간첩활동이 자유로움 ③ 단점 : 노출시 외교문제 발생
단일형	① 단독으로 활동(종적 횡적 연락의 차단) ② 장점 : 보안유지 및 신속한 활동이 가능 ③ 단점 : 활동범위 좁고, 공작성과는 낮음
피라미드형	① 주공작원 2~3명 하에 각각 2~3명의 공작원을 두는 조직형태 ② 장점 : 활동범위가 넓고, 많은 공작의 입체적 수행 가능 ③ 단점 : 일망타진의 위험성이 큼
레포형	피라미드형 조직에 있어서 간첩과 주공작원 간, 행동공작원 상호 간에 연락원을 두고 종횡으로 연결하는 방식 ※ 레포 : 연락 또는 연락원을 뜻하는 공산당 용어, 현재는 사용하지 않음

2. 태업

의의	대상국가의 전쟁수행능력·방위력을 약화시키기 위하여 행하여지는 직접·간접의 모든 손상·파괴행위를 뜻함		
태업의 대상	① 전략·전술적인 가치가 있는 것 ② 태업에 필요한 기구를 용이하게 할 수 있고, 접근이 가능한 것 ③ 일단 파괴되면 수리하거나 대체가 어렵고, 시간이 많이 소요되는 것		
태업의 형태	물리적 태업	방화태업	① 가장 파괴력이 강함 ② 어떠한 목표에 대해서도 위력 발휘가 가능 ③ 우연한 사고로 가장하기 용이 ④ 인화물질의 습득이 용이
		폭파태업	① 파괴가 전체적이고 즉각적일 때 이용 ② 목표물을 파괴하는 목적을 달성하기 위하여 강한 절단력·분쇄력을 필요로 할 때
		기계태업	① 범행이 용이 ② 목표물에 접근하여 있는 자가 실행 ③ 특별한 도구나 수단이 필요 없음 ④ 사용자가 사전에 결함을 발견하기 어려워 성공도가 높음
	심리적 태업	선전태업	① 허위사실 또는 유언비어의 유포, 반정부 선동 등으로 민심을 혼란시키고 사회불안을 야기 ② 국민의 사기저하 유도
		경제태업	위조통화·증권의 유통, 대규모 부도사태 촉발, 악성노동쟁의행위 확산 등 대상국의 경제질서를 혼란시키는 태업
		정치태업	정치적 갈등과 분열을 일으켜 국민적 불신과 불화를 조장하고 일체성을 파괴하는 태업

제4절 | 국가보안법

1. 국가보안법의 특징

법적 성격	① 형사특별법 : 형법이나 형사소송법보다는 국가보안법이 우선 적용 　예 甲은 乙을 "북한에서 온 간첩이다."라고 사법당국에 무고를 하였다. 　　　甲의 죄책 : 국가보안법상 무고죄(형법상 무고죄 ×) ② 형사사법법 ③ 공법
법률상 특징	① 고의범만 처벌 : 과실범은 처벌하지 않음 ② 미수 · 예비 · 음모죄의 확장 　• 미수 　　㉠ 불고지죄(제10조) 　　㉡ 특수직무유기죄(제11조) 　　㉢ 무고죄(제12조)를 제외한 모든 국가보안법상 범죄는 미수처벌 　• 예비, 음모 　　[처벌 ○] 　　㉠ 반국가단체 구성 및 가입죄 　　㉡ 목적수행죄 　　㉢ 자진지원죄 　　㉣ 잠입 · 탈출죄 　　㉤ 찬양 · 고무 등(이적단체 구성 등) 　　㉥ 편의제공(무기 등 제공) 　　[처벌 ×] 　　㉠ 타인에게 반국가단체에 가입할 것을 권유한 자 　　㉡ 금품수수죄 　　㉢ 찬양 · 고무 등(찬양 등, 이적표현물 제작 소지 등) 　　㉣ 회합 · 통신죄 　　㉤ 편의제공(금품등 단순편의 제공) ③ 특수한 범죄의 성립을 인정 　㉠ 편의제공죄 : 편의를 제공한 자도 종범이 아니라 독립된 정범으로 처벌 　㉡ 선동 · 선전 및 권유죄 : 선동 · 선전 행위를 별도의 범죄로 규정하여 처벌 　㉢ 불고지죄 : 모든 국민에 대하여 고지의무를 부과하고 이를 위반할 경우 범죄가 되어 처벌
수사절차상 특징	① 수사의 효율성을 높이기 위함 ② 참고인에 대한 강제구인이 가능 : 정당한 이유 없이 2회 이상 출석요구에 불응한 경우 ③ 구속기간의 연장 : 1회씩 더 연장 가능 　㉠ 사법경찰 : 10일 + 10일 　㉡ 검사 : 10일 + 10일 + 10일(최장 : 50일) 　㉢ 제외 : 찬양고무죄 · 불고지죄, 특수직무유기죄, 무고날조죄(최장구속기간 30일) ④ 자수 등의 경우 형의 필요적 감면 　㉠ 이 법의 죄를 범한 후 자수한 때 　㉡ 이 법의 죄를 범한 자가 고발하거나 방해한 때 　◆ 국가보안법은 자수를 촉진하기 위해 자수시 형의 감면 범위를 확대하고 있음

중형주의	재범자의 특수가중	금고 이상의 형 또는 확정 후 5년 경과하지 아니한 자가 재범시 법정 최고형을 일률적으로 사형을 규정
	자격정지형의 병과	유기징역형을 선고할 때에는 그 형의 장기 이하의 자격정지를 병과할 수 있음
	몰수·추징 및 압수물의 처분	① 본법의 죄를 범하고 그 범죄 대가로 받은 보수는 필요적 몰수·추징 ② 검사가 불기소처분할 때도 압수물을 폐기 또는 국고귀속을 명할 수 있음
보상과 원호		① 이 법의 죄를 범한 자를 수사기관 또는 정보기관에 통보하거나 체포한 자(이 법의 죄를 범한 자를 인지하여 체포한 수사기관 또는 정보기관에 종사하는 자 포함)에게는 대통령령이 정하는 바에 따라 상금을 지급한다. ② ①의 경우에 압수물이 있는 때에는 상금을 지급하는 경우에 한하여 그 압수물 가액의 2분의 1에 상당하는 범위 안에서 보로금을 지급할 수 있다.
공소보류 제도		① 형사소송법 제208조(재구속의 제한)의 규정에도 불구하고 동일한 범죄사실로 재구속할 수 있음 ② 2년을 경과하면 소추할 수 없음 ◆ 공소불제기 기간은 소송조건에 해당

2. 국가보안법의 구성

반국가단체	의의	정부를 참칭하거나 국가를 변란할 것을 목적으로 하는 국내외의 결사 또는 집단으로서 지휘통솔체제를 갖춘 단체를 말함 ◆ 판례를 통하여 인정 (×) : 국가보안법상 제2조 제1항

	성립 요건	① 정부를 참칭하거나 국가를 변란할 것을 목적으로 할 것
		   ㉠ 함부로 단체를 조직하여 정부를 사칭하는 것은 정부 참칭에 해당
		      ⓐ 정부와 동일한 명칭을 사용할 필요는 없음
		      ⓑ 일반인이 정부로 오인할 정도면 충분함
		   ㉡ 국가변란이란 정부를 전복하여 새로운 정부를 조직하는 것을 의미
		      ⓐ 정부전복은 정부를 구성하고 있는 자연인의 사임이나 교체만으로는 부족함
		      ⓑ 정부조직이나 제도 그 자체를 파괴 또는 변혁하는 것을 의미
		      ⓒ 형법상 내란죄의 국헌문란은 국가변란보다는 넓은 개념에 해당
		② 결사 또는 집단일 것
		   ㉠ 반드시 구성원이 2인 이상이어야 하고, 그 구성원은 특정되어야 함
		   ㉡ 계속성이 있어야 함 : 영구히 존속하거나 사실상 계속하여 존속함을 요하지 않으며 일정한 기간 존속하게 할 의도하에 조직된 것이면 충분
		      ◆ 일시적인 집합은 결사 (×)
		③ 지휘통솔체제를 갖출 것

반국가단체의 구성 및 가입 권유 (제3조)		① 국가보안법에 있어서 가장 기본적인 범죄유형 ② 주체에 제한이 없음(내·외국인 불문) : 기존의 반국가단체 구성원도 본제의 주체가 될 수 있다. ③ 과실로 인해 반국가단체임을 인식하지 못한 경우에는 범죄가 성립되지 않음(고의가 있어야 함) ④ 행위자의 지위와 관여한 정도에 따라 법정형에 차등을 두고 있음

구분	내용
목적수행죄 (제4조)	① 주체 : 반국가단체의 구성원 또는 그 지령을 받은 자 ② 행위 : 형법에 규정된 범죄를 범할 경우(국가보안법 규정은 제외)
자진지원죄 (제5조 제1항)	① 주체 : 반국가단체의 구성원 또는 그 지령을 받은 이외의 모든 사람 ② 스스로의 의사에 의한 범행함을 의미함

금품수수죄
(제5조 제2항)
	① 반국가단체의 구성원 또는 그 지령을 받은 자로부터 금품을 수수함으로써 성립하는 범죄
	② 주체 : 반국가단체의 구성원 또는 그 지명을 받은 자를 포함한 모든 사람
	③ 수수가액이나 가치는 물론 그 목적도 가리지 않음
	④ 주관적 구성요건
	  ㉠ 국가의 존립·안전이나 자유민주적 기본질서를 위태롭게 한다는 정을 알았어야 한다.
	  ㉡ 반국가단체의 구성원이나 그 지령을 받은 자임을 모르고 받은 접대에 대해서는 고의가 없다고 본다.

잠입·탈출죄 (제6조)	① 의의 : 반국가단체의 지배하에 있는 지역으로부터 잠입하거나 그 지역으로 탈출함으로써 성립하는 범죄 ② 주체 : 본죄의 주체에는 아무런 제한이 없음

찬양고무등 죄
(제7조)
	① 이적동조 등(제7조 제1항)
	  ㉠ 본죄의 행위주체에 관하여는 아무런 제한이 없다.
	  ㉡ 본죄의 주체는 국가의 존립·안전이나 자유민주적 기본질서를 위태롭게 한다는 인식이 있어야 한다(반국가 단체를 이롭게 한다는 의욕이나 목적의식은 요하지 않음).
	② 이적단체 구성·가입죄(제7조 제3항)
	  ㉠ 이적단체를 구성하거나 이에 가입함으로써 성립한다.
	  ㉡ 본죄의 행위주체에 관하여는 아무런 제한이 없다. 반국가단체의 구성원은 물론, 그로부터 지령을 받거나 그러한 자들로부터 다시 지령을 받은 자도 주체가 될 수 있다.
	  ㉢ 본죄는 필요적 공범의 일종으로서 반국가단체의 구성·가입죄와는 달리 행위자의 지위와 역할의 차이에 따른 법정형의 구별을 두지 않고 있다.
	③ 이적단체 구성원의 허위사실 날조·유포죄(제7조 제4항) : 본죄의 행위 주체는 반국가단체를 이롭게 하는 행위를 목적으로 하는 단체의 구성원에 한정된다.
	④ 이적표현물 제작 등 죄(제7조 제5항) : 본죄의 행위의 주체는 반드시 이적단체의 구성원임을 요하지 않으며, 아무런 제한이 없다.

회합 통신등 죄 (제8조)	① 주체 : 본죄의 주체에는 아무런 제한이 없다. 상대방이 반국가단체의 구성원 또는 그 지령을 받은 자이면 된다. ② 행위 : 목적수행활동과 관련이 없는 경우는 본죄가 성립하지 않는다.
편의제공죄 (제9조)	① 무기 등 편의제공죄 : 이 법 제3조 내지 제8조의 죄를 범하거나 범하려는 자라는 정을 알면서 총포·탄약·화약 기타 무기를 제공하는 행위 ② 단순편의제공죄 : 이 법 제3조 내지 제8조의 죄를 범하거나 범하려는 자라는 정을 알면서 금품 기타 재산상의 이익을 제공하거나 잠복·회합·통신·연락을 위한 장소를 제공하거나 기타의 방법으로 편의를 제공하는 행위
불고지죄 (제10조)	① 객체 : 반국가단체구성(제3조), 목적수행(제4조), 자진지원(제5조 제1항)(이외는 신고하지 않은 경우에는 불고지죄가 성립 ×) ② 주관적 요건 : 수사기관이나 정보기관에 고지하지 않는 것에 대한 고의가 필요하며, 고의 외에 별도의 동기나 목적은 요하지 않음 ③ 처벌 : 유일하게 그 법정형에 벌금형을 선택형으로 규정하고 있음(5년 이하의 징역 또는 200만 원 이하의 벌금)

특수직무유기죄 (제11조)	① 주체 : 범죄수사 또는 정보의 직무에 종사하는 공무원 ② 행위 : 정을 알면서 직무를 유기할 때
무고날조죄 (제12조)	① 일반 무고·날조죄의 주체는 아무런 제한이 없다. ② 직권남용 무고·날조죄의 주체는 범죄수사 또는 정보의 직무에 종사하는 공무원이나 이를 보조하는 자 또는 이를 지휘하는 자이다. ③ 본 죄가 성립하기 위해서는 행위자에게 '타인으로 하여금 형사처분을 받게 할 목적'이 있어야 한다.

참고 국가보안법상 본범과 친족관계에 있는 경우 형의 면제 감경 규정

필요적 감면	불고지죄
임의적 감면	특수직무유기죄, 단순편의제공죄

제5절 | 보안관찰

1. 보안관찰 해당범죄

형법	내란목적살인죄·외환유치죄·여적죄·모병이적죄·시설제공이적죄·물건제공이적죄·간첩죄 ◆ 형법상 제외 : 내란죄·일반이적죄·전시계약불이행죄
군형법	반란죄·반란목적군용물탈취죄·군대 및 군용시설 제공죄·군용시설 등 파괴죄·간첩죄·일반이적죄 ◆ 군형법상 제외 : 단순반란불보고죄
국가보안법	목적수행죄·자진지원죄·금품수수죄·잠입탈출죄·무기등편의제공죄 ◆ 국가보안법상 제외 : 찬양·고무죄, 반국가단체구성죄, 단순편의제공죄, 회합·통신죄, 불고지죄, 특수직무유기죄, 무고날조죄 제외

2. 보안관찰처분의 결정

결정권자	보안관찰처분은 검사의 신청으로 보안관찰처분심의위원회의 의결을 거쳐 법무부장관이 결정
처분대상자	금고 이상의 형의 선고를 받고 그 형기 합계가 3년 이상인 자로서 형의 전부 또는 일부의 집행을 받은 사실이 있는 자
기간	① 기간은 2년 ② 법무부장관은 검사의 청구가 있고 보안관찰처분심의위원회의 의결을 거쳐 그 기간을 갱신할 수 있으며, 갱신의 기간은 2년이고 갱신의 횟수 제한 없음

3. 보안관찰자 신고의무

(1) 보안관찰처분 대상자 신고

교도소 내 신고	보안관찰처분대상자는 출소 전까지 교도소 등의 장을 경유하여 거주예정지 경찰서장에게 보안관찰처분 대상자 신고를 해야 한다.
출소사실 신고	보안관찰처분대상자는 출소 후 7일 내에 거주예정지 관할 경찰서장에게 출소 사실을 신고해야 한다.

(2) 피보안관찰자 신고

최초 및 정기신고	최초신고	결정서 등본 수령일로부터 7일 이내 주거지 관할 경찰서장에게 신고하여야 함
	정기신고	결정서 등본 수령 달로부터 매 3월이 되는 달 말일까지 3월간의 주요활동사항, 통신·회합한 다른 보안관찰처분 대상자의 인적 사항과 그 일시 장소 및 내용, 기타 여행 등 사항을 관할경찰서장에게 정기적으로 신고하여야 함
수시신고	변동사항 신고	최초 신고사항에 변동이 있을 시 7일 이내에 관할 경찰서장에게 신고하여야 함
	주거지 이전, 여행신고	주거지 이전·국외여행·10일 이상 국내 여행시 미리 관할 경찰서장에게 신고하여야 함
신고불이행시 조치		신고 불이행시 경찰서장은 즉시 관할검사에게 보고하고 계속 신고 불이행시 특별한 사정이 없는 한 보안관찰법 위반으로 입건·수사

📖 TIP

보안관찰처분의 결정(2년)	보안관찰처분 기간의 갱신(2년)	보안관찰처분 집행중지 결정
① 신청 : 검사 ② 보안관찰처분심의위원회의 의결 ③ 결정 : 법무부장관	① 횟수 제한이 없음 ② 청구 : 검사 ③ 보안관찰처분심의위원회의 의결 ④ 결정 : 법무부장관	① 신청 : 경찰서장 ② 결정 : 검사 ③ 법무부장관에게 보고 ④ 도주 또는 1개월 이상 소재불명

4. 보안관찰처분 결정절차

대상자의 신고 ⇨ 보안관찰처분 사안의 조사 ⇨ 보안관찰처분 사안의 송치 ⇨ 보안관찰처분의 청구 ⇨ 보안관찰처분의 결정 ⇨ 기간의 갱신

5. 보안관찰처분의 집행중지

절차	① 피보안관찰자가 도주하거나 1월 이상 소재불명인 경우, 관할경찰서장이 검사에게 집행중지를 신청 ② 검사는 집행중지결정 후 지체 없이 법무부장관에게 보고 ③ 검사는 집행중지결정사유가 소멸된 때에는 지체 없이 그 결정을 취소하여야 한다.
결정의 효과	집행중지결정일로부터 집행중지결정이 취소될 때까지 보안관찰처분기간의 진행이 정지 ◆ 도주시로부터 정지 (×)

6. 행정소송

결정이 집행된 날로부터 60일 이내에 서울고등법원에 행정소송제기가 가능

7. 보안관찰처분 면제요건

① 준법정신이 확립된 자
② 일정한 주거와 생업이 있는 자
③ 대통령령이 정하는 2인 이상 신원보증이 있는 자 ◆ 법무부령 (×)

◆ 여행의 자유제한·주거제한이 있지만, 가택보호 처분은 포함하지 않음

> **TIP**
>
> 🛡 **보안관찰처분심의위원회(법무부에 설치)**
> ① 위원장 : 법무부차관 ◆ 법무부장관 (×)
> ② 위원
>   ㉠ 위원장 포함하여 7인으로 구성(위원의 과반수는 변호사의 자격이 있는 자이어야 한다)
>   ㉡ 임명 : 법무부장관의 제청으로 대통령이 임명
>   ㉢ 위원의 임기 : 2년
> ③ 의결 : 재적위원 과반수 출석과 출석위원 과반수의 찬성으로 의결
> ④ 의결사항
>   ㉠ 보안관찰처분이나 기각결정 및 면제
>   ㉡ 취소결정
>   ㉢ 보안관찰처분의 취소, 기간의 갱신

제6절 남북교류협력 및 북한이탈주민

1. 남북교류협력에 관한 법률

다른 법률과의 관계	남북교류·협력을 목적으로 하는 행위에 관하여는 이 법률의 목적 범위에서 다른 법률에 우선하여 이 법을 적용한다.
용어의 정의	① "교역"이란 남한과 북한 간의 물품, 대통령령으로 정하는 용역 및 전자적 형태의 무체물의 반출·반입을 말한다. ② "반출·반입"이란 매매, 교환, 임대차, 사용대차, 증여, 사용 등을 목적으로 하는 남한과 북한 간의 물품등의 이동(단순히 제3국을 거치는 물품등의 이동을 포함한다)을 말한다.
남북한 방문	① 남한의 주민이 북한을 방문하거나 북한의 주민이 남한을 방문하려면 대통령령으로 정하는 바에 따라 방문 7일 전까지 통일부장관의 방문승인을 받아야 하며, 통일부장관이 발급한 증명서를 소지하여야 한다. ② 복수방문증명서의 유효기간은 5년 이내로 하며, 5년의 범위에서 연장할 수 있다. ③ 재외국민이 외국에서 북한을 왕래할 때에는 통일부장관이나 재외공관(在外公館)의 장에게 신고하여야 한다. 다만, 외국을 거치지 아니하고 남한과 북한을 직접 왕래할 때에는 방문증명서를 소지하여야 한다.
남북한 주민 접촉	① 남한의 주민이 북한의 주민과 회합·통신, 그 밖의 방법으로 접촉하려면 접촉 7일 전까지 통일부장관에게 미리 신고하여야 한다. 다만, 대통령령으로 정하는 부득이한 사유에 해당하는 경우에는 접촉한 후에 신고할 수 있다. ② ①에 따른 접촉신고를 받은 통일부장관은 남북교류·협력의 원활한 추진을 위하여 대통령령으로 정하는 바에 따라 북한주민접촉결과보고서 제출 등 조건을 붙이거나, 3년 이내의 유효기간을 정하여 수리할 수 있다. 다만, 대통령령으로 정하는 가족인 북한주민과의 접촉을 목적으로 하는 경우에는 5년 이내의 유효기간을 정할 수 있다.
남북한 거래의 원칙	남한과 북한 간의 거래는 국가 간의 거래가 아닌 민족내부의 거래로 본다.

2. 북한이탈주민

정의	"북한이탈주민"이란 군사분계선 이북지역(이하 "북한"이라 한다)에 주소, 직계가족, 배우자, 직장 등을 두고 있는 사람으로서 북한을 벗어난 후 외국 국적을 취득하지 아니한 사람을 말한다.
기본원칙	통일부장관은 북한이탈주민에 대한 보호 및 지원 등을 위하여 북한이탈주민의 실태를 파악하고, 그 결과를 정책에 반영하여야 한다.
보호신청	① 북한이탈주민으로서 이 법에 따른 보호를 받으려는 사람은 재외공관이나 그 밖의 행정기관의 장(각급 군부대의 장을 포함한다)에게 보호를 직접 신청하여야 한다. ② ①에 따른 보호신청을 받은 재외공관장등은 지체 없이 그 사실을 소속 중앙행정기관의 장을 거쳐 통일부장관과 국가정보원장에게 통보하여야 한다. ③ ②에 따라 통보를 받은 국가정보원장은 보호신청자에 대하여 보호결정 등을 위하여 필요한 조사 및 일시적인 신변안전조치 등 임시보호조치를 한 후 지체 없이 그 결과를 통일부장관에게 통보하여야 한다.

보호결정	① 통일부장관은 통보를 받은 날부터 30일 이내에 보호 여부를 결정하여야 한다. 다만, 국가안전보장에 현저한 영향을 줄 우려가 있는 사람에 대하여는 국가정보원장이 그 보호 여부를 결정하고, 그 결과를 지체 없이 통일부장관과 보호신청자에게 통보하거나 알려야 한다. ② 국가정보원장은 보호 여부를 결정하려는 경우에는 조사 및 임시보호조치를 마친 날부터 30일 이내에 보호 여부를 결정하여야 한다.
보호 결정의 기준	보호 여부를 결정할 때 다음의 어느 하나에 해당하는 사람은 보호대상자로 결정하지 아니할 수 있다. ① 항공기 납치, 마약거래, 테러, 집단살해 등 국제형사범죄자 ② 살인 등 중대한 비정치적 범죄자 ③ 위장탈출 혐의자 ④ 국내 입국 후 3년이 지나서 보호신청한 사람 ⑤ 그 밖에 국가안전보장·질서유지·공공복리에 대한 중대한 위해 발생 우려, 보호신청자의 경제적 능력 및 해외체류 여건 등을 고려하여 보호대상자로 정하는 것이 부적당하거나 보호필요성이 현저히 부족하다고 대통령령으로 정하는 사람
정착지원	① 학력 인정 : 보호대상자는 대통령령으로 정하는 바에 따라 북한이나 외국에서 이수한 학교 교육의 과정에 상응하는 학력을 인정받을 수 있다. ② 자격 인정 : 보호대상자는 관계 법령에서 정하는 바에 따라 북한이나 외국에서 취득한 자격에 상응하는 자격 또는 그 자격의 일부를 인정받을 수 있다. ③ 사회적응교육 등 : 통일부장관은 보호대상자가 대한민국에 정착하는 데 필요한 기본교육을 실시하여야 한다. ④ 직업훈련 ㉠ 통일부장관은 직업훈련을 희망하는 보호대상자 또는 보호대상자이었던 사람에 대하여 대통령령으로 정하는 바에 따라 직업훈련을 실시할 수 있다. ㉡ 직업훈련의 실시기간은 대상자의 직무능력 등을 고려하여 3개월 이상이 되도록 노력하여야 한다. ⑤ 취업보호 등 : 통일부장관은 보호대상자가 정착지원시설로부터 그의 거주지로 전입한 후 대통령령으로 정하는 바에 따라 최초로 취업한 날부터 3년간 취업보호를 실시한다. 다만, 사회적 취약계층, 장기근속자 등 취업보호 기간을 연장할 필요가 있는 경우로서 대통령령으로 정하는 사유에 해당하는 경우에는 1년의 범위에서 취업보호 기간을 연장할 수 있다. ⑥ 특별임용 : 북한의 군인이었던 보호대상자가 국군에 편입되기를 희망하면 북한을 벗어나기 전의 계급, 직책 및 경력 등을 고려하여 국군으로 특별임용할 수 있다. ⑦ 주거지원 등 ㉠ 통일부장관은 보호대상자에게 대통령령으로 정하는 바에 따라 주거지원을 할 수 있다. ㉡ 주거지원을 받는 보호대상자는 그 주민등록 전입신고를 한 날부터 2년간 통일부장관의 허가를 받지 아니하고는 임대차계약을 해지하거나 그 주거지원에 따라 취득하게 된 소유권 등을 양도하거나 저당권을 설정할 수 없다. ⑧ 거주지에서의 신변보호 ㉠ 통일부장관은 보호대상자가 거주지로 전입한 후 그의 신변안전을 위하여 국방부장관이나 경찰청장에게 협조를 요청할 수 있으며, 협조요청을 받은 국방부장관이나 경찰청장은 이에 협조한다. ㉡ 신변보호기간은 5년으로 한다. 다만, 통일부장관은 보호대상자의 의사, 신변보호의 지속 필요성 등을 고려하여 협의회 심의를 거쳐 그 기간을 연장할 수 있다.

CHAPTER 07 외사경찰활동

제1절 국제사회와 외사경찰

01 국제환경의 변화

1. 국제질서에 대한 사상들의 변천 순서

> 이상주의(18세기, 이익의 조화) ⇨ 자유방임주의(19세기, 전세계 자유무역) ⇨ 제국주의(19세기 말, 보호무역) ⇨ 이데올로기적 패권주의(1차대전 후, 이데올로기 대립) ⇨ 경제패권주의(1980년 이후, 자국의 경제적 이익추구)

2. 다문화주의의 접근 유형

자유주의적 다문화주의 (동화주의)	사회통합을 위해 문화적 다양성을 인정하며 민족집단의 존재를 인정하지만 시민생활과 공적 생활에서는 주류 사회의 문화, 언어, 사회관습을 따라야 함을 말한다.
공동체주의적(조화주의적) 다문화주의(다원주의)	자유주의적 접근법보다 다양성의 승인을 조금 더 보장하면서 차별을 금지하는 데 그치지 않고 사회적 소수자의 경쟁상 불이익을 인정하여 이들의 사회참여를 위한 적극적인 재정적·법적 지원을 통해 결과의 평등을 유도한다.
급진적 다문화주의	소수집단이 '자결'의 원칙을 내세워 문화적 공존을 넘어서는 소수민족 집단만의 공동체를 지향하는 경향이 대단히 강한 경우를 말한다.

제2절 외사경찰의 개요

외사경찰의 의의	대한민국의 안전과 사회공공의 안녕 및 질서유지를 목적으로 외국인, 해외교포 또는 외국과 관련된 기관, 단체 등 외사 대상에 대하여 이들의 동정을 관찰하고 이들과 관련된 범죄를 예방 단속하는 것을 주된 임무로 하는 경찰활동
외사경찰의 대상	① 외국인·외국 단체·외국기관이 대한민국 내에서 저지른 범죄 ② 간첩·불순분자 등의 제3국을 통한 우회침투를 방지 색출하고 무장·과격분자 또는 국제범죄단체 등에 의한 테러와 납치 등 국제성 범죄

제3절 | 외사경찰의 대상

01 외국인

1. 외국인의 의의

의의	대한민국의 국적을 가지지 않은 자(무국적자 : 외국인, 복수국적자 : 내국인)
결정	외국인 여부는 국적법에 의해 결정(인종이나 언어 등은 불문)
범위	사인(私人)으로서의 외국인을 말하며 외국의 공적 기관이나 공적 지위에 있는 자나 외국의 외교관 및 군대는 제외

2. 외국인의 국적 취득

(1) 출생에 의한 국적 취득
① 출생 당시에 부 또는 모가 대한민국의 국민인 자
② 출생하기 전에 부가 사망한 경우에는 그 사망 당시에 부가 대한민국의 국민이었던 자
③ 부모가 모두 분명하지 아니한 경우나 국적이 없는 경우에는 대한민국에서 출생한 자
④ 대한민국에서 발견된 기아는 대한민국에서 출생한 것으로 추정

(2) 귀화에 의한 국적 취득

일반귀화 요건	① 5년 이상 계속하여 대한민국에 주소가 있을 것 ② 대한민국에서 영주할 수 있는 체류자격을 가지고 있을 것 ③ 대한민국의 민법상 성년일 것 ④ 법령을 준수하는 등 법무부령으로 정하는 품행 단정의 요건을 갖출 것 ⑤ 자신의 자산이나 기능에 의하거나 생계를 같이하는 가족에 의존하여 생계를 유지할 능력이 있을 것 ⑥ 국어능력과 대한민국의 풍습에 대한 이해 등 대한민국 국민으로서의 기본 소양을 갖추고 있을 것 ⑦ 귀화를 허가하는 것이 국가안전보장·질서유지 또는 공공복리를 해치지 아니한다고 법무부장관이 인정할 것
특별귀화 요건	① 부 또는 모가 대한민국 국민인 자 ② 대한민국에 특별한 공로가 있는 자 ③ 과학·경제·문화·체육 등 특정 분야에서 매우 우수한 능력을 보유한 자로서 대한민국의 국익에 기여한 자 ◆ 특별귀화는 외국인으로서 국내에 주소가 있는 자로 법무부장관의 귀화허가를 받아 국적을 취득할 수 있다.
간이귀화 요건	① 대한민국에 3년 이상 계속하여 주소가 있는 외국인으로서 ㉠ 부 또는 모가 대한민국의 국민이었던 자 ㉡ 대한민국에서 출생한 자로서 부 또는 모가 대한민국에서 출생한 자 ㉢ 대한민국 국민의 양자로서 입양 당시 대한민국의 민법에 의하여 성년이었던 자

② 배우자가 대한민국 국민인 외국인으로서
  ㉠ 그 배우자와 혼인한 상태로 대한민국에 2년 이상 계속하여 주소가 있는 자
  ㉡ 그 배우자와 혼인한 후 3년이 경과하고 혼인한 상태로 대한민국에 1년 이상 계속하여 주소가 있는 자

(3) 국적 취득자의 외국 국적 포기 의무

① 대한민국 국적을 취득한 외국인으로서 외국 국적을 가지고 있는 자는 대한민국 국적을 취득한 날부터 1년 내에 그 외국 국적을 포기하여야 함
② 대한민국 국적을 취득한 날부터 1년 내에 그 외국 국적을 포기하지 않은 자는 그 기간이 지난 때에 대한민국 국적을 상실함

3. 이중국적자의 국적 선택의 의무

만 20세가 되기 전에 이중국적자가 된 경우	① 만 22세가 되기 전까지 국적을 선택 ② 병역준비역에 편입된 자는 편입된 때부터 3개월 이내에 하나의 국적을 선택
만 20세가 된 후에 이중국적자가 된 경우	그때부터 2년 내에 하나의 국적을 선택

02 외국인의 입국과 출국

1. 외국인의 입국

입국의 절차	본국 외교부장관이 발부한 여권 + 체류국 법무부장관의 사증(VISA)이 필요
외국인의 입국금지	출입국관리법상 외국인의 입국금지 : 법무부장관이 입국금지 ① 감염병환자, 마약류중독자, 그 밖에 공중위생상 위해를 끼칠 염려가 있다고 인정되는 사람 ② 「총포·도검·화약류 등의 안전관리에 관한 법률」에서 정하는 총포·도검·화약류 등을 위법하게 가지고 입국하려는 사람 ③ 대한민국의 이익이나 공공의 안전을 해치는 행동을 할 염려가 있다고 인정할 만한 상당한 이유가 있는 사람 ④ 경제질서 또는 사회질서를 해치거나 선량한 풍속을 해치는 행동을 할 염려가 있다고 인정할 만한 상당한 이유가 있는 사람 ⑤ 사리 분별력이 없고 국내에서 체류활동을 보조할 사람이 없는 정신장애인, 국내체류비용을 부담할 능력이 없는 사람, 그 밖에 구호(救護)가 필요한 사람 ⑥ 강제퇴거명령을 받고 출국한 후 5년이 지나지 아니한 사람 ⑦ 1910년 8월 29일부터 1945년 8월 15일까지 사이에 일본정부의 지시를 받거나 그 정부와 연계하여 인종, 민족, 종교, 국적, 정치적 견해 등을 이유로 사람을 학살·학대하는 일에 관여한 사람 ⑧ ①부터 ⑦까지의 규정에 준하는 사람으로서 법무부장관이 그 입국이 적당하지 아니하다고 인정하는 사람 ❖ 입국금지자는 즉시퇴거를 원칙으로 하며, 외국인의 입국금지처분은 국가의 주권행사이자 행정처분이므로 이의신청절차는 없으며, 입국금지로 인한 손해배상 등의 모든 비용은 본인부담이다.

여권	여권을 대신하는 증명서	① 난민여행증명서 · 여행증명서 ② 국제연합 통행증(UN 통행증) ◆ 선원수첩 (×), 인터폴 신청서 (×), 난민인정서 (×)
	여권의 발급	① 원칙적으로 외교부장관이 발급하나 일반여권의 발급은 특별시장 · 광역시장 · 도지사가 대행할 수 있으며 영사는 국외에서 일반 · 관용여권을 발급할 수 있음 ② 외국에서는 영사가 여권을 발급(다만 외교관 여권은 발급할 수 없음)
여행증명서		① 외교부장관이 긴급하거나 부득이한 경우 여권을 대신하여 발급하는 연청색 증명서 ② 유효기간 : 1년(발급목적이 달성할 경우 그 효력은 상실)
사증		① 외국에 여행하고자 하는 자에게 목적지 국가에서 발급하는 입국허가서 ② 법무부장관이 발급(그 권한을 재외공관장에게 위임 가능)

2. 외국인의 상륙

상륙의 의의		부득이한 사유로 사증 없이 공항 · 항만에서 지방출입국 · 외국인관서장 등의 허가를 받아 일시 입국하는 것
상륙의 종류	관광상륙	외국인승객이 관광을 목적으로 상륙하고자 할 때(3일)
	승무원상륙	외국인승무원이 상륙하고자 할 때(15일)
	긴급상륙	외국인이 질병 기타의 사고로 인하여 긴급히 상륙이 필요할 때(30일)
	재난상륙	조난선박 등에 타고 있는 외국인을 긴급히 구조할 필요가 있다고 인정할 때(30일)
	난민 임시상륙	선박 등에 타고 있던 외국인이 생명 · 신체 또는 신체의 자유를 침해받을 공포가 있는 영역으로부터 도피하여 곧바로 한국에 비호를 신청하는 경우(90일) ◆ 외교부장관과 협의 후 법무부장관의 승인 필요
상륙허가기간의 연장		상륙은 각각 허가기간만큼 연장이 가능하므로 관광상륙은 6일까지, 승무원 상륙은 30일까지, 긴급상륙 · 재난상륙은 60일까지, 난민임시상륙은 180일까지 허가할 수 있음

3. 외국인의 출국

의의	① 외국인이 자발적 의사에 의해 체류국으로부터 출국하는 것은 원칙적으로 자유이며 체류국은 외국인의 출국을 금지할 수 없는 것이 원칙 ② 추방이나 범죄인 인도는 강제적 출국의 경우로서, 강제적 출국은 형벌이 아닌 행정행위에 해당함
외국인의 출국정지	① 출국정지사유 : 법무부장관은 다음의 어느 하나에 해당하는 외국인에 대하여는 3개월 이내의 기간을 정하여 출국을 정지할 수 있다. 　㉠ 형사재판에 계속(係屬) 중인 사람 　㉡ 징역형이나 금고형의 집행이 끝나지 아니한 사람 　㉢ 대통령령으로 정하는 금액 이상의 벌금(1천만 원)이나 추징금(2천만 원)을 내지 아니한 사람 　㉣ 대통령령으로 정하는 금액(5천만 원) 이상의 국세 · 관세 또는 지방세를 정당한 사유 없이 그 납부기한까지 내지 아니한 사람

	⑰ 「양육비 이행확보 및 지원에 관한 법률」에 따른 양육비 채무자 중 양육비이행심의위원회의 심의·의결을 거친 사람 ⓗ 대한민국의 이익이나 공공의 안전 또는 경제질서를 해칠 우려가 있어 그 출국이 적당하지 아니하다고 법무부령으로 정하는 사람 ② 범죄수사를 위한 출국정지 : 법무부장관은 범죄수사를 위하여 출국이 적당하지 아니하다고 인정되는 외국인에 대하여는 1개월 이내의 기간을 정하여 출국을 정지할 수 있다. 다만, 다음에 해당하는 사람은 그 정한 기간으로 한다. 　㉠ 도주 등 특별한 사유가 있어 수사진행이 어려운 외국인 : 3개월 이내 　㉡ 소재를 알 수 없어 기소중지결정이 된 외국인 : 3개월 이내 　㉢ 기소중지결정이 된 경우로서 체포영장 또는 구속영장이 발부된 외국인 : 영장 유효기간 이내
국민의 출국금지	① 출국금지사유 : 법무부장관은 다음의 어느 하나에 해당하는 국민에 대하여는 6개월 이내의 기간을 정하여 출국을 금지할 수 있다. 　㉠ 형사재판에 계속(係屬) 중인 사람 　㉡ 징역형이나 금고형의 집행이 끝나지 아니한 사람 　㉢ 대통령령으로 정하는 금액 이상의 벌금(1천만 원)이나 추징금(2천만 원)을 내지 아니한 사람 　㉣ 대통령령으로 정하는 금액(5천만 원) 이상의 국세·관세 또는 지방세를 정당한 사유 없이 그 납부기한까지 내지 아니한 사람 　㉤ 「양육비 이행확보 및 지원에 관한 법률」에 따른 양육비 채무자 중 양육비이행심의위원회의 심의·의결을 거친 사람 　ⓗ 대한민국의 이익이나 공공의 안전 또는 경제질서를 해칠 우려가 있어 그 출국이 적당하지 아니하다고 법무부령으로 정하는 사람 ② 범죄수사를 위한 출국금지 : 법무부장관은 범죄수사를 위하여 출국이 적당하지 아니하다고 인정되는 국민에 대하여는 1개월 이내의 기간을 정하여 출국을 금지할 수 있다. 다만, 다음에 해당하는 사람은 그 정한 기간으로 한다. 　㉠ 소재를 알 수 없어 기소중지결정이 된 사람 또는 도주 등 특별한 사유가 있어 수사진행이 어려운 사람 : 3개월 이내 　㉡ 기소중지결정이 된 경우로서 체포영장 또는 구속영장이 발부된 사람 : 영장 유효기간 이내
강제퇴거 사유 (직접강제)	지방출입국·외국인관서장은 출입국관리법에 규정된 절차에 따라 다음의 어느 하나에 해당하는 외국인을 대한민국 밖으로 강제퇴거시킬 수 있다. ① 유효한 여권과 사증 없이 입국한 자 ② 허위초청 등의 금지규정을 위반한 외국인 ③ 입국금지사유가 입국 후에 발견되거나 발생한 자 ④ 입국심사규정 또는 선박 등의 제공금지 규정에 위반하여 입국한 자 ⑤ 조건부 입국허가규정에 의하여 출입국관리사무소장 또는 출장소장이 붙인 조건에 위반한 자 ⑥ 상륙허가 없이 상륙하였거나 상륙허가 조건을 위반한 자 ⑦ 체류자격 외의 활동을 하거나 체류기간(30일)이 경과한 자 ⑧ 중지명령 등의 규정을 위반한 자 ⑨ 출국심사규정에 위반하여 출국하려고 한 자 ⑩ 외국인등록 또는 거소, 활동범위의 제한 기타 준수사항을 위반한 자 ⑪ 대한민국 법률에 의하여 금고 이상의 형의 선고를 받고 석방된 자 ◆ 대한민국 법률에 의하여 금고 이상의 형의 선고를 받은 자 (×)

4. 외국인의 등록

등록대상	① 체류자격을 받는 사람으로서 그 날부터 90일을 초과하여 체류하게 되는 사람은 체류자격을 받는 때에 외국인등록을 하여야 한다. ② 체류자격 변경허가를 받는 사람으로서 입국한 날부터 90일을 초과하여 체류하게 되는 사람은 체류자격 변경허가를 받는 때에 외국인등록을 하여야 한다.
제외대상	① 주한 외국공관(대사관과 영사관 포함)과 국제기구의 직원 및 그 가족(외교관) ② 대한민국 정부와의 협정에 의하여 외교관 또는 영사와 유사한 특권 및 면제를 누리는 자와 그 가족 ③ 대한민국 정부가 초청한 자 등으로서 법무부장관이 정하는 자

5. 외국인의 체류

① 대한민국에서 출생하여 체류자격을 가지지 못하고 체류하게 되는 외국인은 그가 출생한 날부터 90일 이내에 체류자격을 받아야 한다.
② 대한민국에서 체류 중 대한민국의 국적을 상실하거나 이탈하는 등 그 밖의 사유로 체류자격을 가지지 못하고 체류하게 되는 외국인은 그 사유가 발생한 날부터 60일 이내에 대통령령으로 정하는 바에 따라 체류자격을 받아야 한다.
③ 체류자격 변경허가
 ㉠ 미리 법무부장관의 변경허가를 받아야 함
 ㉡ 외국인 등록 예외에 해당하는 자 : 30일 이내 법무부장관에게 변경허가를 받아야 함

6. 외국인의 체류자격

(1) 단기체류자격

체류자격	체류자격에 해당하는 사람 또는 활동범위
관광·통과 (B-2)	관광·통과 등의 목적으로 대한민국에 사증 없이 입국하려는 사람
일시취재 (C-1)	일시적인 취재 또는 보도활동을 하려는 사람
단기방문 (C-3)	시장조사, 계약 등의 상용(商用)활동과 관광, 통과, 요양, 친지 방문, 친선경기, 각종 행사나 회의 참가 또는 참관, 문화예술, 일반연수, 강습, 종교의식 참석, 학술자료 수집, 그 밖에 이와 유사한 목적으로 90일을 넘지 않는 기간 동안 체류하려는 사람(영리를 목적으로 하는 사람은 제외한다)
단기취업 (C-4)	일시 흥행, 광고·패션 모델, 강의·강연, 연구, 기술지도 등 수익을 목적으로 단기간 취업활동을 하거나 각종 용역계약 등에 의하여 기계류 등의 설치·유지·보수, 조선 및 산업설비 제작·감독 등을 목적으로 국내 공공기관·민간단체에 파견되어 단기간 영리활동을 하려는 사람

(2) 장기체류자격

체류자격	체류자격에 해당하는 사람 또는 활동범위
외교 (A-1)	외국정부의 외교사절단이나 영사기관의 구성원, 조약 또는 국제관행에 따라 외교사절과 동등한 특권과 면제를 받는 사람과 그 가족
공무 (A-2)	대한민국정부가 승인한 외국정부 또는 국제기구의 공무를 수행하는 사람과 그 가족
협정 (A-3)	대한민국정부와의 협정에 따라 외국인등록이 면제되거나 면제할 필요가 있다고 인정되는 사람과 그 가족
문화예술 (D-1)	수익을 목적으로 하지 않는 문화 또는 예술 관련 활동을 하려는 사람
유학 (D-2)	전문대학 이상의 교육기관 또는 학술연구기관에서 정규과정의 교육을 받거나 특정 연구를 하려는 사람
기술연수 (D-3)	법무부장관이 정하는 연수조건을 갖춘 사람으로서 국내의 산업체에서 연수를 받으려는 사람
기업투자 (D-8)	「외국인투자 촉진법」에 따른 외국인투자기업의 경영·관리 또는 생산·기술 분야에 종사하려는 필수전문인력으로서 법무부장관이 인정하는 사람
교수 (E-1)	전문대학 이상의 교육기관이나 이에 준하는 기관에서 전문 분야의 교육 또는 연구·지도 활동에 종사하려는 사람
회화지도 (E-2)	외국어전문학원, 초등학교 이상의 교육기관 및 부설어학연구소, 방송사 및 기업체 부설 어학연수원, 그 밖에 이에 준하는 기관 또는 단체에서 외국어 회화지도에 종사하려는 사람
연구 (E-3)	대한민국 내 공공기관·민간단체로부터 초청을 받아 각종 연구소에서 자연과학 분야의 연구 또는 산업상 고도기술의 연구·개발에 종사하려는 사람
기술지도 (E-4)	자연과학 분야의 전문지식 또는 산업상 특수한 분야에 속하는 기술을 제공하기 위하여 공공기관·민간단체로부터 초청을 받아 종사하려는 사람
전문직업 (E-5)	대한민국 법률에 따라 자격이 인정된 외국의 변호사, 공인회계사, 의사, 그 밖에 국가공인 자격이 있는 사람으로서 대한민국 법률에 따라 할 수 있도록 되어 있는 법률, 회계, 의료 등의 전문업무에 종사하려는 사람
예술흥행 (E-6)	수익이 따르는 음악, 미술, 문학 등의 예술활동과 수익을 목적으로 하는 연예, 연주, 연극, 운동경기, 광고·패션 모델, 그 밖에 이에 준하는 활동을 하려는 사람
방문동거 (F-1)	친척 방문, 가족 동거, 피부양(被扶養), 가사정리, 그 밖에 이와 유사한 목적으로 체류하려는 사람으로서 법무부장관이 인정하는 사람

7. 외국인을 고용한 자의 신고의무

① 외국인을 고용한 업체의 장은 15일 이내에 지방출입국·외국인관서장에게 신고하여야 함
② 국내에서 취업한 후 출국한 외국인의 재취업 제한 기간 : 6개월

8. 외국인 피의자 조사요령

① 내국인과 동일 처리
② 영사기관에 통보
③ 반드시 통역을 참여시켜 조사
④ 형사사건과 출입국관리법이 병합된 경우 : 형사사건 처리 후 지방출입국·외국인관서에 인계
  ㉠ 밀입국자 + 형사벌 ○ : 형사사건 처리 종료 후, 지방출입국·외국인관서에 인계
  ㉡ 밀입국자 + 형사벌 × : 지방출입국·외국인관서에 인계

03 외교특권

(1) 의의
① 외교특권의 근거 : 외교관계에 관한 비엔나 협약
② 외교사절의 계급은 그 직무나 특권에는 아무런 영향이나 차이가 없음

(2) 외교특권의 내용
① 불가침권

신체의 불가침	정당방위·긴급사태의 상황시 경찰강제가 일시적으로 허용 ◆ 외교사절에 대한 폭행은 형법 제108조에 의거 외교사절에 대한 폭행죄로서 일반 폭행죄에 비해 가중처벌된다.
관사의 불가침	㉠ 공관뿐만 아니라 외교관의 개인주택도 불가침 ㉡ 소유 또는 임차를 불문하며 관사는 본 건물 뿐만 아니라 부속건물, 정원, 차고 등도 포함 ㉢ 관사에 대한 불가침에 준하여 외교사절의 승용차, 보트, 비행기 등 교통수단도 불가침 ㉣ 예외적으로 화재·전염병의 경우 : 사전동의나 사후승인 없이 공관에 출입할 수 있음 ㉤ 외교관의 관사는 불가침이지만, 범죄인의 비호권은 불인정
문서의 불가침	㉠ 외교공관의 문서와 서류는 언제, 어디서나 불가침 ㉡ 단, 문서가 간첩행위의 명백한 서증이 되는 경우는 불가침 상실함

② 면제권(치외법권) : 극히 예외적인 경우를 제외하고는 접수국의 모든 재판권으로부터 면제

사법권으로부터의 면제	공무수행 중에 행하여진 행위에 대해서뿐만 아니라 개인자격으로 행한 행위에 대해서도 면제
민사재판권의 면제	부동산 및 상속·공무 이외의 상업 활동은 면제되지 않음 ◆ 외교사절은 극히 예외적인 경우를 제외하고는 접수국의 모든 재판권에 대해 면제된다.
증언의무로부터의 면제	재판 당사자로서의 증언의무는 면제되지 않으나, 당사자가 아닌 경우에는 면제된다.
과세권의 면제	간접세·사유부동산에 대한 조세·상속세 및 개인영업상의 투자에 관한 등록세·법원의 수수료 등은 면제되지 않음
경찰권의 면제	경찰법규를 위반하더라도 강제처분이나 경찰벌도 과할 수 없음

◆ 주한미군은 재판권, 과세권, 경찰권으로부터 면제되지 않고 특별한 보호를 받을 뿐이다.

③ 외교특권의 포기 : 파견국에 의해서만 가능함 ◆ 접수국 (×)

제4절 국제경찰공조

01 국제형사사법공조

1. 의의
① 국제형사사법공조란 형사사건에 있어서의 수사·기소·재판절차와 관련하여 어느 한 국가의 요청에 의하여 다른 국가가 행하는 형사사법상 협조
② 수사에 관한 공조요청

> 경찰서 ⇨ 검사 ⇨ 대검찰청 ⇨ 법무부장관 ⇨ 외교부장관 ⇨ 상대국 주재 한국대사관 ⇨ 상대국 외무부장관 ⇨ 상대국 경찰기관

③ 형사사법공조조약의 효력
국제형사사법 공조법 제3조는 "공조에 관하여 공조조약에 이 법과 다른 규정이 있는 경우에는 그 규정에 따른다"고 규정하여 공조조약의 우선적 효력을 인정하고 있다.

2. 국제형사공조법상의 임의적 공조거절 사유
① 주권, 국가안전보장, 안녕질서 또는 미풍양속을 해할 우려 있는 경우
② 인종·국적·성별·종교·사회적 신분 등의 이유로 처벌받을 우려가 있는 경우
③ 공조범죄가 대한민국의 법률에 의하여 범죄를 구성하지 않는 경우
◆ 요청국 법률에 의하여 (×)
④ 공조범죄가 정치적 성격을 지닌 다른 범죄에 대한 수사 또는 재판을 할 목적으로 행하여진 것이라고 인정되는 경우
⑤ 요청국의 보증이 없는 경우 ◆ 국민의 재산상 손실을 초래할 우려가 있는 경우 (×)

3. 수사에 관한 공조절차

외국의 공조요청	요청국으로부터 수사공조요청을 받으면 외교부장관은 법무부장관에게 공조요청서를 송부하고 법무부장관은 공조여부를 결정한 뒤, 공조를 시행할 경우 관할 지방검찰청 검사장에게 이를 명령하고, 지방검찰청 소속 검사가 요청에 따른 공조자료를 수집한 뒤 역순(逆順)으로 외교경로를 따라 요청국에 송부한다.
외국에 대한 공조요청	검사(사법경찰관은 검사에게 신청)는 외국과의 공조가 필요한 경우 대검찰청을 경유하여 법무부장관에게 공조요청서를 송부하고, 법무부장관은 공조요청여부를 결정한 뒤 요청이 상당하다고 인정하면 외교부장관에게 이를 송부하며, 외교부장관은 외교경로(상대국주재 한국대사관)를 통해 피요청국에 공조요청을 실시한다.

> **TIP**
>
> 🛡 **국제형사공조법상의 기본원칙**
> ① 상호주의 ② 쌍방가벌성의 원칙 ③ 특정성의 원칙

02 범죄인 인도

1. 범죄인 인도

범죄인 인도의 원칙	대한민국 영역에 있는 범죄인은 범죄인 인도법에서 정하는 바에 따라 청구국의 인도청구에 의하여 소추(訴追), 재판 또는 형의 집행을 위하여 청구국에 인도할 수 있다.
범죄인인도조약과의 관계	범죄인 인도에 관하여 인도조약에 범죄인 인도법과 다른 규정이 있는 경우에는 그 규정에 따른다.
범죄인 인도의 전속 관할	범죄인 인도법에 규정된 범죄인의 인도심사 및 그 청구와 관련된 사건은 서울고등법원과 서울고등검찰청의 전속 관할로 한다.

2. 범죄인 인도의 원칙

상호주의	① 동종의 인도 범죄에 대해 범죄인 인도 청구에 응한다는 보증이 있는 경우에 범죄인을 인도(상호보증서 첨부) ② 인도조약의 체결여부와 관계없음
쌍방 가벌성의 원칙	쌍방의 법률에 의해 범죄를 구성하지 않은 경우에는 범죄인을 인도하지 않는다는 원칙
자국민 불인도의 원칙	① 임의적 인도거절 사유(인도하지 아니할 수 있다) ② 대륙법계 국가 : 채택 ③ 영미법계 국가 : 채택하지 않음
최소중요성의 원칙	청구국의 법률에 사형·무기·장기 1년 이상인 경우에 한하여 범죄인을 인도
특정성의 원칙	인도된 범죄인이 인도가 허용된 범죄 외의 범죄로 처벌받지 아니하고 제3국에 인도되지 아니한다는 청구국의 보증이 없는 경우에는 범죄인을 인도하여서는 안 된다는 원칙
유용성의 원칙	① 실제로 처벌하기 위해 필요한 범죄자만 인도한다는 원칙 ② 시효완성, 사면 등으로 처벌하지 못하는 범죄자는 인도대상에서 제외

정치범 불인도의 원칙	① 범죄인 인도법에서 정치범죄에 대한 명확한 개념정의를 하는 경우 외국과의 정치적 분쟁상황에 탄력성 있게 대처하기가 어려울 것이므로 개념정의를 하지 않음
	② 예외적으로 인도한 경우
	   ㉠ 국가원수 및 그 가족의 생명·신체를 침해하는 범죄
	   ㉡ UN헌장에서 규정하고 있는 침략행위
	   ㉢ 국제 협약에 규정된 범죄 : 집단살해, 전쟁범죄, 해적행위, 항공기납치, 노예, 인신매매, 기타 부녀자·아동 거래, 국제법 보호대상 인물과 민간인의 납치, 위조, 마약거래, 인종차별, 고문

군사범 불인도의 원칙	① 명문에 규정이 없음 ② 군사범죄 즉 탈영, 항명 등의 범죄자는 인도하지 않는다는 원칙

3. 인도거절사유

절대적 인도거절사유	① 대한민국 또는 청구국의 법률에 의하여 인도범죄에 관한 공소시효 또는 형의 시효가 완성된 경우 ② 인도범죄에 관하여 대한민국 법원에서 재판계속 중이거나 재판이 확정된 경우 ③ 범죄인이 인도범죄를 행하였다고 의심할만한 상당한 이유가 없는 경우 ◆ 다만, 인도범죄에 관하여 청구국에서 유죄의 재판이 있는 때에는 그러하지 아니하다. ④ 범죄인이 인종·종교·국적·성별·정치적 신념 또는 특정 사회단체에 속함 등을 이유로 처벌되거나 그 밖의 불이익한 처분을 받을 염려가 있다고 인정되는 경우 ⑤ 인도범죄가 정치적 성격을 지닌 범죄이거나 그와 관련된 범죄인 경우
임의적 인도거절사유	① 범죄인이 대한민국 국민인 경우 ② 인도범죄의 전부 또는 일부가 대한민국 영역 안에서 행하여진 경우 ③ 범죄인이 인도범죄 외의 범죄에 관하여 대한민국 법원에 재판계속 중이거나 형의 선고를 받고 그 집행을 종료하지 아니한 경우 ④ 범죄인이 인도범죄에 관하여 제3국(청구국이 아닌 외국)에서 재판을 받고 처벌되었거나 처벌받지 아니하기로 확정된 경우 ⑤ 인도범죄의 성격과 범죄인이 처한 환경 등에 비추어 범죄인을 인도함이 비인도적이라고 인정되는 경우

4. 범죄인 인도 절차

범죄인 인도 절차	내용
인도청구서의 접수 ↓ 외교부장관 ↓ 관계서류 송부 법무부장관 ↓ 관계서류 송부 서울고등검찰청 검사장 ↓ 지정 서울고등검찰청 검사 ↓ 인도심사 청구 서울고등법원 ↓ 인도	① 인도여부의 타당성 판정은 법무부장관이 정함 ② 서울고등검찰청과 서울고등법원의 전속관할사항 ③ 인도심사 청구 범죄가 임의적 거절 사유에 해당될 경우 : 법무부장관이 판단 ④ 서울고등법원 판사가 발부한 영장에 의하여 범죄인의 인도구속영장 ⑤ 범죄인이 구속 중인 때에는 구속된 날로부터 2월 이내에 인도심사에 관한 결정을 하여야 한다(불복 불인정). ⑥ 인도심사기일 : 공개 ⑦ 인도 　㉠ 서울고등검찰청 검사는 법원의 결정문을 즉시 법무부장관에게 보고 　㉡ 법무부장관이 인도 여부에 관해 최종결정 　㉢ 범죄인인도기한은 인도명령을 한 날로부터 30일 이내 인도

> 참고 **법무부장관의 조치**
> ① 법무부장관은 송부받은 인도청구에 관한 서류를 서울고등검찰청 검사장에게 송부하고 소속검사로 하여금 서울고등법원에 범죄인의 인도허가 여부에 관한 심사를 청구하도록 명하여야 한다.
> ② 인도조약 또는 동법의 규정에 의하여 범죄인을 인도할 수 없거나 인도하지 아니하는 것이 상당하다고 인정되는 때에는 인도심사청구 명령을 하지 않고 그 사실을 외교부장관에게 통지한다.

03 인터폴을 통한 공조

1. 인터폴의 의의

(1) 의의 : 국제형사공조 기구일 뿐, 수사기관이 아님 ◆ 직접수사 (×)

(2) 인터폴을 통한 공조절차

> 경찰서 ⇨ 경찰서 외사계(국제공조 수사의뢰서 작성) ⇨ 시·도경찰청 외사과 경유 ⇨ 경찰청 외사 수사과(인터폴) ⇨ 해당국 인터폴 ⇨ 상대국 경찰관서

(3) 인터폴 조직

총회	총회는 기구의 최고의결기관으로서 일반정책, 국제경찰협력을 위한 필요재원, 업무의 방법, 활동계획과 재정업무 등에 영향을 미치는 주요사항을 결정
집행위원회	① 집행위원회는 각 국의 대표단원 중 총회에서 선출되는 13명의 위원으로 구성 ② 집행위원은 통상 1년에 세 차례 회합하며 위원회의 주요기능은 총회결정사항의 이행 여부 확인, 총회 회의를 위한 의안준비, 총회에 제출될 기구의 활동 계획과 예산안 승인 및 사무총국 운영의 감독 등
사무총국	① 인터폴의 상설기관으로서 국제범죄예방과 진압을 위해 각 회원국 및 국제기관과 긴밀한 협조관계를 유지하면서 각종 국제범죄에 관한 정보를 교환하는 국제센터로서의 중추적 역할을 하는 국제협력의 추진모체 ② 국제수배서도 인터폴 사무총국에서 발행
국가중앙사무국	① 인터폴 사무총국은 각 회원국 정부가 자국 내에 인터폴 국가중앙사무국으로서의 임무를 수행하는 국제경찰협력의 구심점인 상설경찰부서를 지정하도록 하고 있는데 이것을 국가중앙사무국(NCB)이라고 함 ② 우리나라는 경찰청 외사국 인터폴국제공조과에서 업무를 수행하고 있음

◆ 인터폴 국제수배란 국외도피범, 실종자, 우범자 및 장물 등 국제범죄와 관련된 수배대상인 인적·물적 사항에 관한 정확한 자료를 각 회원국에 통보하여 국제적으로 범죄수사에 공동대응하기 위한 것으로 인터폴은 수사권을 가진 수사기관이 아니다.

◆ 공조거절 : 군사적, 정치적, 종교적 또는 인종적 성격을 지닌 범죄에 대해서는 협조를 하지 않음(공조의 성격에 따른 차별을 두어서는 안 된다. ×)

2. 국제수배서의 종류

① 적색수배서(Red Notice) : 범죄인 인도(국제체포수배서)
② 청색수배서(Blue Notice) : 수배자의 신원과 소재확인(국제정보조회수배서)
③ 녹색수배서(Green Notice) : 국제 범죄자의 동향 파악(국제경고수배서)
④ 황색수배서(Yellow Notice) : 가출인의 소재확인·기억상실자의 신원확인
⑤ 흑색수배서(Black Notice) : 사망자의 신원확인
⑥ 장물수배서(Stolen Property Notice) : 물건·문화재에 대한 수배
⑦ 자주색수배서(Purple Notice) : 새로운 범죄 수법
⑧ 오렌지수배서(Orange Notice) : 테러·폭발물
⑨ 인터폴-UN수배서 : UN과 인터폴이 협력하여 국제테러범 및 테러단체에 대한 제재를 목적으로 발행

08 기타활동

01 경찰홍보

1. 경찰홍보의 종류

협의의 홍보(PR)	지역공동체 관계(CR)	기업이미지식 경찰홍보
① 유인물·팜플렛 ② 일방적으로 알리는 활동	① 대외적 홍보 ◆ 대내적 홍보 (×) ② 지역사회에 널리 알리는 종합적인 지역사회 홍보	① 주민을 소비자로 보는 관점 ② 영·미를 중심으로 발달 ③ 친근한 상징물을 개발·전파

2. 경찰홍보 전략

소극적 홍보전략	① 공보실과 기자실에서 홍보 ② 비밀주의·공개 최소화 ③ 언론접촉 규제 ④ 홍보와 타기능의 분리
적극적 홍보전략	① 대중매체 이용 ② 공개주의·비밀 최소화 ③ 全 경찰의 홍보요원화 ④ 홍보와 타 기능을 연계를 통한 총체적 홍보전략

3. 경찰과 대중매체와의 관계

Sir Robert Mark	경찰과 대중매체와의 관계를 단란하고 행복스럽지는 않더라도 오랫동안 지속되는 결혼생활에 비유
Crandon	경찰과 대중매체는 서로를 필요로 하기 때문에 둘 사이에는 공생관계가 발달한다고 주장
Ericson	경찰과 대중매체는 서로 연합하여 그 사회의 일탈에 대한 개념을 규정하며 도덕성과 정의를 규정짓는 사회적 엘리트 집단을 구성함

02 언론중재 및 피해구제 등에 관한 법률

언론중재위원회	① 중재위원회는 40명 이상 90명 이내의 중재위원으로 구성하며, 중재위원은 문화체육관광부장관이 위촉한다. ② 중재위원회에 위원장 1명과 2명 이내의 부위원장 및 2명 이내의 감사를 두며, 각각 중재위원 중에서 호선(互選)한다. ③ 위원장·부위원장·감사 및 중재위원의 임기는 각각 3년으로 하며, 한 차례만 연임할 수 있다. ④ 중재위원회의 회의는 재적위원 과반수의 출석과 출석위원 과반수의 찬성으로 의결한다.
정정보도청구	① 사실적 주장에 관한 언론보도 등이 진실하지 아니함으로 인하여 피해를 입은 자는 해당 언론보도 등이 있음을 안 날부터 3개월 이내에 언론사 등에게 그 언론보도 등의 내용에 관한 정정보도를 청구할 수 있다. 다만, 해당 언론보도 등이 있은 후 6개월이 지났을 때에는 그러하지 아니하다. ② ①의 청구에는 언론사 등의 고의·과실이나 위법성을 필요로 하지 아니한다. ③ ①의 청구를 받은 언론사 등의 대표자는 3일 이내에 그 수용 여부에 대한 통지를 청구인에게 발송하여야 한다. ④ 언론사 등이 ①의 청구를 수용할 때에는 그 청구를 받은 날부터 7일 내에 정정보도문을 방송하거나 게재하여야 한다.
정정보도청구 거부요건	다음의 어느 하나에 해당하는 사유가 있는 경우에는 언론사 등은 정정보도 청구를 거부할 수 있다. ① 피해자가 정정보도청구권을 행사할 정당한 이익이 없는 경우 ② 청구된 정정보도의 내용이 명백히 사실과 다른 경우 ③ 청구된 정정보도의 내용이 명백히 위법한 내용인 경우 ④ 정정보도의 청구가 상업적인 광고만을 목적으로 하는 경우 ⑤ 청구된 정정보도의 내용이 국가·지방자치단체 또는 공공단체의 공개회의와 법원의 공개재판 절차의 사실보도에 관한 것인 경우
반론보도청구	① 사실적 주장에 관한 언론보도 등으로 인하여 피해를 입은 자는 그 보도 내용에 관한 반론보도를 언론사 등에 청구할 수 있다. ② ①의 청구에는 언론사 등의 고의·과실이나 위법성을 필요로 하지 아니하며, 보도 내용의 진실 여부와 상관없이 그 청구를 할 수 있다.
조정	조정은 신청 접수일부터 14일 이내에 하여야 하며, 중재부의 장은 조정신청을 접수하였을 때에는 지체 없이 조정기일을 정하여 당사자에게 출석을 요구하여야 한다.